海外中国研究丛书

—— 到中国之外发现中国

Zhu Xi's
World
of Thought

Revised and Enlarged
Edition of
Confucian
Discourse and
Chu Hsi's
Ascendancy

〔增订版〕

朱熹的思维世界

Hoyt Tillman

〔美〕田浩 著

江苏人民出版社

图书在版编目（CIP）数据

朱熹的思维世界 /（美）田浩著. 一增订版. 一南
京：江苏人民出版社，2024.11
（海外中国研究丛书/刘东主编）
ISBN 978 - 7 - 214 - 28418 - 1

Ⅰ.①朱…　Ⅱ.①田…　Ⅲ.①朱熹(1130—1200)—
哲学思想—研究　Ⅳ.①B244.75

中国国家版本馆 CIP 数据核字(2023)第 209450 号

江苏省版权局著作权合同登记号：图字 10 - 2009 - 157 号

书　　　名	朱熹的思维世界（增订版）
著　　　者	［美］田　浩
责 任 编 辑	张晓薇
装 帧 设 计	周伟伟
责 任 监 制	王　娟
出 版 发 行	江苏人民出版社
地　　　址	南京市湖南路 1 号 A 楼，邮编：210009
照　　　排	江苏凤凰制版有限公司
印　　　刷	苏州市越洋印刷有限公司
开　　　本	652 毫米×960 毫米　1/16
印　　　张	31.25　插页 4
字　　　数	390 千字
版　　　次	2024 年 11 月第 1 版
印　　　次	2024 年 11 月第 1 次印刷
标 准 书 号	ISBN 978 - 7 - 214 - 28418 - 1
定　　　价	128.00 元

（江苏人民出版社图书凡印装错误可向承印厂调换）

序"海外中国研究丛书"

中国曾经遗忘过世界,但世界却并未因此而遗忘中国。令人嗟讶的是,20世纪60年代以后,就在中国越来越闭锁的同时,世界各国的中国研究却得到了越来越富于成果的发展。而到了中国门户重开的今天,这种发展就把国内学界逼到了如此的窘境:我们不仅必须放眼海外去认识世界,还必须放眼海外来重新认识中国;不仅必须向国内读者迻译海外的西学,还必须向他们系统地介绍海外的中学。

这个系列不可避免地会加深我们150年以来一直怀有的危机感和失落感,因为单是它的学术水准也足以提醒我们,中国文明在现时代所面对的绝不再是某个粗蛮不文的、很快就将被自己同化的、马背上的战胜者,而是一个高度发展了的、必将对自己的根本价值取向大大触动的文明。可正因为这样,借别人的眼光去获得自知之明,又正是摆在我们面前的紧迫历史使命,因为只要不跳出自家的文化圈子去透过强烈的反差反观自身,中华文明就找不到进入其现代形态的入口。

当然,既是本着这样的目的,我们就不能只从各家学说中筛选那些我们可以或者乐于接受的东西，否则我们的"筛子"本身就可能使读者失去选择、挑剔和批判的广阔天地。我们的译介毕竟还只是初步的尝试，而我们所努力去做的，毕竟也只是和读者一起去反复思索这些奉献给大家的东西。

刘　东

新版自序

感谢江苏人民出版社再版《朱熹的思维世界》(增订版)和《功利主义儒家：陈亮对朱熹的挑战》,使我有机会增加这篇自序,进一步阐明我对于书中所涉之宋代儒学和朱熹的支配地位等重要议题的最新思考。

如所周知,朱熹在其"醇儒"的名义下,为《四书》《五经》以及某些历史和哲学文本作注,整合了中国传统文化。通过创立或重建书院、在书院讲学,朱熹广泛传播他的思想,吸引了数量空前的弟子和追随者。朱熹与其他士大夫合作,帮助地方建立社仓,促进当地社会力量之间的合作,加强宗族内部的团结。他利用不多的地方仕宦机会,向朝廷上疏,奏报地方社会的情况;即使在朝仅 46 天,他也抓住入对之机,向孝宗面奏剳子。政争中,与朱熹往来的一些重要官员被罢黜,当政者将他们逐出朝廷,有的人甚至被放逐。而且,朝廷还禁止朱熹讲学和出书。虽然朱熹没有被流放(或许因为他年事已高),但他在庆元六年(1200)去世时,朝廷极力阻止士大夫参加他的葬礼。嘉泰二年(1202),朝廷解除了对道学的禁令;嘉定五年(1212),朝廷又以朱熹的《论语集注》和《孟子集注》立于官学。淳祐元年(1241),宋理宗下诏令朱熹从祀孔庙,《四书章句集注》成为科举考试的标准教材。

本书承认朱熹的著作及其活动在儒学和国家正统中的支配地位,同时,特别重视与朱熹同时代的其他儒家的贡献,这超越了学界对朱熹个人才华的传统认识。在研究中,我发现朱熹刻意而巧妙地将自己塑造成儒家经典的权威诠释者和道学群体的领袖,朱熹的这一努力使得南宋朝廷在他身后,将他的学说作为儒家正统,并在淳祐元年将道学的敌对者王安石逐出孔庙而将其配享孔庙,这进一步增强了朱熹狭隘道学的负面影响。

有些朋友和同事显然对我的观点感到难以理解,以至于有人在描述我的主张或论据时,和我的实际表述大相径庭,因此我想重申并阐释关于宋代儒学的一些主要观点。首先,曾有学者问及余英时老师对我的影响,我想通过余先生和我的一次谈话,来展现他是如何帮助我确定朱子研究的方向,并简要讨论他在我研究朱熹的三个阶段,为我写下的三篇序言的指导作用。余先生为我的《朱熹的思维世界》(增订版)撰写的序言捕捉到了我的新发现,这使本书的张力得以体现。我在《文化权力与政治文化》①中开始讨论这个议题,但我在此将详细说明。其次,我试图阐明对多个术语误用的担忧,特别是关于"理学""道学""新儒学"和"Neo-Confucianism"等术语的使用。我并非简单地用一个术语代替另一个,而是通过更加细致和具体地考察儒学内部的不同圈子、群体或谱系诸问题,使得这些术语的使用更加明晰。第三,我将进一步关注与朱熹同时代的儒者,将他们视为儒家思想家,认真对待。我确信,更深入地考察这些儒者,将增强我们对于作为哲学家的朱熹及其时代作用的理解。

---

① 苏费翔、田浩著,肖永明译:《文化权力与政治文化——宋金元时期的〈中庸〉与道统问题》,中华书局,2018 年。与该书的英文版相比,中文版增加了八篇相关论文,英文版可参见 Christian Soffel and Hoyt Cleveland Tillman, *Cultural Authority and Political Culture in China : Exploring Issues with the Zhongyong and the Daotong during the Song , Jin and Yuan Dynasties* (Stuttgart: Franz Steiner Verlag, 2012)。

第四,在黄勇和吴启超主编的朱熹哲学指南里,我撰写的部分简要介绍了1990年以来我与许多学者,尤其是中国学者在研究与朱熹同时代儒者的课题上存在的重要相似与交汇之处。[①] 1990年以来,学界对与朱熹同时代的儒家思想家,比如张九成、胡宏、张栻、吕祖谦、陈亮和陆九渊等人的思想、著作和活动的探讨日趋增加,这个趋势使我深受鼓舞。在采用了朱熹对同时代儒者的评判几个世纪之后,近几十年来的研究揭示了其中逐渐增强的独立性,从而摆脱了朱熹对这些儒者的否定性评价与丑化;而且,近些年越来越多的研究者以更加严肃的态度考察这些儒者。较早的研究成果倾向于将这些同时代的人视为与朱熹持截然相反观点的对手,最近的研究则能够看到他们与朱熹在一些重要领域具有共同目标和一致之处。学术界越来越强调这些儒者的思想对朱熹以及后世的影响,人们进一步认识到,比起朱熹的思想,这些同时代儒者的某些思想可能更有助于我们思考当今的时代课题。

第五,我将简要介绍马恺之(Kai Marchal)教授研究成果的精彩部分,以此说明近几十年来宋代儒学研究所取得的进展。马恺之关于吕祖谦研究的英文与德文成果见解深刻,他认为吕祖谦善于利用历史与制度史,并结合吕氏家族在宋代的高级仕宦经历,形成一种实用的政治哲学;皇帝更倾向于接受朱熹的哲学思想,主要是因为在该体系下,注重皇帝的个人修养,可以利用皇帝在道德、哲学方面的优势提升其个人权威,有利于加强皇权;与朱熹不同,吕祖谦认为过于关注皇帝的道德修养是不恰当的,因为统治机构需要在改善治理的同时对皇权加以限制;这一改革主张威胁皇权,自然很容易被皇帝察觉。至少在

[①] "Zhu Xi and his Contemporaries: Zhang Shi, Lü Zuqian, Chen Liang, and Lu Jiuyuan," in Kai-chiu Ng, and Yong Huang, eds., *The Dao Companion to Zhu Xi's Philosophy*, Vol. 13 of Dao Companions to Chinese Philosophy, edited by Yong Huang (Cham, Switzerland: Springer, 2020), chapter 9, pp. 169—194.

儒者中,吕祖谦较早发现仅仅依赖皇帝的自我修养和德性来治理天下具有局限性,因此,可将其称为黄宗羲这类思想家的先驱。我们甚至可以说,如果宋代和随后的政权采用了吕祖谦的治理观念,中国的历史会大不一样。

最后,我将讨论两位主要西方汉学家的近期成果,并结合自己的观点和研究,进一步说明我们在关于朱熹及其同时代人以及道学演变研究上不断取得的共识。其一,包弼德(Peter K. Bol)教授的新书 *Localizing Learning* 重点关注了我最喜欢的术语"道学",这与他此前以"Neo-Confucianism"(程朱理学)为中心的论著形成鲜明对比。似乎与他过去低估吕祖谦作为思想家和道学领袖的倾向相反,他的新书与我对于吕祖谦作为思想家的重要性以及对于吕祖谦影响和遗产的评价很接近。包弼德教授认识到,他以前过于轻易地接受道学的主张,认为对文学的关注与公共议题或事务无关。他现在承认博学和文学对于宋明时期的士人网络和身份认同有多么重要;而且,这是吕祖谦遗产的一部分。包弼德还讲述了明代士人对于博学和文学的追求最终如何挑战和削弱了道学的统治和学术地位。吕祖谦包容其他儒家,这与他和张栻向容易对他人动怒、不考虑其他学者观点的朱熹提出忠告形成对比。与我对此事的关注相似,包弼德也重视朱熹坚持与那些有错误思想的人作斗争。包弼德教授最近的研究似乎含蓄地支持我长期以来的观点,即尊重吕祖谦对道学、博学和文学的广泛支持,他甚至可能也支持我对于朱熹的狭隘道学、朱熹自我标榜为经典权威解读者和"醇儒"最终判断者的担忧。

其二,我强调与蔡涵墨(Charles Hartman)教授之间的共同观点。我们都认为,宋代思想家、官员和历史学家的政治背景对促进或阻碍道学的发展产生了影响。此外,我们都提出要警惕宋代思想史,尤其是对道学历史和哲学的选择性、片面性和歪曲性叙事。

上篇　宋代儒家思想史研究的若干新思考①

一、余英时老师对我的某些影响

我的导师余英时老师为《朱熹的思维世界》的三个不同版本写了三篇不同的序言。1996 年,余老师为 *Confucian Discourse and Chu Hsi's Ascendancy* (1992)的第一个中文扩展版写下序言,后来该书经过进一步修订和扩充,在 2008 年出版增订本时老师再次作序。首先,在 1992 年英文版的序言中,余老师强调我对南宋道学的关注正在从其发展的多样性转向正统性:

> 这一解释得到了该时期历史资料的有力支持。为了展示整个十二世纪儒学发展的多样性,我认为田浩的选择很巧妙,他不是孤立地将朱熹视为一位哲学家,而是将他"置于与他同时代的主要思想家的关系与互动背景中"。因此,虽然本书不列专章讨论朱熹的思想和学术,但每一章都有朱熹。采用此种研究方法,不仅更加客观地展现了十二世纪中国的思想世界,而且与朱熹同时代的知识分子与对手也得到更加公正的历史评判。②

余老师还称赞我提出的儒学"群体或圈子"("fellowship",类似于团契、团体、社群、同道、同志③)作为一个"捕捉道学群体精髓的新概念"之有效

---

① 本序上篇的主体内容,为本人在 2018 年 8 月复旦大学哲学学院主办的"宋明理学国际论坛暨上海儒学院第二届年会"上的主题演讲。其最初版本由复旦大学哲学学院讲师徐波翻译,发表于《复旦学报》2019 年第 1 期,第 17—22 页;后经扩充和修改,由武汉大学历史学院教授陈曦和徐波翻译,收入林载爵主编:《如沐春风:余英时教授的为学与处世——余英时教授九秩寿庆文集》,新北:联经出版公司,2019 年,第 33—61 页;今复改为本序上篇,由陈曦翻译。
② Yu Ying-shih, "Foreword" in Hoyt Cleveland Tillman, *Confucian Discourse and Chu Hsi's Ascendancy* (Honolulu: University of Hawaii Press, 1992), ix‑xi.
③ 关于"fellowship",参见 Tillman, *Confucian Discourse*, 3—5;或参见田浩:《朱熹的思维世界》(增订版)之《绪论》,南京:江苏人民出版社,2009 年,第 4—5 页。

性:"尽管在学说的内容与传授方式上存在差异,然而,所有这些群体都可以被视为道学团体,原因很简单,它们显然是因为共同的目的而形成:学习和复兴儒家之道。"

在 1996 年的序言中,余老师解释道,他正在写一篇新的序言,因为中文版对英文原著进行了扩充和修订,这"其实是一部更完备、更缜密的新著";而且,中文版"不但是一部思想史的研究,并且注重思想的社会背景,因此也可以说是思想史与社会史交互为用的研究"。虽然这种跨学科研究的优势在于能把思想的发展置于当时的文化、学术、社会和政治情境中考察,但是它有一个缺点:"容易流入某种方式的化约论以至决定论,使思想的自主性消失在外缘情境之中";然而,余老师称道我的书"恰恰发挥了这一研究方式的长处,而避免了它的短处。作者运用史法的圆熟和整体论断的均衡是特别值得赞扬的"。老师还赞成我不使用"道学"这一专指变成钦定正统之后的程朱学术之方法,而是主张回到宋代情境中对于"道"和"道学"那种较为宽泛的理解,例如,我强调"道"的三个层次——哲学思辨、文化价值和现实政论,而现代学人则"过度醉心于宋代'形而上学'"的研究。①

我努力恢复对朱熹和道学的历史理解,是为了回应 1973 年春天余老师对我的第一个学位论文题目的批评。当时我在卡洛琳·拜能(Caroline Bynum)教授指导下研究中世纪欧洲思想史,我被托马斯·阿奎纳(Thomas Aquinas)的哲学所吸引,尤其是在他的思想中如何综合古希腊和古罗马、伊斯兰教和天主教的思想。我开始思考一篇论文,拟比较托马斯·阿奎纳和朱熹通过综合多种不同的传统从而形成一种更为全面的关于"心"的思想观念。在我的博士资格考试中,余老师和史华慈(Benjamin Schwartz)教授对我关于拜能教授欧洲中世纪历史问题所作的回答表示赞赏,余老师甚至委托我去购买我所读过的该领域所有书

① 本段参见余英时《原版序》,载田浩:《朱熹的思维世界》(增订版),第1—2 页。

籍。因此,史华慈教授对于我提出的论文题目深以为然,热情称赞它具有重要意义。但是,当我向余老师请教时,他强烈反对这个题目,认为它根本不切实际,亦不可行,尤其是对于妻子正怀着第一个孩子的博士研究生而言。老师以儒家的方式责备我:你需要按时完成一篇可行的论文,这样才能成为一名好父亲。他还敦促我集中思考一个较小的题目,例如朱熹与他的一个学生之间的互动。当我表示对此类话题缺乏兴趣时,他竭力劝导我抛开任何想法,直到我在哈佛燕京图书馆用了六个月的时间,阅读我感兴趣的历史时期的中文资料。由于像我这样的美国研究生在耐心与专业方面的训练有限,我只用了四个月的时间就提出关于陈亮对朱熹的挑战的题目,作为探索朱熹政治哲学的切入点。经过数月对朱熹与陈亮往来书信的翻译,并反复解读这些书信,我开始对从朱熹哲学中得到的认识感到失望。我的妻子责备我将自己的阅读期望值带入到这些 12 世纪的史料,之后我继续重读这些材料,直到我突然意识到,朱熹与陈亮关于"道"的辩论并不只是抽象的哲学问题,而是集中在价值观与历史观的层面上。这一顿悟使我能够修正传统和现代学术对朱陈异同的看法。①

将我的学位论文进行大量修改和扩充从而形成我的第一本书的经历,使我从此踏上在文化、历史与政府等问题相互交织的时代背景下,探索人们如何积极思考的历史之路。在我的第二本关于朱熹的书中,沿着这个研究思路的收获显著,特别是中文版,这些引起了余老师的关注。然而,余老师在撰写他著名的《朱熹的历史世界》时,他取的书名含蓄地指出我的《朱熹的思维世界》仍未与哲学问题分道扬镳。即便如此,余老师的立场使我受益良多,比如,中国社会科学院的一位资深学者在读完

---

① Hoyt Cleveland Tillman, *Utilitarian Confucianism*:*Chen Liang's Challenge to Chu Hsi* (Cambridge:Harvard University Press, 1982);田浩:《功利主义儒家:陈亮对朱熹的挑战》,南京:江苏人民出版社,2011 年。按,该书中译本由江苏人民出版社于 1997 年出版、2011 年再版。

余老师的书后告诉我,他意识到我对历史和哲学的观点并不像他想象的那么激进。

再回到余老师 1996 年写的序言,他最后解释了我的现代美国文化价值观如何偏向于多元和宽容,因此不能接受学术思想定于一尊,这一价值取向和我的宋代儒学研究方法之间产生了冲突。一方面,他宽厚地认为我的史学研究方法客观,足以阻止我将自己的价值观推及古人:"作者治史则尊重客观,不以一己的好恶进退古人。"另一方面,他仍然强调这一冲突:"在南宋时代,朱熹代表了道学的主流,这是无可否认也不必否认的历史事实,本书充分地揭示了这一客观的事实,但正统则是权力结构的产物,这是作者所不肯认同的。"①的确,我的价值观包含了多元与宽容,以及质疑学术和思想特有权威的美国自由主义价值观内容;而且,我确实努力避免将自己的价值观强加给我所研究的古人。然而,从我的立场出发,我的观点并非要否认正统不是权力的产物,而是要表明,尽管朱熹是儒家经典和文化传统中占据支配地位的最权威解读者,但儒家思想的多样性远远超出传统和现代学者的认识。为了说明此种思想与阐释的多样性甚至还存在于 13 世纪追随朱熹的圈子里,苏费翔(Christian Soffel)教授和我合作出版的《文化权力与政治文化》探讨了宋金元时期的《中庸》和"道统"问题。正如该书的主标题"文化权力与政治文化"所揭示,在阐明和深化权威、权力和文化之间复杂而微妙的内在关系问题上,我一直在尝试取得进展。无论我是否在上述方面有所推进,大约十年前,余老师已经非常明确地肯定了我在修改和扩充《朱熹的思维世界》时所取得的进步。

余老师欣然撰写这三篇序言,是因为他很高兴看到我在研究道学与朱熹的支配地位这一议题方面"不断精进",持续拓展和深化。在增订版序言里,余老师于篇首称道:

---

① 余英时:《原版序》,载田浩:《朱熹的思维世界》(增订版),第 4—5 页。

田浩在《朱熹的思维世界》出版以后，依然不断精进，继续研究朱熹和南宋以后的儒学发展。这次印行增订版，收入了近年来的新收获，其中最重要的是"朱熹的祈祷文与道统观"和"结语以及感想"两章……我读了这两章，对作者孜孜不倦的研究精神十分钦佩。孔子说："吾见其进，未见其止。"这两句话在阅读过程中时时往复胸中。①

二、两种基本立场

宋代以来，人们用不同的方式考察宋代儒学思想新发展的演变过程，将这些复杂多样的方式化约为两种基本方法也许是有益的。第一种方法，是专注于北宋儒学思想的广泛复兴和南宋多种思潮之间的互动，它尤其关注不同思想家之间的相互作用和影响，以及他们对社会浪潮与政治文化动向的反应。第二种基本方法，与淳祐元年(1241)南宋朝廷确立儒学正统谱系有关；是年，朱熹入祀孔庙，他的《四书章句集注》成为官学教育的标准。在这一传统叙事中，正统的谱系从朱熹的前辈开始，然后经朱熹传到他的门人，考察该正统思想的发展轨迹。这种方法更倾向于聚焦朱熹哲学概念的长久意义、价值和应用。

上述两种方法存在重要分歧，即使在最早的两部关于宋代儒学发展的主要文献中，已非常明显。例如，《道命录》是第一种方法所依据的基本史料，虽然李心传非常关注道学命运的变化，但他以宏大的视野来考察道学传统及其与国家权力和政治文化之间的关系。作为南宋道学发展最低谷和即将到来的高峰之见证者，李心传在 13 世纪早期记录了这些变化并做出历史判断。嘉泰二年(1202)，在庆元党禁和朝廷高压政策之后，李心传撰写了《道学兴废》一文；②嘉熙三年(1239)，即朝廷确立道

---

① 余英时：《增订版序一》，载田浩：《朱熹的思维世界》(增订版)，第 1 页。
② 李心传撰，徐规点校：《建炎以来朝野杂记》卷六，北京：中华书局，2000 年，第 137—138 页。

学正统地位的前两年,他认真思考了嘉泰二年之后道学的兴起。在《道命录》的序言里,李心传强调,道学领袖如司马光、赵鼎、赵汝愚占据着朝廷的重要地位,是每一次道学兴起的决定因素:"元祐道学之兴废,系乎司马文正之存亡;绍兴道学之兴废,系乎赵忠简之用舍;庆元道学之兴废,系乎赵忠定之去留。"①因此,虽然李心传看起来仅关注道学的命运,但他视野恢宏,认识到政治斗争关乎道学之成败。换言之,道学发展的动力不仅仅在于儒士对哲学概念的争辩和讨论。

第二种基本方法可以从一些关于宋明儒学的史籍中观察到,清代黄宗羲、全祖望编纂的《宋元学案》为其中的代表。黄宗羲从一开始就以颇为宏大的视野来考察宋代儒学的发展,他在《宋元学案》里记录了北宋初期宋代儒学的多元开端,并涵盖了拥有各种哲学主张以至观点对立的思想家。尽管意识到宋初儒学的这种多元性和广泛性,但是,朱熹的正统观对该书还是产生了深远影响,尤其是在记录与朱熹对立的思潮和学派时,作者显示出了强烈的偏见。如,全祖望称:"建炎南渡,学统与之俱迁,完颜一代,遂无人焉",统治北方的金朝被其描绘成一个黑暗的时代。又如,赵秉文自视为儒者,亦被全祖望称为"佞佛人"。② 幸存于金朝初年的少量儒学著作很快散佚,能够留传于世的不过是黑暗中的一点星火。因此,《宋元学案》仅简要介绍了金朝的儒学情况,以此矮化其在中国文化和思想史上的地位;复兴儒家主流思想的重要性,成为这个黑暗时代的唯一亮点:"其时河北之正学且起,不有狂风怪雾,无以见皎日之光明也。"③一些现代学者,特别是吉川幸次郎,已经揭示了苏轼和王安石对金

---

① 李心传辑,朱军点校:《道命录・序》,上海:上海古籍出版社,2016 年,第 1 页。

② 黄宗羲原著,全祖望补修,陈金生、梁运华点校:《宋元学案》卷一百,北京:中华书局,1986 年,第 3326 页。

③ 黄宗羲原著,全祖望补修,陈金生、梁运华点校:《宋元学案》卷一百,第 3316 页。并见 Hoyt Cleveland Tillman, "Confucianism under the Chin and the Impact of Sung Confucian Tao-hsueh," in Tillman and Stephen H. West, eds, *China Under Jurchen Rule: Essays on Chin Intellectual and Cultural History* (Albany: State University of New York Press, 1994), 71—72.

朝士人和文化的影响。然而,从根本上来说,这些不同的儒学派别对于《宋元学案》的编者而言并不重要,他们指斥由佛教主导的金朝为黑暗时代,这一谴责并不会因为这些派别的存在而消失。毕竟,批评与佛教有交集的士人如苏轼、王安石以及其他宋儒的立场,与朱熹对正统和"醇儒"观念的坚守一致。

三、术语

上述学术传统为围绕"Neo-Confucianism""理学""新儒学"等术语而展开的主题研究提供了部分依据,至少是相当重要的背景知识。现代学者在使用"Neo-Confucianism""新儒学"和"理学"这三个术语时,通常具有广义和狭义的内涵或外延,正如我们在《宋元学案》里所看到的。比如在使用"Neo-Confucianism"时,陈荣捷(Wing-tsit Chan)教授有着非常严格的限定,仅用它来指代经过朱熹全面、系统的整理后,传给其门人的有关周敦颐、张载、程颢、程颐的哲学思想。从陈荣捷教授的观点来看,金朝并没有"Neo-Confucianism";尽管认同《宋元学案》和《元史》的立场,他还是承认金代士人对朱熹略有所知;然而,《元史》正确地指出了程朱之学"作为一个系统的学派思想和知识传承,在金朝并不存在,就此而言,直到赵复出现,元代的思想真空才得以改观"。[1] 而在使用"Neo-Confucianism"的广义概念时,冉云华教授称"Neo-Confucianism"是金代思想文化的主流。[2] 值得注意的是,这两位资深学者研究和讨论的是同一个时代的思想和思想家,一位认为金代没有"Neo-Confucianism",

---

[1] Wing-tsit Chan, "Chu Hsi and Yuan Neo-Confucianism," in Chan Hok-lam and Wm. Theodore de Bary, eds, *Yuan Thought* (New York: Columbia University Press, 1982), 197—231.

[2] Jan Yun-hua, "Li P'ing-shan and his Refutation of Neo-Confucian Criticism of Buddhism," in Roy C. Amore, ed., *Developments in Buddhist Thought: Canadian Contributions to Buddhist Studies* (Waterloo, Ontario, Canada: Wilfrid Laurier University Press, 1979), 162—193.

另一位则认为"Neo-Confucianism"是士大夫中的主流文化。如此巨大的反差显示出主流学者内部对于"Neo-Confucianism"的内涵与外延有着不同的甚至是截然相反的观点。这表明一些学者并未完全意识到这些词汇的差异或仅仅关注于道学在淳熙八年(1181)后的发展,所以他们或者将"道学""新儒学"与陈荣捷先生的"Neo-Confucianism"混为一谈,或者继续将"Neo-Confucianism""新儒学"与"理学"假设成相同的概念。① 中国学者经常使用"学派"这一标签来称呼湖湘、浙东地区的学术分支,然而道学是一个更加宽泛的范畴。相较于宋代所形成的思想学派而言,这种打着"学派"标签的地域分支时常给西方学者一种具有更强的凝聚力、高度一致性及范围更广泛的感觉,所以有的西方学者往往倾向于否定将这类地方团体等同于一个学派。

相对而言,中国学者更为清楚、统一地使用"理学",但这一术语可以仅指程朱之学,也可以指代包含程朱理学和陆王心学的思想,也有一些学者以此统称宋明时期甚至是清代有着不同学术观点的儒者。我想举个例子。2018 年,吴震教授邀请我为复旦大学"宋明理学系列专题研究"课程授课。第一天上午,我问在场的 50 多位研究生,中国学者在学术报告和论著中是如何使用"理学"这个术语的,并邀请他们对使用情况进行投票,但大多数学生看起来有些困惑,也不愿意参与投票。在那些回答问题的学生中,大约一半的人选择了两种不同的使用范围;其中,近一半学生认为,当代的中国哲学家在使用"理学"这个术语时,通常指的是程朱和陆王学派,另一半学生则认为,学者们常在一个更广泛的意义上使用这个术语,而不仅仅指上述两个著名学派。我很感谢复旦大学从多所中国大学中挑选出这些优秀研究生,让我有机会做这项调查。这次调查

---

① 例如,Hilde De Weerdt, *Competition over Content: Negotiating Standard for the Civil Service Examinations in Imperial China* (1127—1279),(Cambridge: Harvard University Asia Center, 2007).参见田浩:《朱熹与道学的发展转化》,载吴震编:《宋代新儒学的精神世界:以朱子学为中心》,上海:华东师范大学出版社,2009 年。

为我长久以来的怀疑提供了具体证据：在中国，年轻学者（也许还包括一些资深学者）对于"理学"的使用范围有着不同的预设。两个月之后，我有机会在厦门大学、湖南大学、湖南师范大学的课堂里再作该项调查，投票的结果很类似，和复旦大学投票结果的主要区别在于：一些学生和教授认为"理学"仅指程朱学派而已。这类从不同的研究目的来利用"理学"的情况，与"Neo-Confucianism"在北美的使用相似，大部分学者在使用这个常用术语时，不去分析或解释其中的巨大差异。

中国朋友还有一个预设，西方学者使用的"Neo-Confucianism"只是"理学"，但实际情况要复杂得多。

1992 年，我在《东西方哲学》发表的文章讨论了北美"Neo-Confucianism"的使用情况。① 狄培理（William Theodore de Bary，或译为"狄百瑞"）教授在回应这篇文章时，所使用的 Lixue（理学）似乎不仅指狭义的程朱学派，也同时包括程朱和陆王心学在内的学派，还在更为宽泛的意义上指代从宋初至清末的儒学。在广义"理学"的使用上，狄培理教授认为："黄（宗羲）既是朱熹和王阳明的追随者，同时也欣赏许多为宋明思想的独特发展和完善作出贡献的学者。因此，对于他来说，'理学'包括了最广阔的群体，而不是任何一个单独的学派。与此一脉相承，在随后的现当代中国学者那里，'理学'作为儒学发展后期不同思想派别的总称被广泛使用，正如'Neo-Confucianism'在西方一样。"随即，他又将这一宽泛的定义作以下对比："唐君毅与黄宗羲同样使用了'Neo-Confucianism'去涵盖宋明理学和心学的结合。"②在狄培理教授的这一

---

① 参见拙文 "A New Direction in Confucian Scholarship：Approaches to Examining the Differences between Neo-Confucianism and Tao-hsueh," *Philosophy East and West* 42，no. 3 (July 1992)：455—474；以及中文论文《朱熹与道学的发展转化》，载吴震主编：《宋代新儒学的精神世界：以朱子学为中心》，上海：华东师范大学出版社，2009 年，第 10—23 页。

② Wm. Theodore de Bary，"The Uses of Neo-Confucianism：A Response to Professor Tillman," *Philosophy East and West* 43，no. 3 (July 1993)：541—555；亦可参见拙文 "A New Direction in Confucian Scholarship," pp. 455—474；以及中文论文《朱熹与道学的发展转化》，第 10—23 页。

提法中，"理学"的使用范围似乎比上面提到的用法要狭隘和派性分明得多。当我们讨论宋代或明代儒学的不同发展阶段与谱系时，对于"理学"和"Neo-Confucianism"混淆不清的界定，并不能推进我们的讨论，也无助于厘清我们的认识。在我看来，狄培理教授关于"Neo-Confucianism"的最广义范围，基本上包括了从中唐或宋初到 19 世纪末的所有儒家，这使得我们难以分辨儒家学说的对立面，而且，此种涵盖所有哲学派别的宽泛定义与其"特定的新儒家性格"等独特用法背道而驰。遗憾的是，狄培理教授误认为我只是希望将"Neo-Confucianism"范畴换为"儒学（Confucianism）"或者"道学"。但我的基本观点是要廓清现代学者在使用不同术语时的含义，因为我们通常需要专门界定我们所讨论的"儒家"或"新儒家"。

哥伦比亚大学"Neo-Confucianism"区域研讨会的其他一些参与者并不认为"Neo-Confucianism"可等同于中国学者视域下的"理学"或其他任何一个中文术语的翻译。更重要的是，谢康伦（Conrad Schirokauer）教授曾经向我表示，"Neo-Confucianism"是一个西方术语，不同于任何特定的中文术语，因此，西方学者可以根据他们的需要自由地定义或使用它。受此影响，柏清韵（BettineBirge）教授也认为："'Neo-Confucianism'是西方的发明，中文里没有直接的对应术语。"谢康伦教授进而提出，"新儒学"是中国人为了翻译"Neo-Confucianism"而新造的中文词汇，但中国学者早就用"新儒学"来指称 20 世纪的儒学家，如牟宗三、唐君毅教授以及他们的追随者。谢康伦教授与狄培理教授几乎每个月都会在哥伦比亚大学的研讨会见面，不过，他显然从未向狄培理教授解释过对这个术语的看法，考虑到这一可能，我在 1992 年的论文中提及谢康伦的观点时略去了他的姓名。无论是在区域研讨会上讨论狄培理教授对我文章的回应，还是在后来正式发表的文章里，狄培理教授都认为谢教授的观点肯定是"开玩笑的，不能按照字面意思理解"，他甚至反问："这可能意味着什么？"与此相反，我认为谢教授是在努力提出一个方案,试图解决这些儒学术语使用混乱的状况。当然,我还是不赞同他的观点,并回应了他,希望他在使用"Neo-Confucianism"时,应该对涉及的学派或学者及其主张做出说明。这些年我一再呼吁,我们在使用术语去指代特定语境中的儒学派别或群体时,应该更加清晰,否则就像我们通常看到的,学者们需要对讨论的儒学圈子、谱系或群体加以不同的限定,但这很容易引起混淆。

一些学者朋友质疑这种关于儒学术语的界定或者儒学内部的分别是否真的如此重要,毕竟所有的儒者,尤其是宋明时期的儒者,都有许多共同点和相似的思想。通过对当前的儒学研究方法进行反思,是今天的中国朋友理解历史时期不同儒家术语之间差异的一种方法。关于中国香港、台湾地区的儒者也有其他提法,但许多大陆学者在港台地区学者普遍使用的"新儒家"和他们所使用的"当代儒者"之间做了严格的区分,比如在《何为普世? 谁之价值?》一书中,来自北京和上海的年轻哲学教授们将自己和港台地区的"新儒家"清楚地区分开,他们不把"新儒家"视为真正的儒家,并且谴责"新儒家"以向西方投降、接受西方的术语和预设作为与西方学术界对话的起点。[①]

四、疑问道学

道学作为一个范畴与其演变有关,即它从一个儒家团体逐渐发展为一个政治派别,进而成为一个哲学思想流派,最终确立为国家正统,一些当代学者从该演变过程发现两个问题。首先,正如复旦大学有学者指出,宋代的道家要早于儒家使用"道学"指称自己的学说,即使在一些宋儒采用它来区分其他宋儒群体之后,道家仍然使用这个术语。在我看来,正是由于程颐、吕祖谦、朱熹和其他宋儒不顾道学在道教中的用法而坚持采用,道学的意义才由此得到强化,他们显然不愿意放弃先秦儒家

---

① 曾亦、郭晓东编:《何谓普世? 谁之价值?》,上海:华东师范大学出版社, 2013 年。

对"道"的使用；而且，很有可能因为道教将"道学"作为身份认同的标识，才使程颐等人注意到这个标签在与其他儒家派别竞争时具有强大优势。因此，虽然道教更早使用了"道学"，但这非但没有降低，反而有可能使我们注意到，程颐大胆使用了该术语来识别他和程颢所认同的学术圈子。

有个有趣的比较，一方是程颐和朱熹对道教术语"道学"及其演变的借用，另一方是西方术语"Neo-Confucianism"使用的变化。最初，"Neo-Confucianism"被清代的耶稣会士用来指称程朱学派，然而，他们的目的是借此批评朱熹彻底改变并破坏了孔子和孟子的学说，将儒学变为一种次等学说或者所谓的"新"儒学。苏费翔新近的研究讨论了"Confucian""Confucianism""Neo-Confucian""Neo-Confucianism"等术语在 17 至 19 世纪的欧洲之使用，证实"（Neo-）Confucianism"在使用初期具有比较负面的涵义，后来逐渐成为正面的用语。[1] 尽管这一术语来源于对朱熹哲学思辨的批评，卜德（Derk Bodde）在翻译冯友兰的《中国哲学简史》和《中国哲学史》时还是借用了它。此后，"Neo-Confucianism"的倡导者忽略了这个术语最初的贬义，用它来宣传宋明时期的儒学。狄培理教授专门使用这个术语来强调他观察到宋代儒学如何超越古代儒学——正如他将《新约》视为是对《旧约》的超越一样。因此，虽然狄培理和耶稣会士同样有着天主教信仰，但在关于"Neo-Confucianism"的看法上，他与清代耶稣会士的观点颇为不同，且更为积极。

其次，从北宋晚期开始，越来越多的儒者对"道学"的标签非常反感，并加以反对。1980 年代，刘子健教授认为，"道学"作为一个标签实则来源于那些道学的批评家们。在与苏费翔合作的《文化权力与政治文化——宋金元时期〈中庸〉与道统问题》中，我使用了一个关于道学恶名的极具说服力的例子，即年轻的郝经婉拒了赵复的太极书院助手发出的

---

[1] 苏费翔：《创新与宇宙论："（Neo-）Confucianism"一词早期的用法》，《湖南大学学报（社会科学版）》2020 年第 3 期，第 29—34 页。

加入道学群体之邀请。郝经不仅追溯其家学的北方渊源至程颢这里,还批评朱熹的排他性道学阐释主导了都城的学术界。他说,圣人在世的黄金时代,人们追随"道"的指引却并不给自己贴上"道学"的标签,与此相反,后世开始使用"儒"这样的标签,激起了不和谐,而当某些小群体自我标榜为"道学"之后,冲突愈加尖锐。最后,他严厉警告:道学对于中国北方的危害会远大于南宋所经历过的。郝经称:

> 故儒家之名立,其祸学者犹未甚;道学之名立,祸天下后世深矣。岂伊洛诸先生之罪哉?伪妄小人私立名字之罪也。其学始盛,祸宋氏者百有余年。今其书自江汉至中国,学者往往以道学自名,异日祸天下,必有甚于宋氏者。①

虽然郝经很快缓和了自己的立场并成为道学中的一员,但他仍然试图强调周敦颐和二程学说在北方传播的重要性,以此对抗或平衡深受朱熹影响的日趋狭隘和教条的道学。当然,"道学家"最终演变成为卫道士和学究们的贬称。如狄培理教授指出,黄宗羲曾对"道学"的教条和迂腐表示出蔑视。遗憾的是,狄培理教授所指责的那些人正是我关注并认同的"道学"群体。显然,狄培理教授忽视了我的观点,即道学的构成及其意义在宋代以降发生了根本性的变化。尤其在 1180 年代之前,道学的领袖们,特别是吕祖谦,代表了一个更广泛、更经世致用而较少教条化的学术团体和政治派别,他们倡导通过改革来改善社会和政府治理。南宋以后,"道学"的范围日益缩小,成为"正统"的代称,进而演变为一个贬义的术语。若能对这个问题深入探讨,将有助于考察宋、金、元和明清儒学的变迁。但是,有的哲学家和历史学家们通常将这些复杂而重大的演变视为枝蔓,有的历史学家甚至倾向于关注历时性的变化,不愿面对道学演变的复杂性。

---

① 郝经:《郝文忠公陵川文集》卷二三《与北平王子正先生论道学书》,《北京图书馆古籍珍本丛刊》本第 91 册,北京:书目文献出版社,1988 年,第 682 页。

五、吕祖谦与道学

　　道学作为范畴性用语的第三个问题是,一些学者反对我主张吕祖谦在淳熙八年(1181)早逝前的至少10多年时间里一直是道学主要领袖的观点。我在《朱熹的思维世界》里提供了重要证据,证实吕祖谦不仅是宋代最博学、最具影响力的家族传承中独具天赋的继承者,远不止是一位"纯粹的历史学家"。而且吕祖谦的知识对朱熹影响颇深,从朱熹关于《易经》和《诗经》的观点中,足以看到此点。通过下面这段朱熹为吕祖谦撰写的祭文,可见朱熹对吕祖谦在学术、经学研究、道学和其他重要领域的作用表达了特别的敬意:

> 　　天降割于斯文,何其酷耶! 往岁已夺吾敬夫,今者伯恭胡为又至于不淑耶! 道学将谁使之振,君德将谁使之复? 后生将谁使之诲? 新民将谁使之福耶! 经说将谁使之继? 事记将谁使之续耶! 若我之愚,则病将谁为之箴? 而过将谁为之督耶! 然则伯恭之亡,曷为而不使我失声而惊呼,号天而恸哭耶![1]

当然,一些人会对朱熹的赞辞很不以为然,这毕竟是为最亲密的朋友写祭文,正如美国谚语所说:不要诋毁逝者。根据我对朱熹与吕祖谦约20年间的亲密友谊和学术合作的研究,我相信朱熹真诚地评价了吕祖谦在学术圈、公共领域与道学团体中所发挥的作用,而这一历史评价后来被朱熹对这位老朋友的激烈批评遮蔽了。

　　我在 *Confucian Discourse and Chu Hsi's Ascendancy*(1992)中讨论了朱熹在道学领袖中的支配地位,尤其在随后增订的《朱熹的思维世界》中文版中,讨论了朱熹如何成为经典注疏和解释的权威、道学领袖,以及

---

[1] 朱熹:《晦庵先生朱文公文集》卷八七《祭吕伯恭著作文》,朱杰人、严佐之、刘永翔主编:《朱子全书》第24册,上海:上海古籍出版社、合肥:安徽教育出版社,2002年,第4080页。

为何会对曾经多方帮助过他的故友提出激烈批评,[1]此不赘述,但仍有两点需特别指出。

首先,朱熹的祭文如此重要,其中一个原因,是朱熹借此宣称他有必要也有把握从此肩负起吕祖谦所扮演的全部领导角色。换言之,朱熹自称继承了从张栻、吕祖谦以来的道学领袖的衣钵,承认吕祖谦的领袖地位,实际上就是在提高朱熹自己的地位。讽刺的是,朱熹却批评陈亮也声称他与吕祖谦有着特殊的关系。事实上,在与陈亮会面并互通书信后,让朱熹担心的是,陈亮对于吕祖谦的史学研究和社会政治观点的偏好达到了极端危险的境地,并推动这种思想向中国东南其他地区传播。除了吕祖谦的史学研究对其政治哲学产生影响,朱熹还担忧由于吕祖谦对其他学者的宽容,导致像陈亮(朱熹指责陈亮缺乏吕祖谦的宽容品格)这样的浙东学术领袖放弃所有的道德标准和原则。在淳熙十五年(1188)给皇帝的奏疏中,朱熹甚至抱怨浙东学者不能"区分是非"。重要的是,朱熹认为所有这些危险的发展都根植于吕祖谦的学说与倾向,这体现在他赞同弟子对吕祖谦的批评:"东莱博学多识则有之矣,守约恐未也"。[2]

其次,朱熹所标榜的领袖地位,特别是他后来对吕祖谦的批评,显然影响到后世学者对吕祖谦的评判,他们不认为吕祖谦是一位严肃的思想家,甚至否认他与道学有任何关系。祝平次将道学的起点定为淳熙八年(1181),值得注意的是,这正是朱熹为吕祖谦写祭文的时候,这使得吕祖谦看起来不可能属于他生前根本不存在的团体和学派。[3] 这种观点否定

---

[1] 田浩:《朱熹的思维世界》(增订版),该书比其英文本 *Confucian Discourse and Chu Hsi's Ascendancy* (Honolulu: University of Hawaii Press, 1992)增加了30%的篇幅。

[2] 黎靖德编,王星贤点校:《朱子语类》卷一二二,北京:中华书局,1986 年,第 2949 页;参田浩《功利主义儒家:陈亮对朱熹的挑战》,第 153—161 页;《朱熹的思维世界》(增订版),第 141—146、196—199 页。

[3] Chu Ping-tzu, "Tradition Building and Cultural Competition in Southern Song China (1160—1220): The Way, the Learning, and the Texts," Ph. D. dissertation, Harvard University, 1998.

了北宋晚期或南宋初期道学的存在。还有一种观点则倾向于简单地认为吕祖谦的思想和道学不同。在我看来,这样的断言只是将朱熹视为道学的标准,以朱熹的主张和阐释作为对其他儒家及其实际情况准确而完整的描述。假设朱熹是道学的开创者并左右道学的发展,那么,吕祖谦和朱熹的任何明显差异都意味着吕祖谦与道学不同,吕祖谦也从未参加过道学这个社会和学术团体、政治派别。朱熹是中国文化中如此权威的人物,许多传统和现代学者都将他的主张和学说视为金科玉律。

或许有人质疑,既然我强调吕祖谦在乾道四年至淳熙八年(1168—1181)间的道学领袖地位,为何吕祖谦比朱熹更少使用"道学"一词?[①] 部分原因在于二人问学路径的广博与全面程度如何,以及他们的政治目标对于他们的道学观念有何种重要的影响。比如,吕祖谦比较为年长的朱熹更早提到道学是一个政治派别("党"),可以说,相比于朱熹,道学内部社会与政治联盟的合作对于吕祖谦而言更为重要,吕祖谦可以为了整个道学的政治目标而接纳更广泛的哲学思想。而且,为了教化的目的,朱熹倾向于将复杂的思想简化为道德选择。简言之,朱熹对"道学""醇儒"以及"道统"的使用,特别是在淳熙八年以后,日益为他试图领导一个更为团结的道学圈子的目的服务。

上述是我对朋友和同仁提出的一些重要问题的回应,希望这些思考有助于理解我的观点。自从 1982 年和 1992 年我的朱熹研究专著出版之后,学界逐渐发表了一些重要成果,因此,本序下篇旨在将本书与这些新的研究方向联系起来。我相信朋友和同仁会继续挑战我的观点,这将使我更加严谨、深入和广泛地考察儒家过去和现在的思想及活动。

[①] Hilde De Weerdt, Review of *Die Aufhebung des Politischen: LüZuqian* (1137 – 1181) *und der Aufstieg des Neukonfuzianismus* by Kai Marchal. *China Review International*, 2012 (19.3): 468—473, especially p. 472.

下篇　朱熹与张栻、吕祖谦、陈亮、陆九渊互动述略①

在和朱熹同时代的儒家当中,起先是张栻(1133—1180)、吕祖谦(1137—1181),其后是陈亮(1143—1194)和陆九渊(1139—1193)等人,他们不但对朱熹的思想体系贡献了若干思想概念,而且朱熹在回应他们的观点或立场的过程中,他们也启发或刺激了朱熹更进一步地发展自己的思想。因此为了突出朱熹同时代学者的重要性,我曾以个案研究对比朱熹早期与张栻、吕祖谦的互动及其后来与陈亮、陆九渊的互动,以及朱熹如何在淳熙八年(1181)在为吕祖谦写的悼词中开始宣称他自己是道学唯一的权威。② 淳熙八年之后朱熹在道学群体中变得更为重要,他有时甚至对其他学者不屑一顾。

朱熹对其同时代儒家的品评影响了宋代以后直至 20 世纪的学者,因此长期以来相当一部分学者并不重视朱熹同时代的儒家,甚或将他们描述为与朱熹思想完全敌对的竞争者。在阅读近些年的研究成果时,可以明显地看出 20 世纪 90 年代初成为一个转折点,许多中国学者对朱熹同时代的思想家给予了特别的关注,并对他们进行更为客观公允的评价。例如,蔡方鹿教授出版了《一代学者宗师:张栻及其哲学》③,朱汉

---

① 本序下篇来自我参与撰写的由香港中文大学黄勇、吴启超两位教授主编的《朱熹哲学的指南》(*The Dao Companion to Zhu Xi's Philosophy*)第九章《朱熹与其同时代的儒家》("Zhu Xi's Contemporaries"),多德雷赫特(Dordrecht):施普林格出版社(Springer),2020 年。在撰写过程中,我从与 2016—2017 年度亚利桑那州立大学国际语言文化学院的两位访问学者——浙江师范大学马克思主义学院的刘玉敏和华东师范大学古籍研究所的任仁仁以及普渡大学历史系田梅(Margaret Mih Tillman)的讨论中受益良多。下篇的第一和第二部分由任仁仁翻译,湖南大学岳麓书院的殷慧和亚利桑那州立大学图书馆的刘倩在百忙之中修改了译稿,发表于《湖南大学学报(社会科学版)》2018 年第 1 期,第 16—22 页;第三和第四部分修改后作为本序的下篇,由武汉大学历史学院的陈曦翻译,在此谨向他们略表谢忱。
② 朱熹:《晦庵先生朱文公文集》卷八七《祭吕伯恭著作文》,朱杰人、严佐之、刘永翔主编:《朱子全书》第 24 册,第 4080 页;另,引文和解释参见上文。
③ 蔡方鹿:《一代学者宗师:张栻及其哲学》,成都:巴蜀书社,1991 年。

民、陈谷嘉教授合著《湖湘学派源流》①,潘富恩和徐余庆教授合著《吕祖谦评传》②,张立文教授对陆九渊的思想有较深入的研究③,徐纪芳教授则探讨了陆九渊的弟子情况④。笔者 20 世纪 80 年代的论著对陈亮的思想及其与朱熹的论辩给予了正面积极的重新评价,80 年代之后,这一观点开始在学界得到较为广泛的传播。此外,笔者在 1992 年出版了 *Confucian Discourse and Chu Hsi's Ascendancy*,并于 1996 年和 2009 年分别出版了《朱熹的思维世界》一书的中文版与增订版,论述了朱熹同时代儒家对朱熹思想观念及道学权威的影响远比传统观点所承认的要大得多。笔者的上述著作以及与狄培理在《东西方哲学》(*Philosophy East and West*)⑤上的辩论,敏锐地唤起学界以严肃认真的态度来对待朱熹同时代学者的研究,将这些学者一方面视为自身强大的思想家,另一方面视为在道学发展及朱熹思想主流化过程中的关键对话者。因此,笔者的论著大致可以代表这一重大转折,即将朱熹置身于与其同时代学者环境中来开展研究。20 世纪 90 年代以来,许多学者通过强调朱熹同时代思想家的贡献和他们致力于社会政治的改革与提升道德修养延续了这一转折。比如余英时先生对他们共同的政治和社会改革的蓝图给予了极大关注。⑥

---

① 朱汉民、陈谷嘉:《湖湘学派源流》,长沙:湖南教育出版社,1992 年。

② 潘富恩、徐余庆:《吕祖谦评传》,南京:南京大学出版社,1992 年。

③ 张立文:《走向心学之路:陆象山》,北京:中华书局,1992 年。

④ 徐纪芳:《陆象山弟子研究》,台北:文津出版社,1990 年。

⑤ Hoyt Tillman, "A New Direction in Confucian Scholarship," *Philosophy East and West* (1992) 42.3:455—74. Wm. Theodore de Bary, "The Uses of Neo-Confucianism," *Philosophy East and West* (1993) 43.3:541—55. Also Hoyt Tillman, "The Uses of Neo-Confucianism, Revisited," 44.1 (1994):135—42. 二文中文版参见田浩:《儒学研究的一个新指向:新儒学与道学之间差异检讨》,载田浩编:《宋代思想史论》,北京:社会科学文献出版社,2003 年,第 77—97 页;并见田浩:《儒学研究的新方向:对"新儒学"与"道学"之区别的考察途径》、狄百瑞:《新儒学一词的使用:回应田浩教授》,载伊沛霞等主编:《当代西方汉学研究集萃(思想文化史卷)》上海:上海古籍出版社, 2012 年,第 1—37 页。

⑥ 余英时:《朱熹的历史世界:宋代士大夫政治文化的研究》,北京:生活·读书·新知三联书店,2004 年,第 400—457 页。

本部分以与朱熹同时代的思想家张栻、吕祖谦、陈亮、陆九渊为中心展开论述。其他同时代的思想家也简短亮相,帮助传达这些主要思想家之间的联系与互动,以及展示朱熹时代儒家团体的分支之内与之间各种思想的消长。虽然许多与朱熹同时代的儒家在20世纪的大多数时期没有在学界获得足够的关注,但近年来相关研究成果相当可观,所以本序只能选取其中一些成果来描绘总体格局,旨在提供一个概述,阐明20世纪90年代初期学术界对这一问题的转变以及其后相关研究的重要轨迹的方方面面。总之,因为共同尊奉儒家经典及北宋主要的儒家思想,朱熹与同时代的儒学家就其道德、哲学和政治目标的各个方面以及达成方法的不同处进行了富有成果的讨论。

一、张栻与湖湘学派

洞庭湖与湘江流域即今天的湖南、湖北一带,在公元12世纪变得十分重要,很大程度上是因为两个外来家族:从福建北部迁来的胡氏家族和四川迁来的张氏家族。胡安国(1074—1138)宣称自己是二程的追随者,奠定了道学湖湘学派的思想基石。此外胡安国还与二程的重要弟子之一杨时(1053—1135)一起编纂了一本记录二程语录之书的早期版本。胡安国最主要的著作是对《春秋》的注解,其中强调抵抗"蛮夷",这一注本后来成为13世纪直至17世纪中的官方经典注本。在胡安国去世之后,宋朝皇帝赐给他们土地,恢复了胡家的经济保障。胡宏(1105—1161)的著作《皇王大纪》继续了其家族对国家的历史与政治的关注。这种关注在他的重要哲学著作《知言》中也表现得相当明显。虽然很多学者专注于胡宏在《知言》中有关"性"的哲学阐发,但是叶翰(Hans van Ess)教授论证了更广阔的政治背景。世袭王朝的正统性和外族的征服等政治问题构成了这部书的主要框架。其书第一章讨论天命,最后一章讨论宋朝被女真占领的"中原"地区。与通常对"体"和"理"的哲学解释不同,胡宏认为这些概念意味着统贯、治理、条理事物的意思。① 因此他醉心于重建社会和政治的秩序,同时他还主张恢复古代理想模式——井田制,即政府分给家族或宗族土地,以此作为经济基础或制度的先决条件。

大多数学者关注《知言》中关于"心"和"性"的哲学观点,但这一点遭到朱熹的质疑与谴责。胡宏论及:"天命为性,人性为心。"②又如:"性不能不动,动则心矣。"③朱熹认为胡宏误解了"性"的含义,将之与"心"甚至人的情感相混淆。朱熹认为人性的本质就像天理存于人性一样,以此作为其哲学中心,因此他批评胡宏忽略了人性和天理的重要性。而对胡宏而言,这种天理仅仅是抽象的理,作为人行动中追求的鼓舞人心的目标。虽然胡宏对佛学怀有敌意,但朱熹认为胡宏有关"心"和"性"的概念本质上是佛教的。④ 尽管如此,胡宏认为自己是道学的领军人物,同时他还告诫他的学生:"道学衰微,风教大颓,吾从党以死自担……"⑤作为胡宏的学生,张栻继承了他的道学使命,并且继续修订《知言》。张还是1130年间主战派领袖宰相张浚（1097—1164）之子。因为有如此非凡的背景,加之他的学识和不同寻常的仕途经历以及他在岳麓书院这一为宋朝官方首个认可的书院所具有多年的主讲身份,所以尤其从1164年至1168年,张栻成为道学群体中的领军人物并不奇怪。他和吕祖谦被广泛认为是朱熹最亲近的朋友,朱熹还曾称赞张栻为"道学之懿,为世醇儒"⑥。

① Hans van Ess(叶翰),"Hu Hong's Philosophy," in John Makeham, ed., *Dao Companion to Neo-Confucian Philosophy* (Dordrecht: Springer, 2010), 110—115.

② 胡宏:《胡宏集》,北京:中华书局,1987年,第4页。

③ 胡宏:《胡宏集》,第336页。

④ Hoyt Cleveland Tillman, *Confucian Discourse and Chu Hsi's Ascendancy* (Honolulu: University of Hawaii Press, 1992), 30—36;田浩:《朱熹的思维世界》(增订版);Hans van Ess, "Hu Hong's Philosophy," 110—115.

⑤ 胡宏:《胡宏集》,第147页.

⑥ Hoyt ClevelandTillman, and Christian Soffel, "Zhang Shi's Philosophical Perspectives on Human Nature, Heart/Mind, Humaneness and the Supreme Ultimate," in John Makeham, ed., *Neo-Confucian Philosophy*. (Dordrecht: Springer, 2010), 126.

17 世纪的中国首部思想史《宋元学案》给予张栻以不朽的评价："南轩似明道,晦翁似伊川。"①基于这个评价,牟宗三先生进一步评价认为,相比朱熹和陆九渊,张栻则更接近孟子。牟先生同时指出张栻没有成功地维护程颢和胡宏的孟子传统,也正是张栻后来对朱熹的观点的让步最终导致朱熹的边缘观点成为宋代至 20 世纪的正统思想。虽然笔者对牟先生有关张栻与程颢两人思想之间的紧密联系以及湖湘学派衰微的某些判断加以强化,但笔者强调张栻生前的显著地位及其对朱熹观点的影响,特别是"修身"和"仁"两方面。从近四十年来中国学界对张栻的研究来看,以上观点在当代中国学者中依然产生共鸣。② 两个值得注意的例子足以论证这一点。哲学家向世陵教授称赞张栻是湖湘学派的整合者,不过他也认为张栻从未对胡宏有关"性"的观点获得一个完全的突破,而是在与朱熹争论的过程中放弃了湖湘学派的特色③。李可心则批评张缺乏主动性和创造力,对工夫的过度强调导致其哲学思想的声音为朱熹的所湮没。此外,张栻关于性与心的观点亦充满矛盾。④

张栻有关心和性的观点,特别是其与孟子、程颢和胡宏的关系,实际上非常复杂。孟子认为人心本善,程颢则以为人们不能否定恶也是人性。胡宏拓展了这一观点,并认为性超越了善与恶,有些出乎意料的是,他认为性是绝对的并且是所有事物的基础。张栻通过将人性等同于万事万物的理,从而进一步发展了胡宏的说法。而孟子将"(人)性"一词作为人与其他动物和事物的区别,因此他们都背离了孟子这一倾向。与此同时,张栻并不认同胡宏认为人性不分善恶的观点,这也表明张栻更倾向于孟子的观点。尽管如此,孟子认为"四端"即"恻隐之心""羞恶之心""辞让之心""是非之心"在人性中比"四德"(即"仁""义""礼""智")的表

---

① 黄宗羲原著,全祖望补修,陈金生、梁运华点校:《宋元学案》卷五〇《南轩学案》,第 1609 页。
② 邹锦良:《张栻研究四十年:成就与不足》,《西华大学学报》2015 年第 1 期,第 30—35 页。
③ 向世陵:《善恶之上:胡宏·性学·理学》,北京:中国广播电视出版社,2000 年。
④ 李可心:《由心的出入问题反思张栻之学的式微——兼理学的内在展开与时代性》,载周景耀主编:《斯文:张栻、儒学与家国建构》,北京:光明日报出版社,2016 年。

现更为基本。但张栻认为"四德"属于性,而"四端"则属于心。张栻将"德"的未发状态与性相联系,但其已发状态则与心联系,因此,与孟子不同,他在人性与心之间做了一个强烈的对此。但是张栻断定人性包含着所有的理或准则,他也表示理和心两者并无差异,没有必要将两者相整合,朱熹则否认两者是一致的。张栻曾谈到:"心也者,贯万事,统万理,而为万物之主宰也。"[1]有些出人意料的是,虽然他认为理和心几无二致,但张栻反对将心简单地看作理。此外,除了将"恶"解释为人的身体与其他事物互动而产生的自然结果,张栻还通过描述利与义之间的矛盾斗争进而将人欲与天理相对立。这种人性和天理之间对立性的矛盾冲突使其与二程中的程颐的理论更加相近。[2]

近年以来,研究日益细致深入,尤其是有关张栻对"性"和"太极"的研究。此外,在 2015 年于四川德阳召开的有关张栻的研讨会中所收录的 27 篇论文正反映了张栻研究的多元化和广度。[3] 例如,论文的范围从张栻对经典——尤其是《易经》和《诗经》——的解释一直到其礼学思想,甚至包括其教育观点对当今学校教育的现实意义。2017 年 11 月,湖南大学岳麓书院举办纪念"朱张会讲"八百五十周年学术研讨会,也分发了《张栻师友门人往还书札汇编》一书[4]。总而言之,近些年有关张栻的研究十分活跃,他对道学发展的贡献在学界有了更加广泛的认可。

数百年以来,有关张栻思想的讨论,大都集中于他在朱熹自身思想综合成熟的过程中所担当的辅助角色,尤其是张栻关于修身方面的观点,而非张栻本身的思想体系。儒家经典《中庸》所提倡的是在恰到好处的范围与程度内,情感被激发之前达到的一种中的均衡理想状态以及情

---

[1] 张栻撰,杨世文点校:《张栻集》卷一二,北京:中华书局,2015 年,第 938 页。
[2] 更详尽的解释,参见田浩:《朱熹的思维世界》(增订版)第二章;蔡方鹿:《一代学者宗师:张栻及其哲学》。
[3] 周景耀主编:《斯文:张栻、儒学与家国建构》。
[4] 任仁仁、顾宏义编撰:《张栻师友门人往还书札汇编》,北京:中华书局,2018 年。(当时在长沙会议上分发的只是此书样本。中华书局正式出版发行此书的日期为 2018 年 1 月 22 日。)

感已发后达到的和谐状态。① 程颐提高了修身的要求,他要求其弟子保存和培养这些情感,当它们在心中被唤起,并在这些情感被心表达之后,需要检验它们。身处湖湘的张栻遵循胡宏的观念,认为性和心本质上是一样的。因此他主张在行动中拓展认识,而不是关注在静坐和修身中培养性情。②

在这个问题上朱熹受到杨时的影响,杨时在福建以二程学说为基础发展出另一套传统,主张在感觉被唤起前静坐冥想,不过,朱熹善于分析的倾向使得他对杨时的方法有所不满。因为仰慕张栻的学问,朱熹在乾道三年(1167)前往岳麓书院与其论学。在两人当面论学的过程中,张栻说服朱熹将未发状态与性相联系,将已发状态与心相关联。朱熹回到福建之后,给张栻的四封信证明他接受了张栻这一观点的转变过程,但不久之后,朱熹就声明这四封信中的观点是错误的。他还抱怨在放弃了杨时静修沉思的方法后,他觉得在道德要求上有所下降。乾道五年(1169)他写信给张栻,宣称这两种状态,都属于心的体用(实质和功能)。乾道八年(1172)他在《中和旧说》中的序言中,阐明了他思想的变化,以及怎样达到他所认为的正确中和观点的历程。③ 这一变化的取得一方面由于朱熹对闽学的继承与超越,另一方面在于他不但得益于湖湘学者的启发,而且还超越了湖湘学派,这标志着朱熹相信自己在思想上的成熟和在道学中的权威有了一个重大突破。朱熹称张栻接受了这一新的思想体系,但是很难找到张栻在这一问题上态度改变的文献记载,因为朱熹在编纂张栻的文集时,并没有将张栻所有的书信和著作纳入其中。④

张栻与朱熹有一系列交流,试图通过重新定义“仁”的本质来修正失

---

① 苏费翔、田浩著,肖永明译:《文化权力与政治文化——宋金元时期的〈中庸〉与道统问题》第一章。

② 苏铉盛:《张栻的中和说》,载陈来主编:《早期道学话语的形成与演变》,合肥:安徽教育出版社,2007 年。

③ 陈来:《朱熹的〈仁说〉与宋代道学话语的演变》,载陈来主编:《早期道学话语的形成与演变》。

④ 田浩:《朱熹的思维世界》及 Tillman and Soffel, "Zhang Shi's Philosophical Perspectives."

衡的或片面的观点，尤其是二程及其许多门人思想中忽略仁之爱、过分强调道德及天理的那些部分，但是张栻对朱熹在此方面的影响同样难以证明。几个世纪以来，朱熹对"仁"的终极定义，即"爱之理"和"心之德"一直为人所称道。许多传统的和 20 世纪的学者甚至断言张栻折服于朱熹的观点，以至于张栻最后完成的文章实际出自朱熹之手。① 尽管如此，刘述先先生和笔者指出朱熹在其后与吕祖谦弟弟吕祖俭的书信中声明"心之德"的提法是张栻的建议，但是这一建议起初遭到了朱熹的拒绝。② 更重要的发现则源于陈来在 20 世纪 80 年代发现了张栻的《张子太极解义》，这本书说明了张栻在提升周敦颐（1017—1073）在道学中地位的重要作用，然而长久以来周敦颐地位的抬升几乎完全归功于朱熹。③ 这些新的发现表明，相对于传统的研究而言，近些年学界对张栻对朱熹的影响这一议题给予了更多的承认与肯定。

二、吕祖谦与浙东学派

浙东儒学与湖湘地区的儒者有着紧密的联系和频繁的互动。这种关联很大程度上植根于二程道学的两大分支——胡氏家族与吕氏家族之间的友谊。张九成（1092—1159）是连接这两个地区的另外一个纽带，他的心学观念对胡氏及吕氏家族皆有影响④。此外浙东与湖湘儒者都有着对国家强烈的使命感而且他们都极力主张赶走占领中原腹地的女真人。因为吕氏家族从 10 世纪晚期到 12 世纪末涌现了许多达官显贵和

---

① Wing-tsit Chan, *Chu Hsi*：*New Studies*. Honolulu：University of Hawaii Press. 1989；另有中译本《朱子新探索》，上海：华东师范大学出版社，2007 年。
② 刘述先：《朱子的仁说、太极观点与道统问题的再审察》，《史学评论》第 5 期，第 173—188 页；Tillman，*Confucian Discourse*，Chapter 3；田浩《朱熹的思维世界》（增订版），第三章。
③ 苏铉盛：《张栻的〈太极解〉》，载陈来主编：《早期道学话语的形成与演变》，合肥：安徽教育出版社，2007 年。邓广铭：《关于周敦颐的师承和传授》，载季羡林主编：《纪念陈寅恪先生诞辰百年学术论文集》，北京：北京大学出版社，1989 年。
④ 刘玉敏：《心学源流：张九成心学与浙东学派》，北京：人民出版社，2013 年；杨新勋：《张九成集》前言，杭州：浙江大学出版社，2013 年，第 1—46 页。

知名学者,这种家族的光环对吕祖谦的思想和行动产生了重要影响。带着吕氏家族对宋王朝的忠诚和乐观,他大部分时间投身于编纂史学、制度方面的著作,以求更好地理解和改进治国之道。

吕氏家族长期以来以其博学于中原文献而闻名,同时并不局限于师承一家或狭隘的学派思想。但就像蒋伟胜认为的,吕家中原文献的藏书注重北宋特别是二程及张载(1020—1077)的著作,这也成为吕祖谦思想的核心观点。① 因此吕祖谦非常自然地表达他治学方法(被牟宗三总结为一元论的,马恺之称为有机整体的)②的深度和广度,同时将经典和历史、修身、政治及制度活动相结合。③ 他对道学早期思想家的贡献持认可态度,并试图保存他们著作的原貌,所以他曾批评朱熹对周敦颐的《太极图说》评点。④ 在此之前,他还为了维护胡宏的原本而反对朱熹修订、改变胡宏的《知言》。基于程颢、张九成、张栻对"心"的强调,吕祖谦直接通过"理"来分析"心"。与此相反,朱熹关注程颐的"性即理"来建立他有关人性的观点,但他并不认为心即是理。但朱熹倾向把天理和人欲视作互相敌对的二元,吕祖谦认为在天理和人欲之间,人的情感会寻求和谐甚至互相融合。因此吕祖谦在修身方法上更加倾向于张栻,即在行动中审视自己的实践,而不是像朱熹所说的那样先冥想而后再实践。

吕祖谦认为修身应更多地在现实世界多加实践并学习"实学",这种经世致用的传统成为浙东儒学一大特征。这种实学也运用了这样的口

---

① 蒋伟胜:《吕祖谦"得中原文献之传"考辨》,《浙江工商大学学报》2016 年第 4 期,第 34—39 页。

② 牟宗三:《心体与性体》第 2 册,台北:正中书局,1968/69 年,第 1—21 页。另参见 Kai Marchal(马恺之),"Lü Zuqian's Political Philosophy," 收入 John Makeham, ed., *Dao Companion to Neo-Confucian Philosophy* (Dordrecht: Springer, 2010), 202.

③ 牟宗三:《心体与性体》第 2 册,第 1—21 页。另见 Marchal, "Lü Zuqian's Political Philosophy," 202.

④ 吕祖谦撰,黄灵庚编:《吕祖谦全集》卷一六,杭州:浙江古籍出版社,第 589 页。另见 Marchal, "Lü Zuqian's Political Philosophy," 202。

号:"不贵空谈,而贵实行"和"切用于世"①。因为吕祖谦思想当中修身和实学互相融合,正如事功学、功利学说与朱熹的道学学说有某些互通之处一样,所以两者之间并不是截然对立的。②

吕祖谦和朱熹的主要合作在于书院教育方面。笔者曾强调他们两人对书院发展的重要作用,并论及吕祖谦对朱熹在建设书院方面所起到的促进作用。在朱熹从事书院教学之前,吕祖谦就有大量的门生以及在怎样发展书院方面有着丰富的经验。更重要的是吕祖谦帮助朱熹重建白鹿洞书院,还为这座著名的宋代书院撰写了《白鹿洞书院记》。朱熹为他的学生制定治学方向,并成功地通过书院教学来提升其在经典解读及道学正统方面的权威地位,以至于朱熹在书院教育方面所发挥的影响很快遮盖了这位故去友人的光芒。

因为致力于治国之道的研究,吕祖谦将其大部分时间投身于研究古代和当时历史的演变,以求更好地理解现实并从中总结治理国家的经验教训。比如他曾告诫学生应该从历史中观察事物如何变化,而不是将历史只看作是记忆中大量的历史事件。吕祖谦还对其门生提到,在阅读历史文献时,应该先停下来设身处地地考虑,把自己置身于当时的情况下,怎么找到解决的办法并会产生什么样的结果。③ 吕祖谦的许多史学著作是在讲学的同时完成的。比如他所作的《东莱博议》是为了指导学生如何在科举考试中写策论。可惜的是他的《大事记》只编到了公元前90年。在他病重直到去世前他都努力接续《左传》这一记录历史的传统。他的史学著作特别关注制度的发展,比如他的《历代制度详说》辑录了历代制度方面的史料。

吕祖谦和朱熹在史学研究方面有些主要分别。朱熹特别注重经的

---

① 潘富恩、徐余庆:《吕祖谦的实学思想述评》,《复旦学报》1992年第6期,第41—46页。
② 蔡方鹿:《论吕祖谦的经世致用思想》,《中共宁波市委党校学报》2014年第3期,第30—36页。
③ 田浩:《朱熹的思维世界》(增订版)第四章。

地位,吕祖谦则认为经与史同等重要。同时他们两人都认为上古三代才是黄金时代,朱熹将天理和修身之道作为概念上的准则,但吕祖谦更关注制度所产生的历史结果。在对历史人物的评价方面,朱熹关注道德问题,吕祖谦则更注重制度因素。在评论历史学家方面,朱熹首先看他们的道德修养,吕祖谦则较少关注史学家的个性,而是注重用历史来解释历史。朱熹从天理的角度出发来看待历史,但吕祖谦将天理融入到历史当中。①

在西方学界,马恺之(Kai Marchal)教授中对吕祖谦的政治思想及其与朱熹的关系有最深入的研究。这两位道学家都认为通过个人修身进德提升儒家道德理想,进而可以从根本上促成社会和国家的变革。他们在社会和政治的道德楷模中特别是从孟子及北宋儒家那里继承了自信。虽然两人都取法于儒家经典,相对于朱熹而言,吕祖谦更加主张儒家激进的政治改革。因此相较于吕祖谦而言,朱熹倾向于远离国家社会经济政治改革,而更倾向于提高个人及群体的道德修养。吕祖谦在其最后两年对政治上的挫败感到失望,所以如果能像朱熹一样长寿的话,他对儒家道德能在根本上改革社会和政治体制的观点也许会有所动摇。尽管如此,有关儒家政治和制度改革方面的主张成为他们之间主要的不同点②。这些分歧无疑反映了他们在社会政治地位上的差异,然而这些也同时是他们两人思想差异的反映。

比如吕祖谦对王安石(1021—1086)的评价就比朱熹要积极得多,如他认为王安石所进行的制度改革加强了中央政府的力量,使军队战斗力进一步提升,促进了商品经济的发展并提高了国家的行政效率。虽然吕祖谦也批评了王安石,但吕祖谦表达了一个和王安石相同的目标,马恺

---

① 李同乐:《试论朱熹与吕祖谦历史观之异同》,《社科纵横》2012 年第 9 期,第 105—107 页;董平:《论吕祖谦的历史哲学》,《中国哲学史》2005 年第 2 期,第 99—104 页。

② Kai Marchal, *Die Aufhebung des Politischen*:*Lü Zuqian*(1137—1181)*und der Aufstieg des Neukonfuzianismus*(Weisbaden:Harrassowitz Verlag, 2011).

之总结为："通过大规模的重组国家机构以进行全面的制度改革,从而建立一个更加有为的政府以应对社会和政治上的挑战。"①吕祖谦对制度和史学的研究不但为改革提供了具体的制度和理念,还使他比道学阵营中大多数试图通过《周礼》中理想化的描述来恢复周朝的社会和政治秩序的人更加务实。比如在建中元年(780)杨炎两税法的推行消除了在市场上购买土地的障碍后,恢复井田制的目标变得日益渺茫。但吕祖谦仍然很有信心,相信通过实际努力重建宗族谱系、加强地方武装,可以在社会上恢复由来已久的秩序和儒学家庭伦理。比如他曾写到虽然全面复兴古代制度风俗十分困难,但也有可能通过限制私有财产和保留地方武装开始逐步恢复。

马恺之也反驳一些现代学者对吕祖谦的批评,同时这也是对朱熹批评吕祖谦博杂和对最基本的道德概念关注不够的回应。比如朱熹同意一位门人对吕祖谦的描述："东莱博学多识则有之矣,守约恐未也。"②笔者曾指出朱熹对吕祖谦怀有敌意的批评几乎都始于这位好朋友去世之后。在和陈亮以及其他浙东儒者论辩的时候,朱熹认为这是吕祖谦错误的延续。③ 中国现在也有学者指出朱熹后来尖锐批评吕祖谦的一个重要原因在于他追求道学权威并努力限制浙东学派影响力。④

与包弼德教授将吕祖谦描述为"搞分门别类的书生"(compartmentalizing pedant)⑤不同,马恺之举例说明吕祖谦将自我修身与历史中的真实和他所处的社会结合在一起。吕祖谦的许多研究关注探讨自我修身和政治权力之间的关系。为了尽到士大夫的责任进而影响国家统治,他试图说

---

① Marchal, "Lü Zuqian's Political Philosophy," 209.

② 黎靖德编:《朱子语类》卷一二二,第 2949 页。

③ 田浩:《朱熹的思维世界》(增订版)第五章。

④ 刘昭仁:《朱熹与吕祖谦的交谊》,《黄山学院学报》2004 年第 4 期,第 48—57 页。

⑤ Peter K. Bol(包弼德), "Reading Su Shi in Southern Song Wuzhou," *East Asian Library Journal* (1998) 8.2:69—102.

服皇帝来恢复传统的官僚集团对决策及皇帝行为的制衡。① 但朱熹试图说服皇帝自愿地限制自己的权力,吕祖谦则认识到通过制度限制皇权的必要性。皇权倾向于朱熹而非吕祖谦的一大原因在于与朱熹主张关注皇帝内心道德的转变相比,吕祖谦通过制度来限制皇帝行为的方法看起来不合礼法并具有敌意。因此"与其他儒者思想家相比,吕祖谦较早地意识到'道德的内化'的政治结果"。② 至少,吕祖谦在儒者中较早观察到仅仅依赖皇帝的自我修养和德性来治理天下具有局限性,从这个意义上说,他是黄宗羲这类思想家的先驱。

虽然 20 世纪学者们大多忽略了吕祖谦,但自从 1992 年开始学界对此产生了丰硕的研究成果,而且几乎所有的研究都有力支持了笔者对吕祖谦在 1168 到 1181 年之间作为最重要思想家的评价。主要观点包括:1.吕祖谦是一位重要的哲学家及"主盟斯文"者,而不仅仅是社会的精英、史学家和士大夫。③ 2.他建立了浙东学派的思想基础,特别将心的修养与研究历史和经典将结合。④ 3.他的博学并没有削弱他和张载及二程的思想渊源,并且投身于修身。⑤ 4.他作为道学家领袖并不受师承或某个派别的限制。⑥ 5.吕祖谦对朱熹重要影响在于对经典的认识,书院教学和编纂《近思录》等等,在宋代以后他对浙东地区的儒者仍然发挥着重要的影响。⑦

总之,马恺之教授为我们提供了一个令人信服的例子:如果吕祖谦

① 除了马恺之的成果,还可参见徐儒宗:《婺学之宗:吕祖谦传》,杭州:浙江人民出版社,2005年;杜海军:《吕祖谦年谱》,北京:中华书局,2007 年。
② Marchal,"Lü Zuqian's Political Philosophy,"212—18.
③ 潘富恩:《吕祖谦》,昆明:云南教育出版社,2009 年。
④ 杜海军:《谈吕祖谦浙东学术的领袖地位》,《中国哲学史》2012 年第 2 期,第 70—76 页;《吕祖谦门人及吕学与浙东学术的发展关系》,《浙江师范大学学报》2014 年第 2 期,第 21—28 页。
⑤ 刘玉民:《南宋区域学术互动研究:以吕祖谦为中心的考察》,《贵州社会科学》2016 年第 7 期,第 41—46 页。
⑥ 蒋伟胜:《合内外之道:吕祖谦哲学研究》,杭州:浙江工商大学出版社,2012 年。
⑦ 程小青、郭丹:《吕祖谦与朱熹新理学》,《福州师范大学学报》2014 年第 6 期,第 110—115 页。

的思想不仅局限于影响浙江学者，而是取代朱熹的思想影响到整个中国和东亚，那么儒家思想和中国政治文化或许会有完全不同的演进。

三、陈亮

在深受吕祖谦影响的人之中，陈亮最有争议。陈亮来自永康，离吕祖谦的家乡金华很近。但是，陈亮的家世和性格与吕祖谦的截然不同。陈亮的曾祖父大约有200亩土地，但他在北宋末年抗击金军入侵时被杀害，很快，家里被迫卖掉了这些田产。12世纪80年代初，陈亮购回了这些田地。他还是家族中第一个获得科举功名的人。绍熙四年(1193)，陈亮进士及第授金书建康府判官厅公事，数月后在赴任前去世。由于没有胡宏、张栻和吕祖谦家族那样的社会地位，陈亮只能在世途中艰难攀爬；而且，金人入侵对他的生活及来源造成了非常不利的影响，这使他更加热衷于先祖抵御外侮的军事和国家安全观念。他在乾道四年(1168)写下《中兴论》，试图说服皇帝收复中原、重振宋朝。然而，他没有得到任何回应，失望地退修于家，研习道学经典达十年。事实上，乾道九年(1173)陈亮在《三先生论事录序》中谈到政事时极具道学特征，这篇序言在吕祖谦转交给朱熹后，被收录到朱熹文集，直到1982年笔者指出了这个错误。① 淳熙五年(1178)，陈亮在《中兴五论序》中表达了这十年间"杜门求志"仍未能改变其性格、令其内心平静的挫败感。② 同年，他向孝宗连上三疏，继续论列军政大事。前两次上疏后，孝宗的近臣遣使来盘问陈亮的想法，陈亮拒绝与之交谈，继而上呈第三封奏疏，请求拜见孝宗。这些奏疏逐渐引起了孝宗的注意，孝宗拟授其官职，但陈亮憎恶以此博取官位的臆测，以免有辱其进献收复大计之心，故拒绝为官。吕祖谦曾对陈

---

① Hoyt Cleveland Tillman, *Utilitarian Confucianism：Ch'en Liang's Challenge to Chu Hsi* (Cambridge：Harvard University East Asian Studies Monographs, 1982)；并见田浩著，姜长苏译：《功利主义儒家：陈亮对朱熹的挑战》，第16页。

② 陈亮著，邓广铭点校：《陈亮集》(增订本)卷二《中兴五论序》，北京：中华书局，1987年，第21页。

亮加以劝诫,陈亮因此勉强控制住自己的鲁莽行为;然而,在与朱熹首次见面并把朱熹领到吕祖谦墓地后不久,陈亮在淳熙九年(1182)给朱熹寄去十篇文章,阐述他的激进思想。朱熹看到这些文章很震惊,回复陈亮说:"新论奇伟不常,真所创见。惊魂未定,未敢遽下语。"①尽管如此,多年来对道学的研修使陈亮在哲学上有了一定造诣,能够在 12 世纪 80 年代中期与朱熹展开一系列的辩论。②

孔子云:"可与共学,未可与适道;可与适道,未可与立;可与立,未可与权。"③陈亮和孔子相似,在艰难时局中倾向于灵活地使用"权",即"权衡"时代和周遭环境,以做出合乎伦理的决定。我们可以称之为"情境权衡(因时而变)"、"道德判断"或者"权宜之计";朱熹常将它们简称为"权宜",而大家通常不敢使用这个说法,除非他们是在该事上有处分权(做决定)的圣人。具体而言,朱熹将"权"与"经"视为对立的两极,正如孔子以义、利区分君子和小人:"君子喻于义,小人喻于利。"④当然,朱熹也对实际结果感兴趣,但他声称持久的成就根源于道德伦理;因此,他高度重视他认为正确的事物,视道德标准为绝对不变的准则,陈亮则认为"权"和道德、仁义相统一。⑤

为了全面阐释义利观,陈亮大胆地提出道学和儒学都以"义"和"利"为绝对不同的概念。比如,儒家早就将"王道"与"霸道"的不同统治方式、三代的黄金时期与其后的帝国时代乃至汉唐王朝进行过对比。道学认为三代的王道是行天理,而人欲主宰汉唐,这使得三代与汉唐的反差

---

① 朱熹:《晦庵先生朱文公文集》卷三六《与陈同甫》,朱杰人、严佐之、刘永翔主编:《朱子全书》第 21 册,第 1577 页。
② 田浩著,姜长苏译:《功利主义儒家:陈亮对朱熹的挑战》,第 59—97、153—192 页;田浩:《朱熹的思维世界》(增订版),第 152—199 页。并参邓广铭:《陈龙川集》,北京:生活·读书·新知三联书店,2007 年;董平:《陈亮评传》,南京:南京大学出版社,1996 年。
③ 何晏集解,刑昺疏:《论语注疏》卷九《子罕第九》,《十三经注疏》本,北京:中华书局,1980 年,第 2491 页。
④ 何晏集解,刑昺疏:《论语注疏》卷四《里仁第四》,第 2471 页。
⑤ 田浩著,姜长苏译:《功利主义儒家:陈亮对朱熹的挑战》,第 113—128 页。

在绝对性上更为强烈。作为一名学者,朱熹承认古代帝王和霸主之间存在制度性的差别,然而,他从道德上指责霸主专注于功和利时,基本上忽略了制度问题。相反,陈亮十分注意制度在成就霸业中的作用,当周王的统帅努力恢复内部秩序和消弭外部威胁时,就表明霸道和王道的目标是一致的。陈亮还提出,管仲(前723—前645)这位辅佐第一个春秋霸主齐桓公的相国,提出尊王攘夷,被孔子赞许为最具仁爱的人:"管仲相桓公,霸诸侯,一匡天下,民到于今受其赐。"①管仲的成就显然证明了他的德行。陈亮反对朱熹将汉唐皇帝描述成短视和愚蠢的权宜之君,仿佛他们的统治只是在肆虐的风暴中架漏牵补;汉唐君主之道"固本于王",②否认他们的伟业很不公平。陈亮声称,汉唐君主的成就皆源于其心,因而他拒绝任何超越天地人伦的抽象德行。笔者的研究已揭示,陈亮以实用主义的标准,将义与利、王与霸等等统一到他的整体观里。③

笔者强调,陈亮最引人注目的挑战在于,他声称三代的黄金治世看似超越汉唐,不过是因为《诗》《书》经过孔子"一洗","载得如此净洁"。④面对道家批评政府无能,孔子有个崇高的目标,通过建构"正大本子",即以一种宏大叙事或者理想的典范,来指导君主调整社会政治秩序。⑤陈亮激进的主张可能会削弱人们对孔子和儒家经典可靠性的信心。他还宣称三代的经典理想是编造出来的,这也动摇了儒家为实现理想而劝诫帝王的根基。尽管陈亮的说法惊世骇俗,朱熹还是回避了这个问题,驳斥陈亮"指铁为金、认贼为子,而不自知其非也"。⑥笔者进一步指出,朱熹和学生之间的一些言论表明,朱熹认识到三代和儒家经典并非如传统

---

① 何晏集解、刑昺疏:《论语注疏》卷一四《宪问第十四》,第2511页。
② 陈亮著,邓广铭点校:《陈亮集》(增订本)卷二八《又甲辰秋书》,第340页。
③ 田浩,姜长苏译:《功利主义儒家:陈亮对朱熹的挑战》;田浩:《朱熹的思维世界》(增订版)。
④ 田浩,姜长苏译:《功利主义儒家:陈亮对朱熹的挑战》,第116页;田浩:《朱熹的思维世界》(增订版),第184页;并见《陈亮集》(增订本)卷二八《又乙巳秋书》,第352页。
⑤ 陈亮著,邓广铭点校:《陈亮集》(增订本)卷二八《又乙巳春书之一》《又乙巳秋书》,第344、352页。
⑥ 朱熹:《晦庵先生朱文公文集》卷三六《答陈同甫》,朱杰人、严佐之、刘永翔主编:《朱子全书》第21册,第1591页。

认为的那么完美或理想,所以不能直接否定陈亮的这个挑战;①一些学者,特别是谢康伦(Conrad Schirokauer)告诉笔者,我们只能说朱熹没有直接回应陈亮的挑战,显然不能说朱熹没有任何充分的回应,但在这个问题上,余英时支持笔者的判断。② 总之,一些学者也在重新考察陈亮关于王、霸以及汉唐君主的讨论,但较少注意到陈亮的这个重要挑战。③

关于笔者所作的陈亮研究,批评得最多的是使用了"功利主义"这个现代术语,而这个术语其实来自朱熹对陈亮"功利"主张的负面描述。朱熹明确批评像陈亮这样的人热衷于功和利。例如,朱熹激烈反对陈亮倡导的霸业,声称如果管仲和周朝诸侯按照公利来施策,就可以实现王道,然而,他们的"功利之心"促使他们"假仁义以为之,欲其功尽归于己"。④继朱熹之后,20 世纪中叶,有些中国学者继续使用"功利"来给陈亮的思想分类,但他们倾向于使用这个术语模糊地表达陈亮对事功的关心。⑤"文革"时,观点激进的人猛烈攻击朱熹的正统儒家思想,称陈亮为坚定的"法家"。近年来,这些原有的阐释还占据主导地位,一些中国学者批评学界仍在使用"功利主义"的概念。一方面,比如张汝伦将使用"功利主义"仅仅看作是不恰当地引用了西方文化中的术语;⑥另一方面,丁为祥认为中国学者一直将朱陈之争描述为"王霸义利之辩",因而忽略了其中更大的哲学和历史问题。⑦ 虽然丁氏正确地指出这一概括仅来自朱子

① 田浩著,姜长苏译:《功利主义儒家:陈亮对朱熹的挑战》,第 113—128 页;田浩:《朱熹的思想世界》(增订版),第 184—185 页。

② 田浩:《朱熹与道学的发展转化》,载吴震编:《宋代新儒学的精神世界:以朱子学为中心》,上海:华东师范大学出版社,2009 年。

③ 例如王心竹:《从朱陈之辩看朱熹陈亮的王霸思想》,《社会科学》2011 年第 11 期,第 131—135 页。

④ 黎靖德编、王星贤点校:《朱子语类》卷二五《论语七》,第 629 页。

⑤ 萧公权:《中国政治思想史》第四卷,台北:"中华文化出版事业社"、"中华大典编印会",1968年,第 449—481 页;侯外庐:《中国思想通史》第四卷,下册,北京:人民出版社,1960 年,第 692—739 页。

⑥ 张汝伦:《朱陈之辩再思考》,《复旦学报(社会科学版)》2012 年第 3 期。

⑦ 丁为祥:《道德与自然之间——朱子与陈亮的争论及其分歧的再反思》,《哲学分析》2013 年第3 期。

的立场,但他忽略了笔者曾经揭示过朱熹和 20 世纪学者的此种不公平描述。笔者利用《哲学百科全书》将"功利主义"定义为"一种根据结果来判断一个行为的正确性或适当性的学说"。诸如某种行为是有利于个人或是有利于社会的议题,可以用来区分功利主义的不同类型。显然,笔者承认陈亮的"功利主义"是以儒家思想为基础,与 19 世纪西方文化中边沁(Bentham)学说的功利主义思想不同。陈亮的功利主义伦理关注最终结果,它强调两个目标:达到具体的结果(功),最大限度地为国家和社会带来利益或好处(利)。① 笔者强调,最好将陈亮的思想放在儒家背景下去理解,陈亮对朱熹的功利主义挑战是在宋代儒学的话语体系中进行的,他试图从儒家的立场说服朱熹,其所谓"功利",完全不同于今人所使用的含有批评他人谋私利的同名概念。

朱陈还在"道"和历史的问题上展开辩论,确切地说,辩论的焦点是历史的演变会在多大程度上影响价值观。论辩中,陈亮指责朱熹的三代之后"道"之不存的观点。早期的学者将这一辩论解释为基于形而上学的思辨性讨论,例如唯物主义和唯心主义。而笔者首先指出,学者们在这个问题上之所以出现理解上的偏差,部分原因是他们普遍忽视了淳熙十年(1183)陈亮发起辩论时写下的"十论",笔者试图通过自己的研究纠正传统观点。② 例如,陈亮提到,帝尧之道"以天下为公",虽然尧禅位于舜,"而其道终不可常";帝禹建立了王朝,因为禹的后人不圣贤,因此,"三代之统绪未可继"尧舜之公道。③ 又如,如果我们把这些主张放在论辩时双方互通书信的背景下,陈亮向朱熹展示的"道"既是变化的或短暂的,却不断地出现在历史长河中;这种与特定时代和环境相联系的"道"

---

① 田浩著,姜长苏译:《功利主义儒家:陈亮对朱熹的挑战》,第 5—6、9—17 页;田浩:《朱熹的思维世界》(增订版),第 152—192 页。

② 田浩著,姜长苏译:《功利主义儒家:陈亮对朱熹的挑战》,第 129—133 页;田浩:《朱熹的思维世界》(增订版)第 189—190 页。

③ 陈亮著,邓广铭点校:《陈亮集(增订本)》卷三《问答上》,第 33 页;田浩:《朱熹的思维世界》(增订版),第 189 页。

具有延续性,这就挑战了朱熹的儒家道德价值观永恒不变之假设,显示了陈亮的宽阔视野。① 显然,这场关于"道"的辩论焦点在于历史变迁中的价值观,而不是思辨的或形而上学的哲学问题,正如朱熹所云:"而其所以为说者,则不过以为古今异宜,圣贤之事不可尽以为法。"②而陈亮声称,即使是篡位之人也做过一些积极的事情,这表明他们了解一些"道"的原则,但他也批评过去的王朝统治者及宋朝的政策,甚至支持某些在制度演变中保证制度正常运转的固有规范。朱熹无视陈亮观点的复杂性,反而指责陈亮不愿意承认历史英雄犯下的明显错误,批评陈亮罔顾道德规范而支持临时政权。他对陈亮立场的讽刺性描述至今仍左右着大多数人对于陈亮功利主义事功伦理的看法。③

作为提举浙东常平茶盐公事,朱熹在浙江负责救荒赈济时见到了陈亮。由于在此前的辩论中,朱熹已对陈亮的观点进行过批评,因此,在二人的相见中,朱熹对陈亮的偏激观点和行为感到震惊。在陈亮对历史和权宜之计等问题的论述中,朱熹注意到了他所认为的吕祖谦思想的遗害。除了痛斥陈亮,朱熹对亡友吕祖谦的批评也与日俱增,例如,在给刘子澄的信中,朱熹抱怨道:"伯恭无恙时爱说史学,身后为后生辈糊涂说出一般恶口小家议论,贱王尊霸,谋利计功,更不可听。"④不久之后,陈亮的思想不仅在浙江流传,还传播到江西,朱熹对此更为不满。不过,他也形容浙江的儒学家要么跟随陈亮的偏激思想,要么走向它的对立面,比如陆九渊的学生杨简(1142—1226)。⑤

① 田浩著,姜长苏译:《功利主义儒家:陈亮对朱熹的挑战》,第133—136页;田浩:《朱熹的思维世界》(增订版),第189—199页。
② 朱熹:《晦庵先生朱文公文集》卷三六《答陈同甫》,朱杰人、严佐之、刘永翔主编:《朱子全书》第21册,第1585页。
③ 参见田浩著,姜长苏译:《功利主义儒家:陈亮对朱熹的挑战》,第113—166页;《朱熹的思维世界》(增订版),第177—199页(特别是第192—198页)。
④ 朱熹:《晦庵先生朱文公文集》卷三五《与刘子澄七月九日》,朱杰人、严佐之、刘永翔主编:《朱子全书》第21册,第1549页。
⑤ 田浩著,姜长苏译:《功利主义儒家:陈亮对朱熹的挑战》,第153—156页。

四、陆九渊

陆九渊,俗称陆象山,因他的书院在象山而得名。10 世纪初,其先祖为躲避乱世从华北迁至江西一个较为偏远的山区。陆家治家严谨,除了领导地方武力,还六世同居共爨,家族团结,得到朝廷旌表。逐渐地,陆家的家学日益深厚,为科举积攒了资源,兄弟六人中,陆九渊和兄长陆九龄进士及第,被朝廷授以官职,后来,他俩和陆九韶成为著名的哲学家。尽管陆九渊为官期间治迹突出,常为众人讲学,但他的学生几乎都来自抚州或浙江宁波地区。① 值得注意的是,抚州在宋代是一个人才辈出的地方,曾是著名的出版中心,但是抚州的交通地理环境使得陆九渊的讲学之所不如张栻、吕祖谦、陈亮或朱熹的那么方便,不利于知识的交流与传播。而且,陆家在当地颇有社会地位,这使陆九渊比朱熹更加重视家族和地方利益,较少注意处于家族和国家之间的士人群体。在这样一个具有支持力的大家庭中成长,陆九渊所形成的个性不容易驱使他去竞争道学的领导权、树立自己的学术权威或是像朱熹那样为经典做注。② 然而,在近现代中国学者的眼中,南宋哲学家里只有朱熹超过了陆九渊。

学者们特别关注陆九渊,主要是因为将他作为朱熹发展二程哲学的主要对手。陆九渊谈论到,朱熹继承了程颐的学说,像程颐一样固执而深邃,而张栻则像程颢一样温和而见解透彻。陆九渊成长于一个稳定的大家庭,上有五位兄长,自幼喜好孟子之说,八岁即云:"伊川之言,奚为与孔孟之言不类?"③他主张孟子的"四端说":"苟此心之存,则此理自明,当恻隐自恻隐,当羞恶,当辞逊,是非在前,自能辨之。"④但是,陆九渊并不简单化或理想化地看待人,因为人们常常被不当的欲望和事物所蒙

---

① 徐纪芳:《陆象山弟子研究》,台北:文津出版社,1990 年。
② 田浩:《朱熹的思维世界》(增订版),第 200—204 页。
③ 陆九渊著,钟哲点校:《陆九渊集》,北京:中华书局,1980 年,第 481—482 页。
④ 陆九渊著,钟哲点校:《陆九渊集》卷三四《语录上》,第 396 页。

蔽,导致失去孟子所谓的"本心"。陆九渊曾兴叹:"仰首攀南斗,翻身倚北辰,举头天外望,无我这般人。"①他对自己与生俱来的道德力量或主观能动性的信心甚至超过了孟子。更具哲理的是,陆九渊宣称:"宇宙便是吾心,吾心即是宇宙","心即理也"。②"心即理"与张九成、张栻产生了共鸣,被普遍认为是宋代"心学"发展的顶峰,成为王阳明学派的始祖。而且,陆九渊将心等同于理,直接反驳了朱熹"性即理"的重要命题。实际上,朱熹是在批判陆九渊的心学本质上与佛教禅宗无异。③ 然而,令人惊讶的是,在有机会当面挑战或是在书信中,两人并未就心和理的议题展开正面交锋。

淳熙二年(1175),在吕祖谦为朱熹和陆九渊、陆九龄兄弟安排的鹅湖之会上,朱熹最关心的是陆九渊无视经典、主张直接抓住古代圣贤的本心。因此,双方围绕教人之法、阅读经典和修养功夫等问题进行辩论。陆氏兄弟尖锐地批评朱熹过分强调经典而忽略了本心,是支离事业。以往的研究中,学者们通常认为淳熙二年是朱陆追随者之间的历史分水岭。实际上,鹅湖之会后,陆氏兄弟开始承认吕祖谦和朱熹所强调的阅读经典之重要性。淳熙十年(1183),朱熹对陆氏兄弟的和解努力做出回应,将自己强调的"道问学"和陆九渊专注的"尊德性"之间的差异描述为儒家思想中的两极。淳熙十四年(1187)之后,朱熹对陆九渊不承认和不纠正学生的佛教顿悟思想感到恼怒,更加猛烈地抨击陆九渊对经典研究不足、将佛教思想引入儒家术语。然而,在 12 世纪 80 年代两人的通信中,朱熹曾抱怨陆九渊过多地引用经典、过于偏重经典的字面意思。两人在教学方法上的巨大差异反映了朱熹要把士人培养成道学精英,而陆九渊较为随意、较少系统性要求的读书方法则试图使普通读者得以修身养性。朱熹在 12 世纪 80 年代认为,陆九渊强调道德实践之本质,吕祖

① 陆九渊著,钟哲点校:《陆九渊集》卷三五《语录下》,第 459 页。
② 陆九渊著,钟哲点校:《陆九渊集》卷二二《杂著》、卷一一《书》,第 273、149 页。
③ 田浩:《朱熹的思维世界》(增订版),第 204—215 页。

谦主张博学。至绍熙二年(1191)时，朱熹宣称自己是介于二者之间的"中庸"，还指责吕祖谦的错误甚于陆九渊。[1] 这个例子说明了朱熹在12世纪80年代是如何与强调博学的好友吕祖谦疏远的。

尽管如此，12世纪80年代后期，朱熹对陆九渊的不满也与日剧增。陆九渊除了不承认朱熹所指责的佛教影响，还在淳熙十五年(1188)为抚州的王安石祠堂写了一篇记文，而王安石曾是早期道学群体的主要对手。记文中，陆九渊将王安石改革的失败归咎于当时的道学领袖。在12世纪80年代，朱熹越来越担心道学受到内外夹击，这种攻击不仅来自道学之外，还有"里面被吾党作坏"——他特别指向了陆九渊和吕祖谦的弟弟吕祖俭。虽然朱熹因担心"吾党"内部分化而减少了一些批评，但他在另一封信中称，今后将直接指出他人的错误。[2] 朱熹和陈亮、陆九渊兄弟在书信中的辩论显示，他对同时代儒家所持的所谓错误思想充满了敌意。

陆九渊兄弟致信朱熹，指出周敦颐使用"无极"这个源于道家的术语，其抽象的层次超越了生成万物的"太极"。而朱震(1072—1138)认为，道士陈抟(906—989)的思想影响了周敦颐。陆氏兄弟将老子的"无"与孔子《易经·大传》中的"太极"进行了对立的比较，重要的是，他们认为儒家没有必要在"太极"之上增加抽象的"无"。即使周敦颐早年曾使用过"无极"，但在日后的文章中未再使用，他可能认识到了自己的错误。而且，二程从未用过"无极"。显然，陆九渊兄弟在驳斥朱熹所说的他代表着"醇儒"，也反驳朱熹指责他们引入禅宗思想从而损害了儒家术语。朱熹回信为周敦颐的"无极而太极"辩护，不过朱熹和陆九渊对"而"字的理解不同。在朱熹看来，周敦颐主张的"无极而太极"是指自然世界的一

---

[1] 田浩：《朱熹的思维世界》(增订版)，第216—233页。

[2] 朱熹：《晦庵先生朱文公文集》卷三五《与刘子澄》、卷五〇《致程正思》，朱杰人、严佐之、刘永翔主编：《朱子全书》第21、22册，第1546、2327—2328页；并见田浩：《朱熹的思维世界》(增订版)，第222—223页。

体两面,而陆九渊则认为周敦颐此说是将万物分为了"无"和"有"。信末,朱熹提到《国史·濂溪传》引用的周敦颐"自无极而为太极"一句,复云:"若使濂溪本书实有'自'、'为'两字,则信如老兄所言,不敢辨矣。然因渠添此二字,却见得本无此字之意愈益分明",颇疑"自""为"二字为后人添入。① 所以,这场争论并没有结论;尽管朱熹难以驳倒陆九渊兄弟,但他继续推进他自己对"无极而太极"的阐释。

今天,学者们在"无极而太极"以及朱熹与陆氏兄弟的辩论问题上继续做出各种解释。邓广铭先生明确否定了朱震在陈搏与周敦颐关系问题上的说辞,但他支持周敦颐受到道家影响这一普遍看法,而且,在朱熹使周敦颐"著称于世"之前,后者的影响很小。② 艾周思(Joseph Adler)含蓄地回应了邓先生的观点,并补充说,正是因为周敦颐学说在修身养性方面的修行功用,而不是思辨哲学上的作用,吸引了朱熹如此接近周敦颐。③ 余英时先生认为,周敦颐关于"无极"和"太极"的构建并非抽象的哲学思辨,而是宋代政治话语的一部分,以限制"皇极"即皇帝的绝对权力。④ 然而,其他的学者仍然关注思辨哲学问题。例如,哲学学者邓秀梅倡导关注周敦颐著述中更具思辨性和伦理性的方面。⑤ 虽然学者们的结论如此截然对立,但他们提供了另一个例子,说明当前学术界在批判性地解读朱熹的诠释,努力还原他们所认为的宋代资料和思想家的本来

---

① 朱熹:《晦庵先生朱文公文集》卷三六《答陆子静》,朱杰人、严佐之、刘永翔主编:《朱子全书》第 21 册,第 1571—1577 页。

② 邓广铭:《关于周敦颐的师承和传授》,《邓广铭全集》第八卷,石家庄:河北教育出版社,2003年,第 19—38 页。

③ 参见 Joseph A. Adler, *Reconstructing the Confucian Dao*: *Zhu Xi's Appropriation of Zhou Dunyi* (Albany: State University of New York Press, 2014); Tze-ki Hon (韩子奇), "Zhou Dunyi's Philosophy of the Supreme Polarity," 收入 John Makeham, ed., *Dao Companion to Neo-Confucian Philosophy* (Dordrecht: Springer, 2010); Robin R. Wang, "Zhou Dunyi's 'Diagram of the Supreme Polarity Explained' (Taiji tushuo): A Construction of Confucian Metaphysics," *Journal of the History of Ideas* 2005 年第 66 册第 3 期,第 309—314 页。

④ 余英时:《朱熹的历史世界:宋代士大夫政治文化的研究》,第 175—182 页。

⑤ 邓秀梅:《周濂溪"太极"义之考辨》,《当代儒学研究》2009 年第 6 册第 7 期,第 1—34 页。

面貌。

　　在笔者之前,学者们通常忽略了朱陆之辩所呈现的两个问题,而这两方面并不符合对朱陆分歧的既有看法。尽管陆九渊常被描述成一个主观唯心主义者,或者说是一个对经典漠不关心的人,但笔者指出,陆九渊的书信实际上挑战了朱熹声称的客观理性和尊重经典的观点。① 首先,追随朱熹的主流儒家学者将陆九渊看作一个由其心而判断、不依靠儒家经典的人,② 与上述学者不同,笔者注意到面对陆九渊的挑战,朱熹指责陆九渊仅根据经典的字句进行解释。换言之,朱熹抱怨陆九渊过于从字面意思解读经典,没有认识到周敦颐的真知源于天授,即"灼见道体,迥出常情","真得千圣以来不传之秘"。③ 陆九渊则反驳朱熹追随周敦颐,引入道家"无"的观念来修改孔子的文本,不尊重圣人经典。与此相似,艾文贺(P. J. Ivanhoe)提醒学者们,他们在将陆九渊划入"唯心主义者"时,应注意这个术语的不同用法。④

　　其次,陆九渊认为朱熹有将一己观点强加于人的特点,因此,他希望两人与其他人通过更多的讨论来达成共识,但朱熹对此表示怀疑。重要的是,陆九渊提出朱熹关于"理"的阐述可能只是后者的主观意见,但他用包容的语气表达了质疑:"虽自谓其理已明,安知非私见蔽说,若雷同相从,一唱百和,莫知其非,此所甚可惧也。"⑤陆九渊还将朱熹与孔子的学生子贡相提并论,挪揄朱熹像子贡一样空有广博的学问,未能专注德行修养,无法接续孔子之道。此外,陆九渊指责朱熹过分地糅合博大精深的经典、声称周敦颐首先认识到神秘的"无极"并以此构建一个哲学体

---

① 田浩:《朱熹的思维世界》(增订版),第240—250页。
② 如蔡方鹿:《朱陆经学之别》,《燕山大学学报》2007年第3期,第6—10页。
③ 朱熹:《晦庵先生朱文公文集》卷三六《答陆子静》,朱杰人、严佐之、刘永翔主编:《朱子全书》第21册,第1568页。
④ Philip J. Ivanhoe, "Lu Xiangshan's Ethical Philosophy," 收入 John Makeham, ed., *Dao Companion to Neo-Confucian Philosophy* (Dordrecht：Springer, 2010年), 第253—254页。
⑤ 陆九渊著,钟哲点校:《陆九渊集》卷二《与朱元晦》,第26页。

系,更是误入歧途。① 这一指责很有意义,它揭示了朱熹将追求儒家经典的博学和抽象的哲学理论、宇宙奥秘联系在一起。简言之,陆九渊极大挑战了朱熹为"醇儒"传统所作的权威界定。

大多数学者延续上述主题和观点展开研究,但近年来,中岛谅尝试做出他所认为的重大修正。虽然多数研究认为陆九渊主人心之内面,陈亮重国事,对二者作了对比,中岛谅却将陆九渊和陈亮并提,主张二人试图缩小古代圣人和后人之间的距离,模糊两个时代之间的界限。② 中岛的另一篇文章更富有挑战性,虽然有观点认为陆九渊在 12 世纪将"心学"发展至高峰,而且最终在 16 世纪被王阳明及其弟子所完善,但中岛直言陆九渊的哲学未必是人们普遍认为的"心学"。中岛的观点隐含了一个研究基础,即笔者注意到陆九渊认为人心皆有其弊,需要公开讨论以达共识,而不是仅仅主张"心即理",毕竟朱陆二人的共同点比传统认识的要多。③ 据中岛考察,王阳明之前任何一个"心学"派别的发展均有不足,这暗含着他赞同狄培理的观点,即宋代"心学"实则属于朱熹的学说。④

我们可以反驳这样一种观点,即专注于"心学"的一般概念在强调相似性和细微差别方面仍然非常有用,尤其是从张九成到胡宏、张栻、吕祖谦,再到陆九渊和他的学生杨简。也许最好将杨简的"心学"视为这一传统在宋代发展的顶峰,而且,他的学说在浙江流传的内容不同于张九成的。尽管如此,他们的共同点是把心等同于理,这是他们学说的一个显著特征,而朱熹认为他们受到了禅宗的启发,因此他觉得这种心学观点

---

① 田浩:《朱熹的思维世界》(增订版),第 240—250 页。

② 中岛谅:《朱熹的另一个论敌:陈亮哲学与陆九渊的亲和性》,《贵阳学院学报(社会科学版)》2016 年第 4 期,第 14—19 页。

③ 中岛谅:《陆九渊哲学新考——陆九渊是否为"心学"思想家?》,《江南大学学报(人文社会科学版)》2015 年第 3 期,第 23—29 页;并见田浩:《朱熹的思维世界》(增订版),第 240—250 页。

④ 例如 Wm. Theodore de Bary, *The Message of the Mind in Neo-Confucianism* (New York: Columbia University Press, 1989), 第 xii 页。

是错误的。[1]

五、代结语：三个汉学家关于道学的再思考

当我在阅读包弼德（Peter K. Bol）的新著 *Localizing Learning*，尤其是他对以往的研究进行反思时，我有些感动，这也启发我对自己近年的研究做出反思，并以此作为回应。尽管我们使用不同的术语、对道学的看法有些不同，但包弼德的反思使我更清楚地看到我们的观点有多少相同之处，让我特别高兴的是，他在以道学为己任的群体中凸显了吕祖谦的作用。包弼德还补充道："早在朱熹的学说正式进入科举考试之前，道学便变为了'朱子之学'。"尽管朱熹的注疏和其他文本是追随者学习的起点，但他们在学习目标和方法上并非一致。[2]

在 1992 年出版的 *Confucian Discourse and Chu Hsi's Ascendancy* 中，我试图揭示吕祖谦在道学中的作用，同时强调朱熹如何成功地缩小道学团体的范围以符合他的"醇儒"概念，并将自己塑造成经典和儒家传统的权威解读者。[3] 有些学者批评我将朱熹描绘成容易对意见相左者动怒，力求主导道学以取代荆公新学在宋代教育和科学中的地位，我曾撰文回应了这一批评[发表于 *Philosophy East and West*，后收入《朱熹的思维世界》(增订版)]。文章讨论了朱熹的鬼神观，以及朱熹利用对孔子的祈祷来宣称他和孔子之学有着相通的特殊气类，此种做法前所未有，强化了他和孔子之间独一无二的关系。[4] 例如，朱熹带领学生向孔子祈

---

[1] 张立文：《走向心学之路：陆象山》，北京：中华书局，1992 年；刘玉敏：《心学源流：张九成心学与浙东学派》，北京：人民出版社，2013 年。

[2] Peter K. Bol, *Localizing Learning：The Literati Enterprise in Wuzhou*，1100—1600 (Cambridge, Mass：Harvard University Asia Center, 2022)，276—77.

[3] *Confucian Discourse and Chu Hsi's Ascendancy* (Honolulu：University of Hawaii Press, 1992).

[4] Hoyt Cleveland Tillman, "Zhu Xi's Prayers to the Spirit of Confucius and Claim to the Transmission of the Way," *Philosophy East and West* 54. 4(2004)：489—513；田浩：《朱熹的思维世界》(增订版)第十章。

祷时,保证要恪守师承,接续道学。因此,朱熹的《四书章句集注》最终为宋朝科举所采用、他本人入祀孔庙并使王安石被逐出孔庙,均来自朱熹奠定的基础和制定的策略。后来我在与苏费翔(Christian Soffel)合作的书中强调了郝经关于道学阐释的多样性,苏费翔同样关注到王柏和朱熹的某些分歧。[①]

包弼德继续指出,关于婺州士人的研究使他认识到过去的研究中存在两个错误。首先,他"太轻意接受道学所谓文学和公共话语无关的主张",然而,婺州士人始终重视文,将文学视为与士人交游和士人身份认同的必备条件。其次,他"未能发现'博学'对当地的持续吸引力以及他们对于各领域知识的渴望"。最终,这种对博学的关注"也对道学和向道学妥协的文学提出了批评。"[②]

我很感谢包弼德坚持不懈地完成了关于婺州士人文化的里程碑式的研究,他详细论述了北宋后期至晚明婺州士人身份、人际网络和文化创作方面的变迁。包弼德完成的这一宏大计划与我曾经的梦想相似,不过,当时我很快意识到我缺少完成这个大工程的资源和能力。我希望开展一个类似的研究,以回应许多学者对于我强调吕祖谦的思想和活动的质疑。我一直认为吕祖谦的这些思想和活动不仅促进了道学发展,还推动了治国理政、儒家经典、文学和历史著作以及包括扩展知识和批判性思维的"博学"等方面的进步(正如包弼德所观察到的,婺州"文"的概念包括了各领域的知识)。尽管我对后代历史的了解有限,但在我看来,吕祖谦留给婺州的遗产在明清时期浙东思想和文化的各领域均有明显体现。包弼德证实了吕祖谦(甚至陈亮)在婺州文化上的关键作用,并提供了一些我长期关注的人物如王世贞的丰富信息。当然,近几十年来,中国学术界在很大程度上重新评价了这些人物,但包弼德有他的特殊贡

---

① 苏费翔、田浩著,肖永明译:《文化权力与政治文化——宋金元时期〈中庸〉与道统问题》。

② Bol, *Localizing Learning*, 277.

献,尤其是他主持的中国历代人物传记资料库(CBDB)为这些研究提供了数据。

收到包弼德寄来的新书时(题赠语写道:"致 Hoyt,我的同道:思想史家和婺州研究者"),我惊喜地发现我所读到的内容与我之前的预期根本不同。20 世纪 90 年代中期,当我们觉得彼此都误解或低估了两人在 1992 年出版的书时,我们的友谊与合作经受了考验。在其后的一次交谈中,包弼德建议我们应该避免评论对方的著作。所幸的是,在 1997 年 1 月巴哈马举办的宋史研讨会上,我们"回到了相近立场",我们的友谊恢复了活力并得以延续。他甚至向中文版《历史上的理学》的出版社建议请我为该书写一篇简介;此外,他还为我和苏费翔合著的《文化权力与政治文化——宋金元时期〈中庸〉与道统问题》撰写书评。本文可作为对这些善意的回报。但是,包弼德的几位学生可能受到了那段紧张关系的影响,如祝平次和魏希德(Hilde De Weerdt)的博士论文都挑战了我关于吕祖谦的研究成果。[①] 在我看来,包弼德的一些文章过于忽视作为思想家的吕祖谦。于是我开始思考,祝平次和魏希德专注于朱熹建立的道学,由于吕祖谦的思想和朱熹的存在明显差异,这导致他们也轻视吕祖谦,不认为他是道学领袖。有一段时间,我甚至怀疑关注婺州是否会在一定程度上削弱我关于北宋后期到元末道学演变的观点。尽管自巴哈马研讨会以来,我和包弼德有了许多的共识,但更让我欣喜的是,当我阅读他的新书时,我看到我们各自在道学和吕祖谦的研究上不断取得相似的认识。

我将用包弼德最近的两本书来简要说明我对于我们逐渐取得共识的看法。在《历史上的理学》(*Neo-Confucianism in History*)中,他指出

[①] 祝平次(Chu Ping-tzu)"Tradition Building and Cultural Competition in Southern Song China (1160—1220):The Way, the Learning, and the Texts,"哈佛大学博士论文,1998 年;Hilde De Weerdt, *Competition over Content:Negotiating Standards for the Civil Service Examinations in Imperial China* (1127—1279), (Cambridge:Harvard University Asia Center, 2007).并见中文版《义旨之争:南宋科举规范之折冲》,杭州:浙江大学出版社,2016 年。

不同的术语,如道学、理学和心学,"都因侧重哲学讨论的某一个方面而忽略其他一些方面。使用'Neo-Confucian'的好处在于我们可以用它指向所有的思想派别,而无需拘泥于任何一个。"①而且,在讨论一个跨越几个世纪的历史问题时,"使用外来的术语优于本土的传统术语"。(第 288页注 1)于是,包弼德从程颐最早使用的"道学"开始讲述这段历史,而"道学"是程颐用来标识他和兄长程颢的真正儒学之术语。包弼德进一步强调:"我们可以说,从二程开始,理学家(the Neo-Confucians)将追求意识形态(义理)与成儒相联系,并将此与那个时代盛行的错误成儒观念即致力于经学研究和文学创作并列起来。"(第 79—80 页)由于朱熹从二程追随者提出的几种学说中创立了"一个融贯的体系","几乎可以说,在朱熹之后,理学(Neo-Confucianism)成为了'朱子学'"。但陆九渊是个例外,一些学者认为朱熹和陆九渊"构成理学整体的两极",包弼德则称这"不是普遍的观点"(第 89 页)。因此,包弼德接受了陈荣捷将 Neo-Confucianism视为程朱哲学的观点,暗含着不接受狄培理(Wm. Theodore de Bary)的观点,狄培理认为,Neo-Confucianism 的范围比理学更广泛,它几乎涵盖了从韩愈到现代的所有儒家。由此,包弼德含蓄地回应了我的呼吁:学者在使用"Neo-Confucianism"这类标签时应做出明确的界定。

由于包弼德主要关注跨越几个朝代的哲学讨论,因此他的选择合理,便于他展开论述,然而,他承认仅凭哲学并不能解释理学(Neo-Confucianism)的兴起,指出在最近的研究中,儒家士人之间的辩论是影响理学兴起的其他因素之一(第 103 页),这是我一直特别关注的问题。他提出了解决办法,即"只将那些公开以理学(Neo-Confucian)的立场作为身份认同基础的士人称为理学家(Neo-Confucians)"(第 109 页)。这种对身份认同的强调和我使用 fellowship 来描述早期道学的士人圈子

---

① Peter K. Bol, *Neo-Confucianism in History* (Cambridge: Harvard University Asia Center, 2008), 78.

或松散的社会、知识和政治网络非常相似,后来朱熹以更系统更贯通的思想体系驱使道学进入到他所设置的狭小发展轨道。包弼德所阐述的,除了陆九渊是个例外,理学成为朱子学这一观点几乎是正确的,这与我强调朱熹在道学内部逐步拥有支配地位相当相似,尤其是 1181 年朱熹为吕祖谦和张栻撰写祭文以后的阶段。当然,我也强调吕祖谦的遗产是一个重要的例外。在此点上,包弼德在书中将吕祖谦描述为"试图把理学学说(Neo-Confucian teachings)和文学、史学融为一体"(第 88 页)。此外,包弼德将吕祖谦的《古文关键》列入朱熹和其他"也在文学方面提出主张的理学家(Neo-Confucians)"(第 107 页)的著作当中。包弼德在关注哲学讨论和这些思想家的公众定位时,他的选择有其道理,然而在我看来,当道学群体转变为一个政治派别、一个学派时,应该对该群体内部成员的身份给予关注。简言之,包弼德和我观察道学的角度或方面有所不同。

在 *Localizing Learning* 中,包弼德主要使用了我喜欢的术语"道学",远远超过他上一本书中占主导地位的术语 Neo-Confucianism。虽然再次暗示沿着陈荣捷的思路关注程朱哲学,包弼德却将受陆九渊影响的真德秀和吴澄视为理学(Neo-Confucian)思想家,所以他这次对这个"不普遍的观点"——将陆王包括在理学里——表现出更多的认可(第89、193 页)。不过,我觉得仍有一处对 Neo-Confucian 的使用不够清晰,在述及婺州四贤时,包弼德说:"在朱熹之后成为道学的参与者意味着什么?……对他们而言,'朱子学'是对道学的定义和对朱熹的正确理解,即使有人补充了朱熹的文本或是挑战了它们,这些人仍能声称他们才是接续道统、传承道的真正理学家(Neo-Confucians)"(第 155—156 页)。包弼德指出,朱熹坚信二程门人之所以产生困惑,是因为二程未留下权威著作,而朱熹撰写了数量庞大、涉及面广的文本和注疏,确保了他的门人能够清楚地理解圣贤之说,但"矛盾的是,朱熹能让人将学习圣贤之道等同于对朱熹的理解"(第 125 页)。尽管我理解包弼德所说的悖论感,但我曾经详细论证过朱熹的这个转变是他通向道学权威的关键部分,朱熹的自我矛盾还体现在其思想和行为的其他方面。①

包弼德比以往更深入地探讨了吕祖谦,强调吕祖谦作为教师和博学典范在奠定婺州士人的文化基础中发挥了重要作用。他还承认吕祖谦参与了朱熹对道学组织的建构、透彻理解了道学学说。正如迁就他的学生一样,吕祖谦也试图调和朱熹和其他人的分歧,如陆九渊和苏轼的文学遗产。我曾经描述过吕祖谦针对朱熹易向反对者动怒和威胁而提出忠告,包弼德也对比了二者:吕祖谦愿意包容和他共事的人,朱熹却坚持与那些持错误或危险观点的人"斗争"。包弼德同样指出陈亮的功利主义倾向引起了朱熹的警惕,朱熹借此指责故友吕祖谦对不同观点的妥协导致了婺州道德环境的败坏(第46—55页)。包弼德对1200年朱熹去世后婺州士人的评价和朱熹在1180年代的描述有相似之处。例如,13世纪的士人潘自牧所编纂的类书"与道学相去甚远,他们对于'学'的理解与道学的要求彼此不合",因此,"人们从这三部著作中不会知晓道学在婺州有过追随者,也不知道朱熹和吕祖谦曾经在这里倡导道学"(第120—121页)。包弼德最终结论的一个重要方面是,像婺州这样的地方,博学和"文"的传统在很大程度上导致了道学的衰落。

尽管包弼德对于朱熹与博学、"文"之间冲突的叙述和论证颇令人信服,也确实强化了吕祖谦的遗产和朱熹道学相对立的传统观点,但我仍然认为,以吕祖谦为代表的更加包容博学和"文"的道学可作为道学发展的另一种版本,也可以说是一种选择。朱熹较吕祖谦年长,遗憾的是,吕祖谦的健康状况远不如朱熹,比朱熹早逝近二十年。在给老朋友的祭文中,朱熹痛悼失去的不仅是一位道学领袖,还是一位在许多领域都成就

---

① Tillman,"Zhu Xi's Prayers to the Spirit of Confucius"; Chen Xi and Hoyt Cleveland Tillman, "Ghosts, Gods, and the Ritual Practice of Local Officials during the Song: With a Focus on Zhu Xi in Nankang Prefecture," *Journal of Song and Yuan Studies*, No. 44 (2014): 291-327; and Tillman, "Consciousness of T'ien in Chu Hsi's Thought," *Harvard Journal of Asiatic Studies* 47.1(1987): 31—50.

卓越之人。可以说,在"三教融合"日益发展的宋代,由程颐设立的经学、文学和道这三大直接对立冲突的儒学发展主线,在统合方面未能取得实质性进展。虽然朱熹稍稍缓和了这种冲突,但根本的对抗并没有改变。包弼德在他的新书结尾讨论了程朱道学和其他儒学立场冲突的后果,尤其是和"文"以及博学冲突之后果。我长期关注吕祖谦的博学和文学尤其是他对道学所持有的宏阔视野,很大程度上是由于我对狭隘而排他的朱熹版道学及其在帝制中国晚期的正统地位所固有的后果之担忧。因此,包弼德的研究可以支持我的推论:朱熹版道学因狭隘和排他倾向而有着根本的缺陷和问题。除了吕祖谦和郝经的告诫,李心传对道学同样持保留态度。提到李心传,人们就会想到蔡涵墨(Charles Hartman)关于宋代历史书写的研究。

接下来,我们转向蔡涵墨的 *The Making of Song Dynasty History*。这部著作主要考察皇帝的军事、财政管理、技术方面的专业人士和士大夫之间的斗争,前一群体直接对皇帝负责,而士大夫的道德观念建立在儒家经典之上,注重官僚机构官员之间的合作。宋儒普遍寻求一种本朝治理的叙事模式,强调具有儒家道德和价值观的君子,在利用官僚机构治理王朝并与反对他们和大众呼声的小人斗争的作用。[1] 在这部书的姊妹篇 *Structures of Governance in Song Dynasty China* 中,蔡涵墨详细阐述了他的理论模型,展示了不同群体在政府治理过程中的争斗,为 *The Making of Song Dynasty History* 提供了政治背景。他并非要细致描述政治斗争,而是运用一种解释模型来加强对复杂事件的分析。蔡涵墨指出,他的"技术官僚—儒家连续体(the technocratic-Confucian continuum)"模型和马克斯·韦伯的"理想类型(ideal types)"相似。不过,蔡涵墨这个模型的构成是建立在阎步克的品位结构五组指标(按:蔡书中称为"参数")

---

[1] Charles Hartman, *The Making of Song Dynasty History*: *Sources and Narratives*, 960—1279 (Cambridge: Cambridge University Press, 2021), e.g., 18—19, 212—19, 333.

中的四组之上,即"(1)社会阶层方面的'贵与贱';(2)职类方面的'文与武';(3)官僚地位方面的'士与吏';(4)与皇帝关系远近方面的'宫与朝'"。① 蔡涵墨忽略了阎步克提到的第五组指标即"胡—汉"问题,因其在宋朝政府中不起作用,但他因宋代宫中女性的重要地位增加了对性别(男—女)的关注。从"阴—阳"关系的角度来看蔡涵墨"连续体"(continuum)中的几组指标在宋代政治中的相互作用和不断变化,该连续体强调了这些指标的流动性和动态关系。因此,他的模型植根于中国文化,避免了韦伯"理想类型"的主要陷阱。

蔡涵墨强调技术专家和儒士之间的区别,前者专于以技术解决具体的实际问题,后者寻求将儒家观点和价值观制度化,他将这类区别分析得更为清晰,我赞赏他的缜密研究。我同样试图区分儒家文人,一方面,他们以儒家经典和道德价值观为先,另一方面,他们以牺牲道德价值观为代价,注重为政府和社会带来最大利益和效益,被朱熹指责为"功利"。例如,朱熹痛斥浙江士人"为功利浸渍,坏了腹心"。而且,与受到禅宗思想影响的人相比,他声称功利主义更难对付:"若功利,则学者习之,便可见效,此意甚可忧。"② 我最近在功利主义方面的研究成果主要体现在一部合著中关于宋元时期"事功学"的章节。③ 尽管我主张更多地关注实用治国之道的倡导者和不同的思想家,但我和大多数同行一样,更经常关注那些优先考虑哲学和道德问题的儒家。

---

① 阎步克:《中国古代官阶制度引论》第 11 章,北京:北京大学出版社,2010 年,第 391—438 页; Hartman, *Structures*, esp. 16, 130—131.

② 朱熹撰:《晦庵先生朱文公文集》卷五六,朱杰人、严佐之、刘永翔编:《朱子全书》第 23 册,第 2677 页;黎靖德编,王星贤点校:《朱子语类》卷一二三,第 2967 页;Hoyt Cleveland Tillman, *Utilitarian Confucianism: Ch'en Liang's Challenge to Chu Hsi* (Cambridge, Mass: East Asian Monographs, 1982), 193 and 58.

③ Hoyt Cleveland Tillman, Christian Soffel, and Lu Chentong, "Practical Learning from Song through Yuan," in Selusi Ambrogio and Dawid Rogacz, eds., *Chinese Philosophy and Its Thinkers: From Ancient Times to the Present Day*, vol. 2, chapter 12 (London: Bloomsbury Academic, 2024).

在我努力加深对中国思想的这两个派别、每个思想派别乃至思想家的内在多样性之理解时,一些同行推测我对儒家的看法过于狭隘,(或)认为我对儒家的其他立场缺乏兴趣而不屑于研究它们。然而,研究这两个派别的复杂性已耗尽我的能力和资源,所以我从未将研究扩展到我感兴趣的所有立场和领域。为了突出宋代思想家的多样性和谱系,黎江南以蔡涵墨的两套对比鲜明的术语为基础,增加了两个参数——政治立场和思想/宗教倾向——将学者和官员定位在从官僚到理想、从思想上的兼收并蓄到纯粹儒家思想的轴线上。①蔡涵墨和黎江南二人的框架有其优点,利于评估思想家之间的相对距离、防范还原论思维下的简单对立。这些术语并非简单地用于对特定历史个体的描述,而是利用它们作为一个模型,帮助我们分析和理解在一个整体范围内,个人相对于其他人或群体所处的位置。总体上,我所关注的道学最初是一个基础广泛的儒家群体(fellowship)或共同体(aligned group),他们共同肩负着道学使命,致力于改革宋代社会和政府的政策,一方面,他们和朱熹指责的"功利主义"儒家相对立,朱熹批评这些人以追求功和利而不是以道德的手段和结果为目标,蔡涵墨的模型与我所关注的道学有协同点。此外,正如我们将在下面看到的,吕祖谦对于道德的关注融入了他认为政府机构应发挥制衡独裁统治作用之主张,而朱熹更专注于"我们反对他们"的绝对道德差异和将统治者的思想道德修养置于中心地位,因后者是治理质量和有效性的决定因素。朱熹还较多地关注地方机构而不是中央政府机构,而且非常不愿意去朝廷任职。因此,相对于朱熹"醇儒"观的极端道德排他性和强硬的道德意识形态,蔡涵墨的模型帮助我们将所了解的吕祖谦形象化为一位儒家制度主义者。

一个细微的差别是,蔡涵墨遵循苏天爵等人的观点,强调沉迷于功

---

① Li Jiangnan, "The Making of Imperial Religion: State and the Three Teachings in Song China (960—1279)," Ph.D. dissertation, Arizona State University, 2023.

利是继承自周代的法家和朱熹关于王安石新政的"代码语言"，[1]而我受到陈亮主张的影响，认为功、利可以和仁、公共存，功和利必不可少。[2] 朱熹讽刺"功利"为自私和不道德的，这种观点当前仍然主导着中国儒家，他们有时候借此描述与他们意见不同的人。[3] 因此，我没有把功利的根源投射到古代法家和儒家之间的斗争，而是看到了宋代儒家多样性的张力，这一张力也延伸到那些专注于治国理政、实践学习和专门知识的人。

蔡涵墨和我都研究宋元时期道学的演变，我相信，我们各自的优势在研究儒学变迁的全貌中是相当互补的。我在 1980 年代后期开始探讨道学时，就对程颐的宣称感到震惊，即只有以道为中心的人，而不是那些专注于儒家经典或文学的人，才能称为"儒"。程颐尤其称颂程颢的道学。其后，他们的弟子，特别是杨时，使用"道学"来指称志同道合的圈子或群体。虽然这个术语较早被宋代道家所使用，但我认为，重要的是这些北宋后期的儒家显然开始认识到这个标签在宗派冲突中的潜在力量，并在 12 世纪越来越多地使用它。道学团体不断发展的现实肯定早于它的名称或标签出现。1992 年，我的 *Confucian Discourse* 和包弼德的《斯文》("*This Culture of Ours*")都用大写字母强调了"道学"（Tao-hsueh 或 Daoxue）。或许包弼德和我一样，受到贾志扬（John Chaffee）建议的影响，即大写字母不仅适合指代中文术语，而且特别适合指代士人群体或思想学别。最终，贾志扬合编的《剑桥中国史》又重新使用了小写字母，蔡涵墨在同一家英国出版社出版的著作也是如此。不过，贾志扬最初提出的首字母大小写的区别对我来说仍然有意义。我的主要研究成果之一是强调道学内部的多样性，尤其是 1180 年代朱熹取得道学支配地位之前的多样性，即便在朱熹取得支配地位之后仍有一些多样性存在。因

---

① Hartman, *The Making*, 211—13, and *The Structure*, 278.

② 参见 Tillman, *Utilitarian Confucianism*.

③ 参见 Hoyt Cleveland Tillman and Margaret Mih Tillman, *Making China Confucian Again* (book manuscript under consideration at a press).

此,蔡涵墨提到"朱熹版的道学"让我受到鼓舞,这表明他也看到了道学的多样性,或者至少没有简单地将道学简化为朱熹的"醇儒"观点。不同的是,蔡涵墨将 1170 年代之前的二程和其他人称为"原型道学(proto-daoxue)"(如第 237、245、264、272、281 页)。

我非常欣赏蔡涵墨对道学历史演变的细致而严谨的阐述,以及他将历史与编纂宏大叙事的历史学家之政见和目的所作的结合。我在撰写 *Confucian Discourse* 时对李心传的著作(《道命录》)批判得不够,但我在这本书和其他地方对其他的主要史料持批判态度,如清人黄宗羲著、全祖望补修的中国第一部重要的思想史《宋元学案》。初看起来,该书包括了北宋早期不同儒家学派的开端,涵盖了代表不同哲学立场的宋儒,这些立场有时还相互对立,两位作者似乎是以宽阔的视野看待宋代思想的发展。尽管认识到宋代儒学的起源和构成广泛而多样,但二程和朱熹的正统主张对《宋元学案》产生了强烈的影响。淳祐元年(1241),理宗手诏朱熹从祀孔庙,南宋朝廷正式确立朱熹对儒家正统之传承,并采用朱熹的《四书章句集注》作为官学和科举考试的教育基础。这一决定在元朝得以延续,皇庆二年(1313)元朝重开科举,恢复朱熹的地位,并在官修《宋史》中专设《道学传》。明清两朝继续强调朱熹的《四书》集注在科举考试中的地位。虽然《宋元学案》收录的儒家看似覆盖面广,但它对朱熹反对的思潮和学派表现出强烈的偏见。例如,全祖望明确将女真在北方的统治时期评述为黑暗时代,因为宋廷南渡时"学统与之俱迁",故"完颜一代,遂无人焉","百年不闻学统"。尽管赵秉文自以为儒者,全祖望却称其"仍然佞佛人也"。金朝统治初期幸存下来的少数儒家的著作很快散佚,像赵秉文这样的儒者很罕见,他们不过是"晦冥中存一线耳"。[1] 因此,全祖望只为金朝编了"屏山鸣道集说略"而不是完整的"学案",以贬低它在中国文化思想史上的地位。这个黑暗时代的唯一好处就是提升

---

[1] 黄宗羲原著,全祖望补修,陈金生、梁运华点校:《宋元学案》卷一百,第 3316、3326 页。

了儒家思想主流的重要性："不有狂风怪雾，无以见皎日之光明也。"①一些现代学者，特别是吉川幸次郎，曾论述过苏轼、王安石对金代思想和文化的影响。但对于《宋元学案》的编者而言，这些其他的儒家学派并没有那么重要，也不能打消他们对于金朝在佛教主导下的黑暗时期的指责。毕竟，这种针对苏轼、王安石（全祖望亦仅为二人修"学略"）等受佛教污染宋儒之立场，与朱熹所痴迷的正统和"醇儒"概念或理解相一致。

李心传在《道命录》的序言中强调在朝的主要政治领袖在两宋道学兴废中的关键作用，蔡涵墨的分析加强了我对这个问题的关注。蔡涵墨细述了 1333 年程荣秀对《道命录》的"大幅扩充和修订"，并阐明李心传的原稿和观点。我认为李心传注意到道学政治领袖占据着朝廷的重要地位，是道学历次兴起的关键因素，而蔡涵墨的深入研究所提供的背景知识极大地支持了我的观点。北宋后期司马光在朝与否决定了道学之兴废，正如赵鼎在 1130 年代与赵汝愚在 1190 年代的朝中地位对道学兴废所起到的决定性作用。因此，尽管《道命录》只关注道学命运，但李心传视野恢宏，认识到政治斗争关乎道学之成败。我在 1980 年代关于道学的研究和蔡涵墨的广泛研究，借用他的话，都强调了李心传关于道学"政治特征的看法"以及对"道学思想和历史的宽泛释义"。② 换言之，道学演进的动力不仅仅是儒士讨论哲学概念、为经典注疏、在书院教书等等。

---

① 黄宗羲原著，全祖望补修，陈金生、梁运华点校：《宋元学案》卷一百，第 3316 页；Hoyt Cleveland Tillman, "Confucianism under the Chin and the Impact of Sung Confucian Tao-hsueh," 收入 Tillman 和 Stephen H. Westeds, *China Under Jurchen Rule*: *Essays on Chin Intellectual and Cultural History* (Albany: State University of New York Press, 1994), 71—72.

② 在蔡涵墨 *The Making of Song Dynasty History* 和他的 "Bibliographic Notes on Sung Historical Works: *The Original Record of the Way and Its Destiny* (*Tao-minglu*) by Li Hsin-ch'uan," *Journal of Song-Yuan Studies* 30 (2000): 1—61, 参见他的 "Li Hsin-ch'uan and the Historical Image of Late Sung Tao-hsueh," *Harvard Journal of Asiatic Studies* 61. 2 (December 2001): 317—52, 引用见第 339、356 页。

总之,尽管蔡涵墨有时将程学称为"原型道学",但他还表明了李心传如何将程颐视为"道学的主要来源",也对道学的狭隘化以及道学对自身历史的歪曲持批判态度。[1] 与我对吕祖谦的看法有些相似,包弼德强调"道学只是吕祖谦更宏大的教育计划的一部分",吕祖谦"与朱熹一起直接参与了学习儒家之道 ……"[2]然而,我仍然倾向于认为,相较于朱熹要求他人符合他特定的"醇儒"概念,吕祖谦所设想和提供的道学更为包容。以上对三位汉学家研究成果的简短讨论表明,我们对道学和朱熹的理解在达成共识方面已经取得了进展。

湖南大学岳麓书院朱张客座教授田浩

2021 年 7 月 8 日、2023 年 8 月 29 日于亚利桑那家中书房

附记:2021 年 7 月,我将这篇序言(除了结语)的稿件寄给余先生一阅,老师回电说"很好"。序言中我对于老师之前所关切问题的回应,老师表示"没有意见"。当我得知老师已于 8 月 1 日过世时,更加感受到老师为人之体贴,他在过世前数日还特别告知其赞同之意见。

---

[1] Hartman, *Making Song History*, e.g., 281, also his "Li Hsin-ch'uan," e.g., 339,351,356.
[2] Bol, *Localizing Learning*, e.g., 47, 270.

田浩教授与宋代思想史研究[*]

引　言

安乐哲(Roger T. Ames)教授评价田浩(Hoyt Tillman)教授为思想考古学家(archeologist of ideas)①,对于一位在宋代思想史领域耕耘近半个世纪的学者而言,此说恰如其分。为何选择思想史为研究对象? 田浩教授说,他很想知道古代中国人是如何思考(thinking)的,而不仅仅是了解他们的想法(thoughts)。史华慈(Benjamin I. Schwartz)教授在《功利主义儒家:陈亮对朱熹的挑战》的序言中揭示了这一研究理念:"这里我们所见的不但是中国思想,而且是'中国人思维的过程'。"②为何选择考察宋代呢? 或许对于思想史家而言,"思想史只记载激动人心的时代

---

* 本序的主体内容以《田浩教授与宋代思想史研究》为题,发表于《唐宋历史评论》第七辑,北京:社会科学文献出版社,2020年。感谢包伟民老师和刘后滨老师的支持!

① Roger T. Ames, "Foreword" in Hoyt Tillman, *Ch'en Liang on Public Interest and the Law* (Honolulu: University of Hawaii Press, 1994), xii.

② 史华慈:《序》,田浩著,姜长苏译:《功利主义儒家:陈亮对朱熹的挑战》(以下简称《功利主义儒家》),南京:江苏人民出版社,2012年,第3页。

便是因为它对某个时代感到'激动人心'以及觉得它应当继续'激动人心'"①,而宋代恰是一个"激动人心"的时代,虽然面临诸多困难与挑战,三百年间却思潮涌现,田浩教授希望以"旁观者"的立场,冷峻地讨论两宋思潮的演进及其与政治、经济、文化和社会之间纷繁复杂的关系。

自20世纪70年代初跟随史华慈教授学习《朱子语类》以来,田浩教授沉潜于宋代思想史领域,从1976年正式发表成果至今,笔耕不辍,且"不断精进"。② 在他的丰硕成果中,读者或关注从《功利主义儒家》至《旁观朱子学》③乃至今天,田浩教授对于道学"群体或圈子"(fellowship)的持续辨析与讨论;或关注20世纪90年代其与狄百瑞(或译为狄培理,William Theodore de Bary)教授的"术语之辩"④;抑或关注其研究课题由宋代思想史逐渐扩展至金元时期的儒学以及当代中国传统文化的相关问题等。⑤ 不过,随着《朱熹的思维世界》(增订版)、《文化权力与政治

---

① 葛兆光:《中国思想史》之《导论:思想史的写法》,上海:复旦大学出版社,2009年,第80页。
② 余英时:《增订版序一》,田浩:《朱熹的思维世界》(增订版)。该书增订版本有二:台北:允晨出版公司,2008年,第3页;南京:江苏人民出版社,2009年,第1页,本序所引增订版内容皆出自后者。另,陕西师范大学出版社曾于2002年出版《朱熹的思维世界》,故本序所引《朱熹的思维世界》有该版本与增订本之区别。
③ 田浩:《旁观朱子学:略论宋代与现代的经济、教育、文化、哲学》(以下简称《旁观朱子学》),上海:华东师范大学出版社,2011年。
④ 参见 Hoyt Tillman, "A New Direction in Confucian Scholarship: Approaches to Examining the Differences between Neo-Confucianism and Tao-hsueh," *Philosophy East and West* 42, no. 3 (July 1992): 455 - 474; Wm. Theodore de Bary, "The Uses of Neo-Confucianism: A Response to Professor Tillman," *Philosophy East and West* 43, no. 3 (July 1993): 541 - 555. 或参见田浩:《儒学研究的新方向:对"新儒学"与"道学"之区别的考察途径》,狄百瑞:《新儒学一词的使用:回应田浩教授》,伊沛霞、姚平主编:《当代西方汉学研究集萃(思想文化史卷)》,上海:上海古籍出版社,2012年,第1—37页。按,卢睿蓉称此次争论为"'新儒学'之辩",笔者以为尚不能以此来完全概括这场争论,关于卢睿蓉的讨论,参见氏著《海外宋学的多维发展——以美国为中心的考察》第5章《研究个案2:突破道统下的思想世界》,北京:中国广播电视出版社,2012年,第188—196页。
⑤ 参见近年对田浩先生的访谈与学术评论,如田浩、葛焕礼:《历史世界中的儒家和儒学——田浩(Hoyt C. Tillman)教授访谈录》,《临沂师范学院学报》2009年第4期,第40—44页;卢睿蓉:《海外宋学的多维发展——以美国为中心的考察》第5章《研究个案2:突破道统下的思想世界》,第187—208页;杨新勋:《一个旁观者的心声——田浩访谈录》,《中国典籍与文化》2016年第3期,第150—159页。

文化——宋金元时期的〈中庸〉与道统问题》①等成果问世,数十年来隐含于"道学"和"思维世界"之下的文化权威与政治权力关系之研究指向愈发清晰;直到 2019 年 3 月底,在亚利桑那州立大学的国际学术会议上,会议主题"中国历史上的文化与权力"将田浩教授学术生涯中最为重要的学术关怀完全展现出来。

　　田浩教授在学术生涯早期即与中国结下不解之缘。在邓广铭先生、张岱年先生等学者的帮助下,他与中国学术界展开了近 40 年的交流与合作②,研究成果饱含了对中国传统文化与当今社会的理解和同情;同时,作为一位美国史学家,田浩教授的文化背景与文化价值还贯穿和融会于他的中国研究中。不过,学界对于田浩教授所坚持的术语辨析、道学的范畴、朱熹的权威及其与同时代人的关系等相关议题,存在某些误解,即使是余英时先生,也认为田浩教授的文化价值偏向于多元和宽容,"不能接受学术思想之定于一尊",这种价值取向和处理历史事实之间"恰恰发生了直接的冲突",虽然《功利主义儒家》充分提示了朱熹代表道学主流这一客观事实,"但正统则是权力结构的产物,这是作者所不肯认同的"。③　那么,田浩教授的研究是否受到其"自由主义的立场"④左右?这一立场(如果存在)为我们深入宋人的内心和宋代社会提供了何种方法上的意义?我们又该如何理解余英时先生所称赞的田浩教授在治史方面"则尊重客观,不以一己的好恶进退古人"⑤?

① Christian Soffel and Hoyt Tillman, *Cultural Authority and Political Culture in China: Exploring Issues with the Zhongyong and the Daotong during the Song, Jin and Yuan Dynasties* (Stuttgart:Franz Steiner Verlag, 2012);并见中文版:苏费翔、田浩著,肖永明译:《文化权力与政治文化——宋金元时期〈中庸〉与道统问题》(以下简称《文化权力与政治文化》),北京:中华书局,2018 年。
② 田浩:《我与中国研究的不解之缘》,北京大学国际汉学家研修基地编:《国际汉学研究通讯》第 10 期,北京:北京大学出版社,2015 年,第 291—306 页。
③《余英时先生序》,田浩:《朱熹的思维世界》,西安:陕西师范大学出版社,2002 年,第 4—5 页。
④《余英时先生序》,田浩:《朱熹的思维世界》,第 5 页。
⑤《余英时先生序》,田浩:《朱熹的思维世界》,第 4 页。

一、"道学"及相关术语

如所周知,虽然程颐以"道学"指称所认同的学术圈,但影响后世最深的"道学"界定则来自《宋史·道学传》。这是元人在吸收朱熹的道学传统重建、经过"严格甄选"后的道学谱系,若将其与《诸儒鸣道集》或是庆元党禁时所谓的"伪学"人士相比,可以看到它的范围狭窄了许多,仅与程朱学派有关。[①] 显然,以《宋史·道学传》为据考察宋代道学和其他思潮的发展,恐有较大偏差。因此,如何界定与使用宋人的"道学"概念,是展开该研究的基本出发点。

早在 1982 年出版的 *Utilitarian Confucianism: Ch'en Liang's Challenge to Chu Hsi*(即中文版《功利主义儒家》)中,田浩教授已使用广义的"道学"概念。这个宋人使用的概念包含了 12 世纪初期至中叶与二程有着基本相同的伦理和学术观念的人,涵盖了不同的学术方向[②],与冯友兰先生同年提出的应使用"道学"而不是"理学"的概念来讨论宋代儒学的观点不谋而合。[③] 田浩教授用"fellowship"来指称道学团体,其内部成员"具有关系网络,互相认同,而且自认为与其他的儒生不同。他们共同努力形成社会的、政治的以及文化的纽带,以改进社会政治文化,复兴道德价值,匡正儒学"。[④] 这个英文单词与基督教的"团契"意义很接近,也被译为"群体""社群""团体""同道""同志"等,它有助于西方人理解广

---

① 田浩著,姜长苏译:《功利主义儒家·导言》,第14—15页;田浩:《朱熹的思维世界》(增订版)第5章《朱熹与吕祖谦》,第117—122页。

② 田浩著,姜长苏译:《功利主义儒家·导言》,第14—15页。按,*Utilitarian Confucianism: Ch'en Liang's Challenge to Chu Hsi* 出版时有中文名《陈亮与朱熹的辩论——明道谊而计功利》,译成中文版后更名为《功利主义儒家:陈亮对朱熹的挑战》,见 Hoyt Tillman, *Utilitarian Confucianism: Ch'en Liang's Challenge to Chu Hsi* (Cambridge, Massachusetts: Harvard University Press, 1982);田浩教授在《朱熹的思维世界·绪论》中讨论了冯友兰先生的观点,第2页。

③ 冯友兰:《略论道学的特点、名称和性质》,《社会科学战线》1982年第3期,第40—41页。

④ 田浩:《朱熹的思维世界·绪论》(增订版),第4页。

义的道学群体。在近年的研究中,田浩教授依然强调该群体的共同学术理想、政治抱负及其广泛性和实践性,即 12 世纪 80 年代以前,包括吕祖谦、张栻在内的道学领袖们,"代表了一个更广泛、更经世致用而较少教条化的学术团体和政治派别"。① 上述关于道学群体的独特界定,在中西方学界引起较大争议,主要体现在 20 世纪 90 年代"道学"与"Neo-Confucianism""理学"等术语的内涵、使用及方法论之争。② 虽然这场辩论没有推动学界广泛使用"道学"术语,但它对北美思想史研究产生了直接影响。比如,"一些学者们在此之后使用新儒学时会有意识地解释它的用法;另一些人则倾向使用道学或理学。这些变化从包弼德(Peter K. Bol)的《宋明理学与地方社会:一个 12 至 16 世纪间的个案》(Neo-Confucianism and Local Society, Twelfth to Sixteenth Century: A Case Study)一文中可见一斑。包文继续使用了 Neo-Confucianism 一词,但作者明确提出他所指的是狭义的新儒学,即程朱理学和道学"。③

近年来,田浩教授进一步辨析了四个术语,即"道学""Neo-Confucianism""理学"和"新儒学",特别强调对"Neo-Confucianism"的界定。④ 这一观察是敏锐的。直至今日,译者仍将"Neo-Confucianism"直译为"新儒学"。译者所理解的"Neo-Confucianism",其实与西方语境中该术语的多种内涵不相同;而且,"新儒学"在中国学者内部有着不同的界定,这样,在各自语境中已经存在分歧的两个术语,又在中西学者的研究中相搅,由此带来新的混淆。如前引包弼德教授对"Neo-

---

① 田浩:《余英时老师与我的宋代思想史研究——兼论宋代思想史研究的若干问题》(以下简称《余英时老师与我的宋代思想史研究》),林载爵主编:《如沐春风:余英时教授的为学与处世——余英时教授九秩寿庆文集》(以下简称《如沐春风》),新北:联经出版公司,2019 年,第53 页。
② 参见田浩:《儒学研究的新方向:对"新儒学"与"道学"之区别的考察途径》、狄百瑞:《新儒学一词的使用:回应田浩教授》,伊沛霞、姚平主编:《当代西方汉学研究集萃(思想文化史卷)》,第 1—37 页。
③ 张聪、姚平:《前言》,伊沛霞、姚平主编:《当代西方汉学研究集萃(思想文化史卷)》,第 10 页。
④ 田浩:《余英时老师与我的宋代思想史研究》,林载爵主编:《如沐春风》,第 45—50 页。

Confucianism"的狭义定义，英文原文为"the Cheng-Zhu ［Cheng Yi 程颐（1033 – 1107） and Zhu Xi 朱熹（1130 – 1200）］ school and the 'Learning of the Way'（Daoxue 道学）"①，即译者所说的"程朱理学和道学"（笔者按，或许应译为"程朱学派和道学"，因包弼德教授在该文中明确将理学称为"Learning of Principle"），而译者在翻译该论文标题时，将原文的"the Cheng-Zhu and Zhu Xi school and the 'Learning of the Way（Daoxue 道学）'"简单翻译为"理学"，这虽然避免了将"Neo-Confucianism"直译为"新儒学"，却遗漏了原文的"the 'Learning of the Way'（Daoxue 道学）"，并改变了"the Cheng-Zhu and Zhu Xi school"的原义。这种译法也许显示了译者的两难，不过，它对原意或有所误解，从而带来新的混乱。这个例子有助于我们理解为何时至今日田浩教授仍在呼吁应该更加清晰地使用术语去指代特定语境中的儒学派别或群体。

反思"术语之辩"，田浩教授在强调以"道学"术语取代"Neo-Confucianism"之初，尚未充分讨论"Neo-Confucianism"一词的缘起与变迁，学界对该词的最初用法亦未有深入了解，狄百瑞教授则坚称"Neo-Confucianism""忠实地反映了宋代是儒学发展的一个新阶段，与前代既有连续性又有非连续性的现实"。② 苏费翔教授的新近研究成果为这场辩论提供了新证。据苏教授研究，"Confucians"一词较早出现在 1700 年，1708 年"Confucianisme"出现在法国神学家 Richard Simon（1638—1712）的法文论文中，Richard Simon 将儒学与西方的一个异教思想人士莫利纳（Luis de Molina，1535—1600）相提，文中对这位异教人士使用的

---

① Peter K. Bol, "Neo-Confucianism and Local Society, Twelfth to Sixteenth Century: A Case Study," in Paul Jakov Smith and Richard von Glahn, eds., *The Song-Yuan-Ming Transition in Chinese History*（Cambridge and London: Harvard University Asia Center and Harvard University Press, 2003）, 241.
② 张聪、姚平：《前言》，伊沛霞、姚平主编：《当代西方汉学研究集萃（思想文化史卷）》，第 9—10 页。

"Confucianisme"为一种蔑称,指支持中国儒学的西方传教士;当时天主教的红衣主教铎罗(Charles Thomas Maillard de Tournon,1668—1710)同样用"Confucianisme"来批评具有异教思想的传教士;苏教授进而指出,"Neo-Confucian"("新孔子主义")首见于法国汉学家卜铁(Jean-Pierre Guillaume Pauthier,1801—1873)的笔下,他提出的"Néoconfucéens"(新儒家)被收入1844年出版的《哲学词典》(*Dictionnaire des sciences philosophiques*);1850年意大利文的医学资料中,"Neoconfuciani"指以动静、阴阳为主的学术,并非二程、张载、朱熹先后发展的理气论;英文"Neo-Confucianism"则出现于1861年,依然强调周敦颐宇宙论为其核心思想,因此,狄百瑞教授曾认为"Neo-Confucianism"盛行于20世纪40年代,因其不知道19世纪50年代已有学者使用到该词,而且它是对道学家的一种歪曲。① 若此不误,"Neo-Confucianism"不适合用于表达宋代以来儒学发展的特征,而田浩教授在20世纪80年代初倡导使用广义的"道学"概念,无疑具有前瞻性和合理性。

回到宋代的语境去研究宋代思想史,对于20世纪70年代的学者而言并不容易,而大洋彼岸的田浩教授利用"外部的有利地位","把握住较大画面及主要倾向的方方面面"②,展开对宋代道学的研究。他"不将朱熹看成一位超然独立的思想家,而将他的思想发展置于他与同时代学人的关系和交往的背景下考察"③,并选择张九成、胡宏、张栻、吕祖谦、陈亮、陆九渊、朱熹的门人以及其他南宋道学家作为研究对象,试图通过讨论12—13世纪儒学发展的多样性,将南宋道学的多样性转向正统性,直接面对"程朱正统",并非"实际上绕过了程朱正统的遮蔽,寻找其他儒学

---

① 苏费翔:《创新与宇宙论:"(Neo-)Confucianism"一词早期的用法》,《湖南大学学报(社会科学版)》2020年第3期,第29—34页。
② 田浩著,姜长苏译:《功利主义儒家·中文版序》,第2页。
③ 田浩:《朱熹的思维世界·绪论》(增订版),第2页。

思想流派"①,《功利主义儒家》与《朱熹的思维世界》(尤其是增订版)就是这一研究理路下的成果。余英时先生在 *Confucian Discourse and Chu Hsi's Ascendancy* 的序言中说道:

> 这一解释得到了该时期历史资料的有力支持。为了展示整个十二世纪儒学发展的多样性,我认为田浩的选择很巧妙,他不是孤立地将朱熹视为一位哲学家,而是将他"置于与他同时代的主要思想家的关系与互动背景中"。因此,虽然本书不列专章讨论朱熹的思想和学术,但每一章都有朱熹。采用此种研究方法,不仅更加客观地展现了十二世纪中国的思想世界,而且与朱熹同时代的知识分子与对手也得到更加公正的历史评判。②

南宋道学从多样性到正统性的转向在《功利主义儒家》的第一章有深入阐释。根据田浩教授的研究,11 世纪的儒者认为"道"包括体、用、文三个方面:"体虽然作为支配人们之间关系的根本原则进行讨论,它仍被看作是不变的。文的范围很广,包括从纯文学到公文以及哲学论文。用既包括个人修养、经世致用,又包括社会约束",这三方面概括了宋学的总目标;而随着儒学的分化,体、用、文在不同时期的士大夫那里有着不同的强调,于是,当道学由一个儒家团体逐渐发展为一个政治派别,进而成为一个哲学思想流派,最终确立为国家正统时,道的全体也演化为道的部分。③ 下面这段引自淳熙十二年(1185)朱熹与刘清之的书信,可以洞悉朱熹本人对于道学范围的看法:

> 近年道学外面被俗人攻击,里面被吾党作坏,婺州自伯恭死后,

---

① 卢睿蓉:《海外宋学的多维发展——以美国为中心的考察》第 5 章《研究个案 2:突破道统下的思想世界》,第 200—201 页。

② Yu Yingshi, "Foreword," in Hoyt Cleveland Tillman, *Confucian Discourse and Chu Hsi's Ascendancy* (Honolulu: University of Hawaii Press, 1992), ix‐x. 并见田浩《余英时老师与我的宋代思想史研究》,林载爵主编:《如沐春风》,第 37 页。

③ 田浩著,姜长苏译:《功利主义儒家》第 1 章《儒学两极化及其在宋代思想中之演进》,第 22—58 页;田浩:《余英时老师与我的宋代思想史研究》,林载爵主编:《如沐春风》,第 50—51 页。

百怪都出。至如子约,别说一般差异底话,全然不是孔孟规模,却做管商见识,令人骇叹。然亦是伯恭自有些拖泥带水,致得如此,又令人追恨也。子静一味是禅,却无许多功利术数。目下收敛得学者身心,不为无力。然其下稍无所据依,恐亦未免害事也。①

据此引文,田浩教授认为朱熹虽然对浙东学派和陆九渊学派措辞严厉,并批评陆九渊的佛教思想,但仍将他们视为道学群体中的一部分;淳熙十二年前后,朱熹与他们的书信往来保持了融洽的气氛,淳熙十四年(1187)开始,朱熹对陆九渊的批评更为尖锐,道学内部的分化趋于明显。② 田浩教授将朱熹道学权威之形成置于宋代道学发展的多样性背景下,在朱熹和其他道学家的关系网络中考察道学的分化,使得道学群体内部的复杂性和道学之分化展现得更为清晰。同时,在这种复杂性和分化中,可以反观吕祖谦、陈亮、陆九渊等儒者何以成为广义范围的道学家,以及朱熹的正统地位如何从这个广泛的道学群体中建构起来。至此,中国读者或许对田浩教授使用"fellowship"来指代这个具有共同的学术和政治抱负之群体有了进一步的理解,余英时先生认为这个新概念可捕捉到道学群体的"精髓",其有效性体现在这些群体是因为共同的目的而形成,即学习和复兴儒家之道。③

关于陈亮的研究,"功利主义"或许是个有争议的术语。如何将西方术语"Utilitarianism"运用于宋代儒学研究中,田浩教授有着缜密考量。首先,"功利"一词来自宋人话语,朱熹本人亦不时提起。比如前引朱熹与刘清之的书信中,朱熹用"功利"评价陆九渊虽然浸于佛学,但没有"许多功利术数";又如,朱熹曾批评陆九渊的江西之学和浙学,提醒学生注

---

① 朱熹:《晦庵先生朱文公文集》卷35《与刘子澄》,朱杰人等主编:《朱子全书》第21册,上海:上海古籍出版社、合肥:安徽教育出版社,2002年,第1546页。
② 田浩:《朱熹的思维世界》(增订版)第9章《朱熹与陆九渊》,第223页。
③ Yu Yingshi, "Foreword," in Hoyt Tillman, *Confucian Discourse and Chu Hsi's Ascendancy* (Honolulu: University of Hawaii Press, 1992), xi.

意浙学"专是功利"的危害,他认为功利之学很容易使人看到"利",吸引人们去学习:"江西之学只是禅,浙学却专是功利。禅学后来学者摸索一上,无可摸索,自会转去。若功利,则学者习之,便可见效,此意甚可忧!"①因此,田浩教授以宋人所说的"功利"来讨论宋代儒学,并非其发明。其次,研究陈亮与朱熹论辩的目的很明确,它有助于理解宋代乃至中国的社会政治思想,因为这场论辩包含了一些适合于跨文化比较的素材,但是,进行跨文化比较时,需要注意不使用西方的参照物,不以西方的观点来判断讨论对象,"否则将会妨碍对中国特定背景之下的问题的理解"。第三,田浩教授以"道德伦理"与"事功伦理"来概括朱熹和陈亮的思想特征,英文单词"Utilitarianism"恰和"功利主义"有共同的语义。汉语中的功利主义首先强调两个目标:达到具体的结果、后果(功),增大政府提供给社会的利益好处(利);而"Utilitarianism"指对效果的关注,即事功伦理,它包含了中文的"功""利"之含义,对应于中文的"功利主义",这就解决了史华慈先生所说的语言和文化范畴上的"可通译性"问题,努力使中国思想可为西方人所理解,这原本就是研究中国思想的西方人的愿望之一。②

二、文化权威的自我建构

延续《功利主义儒家》的思路,《朱熹的思维世界》在更广阔的范围内考察朱熹与同时代道学家的关系,探讨南宋思潮演变的多种面向。或许正是因为将朱熹置于道学团体中,有学者认为在田浩教授的研究中,朱熹道统"消解"了③,余英时先生则评述《朱熹的思维世界》道:"作者对朱熹的历史地位和尊重是无可置疑的,但是他自己的价值取向则在有意无意之间阻止了他把朱熹推向道学正统的位置……承认主流而不认同正

① 黎靖德编,王星贤点校:《朱子语类》卷123《陈君举》,北京:中华书局,1986年,第2967页。
② 史华慈:《序》,田浩著、姜长苏译《功利主义儒家》,第1页;并见该书《导言》,第1、4—6页。
③ 卢睿蓉:《海外宋学的多维发展——以美国为中心的考察》第5章《研究个案2:突破道统下的思想世界》,第206页。

统,作者的自由主义的立场在这里表现得十分明朗。"①那么,作者是否不认同朱熹的正统地位呢? 朱熹道统是否消解了呢? 当《朱熹的思维世界》增订版问世后,上述疑问当可"消解"。

《朱熹的思维世界》增订版新增了第十章《朱熹的祈祷文与道统观》(以下简称《祈祷文》),并修订了《结语》部分。余英时先生称赞《祈祷文》首次将朱熹的鬼神观与道统观联系起来考察,"也进一步发现'政治、社会关怀'在朱熹思想中居于'首要的'位置"。② 那么,朱熹的道学权威与道统如何通过和鬼神观的联系建构起来? 在《功利主义儒家》所说的 11世纪以来道的全体即"体、用、文"三者的分化中,与陈亮、叶适等浙东学派相比,朱熹的哲学体系如何体现出其政治和社会关怀居于首要位置?

在朱熹的思想史意义上,葛兆光先生提到三点:一是朱熹通过经典诠释、历史重构以及对思想世俗化的努力,再度确立了所谓"道统";二是朱熹重新凸显了作为思想依据的"经典",指示了理解经典意义的新的途径;三是通过思想的一系列具体化和世俗化的努力,朱熹使那些本来属于上层士人的道德与伦理原则,逐渐进入了民众的生活世界。③ 由此,在朱熹道统的建构中,除了朱熹门人及后人的努力,朱熹本人的自我建构值得注意。而在朱熹道统的自我建构中,除了葛兆光先生强调的三个方面,田浩教授由朱熹对孔子的祭祀与祈祷文这条独特的路径,进入朱熹"超乎常理的言行与主张"④里,揭示了朱熹通向道学权威的思想历程。

一方面,朱熹遵循儒家的鬼神观与祭礼;另一方面,朱熹将宋儒的理、气之学与自家学说"巧妙"地融入传统的鬼神观与祭祀孔子之灵的仪式中,使得这条通向道学权威的道路虽然蜿蜒但又自然地延伸到了终点。

---

① 《余英时先生序》,田浩:《朱熹的思维世界》,第 5 页。
② 余英时:《增订版序一》,田浩:《朱熹的思维世界》(增订版),第 1、3 页。
③ 葛兆光:《中国思想史》第 2 卷《七世纪至十九世纪中国的知识、思想与信仰》,第 225—234 页。
④ 田浩:《朱熹的思维世界·作者的话》(增订版),第 2 页。

田浩教授在《祈祷文》中首先阐释了朱熹鬼神观的三种意义:第一种意义,朱熹用"鬼神"来指称大量具有神秘和精微特性的"事""物",在这种意义上,"鬼神"指的是宇宙万物的自然功能及其运行;第二种意义,即朱熹用"鬼神"指称某种明显具有神秘色彩,尤其难以理解的现象;第三种意义,指传统上可以供人祈祷和祭祀,并且能产生回应的魂灵。朱熹以第三种意义为重要,在这层意义上,"祖先魂灵存在,并且能够对后代的祭祀产生回应,长期以来对于儒家以及以孝道为中心价值的家族而言,具有关键的作用",因此,朱熹在书院和精舍带领学生向孔子祈祷时,便建立了一个虚拟的家庭关系。田浩教授观察到,朱熹弟子王过在记载朱熹安排学生每日于影堂、土地公以及先圣像前敬拜一事时,将参与者称为"子弟",而不是"弟子",前者使得师生关系很容易被想象为家庭关系;在这种"家庭关系"中,朱熹带领学生向孔子之灵祈祷时,便自然地充当了学生与孔子之灵的中间人,向孔子报告学生的事情。于是,一个暗示从孔子到朱熹的父系传承的假想之"宗"得以建立。不仅如此,朱熹使用的一些看似平常的文字还引起了田浩教授的注意。如在祭先圣礼中,朱熹不止一次地使用"告"字,"这样的说法可以与家礼中向先祖'报'相似"。又如,朱熹讨论对非祖先祭祀时说:"如'天子祭天地,诸侯祭山川,大夫祭五祀',虽不是我祖宗,然天子者天下之主,诸侯者山川之主,大夫者五祀之主。我主得他,便是他气又总统在我身上,如此便有个相关处。"在这段引文中,田浩教授发现朱熹准确地把握和利用了"主"的深刻内涵:天子、诸侯和大夫皆因其地位合乎礼典而具有主祭身份,主祭向神灵祈祷有应,他们和神灵之间的关系,与后代和祖先之间因为血脉关系而拥有合法的祭祀身份相似,以此类推,朱熹祭祀孔子也因为他构建的"家庭关系"而具有合法身份,这便是朱熹所谓的"我主得他",他与孔子之灵通过"气类"形成类似于血缘关系的联系。那么,联接朱熹和孔子之灵的虚拟家人之气如何获得呢?朱熹进一步声称,对孔子之灵的接近必须基于"学",由"学"来决定;在朱熹与学生共同构成的"家庭"里,朱熹既是一个宗亲领袖,又是一位尊师,他的"学"足以使他具备与孔子之灵沟通的身份与地位。朱熹通过带领学生祭祀孔子,凸显出从圣人到他这里的"道统"传递,由此树立他作为经典权威解读者的地位。①

　　研究中,田浩教授一再将朱熹获得道学权威以及道学走向正统的过程置于一个广泛的时代环境里加以讨论,希望"产生新的角度研究他的思想","若不清楚把握同时学者的其他想法,朱熹的思想动力就会变得比较模糊",而"研究朱熹和其同时代人观点的冲突,影响着我们对其哲学体系及其发展过程的理解"。② 这些观点表达了当代研究中国思想的西方学者的一个愿望:"力求在当时的与历史发展的两个维度上展现中国思想的广阔领域及内在复杂性,最重要的是要说明这种思想的历史演变性与疑难性。"③通过对同时代其他学者的整体考察,朱熹通向学术权威及道统的道路可以多维度地展现出来。如果说《朱熹的思维世界》第一版未能完全显现田浩教授的初衷,那么,增订版的新增内容充分表达了这一学术诉求。即使是在讨论朱熹及其后学与同时代人的冲突中,田浩教授也重视冲突的另一方对朱熹获得正统的努力,比如吕祖谦弟子乔行简主导朱熹进入孔庙陪祀,这些追求道学利益最大化的行为证实了道学是一个同道群体(fellowship)的构想。

　　在《朱熹的思维世界》增订版的结语中,田浩教授还提到,朱熹门人暗中调和了13世纪其他道学学派的思想,促使朱熹哲学体系更注重制度与社会关怀,推动该体系走向完整并取得正统地位。同时,田浩教授也指出:"朱熹的思想包括抽象的哲学原理外,也包含文化价值与实际事务的论题,但他对三个层次的着重点与时人及后学都不同",因此,虽然朱熹的学生使朱熹名下拥有"更充实的文化价值与实际事务的论述"④,

① 本段参见田浩:《朱熹的思维世界》(增订版)第10章《朱熹的祈祷文与道统观》,第251—275页。
② 田浩:《朱熹的思维世界·结语以及感想》(增订版),第316、330页。
③ 史华慈:《序》,田浩著、姜长苏译:《功利主义儒家》,第1页。
④ 田浩:《朱熹的思维世界·结语以及感想》(增订版),第327—330页。

但不表明朱熹忽略实际事务,也不表明在田浩教授的研究体系中忽略过朱熹对实际事务的关心。事实上,田浩教授对朱熹在地方上的作为有过很多研究,比如书院建设、礼学建设、社仓建设、水利建设、灾荒赈济与伦理道德建设等等,但是,或许因为田浩教授的研究路径与其他学者不同,读者常常注意到他未按通行的研究路数将朱熹置于最突出的地位、关注朱熹与同时代人发生冲突等方面的探讨,忽视了其道学研究的整体性。仅以《朱熹的思维世界》中文版第一版为例,我们就能看到田浩教授对于朱熹在制度与社会关怀方面的诸多讨论,而且这些讨论都置于与事功学派的代表人物吕祖谦、陈亮以及其他道学领袖的对比中。比如,在与吕祖谦对比时,田浩教授强调朱熹的不同之处:

> 吕祖谦比较注重全国的事务,朱熹则活跃于中层的社区组织,朱熹在国家控制地方的权力削弱,而地方家族势力抬头的局势下,提倡一系列的组织加强中层的社区意识与团结。朱熹在社区组织的礼仪规范中,特别注重乡约、先贤祠、书院及社仓。他的社区制度的构想大多来自别人,但能将不同的办法融合,以达到整合儒学群体的目的。吕祖谦与朱熹都致力加强道学家的意识和凝聚力,他们的重点虽然不尽相同,但都关心三个层次的事务,而且努力合作,互相支持,以强化国家及道学。[①]

又比如,与朱熹强调地方社会公共事务不同,陈亮"似乎对朱熹的社仓和其他社区组织不感兴趣",而且公开说"富家豪门的存在对公共事务有益"。[②] 田浩教授认为,陈亮不加掩饰地为商人利益说话,是他"杰出"的地方,他和叶适都"远比朱熹要更重视商人和市场的力量",不过,朱熹不重视商人的例子却反映了朱熹对地方社会公共事务的关怀:"朱熹所任职的浙东发生灾荒,他动用行政力量迫使富有家庭按灾荒前的价格出售

---

① 田浩:《朱熹的思维世界》第 5 章《朱熹与吕祖谦》,第 144—145 页。
② 田浩:《朱熹的思维世界》第 7 章《朱熹与陈亮》(增订版),第 172—173 页。

谷粮,禁止商人将粮食运出该地。"①可以说,在经世问题上,田浩教授同时探讨了朱熹与"对手"的"入世精神",揭示出不同道学派别的共同特征。

而对陆九渊家族的研究,在指出道学内部多样性的同时,田浩教授也看到了朱熹对地方事务关心的程度:

> 陆家在1188年率先建立抚州的第一座社仓,虽然只服务县内49都保中的两个都保,但建仓后第二年发生旱灾,陆九韶(12世纪20年代末—90年代)管理的社仓发挥很好的作用……陆家的活动与陈亮对朱熹的社仓的反应虽然不同,其实陆氏兄弟与陈亮都不热衷与佛教慈善组织竞争,他们强调家族利益,并且认为政府应该负责家族以外的社会活动。陆九渊的立场不如陈亮接近袁采的《袁氏世范》所阐述的道德,他比陈亮、袁采吸收更多流行的道学偏见,反对追求利益或功利的想法。陆家对慈善救济制度的看法不像陈亮那么消极,但他们也有袁采那样以家族为中心的倾向,汇集个人对家庭效忠,所以陆家成员不像朱熹致力于家庭与国家间的中层制度。陆九渊似乎对乡约、祠庙、书院都不太感兴趣,在外地任官时,从不鼓励建立社仓。朱熹喜欢建立社区组织,甚于关心个人私家的利益;陆家却最重视培植大家庭以及它在当地的利益。②

引文可见田浩教授集中讨论了陆氏家族内部对于"公"利与"私"利的不同态度及其与朱熹的区别。陆九韶建立的社仓在地方社会发挥了积极作用,而陆九渊对地方事务的热情既不像陆九韶,也不如朱熹,他更关注家族在地方的利益,反对陈亮等人的功利主张。同样都出任过地方官员,陆九渊与朱熹对于地方事务的态度差别较大。

显然,朱熹的实践不仅体现在礼学、祭祀方面,他对地方事务的关心

---

① 田浩:《朱熹的思维世界·结语以及感想》(增订版),第336页。
② 田浩:《朱熹的思维世界》(增订版)第8章《陆九渊》,第201—202页。

同样值得重视,这也是朱熹思想和实践复杂性的体现;朱熹门人利用朱熹的经世致用充实了他的哲学体系,也推动了道学内部的分化。关于这些问题,田浩教授在《朱熹的思维世界》增订版刊布以前,已经有了相当充分的讨论。

三、文化权威与政治权力

在道学学术交流方面,田浩教授认为包含三个关键的儒家理论层次,即西方人所谓的哲学思辨、文化价值和现实政论。道学家在评论儒家学说或是社会政治制度时,都可使用"道",而讨论思辨哲学和文化价值两个层次的问题时,"道"的观念更为重要;同时,在历史文化的范畴,"道"还指社会中的道德价值;探讨围绕"道"引发的争论,可使人们更了解政府的统治权力与权力周围的知识精英之间的关系。[1] 据此,我们可以理解为何在田浩教授的研究里,充满了道学内部的争论。

朱熹在与其他道学家争论时,非常重视维护"道"的载体——经典的权威性与真实性,并强调经典中古代准则的永恒现实性。[2] 经典以及诠释经典之重要性,前引葛兆光先生关于朱熹诠释经典与道统确立的关系时已有提及,葛兆光先生进一步论到,在古代中国,知识阶层对于皇权的制约手段,常常是运用超越政治权力的文化知识,在皇权之下,除了相信文化与知识的力量,知识阶层并无其他的资源可以制衡皇权。[3] 田浩教授同样关注到该重要性,他的第二部英文著作 *Confucian Discourse and Chu Hsi's Ascendancy*(1992)的标题已有体现。Ascendancy,即支配地位,在《功利主义儒家》尤其在《朱熹的思维世界》增订版中,田浩教授对朱熹道学的支配地位不断加以阐释,而朱熹的支配地位所体现的一个显

---

① 田浩:《朱熹的思维世界·绪论》(增订版),第11—12页。
② 田浩著,姜长苏译:《功利主义儒家·结论》,第163页;田浩:《朱熹的思维世界·结语以及感想》(增订版),第313—320页。
③ 葛兆光:《中国思想史》第2卷《七世纪至十九世纪中国的知识、思想与信仰》,第181页。

著方面,即他为何以及如何成为经典注疏和解释的权威。田浩教授揭示了朱熹是儒家经典和文化传统中占据支配地位的最权威解读者,这种权威是一种权力,当它定于一尊的时候,其形成的复杂性却往往被表面的权威所掩蔽。如作者所言,在古代中国,政治权力以极其强烈和独特、复杂的方式嵌入中国文化中①,文化与政治之间的关系微妙而隐性。南宋道学群体成长的政治与文化环境不如北宋时宽松,他们在北宋灭亡的阴影下开始新的探索,无论是朱熹和吕祖谦,还是朱熹与陈亮以及其他道学家之间的合作和争论,都折射出探索中的理想与痛苦;同时,在朱熹的道学权威被构建的过程中,南宋道学群体内部的合作和冲突所呈现的儒家思想发展的复杂性与多样性,"远远超出传统和现代学者的认识"②,而且,这种复杂性和多样性在南宋之后仍然产生了深刻影响,值得继续探究。《文化权力与政治文化》便是这一研究理路下的成果,该书通过宋金元时期的《中庸》与"道统"两个主题,进一步阐明了权威、权力和文化之间繁杂而微妙的内在关系。

考察宋代文化对权力的影响或许需要从不同的路径逐渐推进,道学是其中之一。田浩教授的研究特别关注道学内部的争论,这些论辩涉及南宋时代的多项重要命题,如收复中原,复兴儒家传统,加强个人修养,重建政治制度、社会秩序和思想秩序等等。道学家希望以自己的学说和主张影响政治权力,比如吕祖谦和陈亮,与朱熹相比,他们更注重全国事务,一再上书,但他们的主张很难被皇帝采纳。田浩教授提出过一个假设:"如果吕祖谦的思想不仅局限于影响浙江学者,而是取代朱熹的思想影响到整个中国和东亚,那么儒家思想和中国政治文化或许会有完全不同的演进。"③但这个设想恰好说明了朱熹思想在皇权的支持下取得正统

---

① 原文为:"Political power was embedded in Chinese culture in extraordinarily intense and uniquely complex ways",引自田浩教授为2019年3月在亚利桑那州立大学举办的"中国历史上的文化与权力"国际学术会议所撰写的序言。
② 田浩:《余英时老师与我的宋代思想史研究》,林载爵主编:《如沐春风》,第41页。
③ 田浩:《余英时老师与我的宋代思想史研究》,林载爵主编:《如沐春风》,第60页。

地位,其后它对中国政治与社会进程的影响十分深刻。那么,在取得正统地位后,道学是否可以左右国家的政策呢?田浩教授的回答是否定的。① 但他选择朱熹的祈祷文,创造性地将祈祷文与道统观结合,从新的视角考察朱熹文化权力的形成,透视道学多样性发展的结果,希望将文化与权力关系的研究向前推进。与《功利主义儒家》一样,通过对道学内部多样性的考察来探讨中国古代文化与权力的关系问题,将"特别有助于向我们展示中国思想的丰富性、复杂性与历史性"。②

结　语

余英时先生称赞田浩教授兼备"高明"和"沉潜"两种本领:

> "高明",才能见其大而不断开拓这一"思维世界";"沉潜",才能继续发掘它的丰富内涵而展示其精微性与复杂性。田浩恰好便是一位能在"高明"与"沉潜"之间保持均衡的学人,这部增订新版便是最有力的见证。③

如余先生所言,田浩教授关于中国思想史尤其是宋代思想史领域的系列研究体现了高明与沉潜之处。或许很多人不太了解,在学术生涯之初,田浩教授关注的是中国当代问题④,不过,从第一部英文著作 *Utilitarian Confucianism*：*Ch'en Liang's Challenge to Chu Hsi*(《陈亮与朱熹的辩论——明道谊而计功利》)开始,他以朱熹与陈亮的论辩切入中国古代史研究,进入对宋代道学复杂性与多样性的考察进程,转而谋划其中国思想史研究的宏大布局。虽然直到 2019 年 3 月田浩教授才昭示其思索一

---

① 田浩:《朱熹的思维世界·绪论》(增订版),第 10 页。
② 史华慈:《序》,田浩著,姜长苏译:《功利主义儒家》,第 2 页。
③ 余英时:《增订版序一》,田浩:《朱熹的思维世界》(增订版),第 1 页。
④ 田浩:《五十年代初期美国的对华政策——杜勒斯的外交权力与吉田信件的由来》,《历史研究》1983 年第 5 期。

生的学术主题"中国历史上的文化与权力",但这显然是一个学术眼光深邃而独到、细密而严整的研究计划。从 *Utilitarian Confucianism：Ch'en Liang's Challenge to Chu Hsi*、《朱熹的思维世界》到《文化权力与政治文化》的层层推进,田浩教授的研究不断揭示出中国历史上文化与权力之间多元而繁复的关系。

虽然田浩教授谦称自己为"外行""旁观者",但其成果足以显示出专精与高明。余英时先生为《朱熹的思维世界》的三个中英文版本写过不同的序言,在最后一个版本即该书增订版的序言中,余先生指出：

> 田浩在《朱熹的思维世界》出版以后,依然不断精进,继续研究朱熹和南宋以后的儒学发展。这次印行增订版,收入了近年来的新收获,其中最重要的是"朱熹的祈祷文与道统观"和"结语以及感想"两章……我读了这两章,对作者孜孜不倦的研究精神十分钦佩。孔子说："吾见其进,未见其止。"这两句话在阅读过程中时时往复胸中。[1]

的确,《祈祷文》首次将朱熹的鬼神观与道统观相联系,敏锐地捕捉到朱熹内心世界的变化,细腻地解剖了朱熹自我构建道学权威的独特路径,丰富了我们对朱熹复杂人格和道学发展多样性的认识。

同时,这位深谙中国传统文化的"旁观者",对于中国历史和思想文化的发展脉络与特征有着中国式的理解和准确的把握。如果有机会聆听田浩教授在大学开设的中国思想史课程,可以感受到他对于从先秦两汉到宋明时期直至现当代思想史进程的理解与把握。直至今日,田浩教授仍坚持在政治和思想文化的历史背景下,积极探索古代中国人如何去思考。不仅如此,他把研究时段从宋金元时期延伸到当代,研究范围从古代中国拓展到历史上受儒学影响的其他国家和地区,从思想、经济、教育、文化等多视角观察宋代儒学与宋代以降社会之间的关系,这些思考

---

[1] 余英时：《增订版序一》,田浩：《朱熹的思维世界》(增订版),第1页。

结集于《旁观朱子学》中,体现了他对中国历史和思想文化的深刻理解和整体把握。邓小南教授对该书的评价可以从另一个角度帮助我们理解田浩教授的研究特点:

> 本书内容跨越古今,"形"散"神"聚。予人印象最为深刻的,是作者的独具慧眼。文章对于宋代儒学核心范畴的细致清理,对于历史发展错综复杂样态的清晰揭示,对于多元性以及道学演变的强烈关注,为我们提供了研究中国思想史的出色范例。[1]

作为美国汉学家,不同的文化背景在田浩教授的思想史研究中产生了多种影响。进入哈佛大学学习中国历史之后,他同时选择了史华慈先生和余英时先生作为论文指导老师,希望在两位不同文化背景的中西学者的共同指导下,通过汲取不同的视野、方法与学识,学习和认识中国历史。正是史华慈先生的课堂,使田浩教授第一次阅读了《朱子语类》,开始进入宋人的思维世界,而宋代道学发展的复杂性与多样性为田浩教授展开一生的学术探索提供了可能。在田浩教授的成果里,一方面,我们通过其"自由主义的立场"[2],观察到一个宽广、包容和独特的宋代思维世界;另一方面,又能看到他挑战跨越千年的"文化权威"之后所形成的特色鲜明的探索路径,为我们深入宋人的内心与宋代社会提供了另一种可能。或许,后者引发的思考更为深刻。

余英时先生的《朱熹的历史世界》较《朱熹的思维世界》晚出,二者被学界称为"姊妹篇"。其实,余英时先生拟此书名,是含蓄地批评《朱熹的思维世界》"仍未与哲学问题分道扬镳"[3],但是,运用哲学研究方法探索古代中国的思维世界,正是田浩教授的研究特色。田浩教授提出的关于宋代道学学术交流的哲学思辨、文化价值、现实政论三个理论层次,要求

---

[1] 田浩著:《旁观朱子学·封底》。

[2]《余英时先生序》,田浩:《朱熹的思维世界》,第5页。

[3] 田浩:《余英时老师与我的宋代思想史研究》,林载爵主编:《如沐春风》,第40页。

在中国历史的情境中,谨慎使用西方术语,向西方人阐明古代中国的思想,这并非易事。由于兼具中西学养背景,田浩教授很好地利用了哲学研究方法作为沟通中西学术的桥梁,为西方读者理解古代中国的思想世界提供了便利。史华慈先生所说"《功利主义儒家》一书对使中国思想为人理解有大的贡献"①即是最好的注解。

对中国文化的追索,促使这位汉学家在 1981 年就来到中国,1982 到 1984 年举家居于北京大学两年,与邓广铭先生等老一辈学者展开密切的学术交流和合作。田浩教授的学术生涯始终与中国学界保持着紧密的关系,他的儿女也深受中国文化的熏陶和影响,儿子田亮(Hoyt Langston Tillman)硕士期间在伯克利大学学习商周历史,女儿田梅(Margaret Mih Tillman)目前在普渡大学任教,从事中国近现代史研究。在 2019 年 4 月亚历桑那州立大学举办的荣退仪式上,田浩教授深情提到邓广铭先生当年对他的肯定与鼓励。可以说,田浩教授对中国文化与中国学术的同情之理解和深厚感情,在西方汉学界恐怕是独一无二的。

最令我感动的是,荣退两年后,田浩教授仍然在宋代思想史领域深耕和前行。

陈曦

2021 年 7 月 23 日于武汉大学振华楼

---

① 史华慈:《序》,田浩著,姜长苏译:《功利主义儒家》,第 2 页。

目　录

作者的话

尽管在增订版中增加了新的内容（主要基于作者两篇学术期刊论文），本书的主旨仍然围绕两个主题展开：

第一，当将朱熹放置于同时代的儒家思想家的大框架中，我们对于朱熹及其思想是否能有新的理解？几个世纪以来，学术界对于程朱理学有着过度的关注。如果将这种过于集中的视角转移一下，我们是否能更进一步地欣赏那些与朱熹同时代的思想家？这不仅是对他们自身思想的欣赏，更是对他们在朱熹就各种问题及政策提出的思想主张的发展中所起作用的欣赏。

第二，在社会、政治和文化上具有共同关注的一群儒家学者所组成的道学"团体"，是如何发展演变成自成一家的思想学派，乃至南宋末期正式成为政治思想上的正统学说的。尽管大多数近代学者将程朱理学的胜利归功于朱熹的门徒学生，那么其他儒家学者究竟起了什么作用呢？更重要的是，在朱熹生命的最后20多年里，他自己的言行是怎样影响着道学团体的狭化的。比如说，朱熹对于经典的评价是否将自己推向一个解读经典的权威和道学传统的界定者的位置？

对于 90 年代出版的我的英文原版和扩充的中文版，几位学界同仁质疑我是否过分强调了朱熹成为道学领袖的企图。他们认为，作为一个学界领袖倡导自己的学术主张，排斥异家学说，是很正常的，因此，朱熹在这一点上，与其他领袖并无显著不同。为阐述这一问题，我专门新增了"朱熹的祈祷文与道统观"一章，以证明朱熹超乎常理的言行与主张。比如说，在他献给孔子的祈祷文中，朱熹将自身作为其门徒和孔子灵魂的中介。在祠堂举行的祭祀先贤的仪式中，他让其门徒宣称在从古圣先贤到朱熹本人的道统传承过程中没有任何缺失；而且还让门徒们宣誓一定要原封不动地将自己的理论再传承下去。此章填补了 1996 年版《朱熹的思维世界》以及朱子学研究的一处空隙。

原版书中的另一个弱点就是结论过于集中于四个关键问题的讨论。这样一来，一些读者也许会"一叶障目，不见泰山"，忽略了书中原本设定的大框架中的其他重点议题。增订版在结论一章中新增了两个小节。第一个小节对于原书所设定的大框架中的重点议题进行了总结。新增的第三小节则用一个具体的范例阐释了通过对宋代儒家思想进行更为广阔的考查，我们能增强对当代有关儒家思想道德如何影响了东亚 20 世纪经济发展问题的理解。我希望这一增补的总结，可以将我论文中关于我们对宋代儒家和一些当代问题的理解阐释清楚。

也许是在回应我在 80 和 90 年代的一系列著述，许多学者更多地采用"道学"作为一重要学术类别来讨论宋代儒家流派的发展演变。同时，他们普遍意识到"道学"在宋代发展成一个由朱熹及其主要门徒主导的排斥异说、唯我独尊思想学派的缓慢演变过程。在我获得德国洪堡基金奖（Alexander von Humboldt Foundation Prize）的期间和之后，我有幸和叶翰（Hans van Ess）教授和他以前在慕尼黑大学的一些学生，以及很多其他德国学者，探讨了这一发展过程。实际上，叶翰教授①，苏费翔②（Christian Soffel）博士，马恺之③（Kai Marchal）博士的研究著述在深度和广度上增强了我对"道学"及其局限性的理解。2003 年至 2004 年，我获得了富布莱特基金会（William Fulbright Foundation）以及美国学术团体协会（American Council of Learned Societies）的科研资助，前往北京大学中国古代史研究中心进行了 16 个月的研究。期间，我有幸和中心的同仁们，还有很多在别的单位的朋友们，包括陈来、姜广辉、梁涛、朱杰人、朱汉民等先生探讨了道学的有关问题。与台湾学者黄进兴、张寿安和夏长朴各位先生的讨论也使我受益匪浅。我很高兴地发现中国学者开始引用我对于道学发展历史的著述和观点；中国学者徐洪兴是其中一例。④ 日本东京大学的小岛毅先生及其宋代思想发展史的研究也特别值得一提。⑤ 尽管我们做的领域与方向不同，艾尔曼（Benjamin Elman）教授和我对于"Neo-Confucianism"（新儒学）这个学术术语的看法却很相近，都认为这个术语的使用歪曲了儒家思想在中华帝国晚期的发展进程。还有很多学术同仁和朋友的研究和讨论，丰富了我对宋代历史和儒家思想的理解和认识，但在此我想特别感谢那些和我同样致力于道学研究的学者们。

尽管如此，我必须承认一个事实，即当代的许多学者继续将广义

---

① Hans van Ess, *Van Ch'eng I zu Chu Hsi : die Lehre vom rechten Weg in der Überlieferung der Familie Hu*（Wiesbaden：Harrassowitz Verlag，2003）；与其"The Compilation of the Works of the Ch'eng Brothers and Its Significance for the Learning of the Right Way of the Southern Sung Period." *T'oung Pao* 90.4‑5（2004）：264‑298.

② Christian Soffel, *Ein Universalgelehrter verarbeitet das Ende seiner Dynastie‑Eine Analyse des Kunxue jiwen von Wang Yinglin*（Wiesbaden：Harrassowitz Verlag，2004）.

③ Kai Marchal, *Die Ordnung des Politischen und die Ordnung des Herzens‑Eine Studie zum politisch-philosophischen Denken des Lü Zuqian（1137‑1181）* in：*Digitale Hochschulschriften*，Ludwig-Maximilians-Universität München（University of Munich），July 2006.

④ 徐洪兴：《道学思潮》收入尹继佐、周山编：《中国学术思潮史》第五册（上海：上海社会科学出版社，2006 年）。

⑤ 小岛毅：宋学の形成と展开（东京：创文社，1999 年）。

的"新儒学"作为在某种程度上意义等同于、但范围要广于传统"理学"的术语。但就像余英时老师在其《朱熹的历史世界》中指出的那样,"道学"是宋代常用的术语,指的是一批人试图用政治影响来改良社会和政府;而"理学"则是宋代一个不太常用的范畴,而且它则更侧重于抽象和形而上的哲学概念。① 然而,经过最近几个世纪的演变,"理学"逐步成为更常用的术语,并不但被用来指称狭义的程朱学派,而且被用来指称唐代(尤其是韩愈)以来所有的儒家思想学说,因此"理学"的范围很不清楚。一些学者(特别在美国)现在将"理学"、"道学"和"新儒学"作为同义词替换使用。我对这种宽泛的使用表示遗憾,因为它不仅混淆了不同的学派的区别,而且忽视了儒家思想在宋代及宋之后的发展变化过程。魏希德(Hilde de Weerdt)博士最近将"道学"看成是朱熹在 12 世纪晚期将二程学说重新打造成的一个思想学派。而且她认为我所指的"道学"是所谓的"ecumenical"(各学派的大一统)。②她好像将我所提的"道学"观点过于简化了。另外,她看起来似乎太过围于《宋史·道学传》中过分狭隘的"道学"理念。值得一提的是,魏希德教授引用了我于 1992 年发表在《东方与西方哲学》(*Philosophy East and West*)的文章和 1992 年出版的英文著作,而没有引用我后来发表的文章和我的《朱熹的思维世界》。我希望这次带有更多补充章节和扩充结论的中文增订版可以将我的论据和观点表述清楚。

　　并入增订版中的两篇文章最初来源于两个国际著名的学术杂志。"朱熹的祈祷文与道统观"一章修改自我在 2004 年发表于《东方

---

① 余英时:《朱熹的历史世界》(台北:允晨文化公司,2003 年;北京:三联书局,2004 年)。

② Hilde de Weerdt, "The Composition of Examination Standards: *Daoxue* and Southern Song Dynasty Examination Culture," Ph. D. thesis, Harvard University, 1998; 与其 *Competition Over Content: Negotiating Standards for the Civil Service Examinations in Imperial China, 1127–1279* (Cambridge, MA: Harvard East Asian Monograph Series, Harvard University Press, 2007)。

与西方哲学》杂志上的文章。① 结论中新增补的两个章节修改自我在2002 年发表于《中国学术》的文章。② 对于两位杂志的主编，安乐哲（Roger Ames）先生和刘东先生同意我对这两篇文章进行修改并使用，在此表示由衷的感谢。而且我也十分感激他们多年以来对我研究和出版工作的鼓励和帮助。还需提及的是，北大哲学系博士生高海坡翻译了我在《东方与西方哲学》杂志上的文章手稿。美国亚利桑那州立大学的博士生姜长苏则翻译了我在《中国学术》杂志上的手稿。美国亚利桑那州立大学图书馆的刘倩同仁和台湾大学历史系研究生张志惠与童永昌帮我进行了增订版二校的审定。美国亚利桑那州立大学的博士生阎琨帮助我翻译了这篇谢辞。

由于翻译撰写本书的原来中文稿，我那时候有机会扩充及修订英文原著对南宋道学的认识；那次重新阅读南宋思想的史料，使我能够提供一项比英文旧著更详尽、更精谨的论述，并且进一步发挥、澄清原来的论证。那时在亚利桑那州立大学读书的牛朴、冀小斌先生为我翻译最初的草稿；黄进兴、池胜昌、黄明理、俞宗宪、程一凡及刘景修先生提供许多修改草稿的宝贵意见。池胜昌先生从新泽西（New Jersey）来到亚利桑那，前后辛勤工作 40 余日，对草稿做最后的重新修订，不但润饰中文的写作风格，并使译文能够更忠实于我的本意。

我很感谢台湾大学教授夏长朴先生，特别为增订版写序。他在儒家哲学上的造诣和有关北宋的专著为本书对于南宋的探讨奠定了基石。我的原书已经绝版几年了，在此对于黄进兴先生推荐此书的再版和杨家兴先生细心的编辑修订工作表示感谢。2002 年陕西师范大学出版社本也已经绝版，在此对于刘东先生和江苏人民出版社出版此增订本也表示感谢。

---

① Hoyt Cleveland Tillman, "Zhu Xi's Prayers to the Spirit of Confucius and Claim to the Transmission of the Way," *Philosophy East and West* 54.4 (October 2004):489 - 513.
② 田浩："从宋代思想论到近代经济发展"《中国学术》2002 年，第 10 辑，页 167—192。

我还要特别感谢我的导师余英时先生。他为原版中文书特别写序,并于此次再与新序。他的为人师表、学术建树始终是我努力的源泉。我谨将此增订版献给余英时老师,祝贺他获得克鲁格(Kluge)大奖。

我也必须感谢妻子宓联卿女士,以及子女田亮、田梅,他们在我觉得写作此书是一项沉重的负担时,仍然使我感到生活充满乐趣,并且使我的思想能够保持平衡,不致一去不返,迷失在遥远的南宋时代。

田　浩

2008 年 1 月 20 日写于亚利桑那州立大学

献　给

我的老师余英时先生

增订版序一

　　田浩在《朱熹的思维世界》出版以后，依然不断精进，继续研究朱熹和南宋以后的儒学发展。这次印行增订版，收入了近年来的新收获，其中最重要的是"朱熹的祈祷文与道统观"和"结语以及感想"两章。在"祈祷文"一章中，他通过朱熹对于孔子的祈祷文以及其他相关的资料，深入研究了朱熹的鬼神观和道统观之间的关系。这确是前人所没有涉及的领域；他不但提出了新的问题，而且扩大了朱学的范围。在"结语"一章中，他则从一个更广阔的历史视域观察朱学在南宋的位置和后世的流变。与本书初版的结语部分相对照，这一章的深度和广度也都大幅度地提升了。

　　我读了这两章，对作者孜孜不倦的研究精神十分钦佩。孔子说："吾见其进，未见其止。"这两句话在阅读过程中时时往复胸中。朱熹的"思维世界"本来便是十分广阔而复杂的，经得起古今无数学人的长期探索。因此治朱学的人特别需要兼备"高明"和"沉潜"两种本领。"高明"，才能见其大而不断开拓这一"思维世界"；"沉潜"，才能继续发掘它的丰富内涵而展示其精微性与复杂性。田浩恰好便是一位能在"高明"与"沉潜"之间保持均衡的学人，这部增订新版便是最有力的见证。

上面已指出，作者论鬼神观与道统观之间的内在关联，为朱熹研究开辟了新园地。我相信将来一定会有其他学人在这一片新园地中继续开拓，因为其中所涉及的问题是很复杂的。作为"祈祷文"汉译本的最早读者之一，我愿意作一个小小的补充并表示一点同声的欣悦。

作者说，朱熹对孔子的祈祷"帮助他增强了他已经完美无缺地获得了孔子所传之'道'的信心"。作者在这里特别强调朱熹的"自信"的一面，当然是有根据的。朱熹的确深信他所遵循的是孔子求"道"的唯一正途。我想补充的是，朱熹在求"道"的过程中也有"自疑"的一面，同样值得重视。顾宪成（1550—1612年）在"刻学蔀通辨序"中说："朱子岂必尽非，而常自见其非。"（《泾皋藏稿》卷六）这句话则将朱熹的"自疑"精神生动地呈现了出来。朱熹晚年在竹林精舍上写过一副"桃符"（即春联）："道迷前圣统，朋误远方来。"（《语类》一〇七"杂记言行"节）这显然表示：他对自己是不是已全面掌握了"道统"的内涵，仍存疑问，唯恐误导了远来问学的弟子。他的门人对这副联语大概也印象很深，因此记录了下来。我认为这又是朱熹"自疑"的一种表现，不是故作谦词。朱熹求"道"，自始至终都在"自信"和"自疑"的紧张心理状态下进行，这是他治学的一个主要特征。他临终还在修改《大学·诚意章》，更是明证。

作者在"祈祷文"一章的结尾处，特别强调朱熹的"使命感"，并清楚地指出："在朱熹的思想中，社会政治关怀——理论上的实践——是首要的。"这正是我在《朱熹的历史世界》（允晨，2003年）一书中所展开的基本论旨之一。中国史在宋代进入了一个新的阶段，政治、社会、宗教、经济等各方面都发生了重要的变动。"士"阶层乘势跃起，取得了新的政治社会地位。这一阶层中的少数精英（elites）更以政治社会的主体自居，而发展出"以天下为己任"的普遍意识。这便是作者所说的"使命感"。他们的"使命感"主要体现在儒家的整体规划上面，即借"回向三代"之名，全面地重建新秩序。根据"儒者在本朝则美政，在下位则美俗"的古训，他们首先以朝廷为中心，发动全面的政治革新，所以庆历、熙宁变法相继出现。但地方性或局部性的社会、道德秩序的推行也同时展开,故有义庄、族规、乡约、书院的创建。张载"有意于三代之治",但从朝廷回到关中之后,立即在本乡以"礼"化"俗",发生了深远的影响。这为"在下位则美俗"提供了一个具体的事例。无论在朝在野,士的"使命感"在南宋依然十分旺盛,朱熹更是一个最有代表性的典型。他在政治上向往王安石"得君行道"的机遇,所以期待晚年的孝宗可以成为他的神宗,重新掀起一场"大更改"运动。绍熙五年(1194)他立朝四十日便是为了领导朝廷上的理学集团推行改革(即所谓"孝宗末年之政")。但在奉祠禄或外任时他则转而致力于地方上局部秩序的重建,如设立社仓、书院,以及重订吕氏乡约之类。不仅朱熹如此,同时的陆九渊、张栻、吕祖谦等也无不如此。现在本书作者通过"祈祷文"的专题研究,也进一步发现"政治、社会关怀"在朱熹思想中居于"首要的"位置,和我的整体观察恰好可以互相印证,我当然有闻空谷足音的喜悦。

在增订版的"结语"一章中,我很高兴看到作者扩大他的视域,涉及朱熹思想与经济发展之间的关系。我更感谢他肯用相当大的篇幅讨论我的《中国近世宗教伦理与商人精神》(简称《商人精神》),并澄清了一些评论者的误解。他参考了我在1997年发表的两篇英文论著,因此他的了解更为深入。不过在《商人精神》之后,我又继续研究了明清社会、经济、政治的变迁与儒学新取向之间的互动。其中较重要的是"现代儒学的回顾与展望"、"士商互动与儒学转向"(收在《现代儒学论》,上海人民出版社,1998年,页1—127)和"明代理学与政治文化发微"(见《宋明理学与政治文化》,允晨,2004年,页249—332)这三篇专题研究,事实上在《朱熹的历史世界》和《商人精神》两部书之间进行了一些贯通的工作。举其最要者而言,历史变动把北宋士阶层推上了政治、社会的主体地位,激起了他们"以天下为己任"的使命感。他们因而运用儒学的精神资源,展开了一场大规模而持久的重建秩序的运动。与此同时,佛教的入世转向也与儒学的新发展汇流,更加强了士大夫的使命感。王安石便因为禅宗大师"为众生作什么"这一句话,才决心接受宰相的任命。15、16世纪市场经济的兴旺则将商人的社会重要性提升到前所未有的高度。士商合流与互动成为明、清社会史上最引人注目的新现象。

明代商人已发展出一个自足的精神世界,其资源虽多来自儒家,但也同时兼采佛、道二教,三教合一之说大盛于王阳明时代并不是偶然的。但宋儒所开创的整体规划——建立新秩序——在明代又以不同的面貌和方式再度活跃了起来。这是王阳明的重大贡献。本于切身经验,阳明体悟到明代政治生态已不允许他早年所向往的"得君行道"。但他"行道"的热忱仍沿宋儒一贯而下,所以陈龙正(1585—1645年)评其"拔本塞源论":"直接道统","惟欲安天下之民,惟共成天下之治"。他与宋儒最大的分歧在于他完全放弃了"得君"的幻想;相反地,他的说教对象是士、农、工、商各阶层的庶民。所以我称之为"觉民行道"。这是"致良知"之教的社会含义的精要所在。

16世纪的社会结构因商人的兴起而发生了微妙的变化,这又是阳明的处境与宋儒相异之处。因此他必须在他所构想的新秩序中为这一新兴阶层安排一个适当而相应的位置。他为商人写"墓表",提出"四民异业而同道"的划时代新说,又承认"虽终日作买卖,不害其为圣为贤",都可以看作是关于宋以来儒家整体规划的重新调整。事实上,明代商人也主动争取更大的社会承认。他们自信商业的巨大成就也是一种"德业",甚至可以当得起"创业垂统"的称誉,因此"立功、立德、立言"的"三不朽"不应为政治、学术精英所独占,他们同样有资格分享。这是16世纪以后商人为自己身后树碑立传的心理动力。我曾称之为"求不朽的焦虑"("immortality anxiety"),恰与卡尔文教派所谓"求解救的焦虑"("salvation anxiety")相映成趣,显示出中、西宗教伦理之同中见异。

总之,我在有关朱熹与王阳明的研究中,重点既不在个别思想家,也不在个别的思想流派。我的焦距毋宁说集中在宋、明两代儒家建立新秩序这一大运动上面。这一思想的运动在历史上发挥过客观的作用,这是有目共睹的。但是我并不认为思想可以片面地强加于社会之上,创造出新秩序。从另一角度观察,儒家整体规划之所以能够形成,正是由于政治、社会、经济各方面的变动为它提供了必要的条件。在实际的历史进程中,思想与社会的变迁往往是交织在一起而互为因果的,无法清楚地划分界限。因此无论是《朱熹的历史世界》或《中国近世宗教伦理与商人精神》,我都不能不尽量打通思想史与其他专史(如政治史、社会史、经济史、宗教史)之间的隔阂。换句话说,我的研究取径并不限于较严格意义的思想史(intellectual history),而毋宁说近于一种广义的文化史(cultural history)。

我为什么要扼要说明我的研究取径呢?这是为了澄清本书作者和我之间的异同。作者的《朱熹的思维世界》和我的《朱熹的历史世界》,书名非常相似,但所处理的问题却相当不同。这也许会引起读者的困惑。我现在可以郑重指出,作者的取径是比较严格意义上的思想史。因此他关心的是南宋不同儒学流派的谱系问题,特别是朱熹的"道学"为什么最后竟取得"道统"正传的地位。但他平视诸家,对朱熹的"霸权"颇致疑问。在纯粹思想史的视域(perspective)之下,他的注意力自然凝聚在儒学内部的复杂关系上面。他的研究使南宋儒学呈现出一个清晰的面貌,贡献很大。但是我相信,正由于我们的取径有内向与外向之异,我的"历史世界"和他的"思维世界"恰好可以互相补充、互相支持。这两部书之间绝无矛盾与冲突可言。最近何俊著《南宋儒学建构》(上海人民出版社,2004年),取径与作者相近,也曾参考了《朱熹的思维世界》。何书翔实而有新见,可资比较。

作者评介我的《商人精神》,也是在他的视域之内进行的,所以他特别指出:陈亮、叶适都为商人与富民说话,而朱熹则采取了相反的立场。两宋为商人与富民辩护的儒者颇不乏其人,朱熹确不在其中。(参看叶坦《富国富民论》,北京出版社,1991年)这是不可否认的事实。不过从我的视域看,这是另一层次的问题。卡尔文派和稍后的清教派都有不少敌视商人的议论；他们绝不是资本家的代言人。但这并不妨害新教伦理在一个更高层次上为资本主义的兴起提供了精神的资源。我讨论近世中国的宗教伦理——包括儒家伦理——也是在这一层次上展开的。这个例证最可以说明作者和我虽然视域不同，但观察所及则未尝不能各明一义，而莫逆于心。

最近读到泰勒（Charles Taylor）新著 *A Secular Age*（The Belknap Press of Harvard University Press，2007），综论 1500 年至 2000 年西方思想与社会的"俗世化"为走向现代文明的历程。此书长达八九百页，与他以前的名著 *Sources of the Self：The Making of the Modern Identity*（Harvard University Press，1989）适互为表里。他的旧作属于哲学史与思想史研究，新著则由思想史通向宗教、政治、社会诸领域，也可归之于广义文化史的大范畴之内，和我的取径颇有相通之处。此书第一部分论"改革大业"（"The Work of Reform"）尤使我感到很大的兴趣。根据他的观察，西方自 1500 年前后，也有一个重建秩序的强烈要求（他称之为"rage for order"），其目的在于提升全社会的文明水平。这一"大改革"（"Reform"）的要求可以远溯至中古晚期的基督教，但至十六、十七世纪宗教革命时代而汇成巨流。当时有两股最有势力的思潮，殊途同归。其一是从古典哲学传统中发展出来的新斯多噶派（neo-stoics），以荷兰思想家利浦修（Justus Lipsius，1547—1606 年）为最有影响的领袖；其二则是卡尔文和他的教徒。这两派互有交涉，也互相支援。他们同以建立新秩序为终极目的。所谓"秩序"，指一种有纪律的文明社会；纪律只能通过训练而来，所以上起贵族，下至平民，都必须训练到能够自律自制的程度。这两派也各有理想化的古代作为秩序的模范：斯多噶派的理想寄托于罗马帝国；卡尔文教派则在《旧约》中所呈现的神圣社会。但两派建立新秩序的领域却不同。利浦修的信徒中颇多政界人士，因此他特别强调政治秩序；他主张君主政体，但君主必须严守道德原则，以公共利益为念。卡尔文派则全力推动道德社群秩序的建立；通过布道，他们教导人人各敬其业,各安其分,并为人服务。总之,新斯多噶派从上而下,卡尔文派则从下而上,同时展开了一场"大改革"的运动;两派汇合,影响遍及于欧洲各地区。

我读了此书"改革大业"的部分,特别是第二章"纪律社会的兴起"("The Rise of the Disciplinary Society"),本来已感到与我所研究的宋、明儒家的整体规划——"回向三代"、重建秩序——有不少惊人的相似处。更使我惊喜交并的是泰勒竟说:这一"大改革"的雄图"在欧洲史上是前所未有的,不过在中国史上的不同时代似乎也曾出现过可以与之相比的尝试"("comparable attempts" p.120)。泰勒虽不治中国史,但一定听说过中国史上有不少"政革"("reform")运动,如王安石新法与戊戌维新之类。无论如何,他的敏锐直觉是值得佩服的。如果从儒家观点去概括17世纪新斯多噶派和卡尔文派"大改革"的意义,我们正不妨说,前者所从事的相当于"得君行道",后者则相当于"觉民行道"。不过,由于具体的历史状态和条件相异,双方的表现方式、时机以及成就都不一样而各显其文化特色。我称宋、明两代大规模重建秩序的奋斗为"儒家的整体规划",泰勒也将欧洲17世纪的"大改革"称之为"the Calvinist or neo-Stoic programmes"(p.119)。仅就这一共同点而言,中、欧文化史中确存在着可资比较研究的广阔空间。

泰勒的新著对于我而言,是一个完全意外但却更为清晰的空谷足音。我正好可以借它来说明我自己关于朱熹、王阳明等一系列专题研究的性质。所以再三考虑之后,我决定利用写新序的机会把这点感受表达出来,因为上面提到的"视域"不同的问题,也可以借此获得更进一步的澄清。

最后,我要特别感谢作者的盛情,将这部增订新本献给我。"却之不恭,受之有愧",我只好用这句老话来回报他。

余英时

2008年1月序于普林斯顿

增订版序二

　　田浩教授的大作《朱熹的思维世界》一书，是一部体大思精、思虑缜密的作品，中文版出版后广受海峡两岸学术界的重视，也引起不少相关的讨论，这是相当可喜的现象。可惜的是，初版售罄后久未重印，这使得有心阅读的读者颇为关心，也殷殷期盼它的再版。现在，经过长期的等待后，这部学界期待已久的佳作即将增订再版，的确是一个好消息，虽说它的出版距离初次问世已有十一年之久。在本书的修订增补过程中，田浩教授与笔者之间有过一些意见交换，因此当他提出希望笔者能为这部书的修订再版本撰写前言时，虽然有些为难，却也很难拒绝，再三考虑之下，还是答应了这件并不容易的工作。

　　虽然当今研究朱熹的专著浩如烟海，也不乏佳作，但田浩的朱熹研究迥异于他人之处，在于他能不受既有成见束缚，别开蹊径，开展出另外一个面向，提供研究朱熹及宋代学术者更广阔的思考方向。不似此前研究者理所当然地认为：朱熹本来即是南宋道学的领导者，上承二程，下开此下六百多年的道学传承，是集道学大成的伟大学者。田浩同意朱熹是一位了不起的大学者，成就非凡，在学术史上拥有杰出的地位。在肯定朱熹之余，他同时也关心掩盖在朱熹光芒下的南宋其他重要学者，他认为朱熹的成就并非偶然,其中固然有朱氏本人锲而不舍的持续努力,但同一时期与其有密切来往的学者的切磋琢磨,以及不同意见之间的交涉与碰撞,就建构朱熹学术成就与地位而言,显而易见的,其实也扮演了不可或缺的重要角色。

在进行本书写作时,田浩采取结合思想史与社会史二者的研究方法,注意研究对象的社会背景,这和一般哲学史的研究方式不同。他认为,深入观察南宋道学思想,朱熹地位的提升有一个发展的过程。朱熹建立学术界领导地位之前,南宋学界的主流人物先是张栻,然后是吕祖谦,他们在当时学术界的影响力都在朱熹之上。张栻对朱熹思想的成熟开展曾有积极的贡献;吕祖谦则身拥"中原文献"之传,"德宇宽弘,识量宏阔",在朱熹逐步提升学术地位的过程中,经常折冲协调,沟通朱熹与其他学者的分歧意见,消解彼此的误会与成见,具有不可忽视的作用。基于此一认知,田浩这部书的撰著方式不再遵循前人旧规,单独以朱熹思想为讨论重点;而是将朱熹放回南宋当时的情境中,透过朱熹与这些具有代表性的主要学者如张栻、吕祖谦、陈亮、陆九渊以及其他人物的关系或交往以进行考查,进而了解朱熹本人在这种交涉中逐渐发展凸显出的思想观念。所以全书虽不见讨论朱熹的专章,但每一章都出现朱熹与这些学者的交涉与对话,可以说朱熹的身影无所不在,是贯穿全书的主轴,这应是本书命名的由来。这种处理方式相当特别,但无可否认的是,读者不仅可从中理解朱熹本人的观念和想法,更可从抽丝剥茧的论述中体会到,在理宗 1241 年正式订定以朱熹为代表的道学为正统思想之前,南宋学术界并非独尊朱学,其实是一个各家争鸣、开放的多元世界。

若是放开视野,从南宋再往上观察朱熹以前的宋代学术世界,我们会发现另外一个色彩缤纷,较诸南宋时期不遑多让的广阔天地,既多元又各具特色,全然与习知的周、张、二程一线单传的景象不同。之所以会有如此巨大的差异,问题就出在以朱熹为首的道学家所重新建构的思维世界上。这个世界以韩愈所提倡的孔孟道统为主轴,再加上朱熹极力标榜的北宋的周、张、二程,从而构成了完整的道统传承,也明白凸显出朱熹在道学系统中的特殊地位。重构之后,书面历史记载的重点也随之而变。就在这个架构下,道学形成"一枝独秀"的态势,道学以外的其他学派与学者,虽曾各领一时风骚,但在道学家各种不同论述中,逐渐失去原有的独特性,纷纷离开历史场域,成了道学萌芽发展以迄茁壮过程中的陪衬角色,失去了原本的历史地位,这就是后代学者探讨道学发展史时,所面对的唯一学术场景。

以道学为主流的论述,不可避免的,也带来了一些问题。举例而言,近人讨论北宋学术,受限于既有成见的影响,经常只注意到胡瑗(安定)、孙复(泰山)以及稍后的周敦颐(濂溪),以他们为北宋学术的先导,并以周敦颐为道学的开山。首先,《宋元学案》确实说过"宋世学术之盛,安定、泰山为之先河。"不能省略的是,这句话的下面还接了"程、朱二先生皆以为然"一语,足见这是程、朱等道学家的共同意见。道学家如此认定,然而道学家以外的学者如司马光、王安石、苏轼是否也有这种共识呢?注意及此的学者可能就不多了。不仅如此,全祖望在同书中也说过:"庆历之际,学统四起。"更强调:"安定、泰山并起之时,闽中四先生(案:陈襄、郑穆、陈烈、周希孟)亦讲学海上,其所得虽未能底于粹深,然而略见大体矣,是固安定、泰山之流亚也。宋人溯导源之功,独不及四先生,似有阙焉。"身为历史学家的全祖望犹有此憾,后代学者在接受胡瑗、孙复二人为宋学先河的说法之前,是不是也有必要就此做一些检证的工作?

其次,对周敦颐为二程所自出的看法,全祖望即已大表怀疑,他说:"濂溪之门,二程子少尝游焉。其后,伊洛所得,实不由于濂溪。是在高弟荥阳吕公(吕希哲)已明言之,其孙紫微(吕本中)又深言之,汪玉山(应辰)亦云然。今观二程子终身不甚推濂溪,并未得与马(司马光)、邵(邵雍)之列,可以见二吕之言不诬也。"全祖望并说:"晦翁(朱熹)、南轩(张栻)始确然以为二程子所自出。自是后世宗之,而疑者亦踵相接焉。"明确指出道学家以周敦颐为二程学术源头之说发自朱熹、张栻，此说其后虽成为道学发展的主流论述，但疑点依然存在，持保留态度者，仍不乏其人。值得注意的是，参阅二程的文集，虽提及周敦颐，但并无特别恭敬之处，以二程对师道的重视，这种现象并不寻常。再则，程颐在"明道先生门人朋友叙述序"及"明道先生墓表"中，再三强调"孟子之后，传圣人之道者，一人而已"，"先生生千四百年之后，得不传之学于遗经，志将以斯道觉斯民"。大力表彰其兄程颢上接孔孟传承，也以阐扬道学自我期许，却丝毫未提二人少年曾受学的周敦颐，此一不合常理的情形，岂不又是一个疑点？程颐既没有推崇周敦颐的言论，程门后学也尚未建立"二程之学出自周子"的共识，自然不可能有"周、张、二程为道统正传"的认知。看来以周、张、二程为道统正传的论述，应为后起的说法，而非当时学者的意见。可能性较大的就是南宋道学家朱熹、张栻等人，他们为了彰显扩张己派学说，重新建构了一个新的文化传承。

除此之外，二程道学兴起较晚，在进一步发展成一个学派之前，王安石新学、司马光史学以及三苏的蜀学，在当时学界都曾盛极一时，影响力犹在后起的道学之上。但当南宋道学昌盛，名家辈出，文化传承经过重构之后，这些曾活跃学界的学者及其后学，随之销声匿迹，少有论述提及。这使得学术史的记载产生失真，神宗以下的北宋学界失去大半活力，除了使道学饱受打压迫害的元祐党禁，少有习见的学术活动与论述。即使重视历史事实的全祖望在其修补的《宋元学案》中，也深受此一重构的影响，书中除保留司马光的"涑水学案"之外，王安石新学、三苏蜀学都摒落为"学略"，与金儒李纯甫的"屏山鸣道学略"等列，连最基本的"学案"都不予安排，这应该不是合理的处理方式。就此而论，《宋元学案》虽为一部论述宋元两朝的学术史，著述态度理应持平，却因深受道学主流意见的影响，并未能公正地呈现当时的学术世界。

上述所举这些疑点，虽只是读书偶得信手拈出，但举一反三，沉埋在历史灰尘中，犹待发覆之处恐怕仍不在少数。当此之时，若能以开阔的心胸,摆落既有成见的拘束,重新对宋代儒学发展做一番检视工作,以还原历史的本来面目,从而获取文化创新的契机,确实有其必要。由此观之,田浩教授在完成本书的修订出版工作之后,是否有意愿鼓其余力,上溯源头,再针对朱熹以前的北宋道学进行深入的清理诠释,就成为笔者极为关切并期待的要事了。

再次阅读此书,可以发现作者在处理相关问题时旁征博引,广泛参考可信史料,足见其读书之博,用力之勤;而论证严谨,析理入微,细密精致的思辨能力,更使人折服。这些都是这部力作广为学界肯定欣赏的重要因素。据笔者所知,这次本书增订再版,除了校正初版的若干文字讹误,更在部分章节上做了适度的调整,新补入有关朱熹祈祷文与其道统观的关系,结语更有大幅度的增补,使全书结构更趋坚实,论述也更加周延。这应是读者所乐见的修正。忝为此书修订本的早期读者之一,笔者更企盼增订本的出版,不仅可以满足读者长期的期待,更希望它能继余英时先生的巨著《朱熹的历史世界——宋代士大夫政治文化的研究》之后,再度引起关心宋代学术研究学者的热烈讨论,那就是学界乐见的盛事了。是为序。

夏长朴

2007 年 12 月 6 日

序于台湾大学中文系第十二研究室

原版序

　　田浩的《朱熹的思维世界》英文原本出版于 1992 年。我曾为该书写过一篇简短的"前言",略述其特色与贡献,以备西方的读者参考。现在这本书的中译本问世,作者也希望我再写一篇"前言",我觉得义不容辞,欣然接受了这一愉快的任务。但中文本并不仅仅是英文本的单纯翻译,在中译的过程中,作者对原著又进行了扩充和修订,所以呈现在中文读者眼前的,其实是一部更完备、更缜密的新著。正因如此,我这篇"前言"也不能不另起炉灶,而且面对中文的读者,我事实上也必须重新写一篇不同的"前言"。限于时间,这篇"前言"仍然只能是很简短的。

　　首先我要指出,此书不但是一部思想史的研究,并且注重思想的社会背景,因此也可以说是思想史与社会史交互为用的研究。这和一般哲学史的取径颇有不同,而各有短长,但绝无法互相取代。在学术多元化的今天,我们必须尊重不同的研究方式同时并存。我自己的倾向自然是与本书作者比较接近的,但是我也深知思想史与社会史的研究方式有其自身的限制。这种研究的长处是能把思想的发展放在当时的文化、学术、社会、政治等情境中求得了解,因而予读者以既生动又具体的印象;其短处则是稍不经意即容易流入某种方式的化约论以至决定论,使思想的自主性消失在外缘情境之中。本书恰恰发挥了这一研究方式的长处，而避免了它的短处。作者运用史法的圆熟和整体论断的均衡是特别值得赞扬的。

《朱熹的思维世界》事实上是一部南宋道学史。作者在本书中用"道学"为总持的概念以通贯全部的讨论，这不失为一个明智的抉择。作者认为"理学"一词专指程朱一派的哲学立场，不能用来范罩整个南宋时期；他又指出英文"新儒学"（Neo-Confucianism）之称现在已泛指"宋学"，未免失之过宽。这个"正名"的问题十分紧要，但又确实相当麻烦，很难得到满意的解决。语言虽然是"约定俗成"之事，可是名词的含义在不断使用之中便会发生或广或狭的变化，例如 Neo-Confucianism 一字，最初正是卜德（Derk Bodde）用来译冯友兰《中国哲学史》下册第十章和第十五章所标"道学"之名的，但却在不知不觉之中扩大了含义，超出原来"道学"范围了。

"道学"一词更是变化多端，难以董理，作者在此书中则对它的内涵加以明白的规定。作者不取《宋史·道学传》的"道学"观念，因为这是程朱学术变成钦定的"正统"以后的狭义用法。相反的，作者主张回到北宋对于"道"和"道学"那种早期较为宽阔的理解；因此他说道学涉及儒家理论中互相关联的三个层次：（1）哲学思辨，（2）文化价值，（3）现实政论。不但如此，他更明确地指出，现代学人过度醉心于宋代"形而上学"即第一个层次的研究，因而不免对其他两个相关的层次有所忽略，这正是我在前面所说的思想史研究和哲学史研究之间的不同。

我很同意作者所采取的立场，只有对"道"和"道学"作广义的解释，才能较好地处理南宋儒学的内部问题，包括它的多样性和实践性。《宋史·道学传》中的程朱"道学"虽然因为正统化的缘故变得狭化和僵化，但朱熹本人对"道"和"道学"的看法仍然保持了早期的阔大的气象。在他所辑《五朝名臣言行录》中，保存了刘彝对于他的老师胡瑗的一个素描：

　　臣闻圣人之道,有体、有用、有文:君臣父子、仁义礼乐,历世不可变者,其体也;诗书、史传、子集,垂法后世者,文也;举而措之天下,能润泽其民,归于皇极者,其用也。国家累朝取士,不以体用为本,而尚其声律浮华之词,是以风俗偷薄。臣师瑗当宝元、明道之间,尤病其失,遂明体用之学以授诸生。夙夜勤瘁二十余年。专切学校,始自苏、湖,终于太学。出其门者无虑二千余人。故今学者明夫圣人体用,以为政教之本,皆臣师之功也。(卷十之二,"安定胡先生"条)

　　今人征引此节往往从《宋元学案·安定学案》转手,不知其文曾经朱熹编定。程伊川也出于安定门下,他在太学时所写《颜子所好何学论》今仍存文集中。我们可以说程、朱关于"道"和"道学"的见解大概也曾受到胡瑗的启发。作者的三分法自然与胡瑗体、用、文的判划不同,但以范围而论,则不得不说是大体相近的。(作者在英文本中曾提到胡瑗的体、用、文,中译本则已略去)

　　作者把南宋道学史分为四个时期,其着眼点主要在于学术与政治之间的关系。这一分期很有助于读者对于南宋道学的演变过程的认识。根据这一分期,我想提出以下的观察:第一时期(1127—1162 年)是南宋道学的准备阶段,但同时也是儒学从北宋转入南宋的过渡阶段。北宋时代二程已提出了"道学"的新观念,而且道学的基础也已在周、张、二程手上稳固地建立起来,但是道学在当时仅仅是儒学复兴中的一个旁支,尚未能取得主流的地位。北宋儒学主流其实是王安石所代表的新经学和司马光所代表的新史学。这是熙宁、元祐党争的学术核心之所在,二程在其时并没有太大的社会影响力。即以道学的内部而言,程门高弟对道学的信仰究竟坚定到什么程度,也还是一个值得研究的问题,否则朱熹也不会慨叹他们"下梢都流入禅"了。用当时的话说,道学在北宋还没有"鞭辟入里"。南宋道学的第一期便是为道学的再出发作准备的。

　　道学真能"鞭辟入里"是第二、第三期的事。这是朱熹、张栻、吕祖谦、陆九渊、陈亮诸巨儒在学术思想上特别活跃的时代。这里所谓"鞭辟入里"并不仅在哲学思辨的层次为然，即在文化价值和政论的层次上也是如此。举一个最明显的例子：二程虽有不少弟子问学，但并没有正式讲学的机构和组织。程颐退休洛阳时，甚至谢绝门人追随前来。书院成为道学的传播中心是朱熹和陆九渊时代的新发展，如白鹿洞书院和象山书院之类，尤其是道学得以流布天下的关键。若以作者所采取的广义而言，道学在第二、第三期不仅规模宏大，而且创造力也十分旺盛。陈亮所反对的"道学家"是所谓"闭眉合眼，朦胧精神"一流人物，这正代表着最狭义的"道学"的颓波，他绝没有把朱熹、陆九渊包括在这种"道学家"之内。相反的，从广阔的观点说，朱、陆等人也未尝不认为陈亮仍是"吾道中人"，否则"道不同不相为谋"，他们之间便不会发生那么热烈的讨论以至争辩了。

第四期始于朱熹身后，下至南宋之亡。道学虽在这个阶段被朝廷尊为正统，但已失去第二、第三期的多彩多姿和蓬勃活力。朱子一家的道学成为政治上的正统思想发生在宋理宗一朝（1225—1264年）。以"理"字为庙号，古今只此一家，这正是因为他"升濂、洛九儒，表章朱熹《四书》……以理学复古帝王之治"（《宋史·理宗本纪赞》）。但事后回顾，这毋宁是一个辛辣的反讽。理宗皇帝不但象征了"理学"的式微，而且也标志了宋朝的衰亡。宋太祖早年咏月，尝有"才到中天万国明"之句，气象万千，一直被看作是宋朝兴起的朕兆。理宗题诗于太祖诗后，竟作"并作南楼一夜凉"的萧瑟语。故元儒刘因题《宋理宗南楼风月横披》之二云："谁知万古中天月，只办南楼一夜凉。"（《静修集》五，文渊阁《四库全书》影印本）诚可谓慨乎其言之。我觉得刘因的诗句也恰好可以移用于南宋道学的盛衰。道学在朱熹的时代正如"万古中天月"，但到了理宗之世也不免使人生"南楼一夜凉"之感了。

最后，我想谈一谈本书所流露的作者的思想倾向，以为读者理解之一助。作者是20世纪的美国史学家，他自己的文化价值自然偏向于多元、宽容,而不能接受学术思想之定于一尊。但是作者治史则尊重客观,不以一己的好恶进退古人。现在作者写南宋道学史,最后必须归结到程朱成为钦定的道学正统,他自己的价值取向与他所处理的历史事实之间恰恰发生了直接的冲突。我相信作者在材料的取舍和组织方面必不免因此而大费斟酌。本书不列朱熹为专章,而每一章都有朱熹,其原因之一也许便是要避开道学正统问题的困扰。这样的处理方式若在哲学史论述中自有商榷的余地,但在以呈现南宋"思维世界"为主题的思想史研究中,却不失为别开生面。作者对朱熹的历史地位和尊重是无可置疑的,但是他自己的价值取向则在有意无意之间阻止了他把朱熹推向道学正统的位置。在南宋时代,朱熹代表了道学中的主流,这是无可否认、也不必否认的历史事实,本书充分地揭示了这一客观的事实,但正统则是权力结构的产物,这是作者所不肯认同的。承认主流而不认同正统,作者的自由主义的立场在这里表现得十分明朗。

在作者所处理的几位南宋儒学大师中,我发现他对于吕祖谦最具有同情的了解。这可能是由于吕祖谦代表了宽容、开放和多元的一种儒家典型。吕祖谦无论对于朱熹、陆九渊或陈亮都表现出十分宽容的精神,朱、陆的鹅湖之会也是他一手安排的。更有趣的是,作者特别引了吕祖谦"善未易明,理未易察"的话来证明他的"包容倾向",但是作者似乎并不知道这句名言是中国自由主义者胡适曾经大力宣扬过的。作者与胡适不谋而合,特别欣赏这句话,正因他们的价值取向基本上是相近的。历史的客观和历史家的主观是相反相成的,历史在每一个时代都必须重新研究、重新撰写,这是因为史学工作不仅是已往事实的重建,而且也是当前意义的创新。

余英时

1996 年 3 月 15 日序于普林斯顿

绪　论

目前对宋代儒学发展的研究大致仍反映在传统中国、日本学者所取得的成果上,传统的观点和方法仍占据研究的主导地位,亦即以朱熹(1130—1200 年)的道统为主线,将重点放在几个重要的思想家和为数不多的前后学人身上;这种传统的观点可以上溯到元人编纂的《宋史·道学传》。这部官修史书为道学界定的范围很狭窄,朱熹在这体系中成为集儒学理论大成的学者,少数的学者如"北宋五子"被当作他的理论先驱,与朱熹同时的陆九渊(象山,1139—1193 年)被视做陪衬,13 世纪的几位后学则因为推动朝廷支持道学而受到赞扬。蒙古人入主中原以后,在 14 世纪格外注重朱熹,颁布法令把朱熹的《四书》注释当作科举考试最基本的内容,官修的《宋史》也有专门的"道学"列传讲述朱熹学派的思想、著作和发展。甚至 20 世纪初,朱熹依然是儒家正统学说的中心,他的思想影响并扩及日本、朝鲜,成为近代东亚政治文化、传统教育的理论基石;因此当代对南宋儒学的研究大多集中在哲学的诠释或者意识形态的实践,也就不足为怪。这些研究虽然成果斐然,但我们对这时期的道学仍然缺乏一套全面而且系统的看法,本书的目的就是意图填补这个思想史研究的空白,讨论道学思想在南宋时代的发展变化。

本书不将朱熹看成一位超然独立的思想家,而将他的思想发展置于他与同时代学人的关系和交往的背景下考查。这种历史的方法是要补充以朱熹哲学为重点的研究,不是重复过去的研究。本书的目的不是要贬抑朱熹的思想地位,而是把他放回到当时周遭的学术环境中了解,因为朱熹同时代人的贡献一直被后人所忽视。研究朱熹与当时学者的思想交流,可以使我们对朱熹以及他的思想发展有不同的了解。借用朱熹的话来说,本书要探讨他怎样演变成所谓"吾道"、"斯文"、"醇儒"、"吾党"和"道学"中的代表人物,而这些字眼显然不仅指涉一批具有共同哲学思想的知识分子。

宋代道学是一个广义的学术群体,朱熹只是其中的一员。道学初期的多样化倾向(diversity),随着正统逐步确立,渐渐变得不太明朗,一些重要的道学家在当代学者的研究中已经失去本来的面目。我在 1982 年出版 Utilitarian Confucianism: Ch'en Liang's Challenge to Chu Hsi(《功利主义儒家:陈亮对朱熹的挑战》),开始从 12 世纪的背景观察道学。最近几年学术界对于宋代儒学部分名词的讨论,已经达成一些共识。冯友兰先生(1895—1990 年)在 1983 年要求当代学者讨论宋代儒学者,采用北宋及南宋时期使用的较广义的"道学"一词,而不继续沿用南宋末年以来狭义的"理学"。① 姜广辉先生在 1992 年列出更多证据,支持冯先生对宋代道学的见解;②可是许多中国学者犹未能避免道学就是理学的看法。最近愈来愈多的美国学者开始使用"道学"一词,但令人遗憾的是,部分学者仍然未能明白分辨"道学"与定义十分不明确的"Neo-Confucianism"——"理学"、"新儒学"等说法。③学术界对宋代儒学的讨

---

① 冯友兰:"略论道学的特点、名称和形式",收入中国哲学史学会编,《论宋明理学》(杭州:浙江人民出版社,1983 年),页 37—56。

② 姜广辉:"宋代道学定名缘起",《中国哲学》(1992 年),第 15 辑,页 240—246。

③ 关于此讨论及其哲学的意义,参见拙作"A New Direction in Confucian Scholarship: Approaches to Examining the Differences Between Neo-Confucianism and Tao-hsüeh," *Philosophy East and West*, 43.3 (July 1992), pp. 455 – 474;及"The Uses of Neo-Confucianism Revisited,"（接下页）

论发展到现阶段,需要整体回顾道学的发展历史过程。我们不应该再用传统的眼光来看待南宋这段历史,而要重现它历史发展的过程,以探讨道学群体的思想,我们也不应盲目接受 14 世纪 40 年代蒙古人统治之下所编修《宋史·道学传》的狭隘观点,而要采取较为开阔的眼界;例如,可以依据早期道学的历史著作《道命录》来考查道学的发展。① 这种较广阔的观点在 12 世纪的文献中表现得十分明显,所以我使用"道学"概括这个群体从 11 世纪晚期到南宋末叶的发展变化。道学的主要人物间的确有一些根本的哲学分歧,但政治、社会、文化以及其他的纽带将他们紧密地联结在一起;这些纽带的作用比他们的共同理念,其影响力可说毫不逊色。

后面的讨论会更清楚显示,对道的探究产生专有名词"道学"。我认为"宋学"是宋代儒学复兴运动的统称,而"道学"则是"宋学"的一个分支。当代部分学者称"宋学"为"Neo-Confucianism",可是我会避免使用这个字眼。"道学"不等于程朱哲学(有些学者称"程朱哲学"为"Neo-Confucianism"或"Neo-Confucian orthodoxy"理学正统);但本书要证明宋代道学的范围比程朱的哲学广泛。这个群体由于献身道学的人士努力而日益发展扩大,此群体内外的人,逐渐开始使用"道学"来指称这个特别的文化传统和社会群体,它虽然仍然与宋代儒学以及传统儒学的范畴有关,但已经与它们有所分别;宋代其他儒生学者较致力于传统的文学、制度和经学的研究。

道学以外的宋儒大致可分为两种。第一种是参与儒学复兴运动的其他"宋学"人士,包括欧阳修(1007—1072 年)、王安石(1021—1086 年)、苏轼(1036—1101 年)等和他们的门人。他们虽然很值得研究,但因

(续上页)*Ibid*.,44.1 (January 1994),pp.135 – 142.参中文本:"儒学研究一个新指向",收入田浩著:《宋代思想史论》(北京:社会科学文献出版社,2003 年),页 77—97。

① 李心传《道命录》(百部丛书集成本)。又参见来可泓:《李心传事迹著作编年》(成都:巴蜀书社,1990 年);王德毅:"李心传年谱",收入《宋史研究集》第 9 辑(台北:中华丛书编审委员会,1977 年),页 513—573。

为本书仅集中于道学的演变，这里不多论述宋学的其他派别。另外一批学者是在"宋学"的范围外，可以被称作因袭守旧的"世儒"，因为他们似乎没有参与宋代儒学的复兴运动，包括陈公辅（1076—1141年）、林栗（1142年进士）等人，这批南宋儒士曾经使用政治的手段反对或打击道学，所以本书要谈论他们的理由和活动。他们或者认为道学是嘲讽意味浓厚的字眼，有些则根本不喜欢听见这个词。① 北宋末期有些人士使用"道学"一词时，专门指玄学或道教，②这些说法都不应与宋儒道学人士使用"道学"一词时的推崇语气混为一谈。

道学虽然不像近代的"协会"或"团体"具有严格的组织，但这些专门致力于兴道、传道的儒者还是形成一个"fellowship"。"fellowship"很难翻译成中文，比较类似的字词包括：群体、社群、团体、同道、同志、团契。南宋道学人士有时使用"同志"一词，但它具有太浓厚的现代政治意味。"团契"的意义很接近，可是用法或许太限于基督教的团体。"群体"或"社群"的含义虽然稍嫌冷淡，但可避免现代政治和宗教的联想。我说"群体"是指他们具有关系网络，互相认同，而且自认为与其他的儒生不同。他们共同努力形成社会的、政治的，以及文化的纽带，以改进社会政治文化，复兴道德价值，匡正儒学。书院是道学群体重要的活动中心，他们在书院推行各种礼仪规范，意图加强团体的责任心和凝聚力。学生在先生面前行弟子礼成为正式的学生后，也变成这讲经传道群体中的一分子。学生每天早起行礼，在祭坛前向儒家圣贤及先师上香致敬，加强道学传统内部的连续性和凝聚力。道学人士并且在事业上互相援引帮助，举荐入仕或升迁时尤其彼此照顾，使他们日后的事业有很大的成就。道学人士有自己独特的服装和行为规范，甚至专门的术语，致力于研究专

---

① 孙应时：《烛湖集》（四库全书本），卷6，页4下—5上。孙应时（1154—1206年）在浙江听到学人使用"道学"讽刺人，不过这个时候比"道学"一词初次出现已经晚了100年。周密（1232—1308年）在《癸辛杂识》（百部丛书集成本），册中，页4下—5下，也批评过13世纪末期的道学；参见石田肇："周密道学"，《东洋史研究》，第49卷第2号（1990年9月），页25—47。
② 例如，欧阳修：《新唐书》（北京：中华书局，新校标点本），卷48，页1252—1253。

门的学问,所以年长的学者可以在科举试卷中认出后学同道的文章,使他们轻易中举。到 12 世纪 70 年代,道学领袖甚至可以使用"吾党"一词;在讨论此阶段道学的历史发展时,必须特别注意这几位领袖。

道学群体与以前的儒学团体、学侣不同,他们特别重视个人道德修养,强调要以修养成为君子,所以与注重学问、文学和政治的儒生学者相比,道学人士能更紧密地团结。道学中人不但互相劝诫,而且非常重视墓志铭的撰写及祭奠仪式的进行,这些铭文可以用来研究道学群体内部的关系,道学人士如果拒绝为亡友撰写墓志铭,表示他认为亡友不是道学中人。道学人士的选集也说明哪些人属于道学的范围,而哪些人被排除在道学团体外。社会学家指出,儒家所强调的最基本社会单位是家庭,以非血亲关系为基础的组织和社群只有很小的影响力,家庭外的团体所依靠的凝聚力主要来自人与人之间犹如兄弟一般的感情和联系。这个说法大概是正确的,可是研究道学从北宋初次兴起,到南宋成为排斥其他儒士的群体的发展过程,使我们有机会观察这种儒家团体形成的动力及其局限。

我们很难对这个群体下严格的定义,因为它的规模和成员不断变化。有些学生极其推崇自己的老师,甚至于排挤其他的相关人士,因此部分道学初期的重要人物竟然被后人从道学的传统中删除。目前尚存的材料大部分来自道学内部,部分是后代道学人士所编辑的。它们既不是局外人的看法,也很少包括所谓"异端"的观点,因此难免有这个群体独特的偏见。尤其朱熹编辑同时代和早期道学人物的著作和文集后,成为他们学说的代言人,有时还对他们严厉地批判,因此很难再从中恢复这些人物的思想原貌,以及他们在当时扮演的重要角色。朱熹最后成为道学的理论权威,他的思想为道学传统打上极深的烙印,以后人的眼光来看,朱熹的光芒已使同时代的人物黯然失色,因此后来的学术界也大多接受他所下的定论。

道学群体的规模很难估计,士人的数目在宋代由于空前的经济发展而急剧膨胀。由于南方的自然资源首次与全国的经济活动完整结合，所以都市发展、非农业生产与文化活动所需要的资源都有明显的增长。人口对土地比率的增长虽然最后超过技术发展以及经济成长率，但宋代还是曾经经历技术和市场的迅速发展。政府的政策对士人数目的增加也有很大影响，政府推崇士人、支持书籍出版、开办学校为士人应试科举做准备。通过科举而获得政府职位的人口比例约在 12 世纪末达到最高峰，占总人口的 1‰ 强。由于士人的人数增加如此迅速，政府不得不改变各州府贡生的比例。在 11 世纪，大约有 10% 的考生能够中举；到了 12 世纪，则减少到 1% 或甚至更少。[①]如果把那些没参加考试的士人计算在内，整个士人数目应不下于总人口——约 630 万到 710 万之间——的 1/10。迅速膨胀的士人数目以及科举入仕竞争日趋激烈，士人的成分也相对变得更加复杂。

士人群体日益增加，也意味着文化阶层的扩大，以及造就一个具有共同理想群体的潜在可能性。我们知道的宋代书院多达 375 个，而 12 世纪后半期有些著名的学者大概都有近千名的学生。贸然估计道学群体的规模虽然有点危险，但一些关于社会士人及书院学生的零星材料仍然显示，它的潜在成员非常多，道学人士的数目也随着时间的变化而明显地增加。

道学的活动也得益于这个时期朝廷的宽松政策。南宋政府减轻对地方市场、宗教组织以及办学事业的干预，也相对放松对经济和文化事业的控制后，部分人士和团体拥有较多机会开办和管理自己的组织。例如，朝廷放松对佛寺道观的监视，有助于佛道组织的传播。[②] 有些儒士也

[①] 见 John Chaffee(贾志扬)，*The Throny Gates of Learning in Sung China：A Social History of Examinations*，(Cambridge：Cambridge University Press，1985)，p.104，这本书也被翻成中文：《宋代科举研究》(台北：三民书局，1995 年)；Thomas Lee(李弘祺)，*Government Education and Examination in Sung China*，(Hong Kong：Chinese University of Hong Kong Press，1985)，p.221.

[②] 竺沙雅章：《中国佛教社会史研究》(东京：同朋社，1982 年)，页 262—285。

把握监视宽松的机会发展教育组织、福利社会事业,以及其他介于家庭和政府间的社群组织。不过,政府对社会经济事务放松管理时,皇权也更加极权化。南宋的皇权有时压制道学,但在南宋末期却促进道学的发展。政府的作为对这个士人群体的潜在发展有相当矛盾的影响。

道学人士逐渐建立共识,发展出特有的文体,并日益加强同仁间的团体精神。这一群体发展的过程中,道学人士也在创造传统。本书将讨论道学领袖如何创造传统,并使这传统被人当作规范。本书还将讨论道学发展过程中所牵涉的种种问题,以及那些参与者在不同阶段所发挥的重要作用。

根据1239年的《道命录》记载,程颢(1032—1085年)和程颐(1033—1107年)兄弟在11世纪60年代开始阐扬道学,但道学的同道群体自12世纪80年代才开始真正发展起来。[1] 王安石领导的改革派主导朝政达18年之久,一直要到哲宗即位后,以司马光(1019—1086年)为首的元祐(1086—1093年)党人才上台掌握政权。司马光在1085年返朝执政后,推荐程颐担任崇政殿说书。程颐在1086—1087年间又曾担任皇帝的经筵,声名因此大振,比他在洛阳做私塾先生时,吸引更多的学生。此外,与程颐关系密切的同道包括张载(1020—1077年)、邵雍(1011—1077年)、范祖禹(1041—1098年)、吕公著(1018—1089年)、吕希哲(1036—1114年)、胡安国(1074—1138年)与周敦颐(1017—1073年)。后代的学者较注重张载、周敦颐与二程的关系,但我认为司马光不仅是所谓"元祐党人"的政治领袖,他的思想也很重要。苏轼和苏辙(1039—1112年)兄弟的政治立场虽然与元祐党人有关,但他们对"道"的看法非常不同,所以从来没有被当成道学人士。李心传的《道命录》把苏氏兄弟以外的元祐党人和道学的发展联结起来。道学群体的政敌在12世纪曾经三次大规模禁锢道学人士入仕,不利的政治环境显然加强了道学人士的共同群

---

[1] 李心传:《道命录》,卷1,页1上—2上。

体意识。

程颐虽然不是元祐党人中的主要政治人物,但他勾勒出早期道学发展的轮廓。他说:"今之学者,歧而为三:能文者谓之文士,谈经者泥为讲师,惟知道者乃儒学也。"①换句话说,只有知"道"的学者才能被称作"儒",传统的文学和儒家《五经》的研习不再是衡量儒者的标准。程颐在"明道先生门人朋友叙述序"中提到"述其道学者甚众",又在"明道先生行状"中说程颢"谓孟子没而圣学不传,以兴起斯文为己任。"②程颐在1087 年写的"祭李端伯文"中,再次标榜他和程颢的使命感:"自予兄弟倡明道学,世方惊疑,能使学者视效而信从,子与刘质夫为有力矣。"③程颐的学生立刻开始强调二程转交孔孟之道,并且使用"道学"这个新名词。杨时(1053—1135 年)在 12 世纪初悲叹孟子到二程兄弟的千余年中"道学不明",并且赞扬同时代的道学友朋;④由此可见,到北宋末期,道学已经成为专指一部分儒学人士的用语。

南宋的第一时期(1127—1162 年),道学士人有多种个性和不同的思想。在朝廷政策颇带敌意的情况下,学者如胡宏(1105—1161 年)、张九成(1092—1159 年)仍然致力于培养道学的传统,使之日趋成熟,并向各个方向发展。这时期外有金人入侵的忧患,内有朝廷的高压政治,使道学领袖间的联系比较少。比起程颐时期的情况,这时期的道学缺乏一统的权威,所以具有较多样化的倾向。谈论这时期的道学领袖人物,必须提到张九成。下一代的道学人士虽然试图把他从道学的传统中剔除,但

---

① 程颢、程颐:《二程集》(北京:中华书局,新校标点本),册1,页 95(《遗书》卷六);钱穆:《朱子新学案》(台北:三民书局,1971 年),册1,页 17。
② 《二程集》,册 2,页 639;程颐的解说见册 2,页 638。
③ 《二程集》,册 2,页 643(《文集》卷 11),"祭李端伯文";程颐"祭刘质夫文"排在"祭李端伯文"前面,册 2,页 643。
④ 杨时:《杨龟山先生文集》(百部丛书集成本),卷 2,页 3 下;卷 2,页 5 上;卷 2,页 27 上—28下;卷 3,页 2 上;卷 3,页 12 上;卷 3,页 25 下;卷 3,页 29 下;卷 3,页 31 下;卷 4,页 14 上。程颐在"明道先生行状"中论及道时,强调经典,而不是个人与天地或圣人之心的联系;参见《二程集》,册 2,页 638—639。

他的影响还是保留在早期道学人士所编的著作选集中,现在才开始受到注意的《诸儒鸣道集》可以为证。

政治环境在第二时期(1163—1181 年)有显著的改善,所以新一代的学人有较大的余地发展道学的学说,并在菁英知识分子之间传播。这时期的主要领袖是 12 世纪 60 年代中期的张栻(1133—1180 年),以及从 12 世纪 60 年代末至 1181 年的吕祖谦(1137—1181 年)。他们确定道学的主调,并且影响朱熹的思想,贡献比近代学者所想象的还要深远。陆九渊称吕祖谦"主盟斯文"①,可见他在当时的地位非常崇高。

第三时期(1182—1202 年)的政治和学术气氛从兼容转向冲突。吕祖谦去世后,朱熹自认是道学的理论权威,并与一些儒家学者,特别是陈亮(1143—1194 年)和陆九渊展开论战;朱熹似乎要把他们所认同的思想从道学的正统中清除。朱熹当时已经没有像吕祖谦那样具有崇高社会声望和学术地位的人支持,所以他的言论和主张触怒因袭守旧的世儒和官员,导致他生前最后几年里遭遇"伪学"的禁锢,不能够传授道学。在道学遭受禁锢的期间,朱熹是最年长的道学分子,并且在这个时期去世,死后成为道学群体在 13 世纪的象征。当时道学人士虽然不完全同意朱熹晚年的思想,但是他们都站在朱熹的旗帜下,为解除朝廷对道学的禁令,以及使道学成为正统学说而努力奋斗。

本书尽可能涵盖较多的人物和他们的争论,才能更深刻和更广泛地认识宋代的道学。本书的讨论虽然着重上述的大思想家,其他人只能一笔带过,但所包括的道学家以及其多样化的思想,仍然足以再现道学在宋代发展过程中的基本面貌。为研究这种较多样化的面貌,在每个阶段我们都会讨论一些大致相同的理论和实践的问题,也希望能够从这些思想家的角度,探讨他们重视的问题。虽然使用一个中心题目或问题涵盖道学所有的争执与讨论,似乎很有吸引力,但我们最好不要用一个主因

---

① 陆九渊:《陆九渊集》(北京:中华书局,新校标点本),卷 26,页 305,"祭吕祖谦文"。

化约复杂的思想史和历史事实。有关的争论受到各种因素的影响,例如反对外族入侵、复兴儒家传统、求真求实、个人修养、建立更好的社会秩序等,但是这些复杂的主题背后有一个基本不变的问题:道学群体的特征和发展,这正是本书所要讨论的问题。在整个南宋时期,思想领袖间的合作与冲突逐渐使他们形成自己的思想与特色,也使道学得以成立。这时期道学人物及其思想的历史,显示了一个具有更大规模、自我意识更强,以及更加团结的群体。道学的确是在艰难中逐步茁壮的,从包容多种思想的松散组织,发展成为国家的正统学说。

本书要详尽分析道学的正统地位。道学在 1241 年所获得的优越地位一直延续到 20 世纪初。南宋朝廷公开认同道学,在孔庙中供奉道学最主要的人物,并且鼓励学生研习他们的文章和经书注解,但是南宋君主还没有像后代君主那样使这些做法完全制度化。将道学人物的经解注疏当作科举的官僚标准,并且把他们的言论和著作编成集要的工作,则有待后来的君主完成。因此,现代学者在研究道学正统化的特征及影响时,主要着眼于元、明、清三个朝代。南宋官方虽然承认道学的正统地位,并不意味着道学可以左右国家的政策,也不表示政府不再从其他儒家学派中挑选官吏,或者不再借用其他宗教传统、民间信仰以维持社会秩序。政府对维持公共秩序和社会等级最感兴趣,因此相对地在宗教和思想活动方面留下相当大的发展余地。

不过,1241 年政府承认道学的地位,的确改变了政治、文化和社会舆论的发展。刘子健(1919—1993 年)先生曾经讨论政治集权、正统与宋以来儒家的排他性倾向,以及这三者间的互相关系。[①] 但多数现代学者研究正统权威时,不太注意南宋政府在 1241 年所做的决策。我们应该了

---

① 刘子健先生的看法可以参见 James T. C. Liu, *Reform in Sung China : Wang An-shih (1021 − 1086) and His New Policies* ,(Cambridge,Mass.:Harvard University Press,1959). 刘先生在 *China Turning Inward : Intellectual-Political Changes in the Early Twelfth Century* ,(Cambridge,Mass.:Council on East Asian Studies,Harvard University,1988)一书中,有更详细的论述。在我们平时的讨论中,刘先生将这观点讲得更为明确。

解,中国日后的社会意识形态与政府权威之间基本的关系框架,是在南宋时期奠立基础的。狄培理(狄百瑞 Wm. Theodore de Bary)先生讨论南宋在 1241 年承认道学正统的政策时,仅侧重哲学思想方面的因素,刘子健先生则强调它是政治的权宜之计。① 我将采用《道命录》的说法,因为李心传早在 1239 年,就强调哲学和政治的交互作用对道学群体发展命运的影响。

　　本书所讨论的道学学术交流包含三个关键的儒家理论层次:(1)西方人所谓的哲学思辨;(2)文化价值;(3)现实政论。宋代儒学中很多重要的分歧都集中在中间的文化价值层次。哲学思辨是指对极为抽象或最基本原理的演绎推理,对文化价值和现实政策的讨论涉及哲学思辨,但这里所谓的哲学思辨专指对自然和万物最抽象层次的思考。许多现代学者醉心于宋代的"形而上学"的研究,但本书希望能够证明道学家热衷讨论这三个层次的问题。道学家在使用"道"这一字眼时,意义不限于一个层次,不论是评论儒家学说,或是社会政治制度,都可使用这个字眼;而讨论思辨哲学和文化价值两层次的问题时,这个观念更加重要。在历史文化的范围内,道是指社会中的道德价值,朱熹说:"愚谓道者,仁义礼乐之总名,而仁、义、礼、乐皆道之体用也。"②朱熹在谈论文化价值时,常常谈论"道"及"器",而在更为抽象的基本原理的层次上,常常说"理"和"气";而"道"与"理"在这层次上意义相当。更明确地说,"道"指一切可知之理的总合,而"理"则显示一种较具分析倾向的观点;朱熹说:"道是统名,理是细目。"③在我们讨论的三个层次上,朱熹的用词一直相互关联、互相影响,然而在特别的段落中,确定这些用语所在的层次仍然

① Wm. Theodore de Bary(狄培理),*Neo-Confucian Orthodoxy and the Learning of the Mind-and-Heart*,(New York:Columbia University Press,1981);James Liu(刘子健):*China Turning Inward*.

② 朱熹:《晦庵先生朱文公文集》(四部备要本),卷 72,页 25 上。

③ 朱熹:《朱子语类》,黎靖德编(台北:正中书局景印明成化九年江西藩司覆刊宋咸淳六年导江黎氏本,1962 年),卷 6,页 159;我另外使用新校标点本(北京:中华书局,1986 年),卷 6,页 99。

十分重要。

本书要再现道学从较多样的面貌步向正统的发展过程,必须全面考虑以下的因素:(1)道学群体内对于理论与实践问题的讨论;(2)道学群体在政策与道德标准上与政府的冲突。研究道学引发的争论可以使我们更了解政府的统治权力与权力周围的知识菁英的关系,而这种关系在今天再次引起大家的注意。正因为宋代的地位如此重要,香港中文大学在1990年6月召开专门国际会议,讨论宋代儒家的思想理论与现实,并对今日中国知识分子的困惑作一历史的反省。

第一部
第一时期（1127—1162）

女真人在 1127 年征服中国北方,导致中原文化的断裂,对宋代儒学的发展是一大灾难。南宋的朝廷在陪都临安(今杭州)致力重振朝纲,以巩固南方、抗拒女真金国政权(1115—1234 年)的兼并,但南宋政权惨淡经营之余,不得不忍受耻辱,与金人和谈,因为几乎所有的皇室成员,包括北宋的最后两个皇帝,都沦为金人的阶下囚。女真人公开蔑视汉人的生活方式,要求中原汉人接受女真人的发型和服饰。北宋的沦亡以及中原文化地区的丧失震撼知识分子和朝廷大臣,儒家知识分子为那些没有保持忠贞节操,甚至投靠"蛮夷"的士大夫感到特别的羞耻。① 这些变化使人对儒家教育的效果提出质疑,同时也加深他们对儒家行为和价值观的忧虑。

很多儒生学者相信复兴文化和道德观可以使他们获得重建国家、驱逐外敌的力量;胡宏说:"中原无中原之道,然后夷狄入中原也。中原复行中原之道,则夷狄归其地矣。"②在此背景下,儒家学者之间展开一系列的辩论,探讨怎样的传统才是对"道"正确的诠释,以及什么传统能成为儒教社会的价值标准。

南宋成立的头十年中,道学士人还是少数,但是有机会向年轻的高宗皇帝(1127—1162 年在位)进言。高宗为求得政治军事的稳定,首先广泛听取各方面的不同意见,高宗对北宋最后 30 年控制朝政的改革派怀有敌意,不过,他也意识到即刻改变推行已久的新法并非易事,因此他不进行重大改变,而保留以前新法的政策。不过,高宗依然留恋保守的元祐时代,下令追封加谥司马光、苏轼和程颐等人。从 1127 年到 1137 年的十年中,重臣如吕好问(1064—1131 年)和赵鼎(1085—1147 年)等人对道学很有好感,道学人士在 1132 年和 1135 年的科举中名列榜首,甚

① 参见 James Liu(刘子健),*China Turning Inward*,chapter 4.关于南宋初年对金的战争,参见邓广铭、漆侠:《两宋政治经济问题》(上海:知识出版社,1988 年),页 35—52;黄宽重:《南宋时代抗金的义军》(台北:联经出版事业公司,1988 年)。

② 胡宏:《胡子知言》(百部丛书集成本),卷 6,页 1 上;及其《胡宏集》(北京:中华书局,新校标点本),页 44。

至传闻说朱震(1072—1138 年)要担任 1138 年的科举主考。朱震由于赵鼎的推荐而得到高宗的重用,担任皇子赞读,以后又升任中书舍人兼翊善;他是程颐的第二代门人,对《易经》颇有研究。[①]

由于道学迅速发展,朱震在 1136 年正式上书高宗,提出他对道统传承的看法。朱震所陈述的道学师承有如家族的世袭关系,这种师承关系虽然与佛教禅宗的说法相当类似,但是儒家的师承仍与佛教有不甚相同之处。禅宗大师往往要把象征权威和教化的衣钵交给他选定的继承人,而且这种师承关系历久不断;儒家发展的过程却有上千年的中断,所以师承的过程和内容也不同于佛教。在儒家体系中,每代学生中可以有一人以上接受师门传承,个人也可以自己得道,不需要老师的认可。而且,儒家不能像禅宗那样地"默传",经典对儒家非常重要。二程虽然在儒学中断千年之后复兴道统,但不表示他们的传承不借助文字,因为经典(我们将在第五章加以讨论)是他们与圣人之心间不可或缺的联系。按照朱震的说法,儒家之道是由孔子经曾子(公元前 505—前 436 年)、子思(公元前 492—前 431 年)到孟子的时期建立起来的,但其后道的传承中断达千年之久,直到北宋程氏兄弟出现为止,所以程子之学是儒学之道的真正传人,而程子的门人又将道传到南方。[②] 这个看法虽然在道学群体之间广泛流行,但以前没有人在朝廷上公开讲过。

朱震发出垄断道统的大胆宣言,立刻引起异议。陈公辅和吕祉(1092—1137 年)要求高宗禁止程颐的私学影响朝廷和科举,认为拥戴程氏兄弟的人受到北宋末年结党营私风气的影响而在堕落腐化;不论是程颐的私学,还是王安石的新法,都强迫大家同意他们的观点。陈公辅指出,禁止这种学说是复兴北宋王安石新法以前较自由讨论风气的唯一办

---

① 脱脱主编:《宋史》(北京:中华书局,新校标点本),卷 435,页 12907。James Liu(刘子健),*China Turning Inward*,chapters 4,5,6.黄宗羲、全祖望:《宋元学案》(北京:中华书局,新校标点本),卷 37,页 1251—1261。

② 李心传:《道命录》,卷 3,页 3 上—5 上。李心传:《建炎以来系年要录》(国学基本丛书本;北京:中华书局再版,1956 年),卷 101,页 1660—1661。

法,并且用"狂言"、"怪语"、"淫说"和"鄙喻"形容程颐复兴孟子死后失传的道的说法,对程颐弟子的傲慢举止也大感不快,因为他们:

> 狂言怪语、淫说鄙喻,曰此〔程〕伊川之文也;幅巾大袖,高视阔步,曰此伊川之行也。[1]

南宋许多道学人士确实极力模仿古人,甚至学习古代的装束和举止作为。刘子健先生收集许多相关的材料,这样描述道学家:

> 他们〔道学人士〕戴尖顶高帽,便装时又着圆帽,宽袍大袖,内衬白细薄纱。他们举止规范严格,直身正坐,度步直视,鞠躬深缓以示敬意,言语威严而少以手势相助。[2]

这些看似矫饰的行为显示,这批力图恢复圣贤之道的儒士有极严格认真的生活方式和礼仪规定,但是这种过度矜持的做法惹恼了世儒和宿儒。

胡安国和尹淳(1071—1142 年)挺身为二程之学辩护。胡安国在1137 年所上的奏章中,极力排解这些责难,认为它们反映了王安石等新党人物对程氏兄弟和司马光的攻击,他并且列举德高望重的学者,如谢良佐(1050—1120 年)、杨时都是程氏兄弟的学生,并且刻意突显程颐与司马光、吕公著、吕大防(1027—1097 年)等元祐保守党人中资深政治家的关系。胡安国提到这些学者,目的是要缓和许多人对道学家行为举止的不满,但他对二程复兴道统的说法没有让步:

> 孔孟之道,不传久矣。自〔程〕颐兄弟始发明之,而复其道可学而至也。不然则或以《六经》、《语》、《孟》之书资口耳。取世资以干利禄,愈不得其门而入矣。今欲使学者蹈中庸、师孔孟而禁使不得

---

[1]《道命录》,卷 3,页 5 上—7 上,特别是第 6 页。陈邦瞻、冯琦:《宋史纪事本末》(北京:中华书局,新校标点本),卷 80,页 867。

[2] James Liu(刘子健),"How did a Neo-Confucian School Become the State Orthodoxy?" *Philosophy East & West*,23.4 (October 1973),p.497.

从颐之学,是入室而不由户也。①

程子之学是得道入门的途径,二程使宋代士人可以更确切了解先贤圣人的思想。胡安国认为这四个人以"道学德行"而闻名于世,大胆地要求为邵雍、张载和二程加封荣衔,不过高宗对他的建议并未理睬。

高宗认为应该限制这种正在发展的私学,以及它奇特的治学方法,所以态度倒向反道学的一边。他采纳吕祉的建议,发布敕令,张贴在太学中,要求学生研习古籍经典,而不是近世小人的文章。张淳(1096—1164年)虽然大力保荐胡安国出任官职,但他自己要求从征选任官的名单里除名。由于年长道学人士主动求退,赵鼎和张淳又遭罢免,秦桧(1090—1155年)的权力更形坐大。从1138年直到他去世为止,主和的秦桧使高宗的政权稳定下来,朝廷虽然明文规定官吏的铨选以及科举考试不会因考生的背景而有差别待遇,但其实高宗容许秦桧的主和派打压意见不同的人,尤其是排斥主战立场强硬的道学人士。秦桧当政期间与同党把持官吏的选用和科举考试,有时在朝廷上用"专门之学"这个巧妙的称谓贬抑赞成二程的学人官员,②暗示道学对儒学的理解相当狭隘,并且在1144年的科举中排挤追随这种"专门之学"的学生。秦桧的专权和打压异己使思想文化窒息,③不过,比起北宋末几十年间压制元祐党人的做法,高宗还没让秦桧及其同党做得那么过分。

气氛即使压抑凝重,有些儒生学者还是致力保存道学的传统,甚至小有程度发展道学传统。年长的学者如杨时、尹淳与胡安国致力传授从

---

① 《道命录》,卷3,页12下—13上。

② 《道命录》,卷4,页3上—11上。李心传:《建炎以来系年要录》,卷151,页2431—2432;卷153,页2469;卷165,页2704;卷168,页2750;卷173,页2847。

③ 黄宽重:"秦桧与文字狱",收入其《南史论丛》(台北:新文丰出版公司,1993年),页41—72。刘子健:"秦桧的亲友",《食货月刊复刊》,第14卷第7、8期(1984年),页34—47。又参见王德毅:"宋孝宗及其时代",收入《宋史研究集》(台北:中华丛书审委员会,1978年),第10辑,页245—302;Tao Jingshen(陶晋生),"The Personality of Sung Kao-tsung(r. 1127 - 1162),"收入衣川强编:《刘子健博士颂寿纪念宋史研究论集》(东京:同朋舍,1989年),页531—543。

程颐那里学习的道学学术。在女真人入侵前后,他们的学术活动为道学在南方打下基础,但是他们在南宋时期只过了 8—15 年时间,就相继去世。我们的讨论就从高宗时期道学人士的活动谈起,当时道学的根基已经足以支持几个枝干朝不同的方向发展。

第一章　南宋第一代学人：张九成与胡宏

程颐等人去世后,道学的幼苗仍然在一些重要地区顽强地发展。这个时期没有一个权威中心的人物,因此与世纪交际程颐领导道学的时期相比,此时的道学更具有多元的特性。12 世纪 60 年代初以后,朱熹批判二程身后的两代门人,认为他们把二程之学引向歧途,尔后的儒家学者大多接受朱熹的看法。我们很难摆脱朱熹的影响,直接理解这些早期道学思想家,但是这些思想家对于我们了解 12 世纪道学的发展却至关重要。这一章将以两位很具代表性的思想家来描述南宋初期道学群体内部的多元性。张九成和胡宏之间犹有分歧,但他们在论史、注疏经典以及传述道学传统时,有些共同关怀的课题,而他们对北宋道学名家的重要概念的评论,也能帮助了解 12 世纪道学成员所重视的思想要务。

一、张九成

张九成曾在北宋首都开封修习二程之学,主要师事杨时。他返回家乡杭州后,在 1132 年考中状元,得以进入礼部踏上仕途。张九成的著作中有 1/4 的篇幅是论史的文章,但是他曾三次婉拒高宗请他讲解《春秋》的要求。他在受命讲解《春秋》伦理内容时,推托说只能讲解《论语》和

《孟子》。不过,高宗曾提到,就历史的学习而言,他从张九成那里所学到的知识,比从道学和史学名家胡安国那里所学到的要多。[①] 除了曾抢取状元的荣衔外,他对《论语》、《孟子》、《中庸》和《大学》的注解在当时也享有盛誉,不过,目前只有他对《孟子》和《中庸》的大部分注疏保留下来。他在一份上书中讲到:"金人有必亡之势,中国有必兴之理。"[②]由于如此直言不讳地抨击和金政策,于是触怒了权相秦桧。秦桧以其结党为借口,将他流放在外达 14 年。因为秦桧翦除异己,张九成认为"有道之士"可以谢绝入仕。[③] 1155 年秦桧死后,张九成才复出担任温州知州。

　　二程对天理、格物和个人修养的看法,在张九成的著作中表现得很明显。张九成不仅继承程颢以理为万物自然之倾向的主张,而且也接受程颐理为天地万物的根源的观点。他与程颢都强调理为天地万物的自然法则,而且理内在于人情,但更重于人情。他说:"理之至处,亦不离人情;但人舍人情求至理,此所以相去甚远。"[④]从另外一个角度观察也可以看到这种天理与人情的不同:"圣人以天理为人情,常人往往徇人情而逆天理。"[⑤]

　　张九成强调格物穷理为学问的首务。他建议说:

　　　　观六经者当先格物之学。格物则能穷天下之理,天下之理穷则
　　　知至、意诚、心正、身修、家齐、国治、天下平矣。[⑥]

从心中的念头到外在的万事万物都遵守此理的规范,所以人应该开放心胸,关心万事万物,然后回归一理,如此则可与万事万物合而为一,所以,

---

① 李心传:《建炎以来系年要录》,卷 121,页 1960。我的统计资料主要根据张九成的《横浦文集》
　　(1614 年本;上海:商务印书馆再印,1925 年)。经典与历史方面的材料,参见邓克铭:《张九
　　成思想之研究》(台北:东初出版社,1990 年),页 47—55,60—63,143—146。
②《宋史》,卷 374,页 11577;张九成:《横浦文集》,卷 12,页 2 上—9 下。
③ 李心传:《建炎以来系年要录》,卷 108,页 1754;《宋元学案》,卷 40,页 1315。
④《宋元学案》,卷 40,页 1309。关于张九成与程学的关系见邓克铭:《张九成思想之研究》,页
　　119—131。
⑤ 张九成:《横浦心传》(附于《横浦文集》),上卷,页 20 下。
⑥ 张九成:《孟子传》(四库全书本),卷 28,页 5 上。

格物致知基本上是一种以修养达到与天地万物合一的努力，而修养功夫必须集中在克除一己私欲，不懈地自律，以及在心性中存养天理。

张九成"心"、"仁"的概念主要来自程颢。他在论及程颢关于"医书以四肢痿痹为不仁"的看法时，把仁当做心的知觉；他解释说："仁即是觉，觉即是心。因心生觉，因觉有仁。"①所谓"觉"不但意指感官知觉，也指对他人痛苦的感受，所以仁是一种与人合为一体的感觉。张九成用心能够感受他人的痛苦解释仁的意义，出自《孟子·告子上》的讨论。张九成诠释这段文字说："仁之一理最是圣门亲切学问，唯孟子识得，故曰：'仁，人心也'。"②仁体如天公正不私，又如道不可名物，张九成如此断言是因为仁就存在人心中，因此，实现仁的唯一方法就在于求仁于人心之中。

张九成认为心是通往仁的途径，也是万物的根源，所谓"心即理，理即心"。有时他对万物本体的论述似乎是一种哲学的唯心论，他说："夫天下万事皆自心中来。"③张九成的观点还涉及经典权威的问题，他认为大部分的经典在秦代已付之一炬，所以许多出于人心的道理已经无法在经书里寻得，唯有在后来贤士哲人的著作中才能找到人心中的道理。④

一旦此心悟出心中之理，那么他就会了解"《六经》皆吾心中物也"⑤，因为这些经典只是记载古代圣贤之心所发现的天理。张九成显然没有阐发哲学的唯心论，而是再三强调心在功夫修养中扮演的重要角色，所谓的心一直是在修身养性的意义下谈的："君子之心常厚，小人之心多刻薄。心之所存，治乱、安危、得失、成败所自生也，不可不戒。"⑥

张九成对心中之物的看法多与文化道德修养有关，而他的论述基本

① 张九成：《横浦心传》，上卷，页31上。又见张九成：《孟子传》，卷14，页9上。
② 张九成：《横浦心传》，上卷，页31上。又见张九成：《横浦文集》，卷5，页4上—9上。
③ 张九成：《孟子传》，卷27，页20下。
④《宋元学案》，卷40，页1305。
⑤ 张九成：《横浦文集》，卷18，页7上。
⑥《宋元学案》，卷40，页1310。

属于这个范围层次。他最突出的观点是强调个人修养的实践、历史和经典的学习,而不是周敦颐曾为之冥思苦想的那种"无极而太极"。张九成告诫说:"道非虚无也,日用而已矣。以虚无为道,足以亡国。"①为避免走上这种异端,张九成教训说:"学问于平淡处得味,方可入道。"②也许我们现代人会觉得这些话平淡无奇,但是这种平凡正是宋代知识分子的优良品德。

张九成论及心的超越面向时,不仅认为它与新的哲学观念"天理"的意义相通,并且使用比较古老而不常使用的观念"天心"说明。例如,他至少两次将周文王的心视为"天心",而心的意义更广泛时,他宣称:"秉此忠诚,上通天心,下通三王之心。"③张九成引用比较古老的"天心"观念,并且强调功夫修养,都反映他比较注重文化价值,介于实际政策与思辨哲学间的学术理论。

张九成维护儒家的文化价值观念,但不反对佛教。他与临济宗名僧大慧宗杲(1089—1163年)是挚友,他们被秦桧流放到同一地区度过十年,因此相处甚为亲密。宗杲用佛教的语言解释《中庸》和格物的意义,力图糅合儒、佛、道三教为一家,并劝导张九成兼容三家学说,所以后来许多关于张九成的材料来自佛教的记载。张九成承认佛教有些正确的观点,并且把佛的"空"性哲学解释成去除人欲的道德修养,大慧宗杲无疑影响了张九成的儒学典籍讨论与注释;此外,张九成强调用格物的方法,以达到与万物合一的境界,与宗杲提倡的反省与觉悟,是他们最重要的相似之处。禅学的影响也促使张九成追随程颢提出的学说,将仁与心的知觉相提并论,并且认为心是理的根本。④ 这些综合的观念是他对道学重要概念发展的贡献。

---

① 《宋元学案》,卷 40,页 1312。
② 《宋元学案》,卷 40,页 1303。
③ 张九成:《横浦文集》,卷 9,页 6 上;卷 8,页 11 上—12 上。
④ 《宋元学案》,卷 40,页 1307。又见邓克铭:《张九成思想之研究》,页 16—28。

　　这里谈到张九成在继承发展二程的理论概念中所扮演的角色，希望能平衡一般认为他是佛教徒的看法。张九成去世不久后，这种看法就开始流传。陈亮在 12 世纪 60 年代初曾经说："家置其书，人习其法"，认为很多士人都受到迷惑，他对儒学的损害远甚于古代的杨朱和墨子。① 根据张九成自己的看法，杨墨的异端很难排挤，因为他们同意儒学的某些伦理价值观念："人多不识异端，所以难去。只如杨、墨，本学仁义，仁义岂是异端？惟孟子能辨之，故能去之也。"②

　　张九成虽然并不反佛，而且努力寻求儒佛学说的共同点，但仍然认为儒学比佛学优异。张九成批评佛学破坏儒家的基本三纲五常，导致伦理实践的缺失：

　　　　故君子谨其独也，礼在于是，则寂然不动之时也，喜怒哀乐未发之时也。《易》所谓"敬之以直内也"，《孟子》所谓"尽其心知其性也"，有得于此未可已也。释氏疑近之矣，然止于此而不进。③

从儒家的观点而论，佛学自满于参禅静坐，张九成则认为要达到道德的境界，需要不断修身养性，以建立更完善的自我与社会。他因为佛教的出世倾向而指责佛教执着于空的观念，而且始终自认站在传统儒家的立场，与佛教徒并不相同。张九成时代的许多程学门人对禅学颇感兴趣，所以他与佛学的关系密切，其实提高了他当时的声望。

　　张九成在南宋第一代学者中的声望，以及他很具代表性的儒佛合一论的观点，都在现存最早的道学文选《诸儒鸣道集》里表现得十分明显。这部文选是一位或数位不知名的张九成弟子在 12 世纪 60 年代初期编

---

① 陈亮：《陈亮集》(北京：中华书局，新校标点本，1974 年)，卷 9，页 260；另用增订本(北京：中华书局，1987 年)，卷 27，页 319。
② 《宋元学案》，卷 40，页 1304—1305。
③ 张九成：《横浦文集》，卷 5，页 1 上下；卷 5，页 8 上；《横浦心传》，上卷，页 16 下—17 上，40 上下。

辑的。^① 张九成与学生对谈的两卷记录"日新",占全书最重要的地位,可见该书的编者认为张九成代表当时道学传统的高峰;但这个观点与朱熹的看法不同。

二、胡宏

胡宏是道学另外一支流派的主要代表人物。他在致朋友和学生的信中警告说:"道学衰微,风教大颓,吾徒当以死自担。"^②他的学生张栻说,胡宏的文章用心与"道学"一致。^③ 这些材料整体显示胡宏的道学是他与学生、同道追随的一种思想、文化和道德的特殊传统。

胡宏来自经济发达的福建地区,但他选择经济文化比较落后的湖南地区,在当地任教 20 年。他年轻时曾经追随杨时,但大体师承父亲胡安国的家学,而这两位老师影响程学的传授甚巨。胡安国在朝廷担任官职,所以胡宏得以承荫受封荣衔,并且有几次出任官职的机会,但都因为反对朝廷的和金政策终身不入仕途。他爱国忧民,多次上书高宗皇帝,要求政府整饬纲常、强化军事以抗击金人。他认为高宗若能爱民,恢复古代的封建制度,国家就会强大,得以一雪金人入侵的仇恨,并且恢复中原。^④ 秦桧曾询问胡宏是否愿意入仕,他表示不感兴趣,但谈到湖南长沙的岳麓书院,却极表热心,^⑤秦桧只好让他主持岳麓书院。秦桧死后,他

---

① 张九成学生辑:《诸儒鸣道集》(约在 12 世纪 60 年代成书,1236 年本,北京图书馆善本书)。陈来:"略论《诸儒鸣道集》",《北京大学学报》,第 1 期(1986 年),页 30—38。陈先生考订该文时间应不早于 1159 年,很可能早于 1168 年,但不晚于 1179 年。关于张九成在当时的声望以及对南宋的影响,见邓克铭《张九成思想之研究》,页 149—158。

② 胡宏:《五峰集》(四库全书本),卷 2,页 86 上;《胡宏集》,页 147。又可见《五峰集》,卷 2,页 67上下;卷 2,页 84 下;《胡宏集》,页 133,146。

③ 张栻:《南轩集》(绵邑洗墨池刊本;台北:广学社重印,1975 年),卷 14,页 7 上。

④ 胡宏:《五峰集》,卷 2,页 4 下—6 上,17 上下,25 上—28 下;《胡宏集》,页 84—85,94,99—102。关于有关制度,见《五峰集》,卷 2,页 64 下—65 上;卷 2,页 75 上下;卷 3,页 70 下—71上;卷 4,页 53 上—55 上;胡宏:《胡子知言》,卷 5,页 13 上;卷 6,页 3 上—5 上;《胡宏集》,页43,45—47,131,139—140,211,265—266。

⑤ 胡宏:《五峰集》,卷 2,页 32 上—33 上;《胡宏集》,页 104—105。

仍在乡间致力教学,放弃入仕的机会。

胡宏笃信知先于行,一生致力于教授信仰的儒家史学和正统理论。他曾经根据程颐《易传》的要旨,为《易经》写作一卷注解。胡宏也曾编写《皇王大纪》,以 80 卷的篇幅叙述上古到周末的历史,承续父亲的《春秋》注释中的教化史学;胡寅(1098—1156 年)史学的最主要特色也是以经典的褒贬治史。胡氏的家学不满司马光的《资治通鉴》,因为司马光的历史著作不足以适切运用儒家经典的道理与教训。道学发展的初期阶段,除胡氏一家人外,道学人士很少是历史学家,不过张九成本人与吕祖谦的几位家人写过历史著作。此外,胡氏一家对佛教有不容调解的敌意,在当时也有些反常。胡氏家人不但严厉拒斥儒佛调和,并且激烈抨击佛学,认为佛学将儒家的"心"等概念引入歧途。[1] 胡宏殷切期望击退禅宗诱人的影响,并以经典与历史研究恢复古代的理想制度,这种心情促使他兼重儒学形而上学与社会政治制度层次的问题,与张九成专注两者间的文化价值层次的论题不同。

胡宏哲学思想的中心是以人性为天地的本体。《中庸》开宗明义地说:"天命之谓性",胡宏解释道:"性,天下之大本也。"[2]他又赞扬人的内在本性:

> 大哉,性乎! 万理具焉,天地由此而立矣。世儒之言性者,类指一理而言之尔,未有见天命之全体者也。[3]

胡宏这里所谓的性无所不包,理则是万物各别涵具的理,理的层次比性低,而且比较偏颇。性无所不包,气自然也不能例外:"非性无物,非气无

---

[1] 胡宏:《胡子知言》,卷 1,页 2 上,3 下,5 上,10—11 上;卷 2,页 1 上,4 上下;卷 3,页 6 上;卷 4,页 10 下;卷 5,页 10 上。《五峰集》,卷 2,页 51 下—55 上。《胡宏集》,页 2,3,4,9,10,13,22,34,41,120—123。

[2] 朱熹:《朱文公文集》,卷 73,页 40 下,"胡子知言疑义"。

[3] 胡宏:《胡子知言》,卷 4,页 2 下;《胡宏集》,页 28。

形。性,其气之本乎。"①

　　内在的本性既然无所不包,圣人也对它不可名状,所以性有如"不可名"的道。性是理与气的基础,道也不能与实在的事物分离:"道之有物,犹风之有动,犹水之有流也,夫孰能闲之？故离物求道者,妄而已矣。"②他还解释说,道家和一些儒生所谓"无",只是道可见以前的状态;有形的事物可见,但道的"无",其实只是人不能看见"道"而已;万物之理并不是"无",老子等人把"无"当作万物的根源并不正确。胡宏并且坚持实先于名,名必须符实,③都显示胡宏的思想倾向是从实际的事物开始,而不是从抽象的领域出发。他虽然经常使用形而上学的字眼,但他没有从超越的优越立场谈论问题,他所使用的"体"和"形"概念,也不应该轻易以西方的新柏拉图主义(Neo-Platonism)的本质与形式的观念附会。

　　胡宏道不离事物的见解与性、心为一体两面的观点相通,他将万物一体与心性的关系演绎得十分清晰:

> 　　天地,圣人之父母;圣人,天地之子也。有父母则有子矣,有子则有父母矣。此万物之所以着见,道之所以名也。非圣人能名道也,有是道则有是名也。圣人指明其体曰性,指明其用曰心。性不能不动,动则心矣。圣人传心,教天下以仁也。④

所以道的本体是性,心是道的作用功能,未发之前为性,已发之后是心;换言之,心是内在之性的体现。

　　心的作用十分重要,能够认识客观的事物之理,还有主导人性的作用:"气主乎性,性主乎心。心纯,则性定而气正。"⑤在另外一篇文章中他

---

① 《胡子知言》,卷3,页6上;《胡宏集》,页22;又见《胡子知言》,卷4,页1上—3下;《胡宏集》,页27—28。

② 《胡子知言》,卷1,页4下;《胡宏集》,页4。

③ 邱汉生、侯外庐、张岂之主编:《宋明理学史》(北京:人民出版社,1984年),上册,页300—302。

④ 朱熹:《朱文公文集》,卷73,页47上,"胡子知言疑义"。

⑤ 胡宏:《胡子知言》,卷2,页7下;《胡宏集》,页16。

又说：人心中的迷雾虽然难以去除，但如果能够消除心中的迷雾，那么就不会再有其他的迷雾。他在这里把心当做事物的主宰，然后把重点挪回到人性："性定，则心宰。心宰，则物随。"①这个说法更能明确反映胡宏以人性为体、人心为用的思想。有一次学生问他经典里为什么强调"传心"，而不是强调"传性"？胡宏的回答又将重点放到心："心也者，知天地，宰万物，以成性者也。"②将心的作用归结于成性，然而他的基本主张是以性为万物的根源与心的本体，两项观点似乎互相抵触。有些学者将胡宏的矛盾解释成主观唯心论，但若不用如此简单的方式化解此矛盾，它或许可以作进一步考查胡宏的心性学说的支点。

胡宏认为心不以生死为转移，所以有超越的本质，也有性所具有的永恒与无边无际的特征："心无不在，本天道变化，为世俗酬酢，参天地，备万物。"③而且"天下莫大于心，患在不能推之尔；莫久于性，患在不能顺之尔。"④人虽然由于一己的私欲干扰，不易察见心的存在，但只要听从孟子的忠告，即可重新获致此心："学问之道无他，求其放心而已矣。"（《孟子·告子上》）一旦明了自己的放心，就可以保存它、培养它、扩充它，以至于大，"大而不已，与天同矣"⑤。孔子到 70 岁时已经将此心扩大到极限，因此可以从心所欲而不逾矩，因此也可以说孔子的心与天合一。⑥

唯有仁者可以尽心，而且人首先必须体认仁的本体。胡宏的基本主张是寓学问于读书与格物，但他认为知仁终究是一种直观的体验，在此体验的过程里，人与天的创化合一，因为天地之心蕴育万物，而仁是将人自己与天心、天地的造化合为一体的德行：⑦

---

① 《胡子知言》，卷 4，页 5 上；《胡宏集》，页 30。
② 朱熹：《朱文公文集》，卷 73，页 40 下，"胡子知言疑义"。
③ 朱熹：《朱文公文集》，卷 73，页 43 上，"胡子知言疑义"。
④ 胡宏：《胡子知言》，卷 3，页 10 上下；《胡宏集》，页 25。
⑤ 朱熹：《朱文公文集》，卷 73，页 45 下，"胡子知言疑义"。又见页 43 上。
⑥ 胡宏：《胡子知言》，卷 2，页 1 上；《胡宏集》，页 10。又见《论语·为政》。
⑦ 《胡子知言》，卷 1，页 4 上，7 下；《五峰集》，卷 3，页 55 下—56 上；《胡宏集》，页 4，6，196—197。又见牟宗三：《心体与性体》（台北：正中书局，1968—1969 年），册 2，页 484—501。

> 诚天命、中天性、仁天心、理性以立命，惟仁者能之。委于命者，
> 失天心。失天心者，兴用废。理其性者，天心存。天心存者，废用
> 兴。达乎是，然后知大君之不可以不仁也。①

心与天所共有的本质是仁，所以人尽其心时，可以与天合而为一。胡宏的观点可以解释成：心所蕴育的仁与天就是心的本体，换句话说，就是性。但胡宏并不使用一般儒家的伦理道德特质描述性的性格，而用全然不同的概念解释性的意义。

性无所不包，连圣贤也对它不可名状，所以它超越一切既有的对立概念，甚至也超越善恶的观念。有人问胡宏性为什么是天地的根本，他回答说："性也者，天地鬼神之奥也，善不足以言之，况恶乎哉！"②而且他回答学生的问难时解释说，孟子在"告子篇"对性善的论断只是赞美之辞，并不是肯定善与恶是相对的观念。他撇开孟子主张的性与"四端"的说法，强调圣人论述里的生理层面意义（"尽心下"）：

> 夫人目于五色，耳于五声，口于五味，其性固然，非外来也。圣
> 人因其性而导之，由于至善，故民之化之也易。③

胡宏还认为内在之性就是人内在的好恶，不过这段话的后半部分显示，胡宏没有放弃孟子的主张，依然认为遵循人性的自然感情，是通往至善境界的道路。

胡宏认为生理感受内在于人的本性，所以比其他的道学家更能坦率承认男女"交而知有道焉"。④ 他认为人欲与道德原则都来自人的内在本性，所以他不像程颐那样严格区分人欲与天理的分别，而主张："天理人

---

① 胡宏：《胡子知言》，卷5，页9下。又见《五峰集》，卷2，页2上；卷2，页4下；卷4，页17上下，23上下；《胡宏集》，页41,83,85,234,239。
② 朱熹：《朱文公文集》，卷73，页44上，"胡子知言疑义"。
③ 胡宏：《胡子知言》，卷1，页11上下；《胡宏集》，页9。
④ 胡宏：《胡子知言》，卷1，页8下；《胡宏集》，页7。又见《论语·八佾》。

欲,同体而异用,同行而异情。"①天理与人欲都以性为体,本质相同,因为没有善恶的分别。天理与人欲的"用"与心的关系非常密切,所以天理与人欲的"用"不同:"好恶,性也。小人好恶以己,君子好恶以道。察乎此,则天理人欲可知。"②所以好恶是本性的特征,君子和小人的区别只是他们的好恶不同。

将情与性视为相同的观念会产生一个问题:如何分别正确与错误的感情与行为? 天理与人欲既然不可分别,天理仅指情、欲未发前的状态,亦就是性;情欲已发后,胡宏以是否"中节"衡量情欲的善恶。胡宏从儒者的立场,极力强调是否中节为标准:

> 中节者为是,不中节者为非。挟是而行则正,挟非而行则为邪。正者为善,邪者为恶。③

简单而言,内在之性的道就是"中"或"中庸"。就"中庸"的观点而论,性无所谓善恶的分别;但是人的行为可以与"中庸"一致而为善。这里似乎有明显的矛盾:"中庸"的性既然无善恶的分别,但是人的行为却可以合乎无善恶分别的"中庸"之性而行善。胡宏的根据是《中庸》的首章:"喜怒哀乐之未发谓之中,发而皆中节谓之和。"胡宏认为情欲未发前的"中"就是性;他显然结合"性"与"中"的观念解释《中庸》。

功夫修养是胡宏最为强调的重点之一,反映他对心性问题的看法。胡氏的家学认为静坐冥思以达到情欲未发前的状态,是一种无谓的精神浪费。他们认为情欲未发前的状态就是性,所以怎么可能以修养获致超越善恶、无所不包的性呢? 修养功夫应该从日常生活中体会本心开始,心的活动是修养的关键,因此,功夫修养与最初的立志有绝大的关系:

> 是故明理居敬,然后诚道得。天理至诚,故无息;人道主敬,所

---

① 朱熹:《朱文公文集》,卷73,页41下,"胡子知言疑义"。
② 朱熹:《朱文公文集》,卷73,页42下,"胡子知言疑义"。
③ 朱熹:《朱文公文集》,卷73,页44下—45上,"胡子知言疑义"。

以求合乎天地也。孔子自"志学"至乎"从心所欲不踰矩",敬道之成也。敬也者,君子之所以终身也。[1]

"敬"是对如何能变成善人的严肃态度,还有尊敬以及心灵平静的意思。修养功夫本身当然不是最终的目的,经过修养功夫[2]而改变的自我另有目标:"是故仁智合一,然后君子学成。"[3]成己然后能够成物。

胡宏认为功夫修养是平息不同见解争执的关键,因为各种不同的观点只是对于道各执一端的理解:

> 道充乎身、塞乎天地,而拘于躯者不见其大。存乎饮食男女之事,而溺于流者不知其情。诸子百家亿之以意,饰之以辨。传闻袭见,蒙心之言。命之理、性之道置诸茫昧则已矣。悲夫! 此邪说暴行所以盛行,而不为其所惑者鲜矣。然则奈何? 日在修吾身。[4]

功夫修养能够解决争执的问题,不但因为它培养道德情操,使人接近道,学者也必须向善,才可同心合力共事。胡宏使我们想见 11 和 12 世纪,士大夫为改革和战争而起的争论有何等的激烈,他悲观地说,批评别人的真正错误非常困难,而接受确实的批评又更加困难。如果大家能做到这两方面,就能了解友谊的真正意义,若没有这种友谊,就成为互相攻击陷害的小人。[5] 这些都显示胡宏渴望儒生的友谊与合作,并且为实现这个愿望献身一生的精神,在偏远的湖南长沙地区任教,创建著名的湖湘学派。

胡宏的学派注重修身实践,而且极力强调性为天地万物的根本。但胡宏也说人性超越儒家一般的善恶区别等标准,而且性就是五官的好恶感觉。性的优越地位有时被心取代,心能够控制性、实现性或完成性。

---

① 请见允晨本,页 66—67。
② 胡宏:《胡子知言》,卷 4,页 3 上下;《胡宏集》,页 28。
③ 胡宏:《胡子知言》,卷 1,页 1 上下;《胡宏集》,页 1。
④ 胡宏:《胡子知言》,卷 1,页 3 上下;《胡宏集》,页 3。
⑤ 胡宏:《胡子知言》,卷 3,页 7 上下;《胡宏集》,页 23。

胡宏从来没有清楚说明:心既然是性的"用"或表现,如何能够对自身的"体"有如此的宰制地位?他将心当作功夫修养的中心与实现性的枢纽,但是又认为心是被动的:"人心应万物,如水照万象。"①胡宏的《知言》里简短不明的观点可以有许多不同的解释,它也没有严格分析日后道学体系不可或缺的观念。

然而,胡宏、张九成对道学概念的讨论,鼓励下一代的学者进一步研究探讨,例如,第三章会谈到朱熹与同道如何广泛讨论《胡子知言》。秦桧当权期间,政治气氛虽然不友善,张九成与胡宏依然继续讨论佛教的学说,处理儒家的性、心、仁、学与修身等问题,不但保存道学的传统,并且使它的内容更加丰富,朝不同的方向发展。政治环境改变后,下一代道学领袖拥有较大的空间和余裕发展宣扬更系统化的论点,也能更自由地加强同道的合作,并且为致力于道学的人士确立传统。

---

① 胡宏:《胡子知言》,卷4,页10下;《胡宏集》,页34。

第二部

第二时期(1163—1181)

金人在 1161 年南下入侵,宋朝的政治文化随着双方的紧张情势与军事行动而变化。高宗在 1162 年夏天宣布退位,孝宗继位(1162—1189 年在位)。孝宗依照惯例广征举国学者官员建言,道学人士也响应呼吁提出种种建议,要求改革朝政、对金人抗战。1164 年孝宗与金人签订停战和约后,这种兴奋的心情愿望随之消退。新约不像以前的和约那样不平等,道学人士还是为失去收复北方的机会而感到万分失望。然而,这时道学人士与朝廷执政人物的关系,比前一时期改善许多,道学传统与程学的后人都没有遭受猛烈抨击,而且他们更愿意出仕。

比较第一与第二时期进士的来源,或许能显示政府与道学间关系的发展趋势。进行详细具体的量化当然不容易,我想选择在 12 世纪 90 年代被"庆元党案"列为"伪学"(道学)的人士,以及攻击道学的人士加以说明。这份所谓的"伪学"名单虽然是由攻击迫害道学的人士所罗列的,它还颇有几分道理,因为名单上的人在学术和政治方面的联系,远超过他们在官场上互相举荐与援引的关系。攻击道学的人士的联系没有如此密切,但是都曾上书批评道学,或做过攻击道学的事情。这批人只是因为反对道学而被列入名单,所以很难判断他们究竟属于哪个士大夫团体。目前所有的材料还不足以详细比较名单上的道学人士与反对道学人士,以及他们所属的团体人数;就名单的性质而言,被列入的道学人士显然比较多。近代学者素来认为这些人攻击道学的动机无非是出于个人好恶、嫉妒,甚至有盲目的反智倾向;不过我觉得这犹待商榷,他们或许别有反对的理由。就目前不完整的资料来看,两个名单没有显示年龄、地位、官阶或地理分布的重大差异,而且两派在上述特征上的分布面都很广,很难根据这些特征讨论两个团体的不同。59 名道学人士被列入"伪学"的名单,攻击道学的名单上则有 35 名。根据我们现有的一些资料,可以考查到他们哪年得到的进士学位。59 名道学人士中有 36 人的进士学位可考,而 35 名反道学的人士中有 21 人可考。①

现有数据虽然有以上的限制,有些数字仍然能显示部分的趋势。"伪学"名单中的五位(相当于总数的 14%)道学人士,在第一个时期(1127—1162 年)得到学位。这五个人当中有两个最为突出,即朱熹和周必大(1126—1204 年),不过他们当时都还很年轻,朱熹只有 18 岁,周必大是 26 岁,与道学尚未有密切的关系。在 36 个获得进士学位的道学人士中,有 86%的人在第二个时期(1163—1181 年)中举。在 21 个反对道学的人士中,有 43%的人在第一时期考中进士,57%的人在第二个时期获得学位。从 1172 年开始的十年,吕祖谦和尤袤(1127—1194 年)担任科举主考官,情形显得更为突出。在分等考卷时,吕祖谦因父丧必须回金华,但其友尤袤按照他们的愿望,完成试事。这一年中举的道学人士比任何一年都要多,而只有一位后来的道学人士在当年通过进士考试。在"伪学"名单上,19%的人在 1172 年获得进士。吕祖谦的努力以及意识形态的偏好不仅表现在统计数字上,在其他方面也可以看得很清楚。朝廷明文禁止考场徇私,并设下种种防范措施使考官无法认出考生的试卷,但吕祖谦还是认出陆九渊的考卷,虽然以前他只读过几篇陆九渊的短文,至于认出同乡友人陈傅良(1137—1203 年)的考卷就更不在话下。吕祖谦当时的地位和声望非常崇高,敢公开说他认出陆九渊的考卷,而且 1172 年中举人数的数字没有包括陆九渊这么著名的案例,因为他比较早去世,没有赶上编制"伪学"名单的时间。总而言之,在 1172 年到1182 年的十年间,上述的道学人士中有 44%的人获得进士学位,而 21位反道学的人士中只有一人获得进士学位,仅占 5%。与第一个时期相

---

① 关于"庆元党案",参看《宋元学案》,卷97,页 3197—3200;关于道学人士获得学位的时间以及背景,见 Conrad Schirokauer(谢康伦),"Neo-Confucians under Attack:The Condemnation of *Wei-hsüeh*," in John W. Haeger,ed.,*Crisis and Prosperity in Sung China*,(Tucson:University of Arizona Press,1975),pp.167—168,184—192. 我根据昌彼德、王德毅主编的《宋人全集资料索引》(台北:鼎文书局,1974—1976 年),册 4,页 3536,并且加上赵彦逾(1160 年进士)。

比,第二个时期道学人士获得进士学位的人数和比例都大幅增加,攻击道学的宿儒则相形减少。

由于当时的气氛对道学日益有利,赵彦中(1169 年进士)在 1180 年上书,对科举注重讨论人性、天理以及二程之学的影响表示不满。[1] 赵彦中参加 1169 年的考试,通过科举的道学人士和反道学人士人数相当,但 1169 年是两派中举人数相当的最后一年。赵彦中这类人不仅不满某次考试不公,而且意识到考生与考官形成特殊的关系,会在以后的政治生涯中长期合作,所以考试与政治派系有直接的关系。

1161 年金人的入侵激发南宋人士对儒家价值观的进一步认同,使他们更热心教育年轻人以振兴价值观。高宗时期抗金失利,孝宗时期的相对成功显然增加士人的安全感和自信心。危机以及后来的和平给文士以捍卫传统更坚强的信心,利用和平的环境发展传统。政治环境相对缓和,知识分子可以花更多的精力从事学术研究与辩论。

1162 年高宗退位,孝宗继任,其实也是一个新时代的开始。张九成、胡宏和胡寅已经去世,李侗(李延平,1093—1163 年)不久也谢世。到 1163 年,南宋头十年出生的第一代学人开始成熟,并成为这时期儒学的主要领导人;其中最有名的是朱熹、陆九龄(1132—1180 年)、张栻和吕祖谦。除朱熹外,这些知名的学者都在 1180 年或 1181 年前后相继过世,更年轻的学者虽然在 1181 年前已经开始活跃,但朱熹、张栻与吕祖谦仍然主导这段时期的道学,被称作"东南三贤"。他们的主张在当时大致相同,而且 1163 年南宋最有希望收复北方的时候,三位学者都在京师临安,颇有几分象征的意义。他们在平日交往和书信往返中,建立日益深厚的友谊,这些思想交流促进学术的发展,也加速道学同道与道学传统的形成。

---

[1] 毕沅:《续资治通鉴》(北京:中华书局,新校标点本),卷 147,页 3936。关于 1178 年的另外一份上书,见卷 146,页 3896。

从朱熹的思想形成过程,我们可以看出这个时期与前一个时期有显著不同。朱熹的生平思想已有非常详尽的研究,所以这里只简单谈论他的生平大略。朱熹的童年是在高宗时代的混乱和动荡中度过的,其父朱松(1097—1143年)因反对和金政策被贬谪到福建。朱熹出生后不久,朱松的县尉职务也被革除。朱松是杨时的学生,他培养朱熹对二程之学与司马光历史著作的兴趣。他过世前将儿子的教育委托给邻近三位研究程学的学者,胡宏的大侄子胡宪(1086—1162年)是其中一位。胡宪并没有把胡氏家学对佛教和道家思想的强烈敌意带进对朱熹的教育中,他对张九成所表达的一些佛教思想抱持很宽容的态度。另一位老师刘子翚(1101—1147年)的文章只保存在《诸儒鸣道集》中。朱熹这时非常喜爱大慧宗杲的禅宗学说,并且师事大慧的弟子道谦,可能是由于他的学习环境使然,而亲师的亡故也促使他寻求精神的慰藉,他的父亲和两个兄弟在他的少年时代相继去世,负责教育他的三位先生中的两位也很快过世。这些不幸的变故不仅使他更迷恋佛学与道家思想,而且让他感受生者的强烈使命感。朱熹经历了这些人事的重大变化,且没有一位固定而且影响深远的老师,所以比其他儒生更能独立思考。

朱熹的命运在1148年考取进士后开始变化。虽然位在五甲,名列九十,但他比大多数中第的人要年轻一半以上,所以很早就可以不必再为科举考试浪费许多时间,并得以迅速进入仕途。1153年他被任命为福建同安县主簿,并且在任达四年之久。在职期间他改进地方税收、整顿治安、提高教育水平以及制定礼仪规范。这个职务使他了解官场的实务,随后他被授予"岳庙督查"的闲职,有几年悠闲读书和思考的时间。

朱熹的思想到12世纪50年代末开始发生变化。从1153年开始,他数次拜访李侗。李侗是杨时的学生,朱熹的父亲曾极力赞扬他是二程学术的传人。朱熹最初在探讨程学时,还兴致勃勃地谈论道家和佛教,李侗批评他研究这些异教,要他把精力集中在程学的研究上。宋代佛教在福建地区的影响很大,所以当地许多学人喜欢综合儒佛的学说教义,朱熹少年时期的三个老师就是如此；另外有些人则热衷建立儒学的正统权威，例如李侗、胡宏和朱震等人。朱熹在 1159 年编辑第一部著述《上蔡语录》，删去许多谢良佐批评老师二程助长佛学的言辞。其实在二程的第一代学生中，谢良佐可能是最倾向佛学的人，但是《上蔡语录》显示朱熹向程学迈进一步，逐渐接受李侗完全认同程学的观点。

到 12 世纪 60 年代，朱熹与李侗一样敌视佛道二教。他 1166 年撰写"杂学辨"，抨击融合儒学与佛道学说的学风，批评苏轼对《易经》、苏辙对《老子》、张九成对《中庸》以及吕本中对《大学》的注解。友人何镐（叔京，1128—1175 年）为他写题跋，明确说明他的用意。朱熹认为苏氏兄弟、张九成及吕本中将儒家经典与老子、庄子、佛祖的思想混为一谈，后来的学人因为这些文人享有盛名而接受他们的看法，异端邪说因此日渐发展猖狂。何镐在跋文里说朱熹"大惧吾道之不明也，弗顾流俗之讥议，尝即其书，破其疵缪，针其膏肓，使读者晓然知异端为非，而圣言之为正也。"[1]

朱熹摘要引用张九成对《中庸》的注解后，指出张九成的观点与经典或二程的看法不同，并且批评张九成强调内在发展，却迷失方向，甚至走上异端的路子，不重视思考和经典诠释。而且朱熹认为张九成把仁解释成知觉，以及他对本心的主观理解，都是禅宗顿悟思想的反映。朱熹认为张九成不过是披着儒家外衣的禅僧，显然有些言过其实；不过说张九成受到禅宗不少的影响，那倒是不假。朱熹的"杂学辨"显示他已经与年轻时代的儒佛合一的思想告别，并开始清理那些他所认为的儒家内部异说。

朱熹在 1163 年所完成的《论语要义》以及在第二个时期的其他著作，都显示他的发展方向日渐成熟。到 1163 年前，他虽然收录很多以前

---

[1] 朱熹：《朱文公文集》，卷 72，页 16 上—46 上，特别是页 46 上。又见市来津由彦："朱子の'杂学辨'とその周边"，收入宋代史研究会编：《宋代の社会と宗教》（东京：汲古书院，1985 年），页 3—49；Chung Tsai-chün（钟彩钧），*The Development of the Concepts of Heaven and of Man in the Philosophy of Chu Hsi*（Taipei：Institute of Chinese Literature and Philosophy，Academia Sinica，1993），pp. 72 – 87.

和当代学人对《论语》的注解,但已经奉二程的《论语》注解为圭臬。1168年编辑《二程遗书》完成时,他指出程氏兄弟复兴了古代圣人的绝学。1172年他在《论孟精义》中进一步用二程门人的著作解释二程的经典解释。1177年他完成《论孟集注或问》,书中驳斥许多程学门人的观点,同年完成的另一部著述《周易本义》,更显示他的独立与成熟;他不像程颐将《周易》解释成关于理的哲学著作,而强调它的占卜本义。朱熹在编选或诠释各家学说的过程中,显示他从道学的学徒走向道学权威的自信与成熟。

要从朱熹所在的背景中了解朱熹,就得探索其他儒家学者的思想以及他们与朱熹的交往。在 1163 到 1181 年这段时期,如果我们将张栻、吕祖谦与朱熹放到当时的历史地位上来考查,就不会像以往的研究那样过于集中在朱熹的身上。从秦桧的高压政策下解脱出来以后,道学学者有更多的时间发展他们的思想,自由地吸引更多的学生。吕祖谦努力保护这个群体,使它不受外来压力的影响,他的领导地位——与以前和以后时期相比——鼓励各种观点的交流以及道学群体的相对多元化。

即使有这种相对的多元化倾向,紧张依然存在。由于 12 世纪 60 年代政治环境的变化,因为元祐遗事而引起的政治争执日益消退,思想的因素和学术渊源在划分集团时有日益重要的影响。张栻、朱熹以及吕祖谦都试图使道学更纯正,而为摆脱杂学的影响,尤其是佛教的影响,他们培植出更强烈的独特道学群体意识。政治压力的相对宽松,不仅提供道学群体发展的环境,而且也使道学人士开始专注界定这个传统内的成员与学说内容。

第二章　张　栻

张栻或许是 12 世纪 60 年代最有影响的道学家,朱熹赞扬他说:"敬夫道学之懿,为世醇儒。"[1]张栻的父亲张浚在朝廷里享有盛名,张栻自己则天资聪颖,在老师胡宏去世后,成为湖湘学派的领袖。张栻以胡氏家学为基础,使湖湘学派的哲学完全发展成熟,但是 1180 年张栻去世后,湖湘学派也随之衰落。不过在 12 世纪 70 年代,张栻在教学方面的影响已经不如吕祖谦,而理论研究也不如朱熹。张栻被官修的《宋史》列入道学传,并受到现代东亚学者的注意,但仍被欧美学者忽视。[2]

张栻在 1163 年应诏入京,为父亲张浚的复出作准备时,初次见到朱熹。张浚的主战计划虽然在高宗时期没有成功,但是在重新考虑对金作战时,他又成为举足轻重的人物。张栻从幼年起就曾跟随父亲离开四川老家,转赴各地任职,因此继承乃父"慨然以奋伐仇虏,克复神州为己任"

---

[1]《朱文公文集》,卷 81,页 2 下。

[2] 尤其值得一提的是高畑常信先生写的关于张栻的几篇文章,参其《张南轩集人名索引·付论文》(名古屋:采华书林,1976 年)。又见陈荣捷:《朱子新探索》(台北:学生书局,1988 年),页 375—381,522—550;胡昭曦:"谯定、张栻与朱熹的学术关系",《中国哲学》,第 16 辑(1993 年),页 240—262;朱汉民:"张栻和岳麓书院",收入朱瑞熙编,《朱熹教育和中国文化》(北京:北京燕山出版社,1991 年),页 272—280。

的壮志。① 在紧张军事局势下，张栻是父亲的得力助手。张浚不幸在1164年去世，张栻不得不暂时去职守孝。

张栻以直言著称，孝宗曾经抱怨"伏节死义之臣"难得，张栻答道："〔忠臣〕当于犯颜敢谏中求之。若平时不能犯颜敢谏，他日何望其伏节死义？"②孝宗曾问他"天"的问题，张栻回答说，天与苍天的意义不同，天指上帝，亦即最高"主宰"的古老代称。因为上帝与君主最为接近，孝宗应该使他的想法与上帝一致，否则"上帝震怒"③。由于宋朝与女真人建立的金朝有不共戴天之仇，张栻激励孝宗放弃和谈，努力自强以收复北方失土。孝宗曾问他可否乘金人连年灾荒的机会北伐，张栻指出宋朝自身的弱点，认为关键不在于宋金双方物资的暂时状况，而在于宋朝有没有改善朝政的运作，以及加强战备的长远计划；没有赢得民心是不可能收复中原的，而赢得民心的方法在于"不尽其力，不伤其财"④。

这种传统儒家重视民生的思想也表现在张栻的政绩中。在北方沦陷的危机之际，张栻合于儒家理想的表现出类拔萃，朱熹因此称赞说："小大之臣奋不顾身以任其责者盖无几人；而其承家之孝，许国之忠，判决之明，计虑之审，又未有如公者。"⑤张栻除在京师担任侍讲，并在吏部和中书省任职外，也曾在地方任职十多年，管理地方广达四州。他每次上任都频频察访百姓疾苦，并且进行改革和救济以减轻百姓的负担；传统传记虽然通常会提到称誉政绩的客套话，但他的确是个好地方官。⑥他也极重视地方学校和教育，为达到复兴教育和启发人民的目的，他为各种学校、书院写作至少54篇题记。他的题记赋予教育事业维护儒家

---

① 朱熹的祭文见《朱文公文集》，卷89，页1上—10上，特别是页2上。又参《宋史》，卷429，页12770—12775；高畑常信："张南轩年谱"，收入其《张南轩集人名索引·付论文》，页65—89。
② 《宋史》，卷429，页12774。
③ 《宋元学案》，卷50，页1633。
④ 《宋史》，卷429，页12771—12774，重点在页12771。
⑤ 《朱文公文集》，卷89，页4下。
⑥ 高畑常信："张南轩の静江府における治政"，收入其《张南轩集人名索引·付论文》，页90—109。

道德的特殊使命,他说:"人伦之在天下,不可一日废,废则国随之。然则有国者之于学,其可一日而忽哉。"①

张栻认为在当时不友善的文化环境下,必须特别强调儒家的道德教育。那些追求佛、道异端的人虽然不好,但他们其实只是反映出违背道德的时代风气而已。有些学者文士认为儒学不切实际,逐利之心甚至使一些讲经的老成学者也常追求私人目的,专攻理论的儒家学者则更糟糕:

> 近世一种学者之弊,渺茫臆度,更无讲学之功。其意见只类异端"一超径诣"之说,又出异端之下,非惟自误,亦且误人,不可不察也。②

总而言之,他叹息懂得儒学真义并且能够履行实践的人太少,所以必须将"吾儒"和各种异端之学的追随者区分开。③ 他在给朱熹、吕祖谦的信中经常提到当代精神的堕落腐化。不论这些看法有多夸张,它仍然激起保卫儒家传统和教育社会的热情。

张栻从幼年起的教育就围绕着二程的思想体系展开。他从小接受父亲庭训,张浚曾经追随二程的学生,也曾从游于与二程敌对的四川苏氏兄弟的传人,此外,他还与继承王安石传统的改革派交往,所以他并不能完全赞成道学家对传统的一切宣言。张浚自己的思想背景虽然复杂,并且和四川老家关系密切,他仍然让张栻学习胡氏的二程之学,而不选择苏氏兄弟的学说。④ 张浚弃官以后似乎更加认同他的道学朋友,思想的隔阂也比以前少。张栻起初只能以通信和读书的方式向胡宏学习,在1161 年初次面见胡宏时,竟然感极而泣。胡宏看出这位青年的诚恳和潜

---

① 《南轩集》,卷9,页3上。
② 《南轩集》,卷26,页2下。又见《宋元学案》,卷50,页1625 和1627 的引文。
③ 《宋元学案》,卷50,页1613,1618,1626—1631。
④ 关于张栻对苏轼的看法,见《南轩集》,卷35,页2上—3上。

力,开始向他讲授"仁"的道理。张栻回来后仔细思索,并给胡宏写一封论仁的信,胡宏读信后叹道:"圣门有人,幸甚幸甚!"①

张栻后来写作一篇论仁的长文,题名为"希颜录"。在《论语·雍也》中,孔子称赞爱徒颜回好学,说:"回也,其心三月不违仁。""希颜录"收集几世纪以来儒家学者对颜回仁德的评语,并把颜回当成功夫修养的模范。胡宏告诫张栻说,这么重要的文章不容稍有错误,而且考虑几百年来不同的观点时,必须在众多的历史材料中"于未精当中求精当"。胡宏称赞张栻的考据功力,并且说:"先贤之言,去取大是难事。"②胡宏其实是在鼓励张栻以自己的判断取择传统。胡宏在他们第二次会面后不久就去世,张栻得到他的著作认真研读。

张栻的"希颜录"在他思想发展过程占有很重要的地位,将"希颜录"当做衡量个人修养进境的标准,朱熹说:

> 〔张栻〕作"希颜录"一篇,蚤夜观省以自警策,所造既深远矣,而犹未敢自以为足,则又取友四方,益务求其学之所未至。盖玩索讲评践行体验反复不置者十有余年。③

张栻加入道学群体后,思想日益成熟,"希颜录"完成 14 年后,在 1173 年出版,张栻为此撰写一篇跋文。④

张栻在 1173 年还撰写《癸巳论语解》和《孟子说》,用流畅的古文论述《论语》和《孟子》的要旨。他比同时的道学人士少使用宋代的哲学词汇,他以胡宏为程颐的《易传》所作的注释为基础,强调《易经》的经世和政治道德的指导意义,而《经世纪年》则反映丰富的实务经验,《汉丞相诸葛忠武侯传》则表现出胡氏家学传统中以历史服务道德的精神,他称赞

---

① 胡宏:《五峰集》,卷 2,页 65 下;《胡宏集》,页 132。朱熹:《朱文公文集》,卷 89,页 1 下。
②《五峰集》,卷 2,页 67 下;卷 2,页 68 下。《胡宏集》,页 133,134。
③《朱文公文集》,卷 89,页 1 下—2 上。
④《南轩集》,卷 33,页 8 下—9 下;又见卷 25,页 7 上下。

三国时代的诸葛亮为"儒将",是弃利求义的典范。①

张栻著作的流传有些问题。他讨论仁的长文和他对于儒家经典的注释,都曾与朋友(尤其是朱熹)往复讨论而修改多次。1173 年所完成的几部著作是他思想的分水岭,显示他自认对传统的看法已趋成熟。朱熹在 1184 年编辑张栻的遗稿,完成《南轩集》并为它写序,删除了"希颜录"等早期的文章。我们会在下一章讨论朱熹删除"希颜录"等论仁的文章及张栻给他的部分信件后,如何使我们研究张栻的思想以及朱、张两人的交流时备受限制。朱熹自己说"希颜录"对张栻每天的修养功夫十分重要,却决定删除这篇文章,确实令人感到惊讶惋惜。经过朱熹的编辑,加上张栻在 1173 年以前不断修改自己文章,我们很难根据现有的材料研究张栻思想的进化和发展。现存的材料表现出他与朱熹观点明显相似的特色,但是他们的思想其实并不如此一致,在 1173 年以前尤其显然。② 对研究 12 世纪 60 年代到 70 年代间张栻所领导的湖湘学派,这些问题无疑是重大的障碍,也使后人难以再现道学原有的多样特性。

张栻不断研究"仁"的意义,使他沉浸在儒家的文献里。在《论语》的"颜渊"篇中,孔子说:"克己复礼";在"八佾"篇中说:"人而不仁,如礼何?"孟子以仁为"仁义礼智"的四德之一;二程则以仁为四德的总和,而且仁与万物为一体;张栻则在"仁说"中阐述仁之体用的关系。由于"仁说"明确表达张栻所认为的儒家基本价值,我们把这篇完成于 1172 年或 1173 年的文章几乎全部抄录于此:

> 人之性,仁义礼智四德具焉。其爱之理,则仁也。宜之理,则义也。让之理,则礼也。知之理,则智也。是四者,虽未形见,而其理

① 见朱熹在《南轩集》中的序文。张栻对诸葛亮的论述见《南轩集》,卷 10,页 5 上—7 上;卷 36,页 10 上下,及张栻的《汉丞相诸葛忠武侯传》(百部丛书集成本)。又参见刘子健:"从儒将的概念说到历史上对南宋初张浚的评论",收入陶希圣先生九秩荣庆祝寿论文集编辑委员会编:《国史释论》(台北:食货出版社,1988 年),页 481—490。
② 高畑常信:"张南轩の思想变迁",收入其《张南轩集人名索引·附论文》,页 1—25;"张南轩集の版本",收入其《张南轩集人名索引·附论文》,页 26—65。

固根于此,则体实具于此矣。性之中,只有是四者,万善皆管乎是焉。而所谓爱之理者,是乃天地生物之心,而其所由生者也。故仁为四德之长,而又可以兼包焉。惟性之中有是四者,故其发见于情,则为恻隐羞恶是非辞让之端,而所谓恻隐者,亦未尝不贯通焉。此性情之所以为体用,而心之道则主乎性情者也。人惟己私蔽之,以失其性之理,而为不仁,甚至于为忮为忍,岂人之情也哉?其陷溺者深矣。是以为仁莫要乎克己。己私即克,则廓然大公,而其爱之理,素具于性者,无所蔽矣。爱之理无所蔽,则与天地万物血脉贯通,而其用亦无不周矣。故指爱以名仁,则迷其体。〔程子所谓"爱是情,仁是性"《二程遗书》卷十八谓此。〕而爱之理,则仁也。指公以为仁,则失其真。〔程子所谓"仁道难名,惟公近之。不可便指公为仁"《二程遗书》卷三谓此。〕而公者人之所以能仁也。夫静而仁义礼智之礼具,动而恻隐羞恶辞让是非之端达。其名义位置,固不容相夺伦,然而惟仁者,为能推之而得其宜,是义之所存者也。惟仁者为能恭让有节,是礼之所存者也。惟仁者为能知觉而不昧,是智之所存者也。此可见其兼能而贯通者矣。是以孟子于仁,统言之曰:"仁,人心也"。亦犹在《易》乾坤四德,而统言"乾元""坤元"也。然则学者其可不求仁为要,而为仁其可不以克己为道乎?[1]

张栻虽然在这里没有区分二程的思想,其实这篇文章中"程子"的话全部是程颐所讲的。"公"的含意很复杂,包括公德心、公正不偏袒等许多意思。张栻的著作中,"公"是就克己、克除私欲的层面而言,所以比较具有公正、不偏袒的意思;但是就以他对公事的责任心来说,"公"自然也包括"公德心"的意思。我们在谈陈亮时会讨论到,在某些宋儒的心目中,所谓"公"更具有"公益"的意义。

---

[1]《南轩集》,卷18,页1上—2上。《易经》中的乾卦其实使用"乾"、"坤"这样的名词,与"天"、"地"等词相近。陈荣捷在《朱子新探索》页375—376中指出张栻引用二程或经典的引文。又见《南轩集》,卷25,页13上下。

张栻在"仁说"中采用程颐"仁"为"爱之理"的说法,反对韩愈(768—824年)认为"仁"就是"爱"的说法。仁是"爱之理"、"性之德",不是"情"。张栻以此区别为基础,援引二程的观点,认为爱是情感,仁却是人的本性。张栻将仁视为天地万物生生不息的力量,也是受到二程认为"仁"是生命的种子与万物的基础的影响。"仁说"以孟子所主张的仁即是人心的学说为基础,与程颢一样坚信"识仁"最重要。我们会在第三章中讨论张栻与朱熹的理论,它们虽然都建立在孟子与二程学说的基础上,但双方对"仁说"仍有不同意见。

张栻对仁一再精思独解,使他渐渐偏离老师胡宏性无善恶的理论;如果仁与人性不可分割,那么性怎么可能不是善的呢?张栻比胡宏更强调孟子人性本善的观点,他在《孟子说》中写道:"夫善者,性也。"[①]并且遵从孟子的说法,认为性善是因为性具有四德之端:

> 孟子所以道性善者,盖性难言也。其渊源纯粹可得而名言者,善而已。所谓善者,盖以其仁义礼知之所存,由是而发,无人欲之私乱之,则无非恻隐、羞恶、辞让、是非之心矣。[②]

孟子认为"四端"是本然的善性,而从"四端"发展出来的"四德"则是本性的表现,所以孟子认为"四端"比"四德"更为基本。张栻却把次序颠倒过来,认为"四德"是性,"四端"是心:

> 仁、义、礼、知具于性,而其端绪之著见,则为恻隐、羞恶、辞让、是非之心。……故原其未发,则仁之体立而义、礼、知即是而存焉。循其既发,则恻隐之心形,而其羞恶、辞让、是非亦由是而著焉。[③]

张栻用"未发"和"已发"区分四德和四端,并根据胡宏的性是静态时的

---

① 张栻:《孟子说》(四库全书本),卷6,页12下;又见其《癸巳论语解》(百部丛书集成本),卷9,页1下。
② 《孟子说》,卷3,页1下。
③ 《孟子说》,卷2,页27下—28上。

体、心是性动态时的用，提出性是静的、未发的，心是动的、已发的；可见他对四德四端的看法与孟子不同，因为他接受胡宏区分心性的理论。张栻一定知道自己与孟子有些微差异，但他或许觉得更能巩固孟子学说的基础。儒家在面临佛教挑战它的道德、伦理权威时，需要一个比孟子学说更坚实的理论基础；此外，宋代经济的发展和城市化也在破坏传统家庭、社会关系，可能也促使张栻比孟子更强调传统家庭、社会关系所依赖的"四德"；他认为这些传统关系极其重要：

> 天地位而人生乎其中。其所以为人之道者，以其有父子之亲、长幼之序、夫妇之别，而又有君臣之义、朋友之信也。是五者天所命而非人之所能为。①

张栻坚信儒家的基本家庭社会伦常是人民生活和国家的生存的根本。人性论既然一直是支撑保卫儒家伦理的重要传统据点，所以他努力巩固人性论的基础，也就不足为怪了。

张栻以"四德"就是"天命之性"，进一步提供性善的根据。《中庸》说："天命之谓性。"张栻据此推论性源于天命。所以人与生俱来的"天命之性"是至善无恶的。② 张栻把性说成是"天命"之性，强调性是绝对至善，又认为人应该顺着人性的"本然"去体会性善。张栻把善比喻作顺从，说善是"循其性之本然而发见者也。有以乱之而非顺之，谓之则为不善矣。"③并以《孟子·告子上》中以水喻性的话来论证他的观点。孟子说："水，搏而跃之，可使过颡；激而存之，可使在山。"外在的干扰消失后，水就会顺着自然之势往下流。张栻把这道理运用于人性论，推理说："故夫无所为而然者，性情之正，乃所谓善也。若有以使之则为不善。"④许多儒家学者素来对为追求短暂成效而"有以使之"的行为抱怀疑态度，张栻

---

① 《南轩集》，卷14，页2上下。
② 《孟子说》，卷3，页1下以及卷6，页3上。
③ 《孟子说》，卷6，页12下。
④ 《孟子说》，卷6，页4上。

认为"无所为而然"就是义、理，"有以使之"就是私利与人欲，更加强这种倾向。

张栻借用二程"气禀"的概念解释恶的起源问题。程颢曾经评论告子"生之谓性"的话(见《孟子·告子上》)：

> "生之谓性"，性即气，气即性，生之谓也。人生气禀，理有善恶，然不是性中元有此两物相对而生也。有自幼而善，有自幼而恶，是气禀有然也。善固性也，然恶亦不可不谓性也。①

张栻以此作基础，解释为什么会有不善：

> 盖有是身，则形得以拘之，气得以汩之，欲得以诱之，而情始乱。情乱则失其性之正，是以为不善也。而岂性之罪哉？②

张栻既然认为恶是从气禀来，那么程颢所谓"恶亦不可不谓之性"的"性"只是指气禀而言。

张栻又借用《礼记》进一步解释性的善恶。《礼记》说人生而静，而且有"性之欲"和"人之欲"的分别。张栻以胡宏主张的性静但"不能不动"的观点为基础，指出"性之欲"就是性对外物的反应，这种反应无穷无尽时，人的好恶没有节制，行为也容易变成不善，但不善并不是"性之理"，而是"一己之私"所造成的。张栻进一步说明这个区别："譬诸水，泓然而澄者，其本然也；其水不能不流也，流亦其性也；至于因其流激，汩于泥沙，则其浊也，岂其性哉？"③

恶既然是从气禀来的，就可以用人性原有的善来克服。张栻主张回归本原以变化气禀，是从张载的"变化气质"的理论发展来的。张栻运用"气质之性"的观念解释孔子在《论语·季氏》中区分"生而知之者"、"学而知之者"、"困而学之者"三种人，坚持这些区别只是就学问的起点而

---

① 程颢、程颐：《二程集》，册1，页10。
② 《孟子说》，卷6，页3下。
③ 《宋元学案》，卷50，页1623。

言:"困而学虽在二者之下,然其至则一者,以夫人性本善故耳。"①生而知之者的知识,别人以"困而学之"也能得到。从根本上说,下愚者和圣人有同样的基础,也就是说他们的本性都是至善的,所以都能够以修养获得进步,甚至成为尧舜般的圣人,这种理论或许和当时的社会背景有关,宋代的经济、城市和教育的发展使社会阶层流动到达空前的地步。不过张栻变化气质的理论主要是就道德伦理而发的:"人所禀之质虽有不同,然无有善恶之类一定而不可变者,盖均是人也。"②张栻虽然认为人都可以改变气质,但他的理论却也为善恶绝对区分提供基础。

张栻的绝对性善论影响他对义、利的区分。孟子和其他早期儒家虽然已经开始区分"义"、"利",二程进一步将它们决然对立。张栻以二程的理论为基础,把义利之分说成儒学修养的第一步功夫,而且认为义利之分就是天理、人欲之分;在这方面他取法程颐而非胡宏:"夫善者,天理之公挈挈为善者,存乎此而不舍也。至于利则一己之利而已,盖其处心积虑惟以便利于己也。"③要人认真研究重义君子和趋利小人之间的区别。

张栻用是否"有所为而然"来区分义利,使义利之辨更加决绝。他认为不应该为实现自己欲望而采取"有所为而然"的行动:

> 盖圣学无所为而然也。无所为而然者,命之所以不已,性之所以不偏,而教之所以无穷也。凡有所为而然者,皆人欲之私而非天理之所存,此义利之分也。自未尝省察者言之,终日之间鲜不为利矣。非特名位货殖而后为利也。斯须之顷,意之所向,一涉于有所为,虽有浅深之不同,而其徇己自私则一而已。④

"无所为而然"指性被思虑困扰并付诸行动前的状态,就是义和天理;"为

---

① 《癸巳论语解》,卷8,页21下。
② 《癸巳论语解》,卷8,页14上。
③ 《孟子说》,卷7,页25上。
④ 《南轩集》,卷14,页5下—6上。

利”指性被成心和欲望干扰且行动后的状态。张栻认为趋利并不只限于传统儒家经常批评的对名位和财富的追求,将“利”的范围扩大;在张栻的定义下,禁止趋利的戒律延伸到生活的各种领域,并且适用于社会各阶层。

张栻认为不“有所为而然”就是遵循道、守“道”不移,循“道”的人可富也可贫,应该“安于命”,不做有违于“道”的事:

> 惟君子则审其在己,不为欲恶所迁,故枉道而可得富贵,己则守其义而不处;在己者正矣,不幸而得贫贱,己则安于命而不去。此其所以无入而不自得也。[1]

循道和灭欲都需要修身自律。有人会说只要遵从自己的良知就已经足够,因为良心感到羞耻的事就是“私欲”,心里不觉得压抑负担的事就是礼。张栻认为这种说法太主观:“苟工夫未到,而但认己意为则,且将以私为非私,而谓非礼为礼,不亦误乎?”[2]必须做格物的修养功夫,以加强对“理”的认识,方能避免这种主观的偏见。不过“格物”也可能被误解为主观直觉的功夫修养,大慧宗杲就鼓励他的儒家朋友做这种纯粹内向的“格物”功夫。张栻想要反击禅宗的影响:

> 理不遗乎物,至极其理,所以致其知也。今乃云“物格则纯乎我”,是欲格去乎物,而己独立,此非异端之见而何!且物果可格乎?如其说,是反镜而索照也。[3]

如果“格物”完全依赖于“格物”的人,会造成物我的隔离,形成不正常的作用关系,有如用镜子的背面照自己一样。

张栻试图兼顾内外,同时讲究外在的“格物”和内在的“居敬”,希望能够维持两者的平衡。他讲解《大学》说:“自诚意、正心以至平天下,固

---

① 《癸巳论语解》,卷2,页13下。
② 《宋元学案》,卷50,页1618。
③ 《宋元学案》,卷50,页1618。

无非格物致知事也。"①有时候又把"格物"和"居敬"的次序倒过来说:"格物有道,其惟为敬乎"。② 张栻解释程颐主张的"居敬":"致知所以明是心也。敬者所以持是心而勿失也。故〔程子〕曰:'主一之谓敬。'又曰:'无适之谓一。'"③学者必须懂得"一"的意义,才知道功夫从何处着手。张栻虽然很重视"格物",其实"格物"时,"敬"的态度也非常重要;他或许认为"敬"比"格物"重要,至少他在谈论"敬"时更富有活力:"居敬则专而不杂,序而不乱,常而不迫,其所行自简也。"④"简"意指人心不受欲望诱惑,行为就不会被外物干扰。"简"也和他所反对的"有所为而然"有关,张栻在"主一箴"中进一步解释"一":

> 曷为其敬?妙在主一。曷为其一?惟以无适。居无越思,事靡它及。涵泳于中,匪忘匪亟。斯须造次,是保是积。既久而精,乃会于极。勉哉勿倦,圣贤可则。⑤

换句话说,张栻继承了湖湘学派养心、正心的修身传统。

张栻谈论仁、性、修身时常说到"理",是否也专注于"理"的玄想思辨呢?他在《孟子说》中说理在物先:"事事物物皆有所以然。其所以然者,天之理也。"⑥有时也用周敦颐的"太极图说"解释万物的生成:"太极动而二气形,二气形而万物化生,人与物俱本乎此者也。"⑦又把宋代哲学词汇和传统的"天"与"天命"的概念结合起来讲存在的基础:

> 天命之全体,流行无间,贯乎古今,通乎万物者也。众人自昧之,而是理也何尝有间断。圣人尽之,而亦非有所增益也。未应不是先,已应不是后;立则俱立,达则俱达。盖公天下之理,非有我之

---

① 《宋元学案》,卷50,页1624。
② 《宋元学案》,卷50,页1613。
③ 《南轩集》,卷12,页2下;见《二程集》,册1,页143。
④ 《癸巳论语解》,卷3,页11下。
⑤ 《南轩集》,卷36,页9上下。
⑥ 《孟子说》,卷6,页30上。
⑦ 《南轩集》,卷11,页7上。

得私,此仁之道所以为大,而命之理所以为微。若释氏之见,则以为万化皆吾心所造,皆自吾心生者,是昧夫太极本然之全体,而反为自利自私,天命不流通也。故其所谓心者,是亦人心而已,而非识道心者也。①

张栻的目的显然是在批驳佛教信徒,因为他们破坏儒家伦理的理论基础和实践。他认为佛教徒被一己私利蒙蔽,所以只能了解人心,而无法懂得道或心中的道德原理。

张栻这里的理论一如在讲修养时强调心的作用与地位。他认为心和性的本体就是天:"理之自然谓之天命。于人为性,主于性为心。天也,性也,心也,所取则异,而体则同。"②心是主宰内在之性和外在事物的无限力量:"心也者,贯万事、统万理,而为万物之主宰者也。"③朱熹主张"心统性情",但是心必须遵从理的规范,虽然也讲心是主宰,能够实现理,但不肯让心控制理本身。就此而言,朱熹赋予的心的主宰功能没有张栻所主张的那么广大绝对,因为湖湘学派很明确地将心看作理的主宰。这种程度的差异根源于胡宏的思想,而张栻继承并发扬了这个传统。

张栻虽然也对"理"做抽象的哲学讨论,但他和胡宏都比较喜欢讨论道德修养和文化价值的问题。他一方面有将心、性、天、理等同起来的倾向,所以不像朱熹将这些概念做细致的区分;在另外一方面,他注重心的修养,也对儒家的功夫修养传统有很大的贡献。这两个方面虽然优劣互现,其实相辅相成。张栻反对空谈心性,因为湖湘学派的精神修养一向重视自我反省和日常功夫,他批评当时的儒生学者不能领略周敦颐和二程"穷理居敬"的实践精义。④ 连黄宗羲(1610—1695 年)也说:"第南轩

---

① 《宋元学案》,卷 50,页 1619—1620。
② 《孟子说》,卷 7,页 1 上。
③ 《南轩集》,卷 12,页 2 下。
④ 《癸巳论语解》,序,页 1 下。

早知持养是本,省察所以成其持养,故力省而功倍。朱子缺却平日一段涵养工夫,至晚年而后悟也。"[1]

张栻的另外一个贡献是他注意在日常生活中发现天理。在日用中发现天理是二程的中心思想之一,但程颐去世后的半个世纪里,这个教训常常被道学人士忽视。朱熹称赞张栻用天理、人欲的概念做义利之分,能够"扩前圣之所未发"。[2]

张栻的第三个贡献在于发扬胡宏的湖湘学派思想。张栻不但继承胡宏对于历史、经世实践、心性关系的思想,而且使湖湘学派更牢固地扎根于孟子和二程学术的传统中。张栻也追随胡宏,继承程颢对心、性和仁问题的看法,所以陆九渊说:"元晦似伊川,钦夫似明道。伊川蔽固深,明道却通疏。"[3]张栻一生多次返回长沙岳麓书院讲学,由于他是知名的学者和官员,许多学生前往听讲。追随他学术的后学也不少,不过他死后却没有人能够真正继承衣钵。

湖湘学派为什么会衰落呢?传统的解释是湖湘学派的思想和教学都被朱熹的成就超越掩盖,但似乎还有其他的因素。宋代的湖南比浙江和福建落后许多,所以胡宏和张栻是在文化和经济较不发达的地方努力耕耘,客观条件与吕祖谦所在的浙江和朱熹所在的福建有不少差距。这种客观条件的差异限制了湖湘学派与其他派别的竞争能力。以吕祖谦为例,他的书院地处文化中心地带,又能吸引京城的士人,就拥有许多优势;岳麓书院缺乏这种优势,在张栻身后很快就衰落下来,一直等到1193年朱熹在湖南担任地方官时,才重新恢复旧观。[4] 张栻1180年去世后,岳麓书院如此迅速衰落,似乎暗示它可能在1180年以前就开始走下坡路了。岳麓书院迅速变成朱熹学术的一个中心,张栻的弟子似乎有难以

---

[1]《宋元学案》,卷50,页1635。

[2]《朱文公文集》,卷89,页9下;见《宋明理学史》,上册,页337—338关于张栻的三个贡献。

[3]《陆九渊集》,卷34,页413。

[4] 参见杨金鑫:《朱熹与岳麓书院》(上海:华东师范大学,1986年)。

为继的问题。

湖湘学派衰落的部分原因也在于张栻的思想成分复杂。他的思想涉及层面广大,比南宋的第一代道学家宽广;他把实践置于理论之上,又强调心的修养与格物穷理。他思想里实践、修心、格物等几条线索在 12 世纪最后的 20 年里,都各自发展成独立的道学流派。张栻去世后,学生门人转到其他师门派别下,而这些派别将张栻留下的几条线索发展得更系统、更谨密。湖湘学派或许由于特别重视佛教的挑战,不像朱熹那么热衷区分儒家内部的派别。例如,胡宏的儿子胡大时是张栻的高徒,张栻去世后,他先后追随道学的三个主要流派。由于下一代道学家将张栻思想中的主要线索都做更深的发展,后人很少想要特别研究张栻,应该也是湖湘学派没落的原因。朱熹思想的发展也是使湖湘学派衰落的原因,因为 12 世纪 70 年代中期,朱熹的理论成就已使张栻黯然失色。下一章将要讨论朱熹与张栻的关系,以及他们互相砥砺切磋的各种问题。

第三章　朱熹与张栻

　　南宋道学发展的第二个阶段中,朱熹的道学思想发展主要表现在他与张栻间气氛和谐的学术讨论中。朱熹认为张栻做人明快,与学者讨论问题时,能够迅速了解各种观念,并且将它们形诸文字。朱熹也宣称自己需要勤奋治学,而张栻却能闻道"甚早甚易"。朱熹比张栻年长三岁,但承认"敬夫见识,卓然不可及。从游之久,反复开益为多。"①朱熹的学派声势大盛以后,学者一般都强调朱熹的学说如何创新与深刻,而忽略张栻的贡献;其实他们的交往使双方都获益匪浅。朱熹与张栻广泛讨论诸般哲学问题,探讨名词概念,一般而言他们的观点大同小异,他们也曾就各自的《论语》、《孟子》注解中一些意见不同的地方交换看法。② 在这里我并不准备探讨他们之间所有的意见分歧,而集中讨论对道学同道非常重要的三个问题。

---

① 引文见黄宗羲:《宋元学案》,卷50,页1635。类似说法又见《宋史》,卷427,页12710;卷429,页12775;《朱子语类》(正中书局本),卷103,页4140;(中华书局本),卷103,页2605;陈荣捷:《朱子新探索》,页525—529。

② 《朱文公文集》,卷31,页10上,17上—20下,21上—37上。有关讨论又见钱穆:《朱子新学案》,册4,页510—530;高畑常信:"张南轩の《论语解》に与えた朱子の影响",收入其《张南轩集人名索引·附论文》,页110—123;陈荣捷:《朱子新探索》,页530—537。

一、功夫修养与"中和"问题

第一个重要的问题涉及功夫修养以及心的观念,当时有两个不同的理解传统。功夫修养包含内心修为的过程,朱熹对这过程的理解是从一个传统出发,向另外一个传统发展,然后进行理论的综合,而这项综合的工作是他成为道学理论大家历程中最重要的发展分水岭。不过,朱熹理论的全面发展是渐进与累积的过程,并非突然激烈的决裂变化。近代学者已经充分研究过朱熹与张栻对于"中"、"和"与心、性关系的讨论,[①]我在此只简单介绍,而较详细讨论朱、张二人关系对朱熹思想演变造成影响的部分。

"中和"问题是起源于《中庸》的第一章:

> 喜、怒、哀、乐之未发谓之中,发而皆中节谓之和。中也者,天下之大本也;和也者,天下之达道也。致中和,天地位焉,万物育焉。

按照《中庸》的说法,"中和"是人与天地合一的关键,也是道德的最高境界。在个人道德修养方面,周敦颐、邵雍注重主静,说心是"太极"与万物的根源,周敦颐更进一步将"静"与"一"看作是"无欲"的状态;张载则区别"闻见之知"与"德性之知";程颢提倡灭除私欲以存定人性;程颐则更加强调"主敬"的专一修养功夫。北宋道学家比更早期的儒家学者对心

---

① 例如钱穆:《朱子新学案》,册1,页105—112;册2,页123—182。钱穆:《宋明理学概述》(台北:中华文化出版社事业委员会,1953年),页103—109。牟宗三:《心体与性体》,册3,页71—228。王懋竑:《朱子年谱》(台北:商务印书馆重印本,1966年),卷1上,页23—27;卷1下,页35—42。陈荣捷:《朱子新探索》,页537—543;陈来:《朱熹哲学研究》(北京:中国社会科学出版社,1987年),页91—188,(也有台北:文津出版社,1990年)。张立文:《朱熹思想研究》(北京:中国社会科学出版社,1981年),页434—440。蔡仁厚:《宋明理学》(台北:学生书局,1980年),册1,页76—106。友枝龙太郎:《朱子の思想形成》(东京:春秋社,1969年),页38—102。刘述先:《朱子哲学思想的发展与完成》(台北:学生书局,1984年),页71—138。申美子:《朱子诗中的思想研究》(台北:文史哲出版社,1987年)。束景南:《朱子大传》(泉州:福建教育出版社,1992年),页233—267。Chung Tsai-chün(钟彩钧),*The Development of the Concepts of Heaven and of Man*,pp.89–130.

性问题有更明确的概念,所以更注重功夫修为以达到性或心的"中"的境界,最终的目的则在于得"道",与天地万物合一。但他们还没有发展出一套完整的理论体系;例如,程颐认为在情未发前,应该认真存养,而情已发后,应该加以省察。

如何经由功夫修养而达到与天地万物合一? 12世纪上半叶的道学内部有两种不同的流派主张:一派在福建,另一派在湖南。在福建方面,以程颐的学生杨时、罗从彦(1072—1135年)为代表,他们把默坐澄心当作体验本心和定性的方法,认为静坐沉思可以排除各种私欲,而获得澄清的心境。罗从彦将这套方法传授给李侗,李侗又将它传授给朱熹。李侗教导朱熹不仅要在静坐中获得澄清的心境,而且要在日常生活中做功夫修养。但是朱熹当时认为,李侗对动静修养的教导是两个不同的学说。李侗认为这种心的澄净状态是日常行为修养功夫的基础,朱熹却对这两种直观的学说可能推衍出的矛盾颇感不安。问题的关键在于:活动的心怎样才能意识到它在行动前的寂静状态? 朱熹思考李侗的观点达八年之久,在1166年得到初步的结论,认为如果了解内心的直观合一的境界不可能轻易实现,李侗的学说基本上还是站得住脚的。朱熹以前受张栻的湖南传统启发,对李侗的教导产生疑虑,现在思考出解决的方法,大概想要以此说服张栻,所以在1167年到湖南拜访,并停留两个月之久。

湖湘学派代表二程对于心的理论的另外一支主要发展流派。张栻以程颐所谓的"情"指心的已发状态、胡宏主张的心是性的作用的观点为基础,极力强调心在日常生活中的实际体验,认为唯有在行为活动中体验"静",才能够获得心的"中"。张栻不主张静坐沉思,而认为应该利用心的潜能去体认四端,即可在日常生活中体验把握天理,所以功夫修为应该先从日常生活中体验天理开始,然后再来持养天理;张栻的方法观点比李侗更倾向行动。

从1167年朱熹在湖南逗留的两个月时间里,以及他在次年所写的四封信来看,他放弃李侗的观点,转而接受湖湘学派的主张。朱熹根据湖湘学派的看法,认为性是体,心为用;情未发前为性,情已发后为心。

但是朱熹不久又开始质疑湖湘学派的学说。学生问他为什么放弃李侗的观点,朱熹回答时显得颇为不安,并且承认由于仅强调从日常行为中领悟天理,不按照李侗所提出的方法致力于获致心的澄静状态,他有一种道德力量低落的感觉。从理论上来说,张栻主张的动中求静的方法只解决片面的问题:既然动、静在"太极"里总是处于对立统一的关系,为什么不能够在静中求动呢?难道不能在心活动以前就持养心的本体吗?这些问题使他越过师友,直接向二程的著作求教。

朱熹在1169年给湖南友人的书信中说,他研读程颐的著作后,已经找到答案,解决动静中和问题的困惑,而且先前建立在湖南学说上的观点缺乏坚实的基础。他引用程颐的著作,解答这些段落与他们以前都注意到的段落间的矛盾,而这些引起注意的段落都见于他一年前编辑成的《程氏遗书》。朱熹现在相信,湖南的朋友认为情已发后是心,是因为他们只接受程颐早期的看法,其实程颐已经修正自己的看法,指出心兼具静而未发的"体"以及已发贯穿万物的"用"两面。

若能够做到程颐讲的"主敬",心就能动静适宜,进而理解存养天理,所以程颐提出的"主敬"与"致知"是最好的功夫修养方法:"涵养须用敬,进学则在致知。"[1]朱熹根据这种看法,对中和问题得出一套完整的见解,进一步认为在省察和存养之前,不需要等待情的已发。情即使处在未发前的寂静状态,心一直是悠悠然的存在。但静只是心所处的一种状态,这种可以体会的心境虽然也是功夫修养的目的,但它并不是性。朱熹得到这见解后,就能够兼顾湖南与福建两种功夫修养的传统。朱熹在1172年左右写作"中和旧说序",进一步考查自己思想的演进,从李侗的影响、张栻的冲击,然后到自己的功夫修养观,朱熹从此认为自己的思想已经

---

[1]《二程集》,册1,页188;《朱文公文集》,卷64,页28上—29下。

成熟,以后未对这问题作重大的立场改变。不过,朱熹晚年只提到存养的功夫,所以可说他所谓兼顾动静的修养方法,与湖湘学派所强调的要素似乎渐行渐远。①

朱熹对这问题的思索演变,具有相当重要的意义,这里要讨论其中的三点意义。第一,他将道学家既有的理论加以综合,成为一套新的系统。他接受程颐主敬的观点后,就超越周敦颐的"无欲"、"主静"的学说以及程颢的"定性"的观点。程颢除努力追寻内在之性的寂静状态外,还强调要如实地应对外在事物;因此,程颢的理论较周敦颐的观点显得更为积极。朱熹要将湖湘学派在日用行为中寻求理的方法与福建学派静坐体验天理的方法融为一体,所以特别强调读书的重要。朱熹以前的福建道学家较重视以冥思直观的方法了解心,所以对研读书本知识较缺乏兴趣。根据朱熹的新见解,心的功夫修养较倾向读书以及对万物的经验观察。当然,他不是从科学的角度,而是从道德哲学家的角度来强调经验观察的;②所以朱熹比早期福建的道学家,更强调学术研究和多事述作的倾向。

其次,朱熹在历经放弃老师的观点以及再修正的过程中渐趋成熟,显然经过一段内心挣扎的痛苦,到达自由超越的重要阶段。他批判老师李侗及挚友张栻的观点,而痛苦扬弃它们后,得以直接把握程颐的学说,必然感到无限解脱与欣慰。他在摸索的过程中,自信他的二程研究足以纠正一般对二程学术的解释。朱熹处理动静中和问题时表现得很成熟,所以他对自己的权威更有自信;从此以后,他评析与重建儒家传统的工作更显著进步。

---

① 钱穆:《朱子新探索》,册3,页219—223。

② Yung Sik Kim(金永植),"Chu Hsi (1130—1200)on Calendar Specialists and Their Knowledge:A Scholars Attitude Toward Technical Scientific Knowledge in Traditional China," *T'oung Pao* 78,1 - 3 (1992),pp.94 - 115;与其"Problems in the Study of the History of Chinese Science," *Minerva* 20 (1982),pp.83 - 104;陈正夫、何植靖:"朱熹理学与自然科学",《中国哲学》,第9辑(1983年),页240—256。

第三,张栻在朱熹的思想演变过程中,担任重要的催化剂。张栻所秉持的湖南修养功夫传统促使朱熹对自己的福建传统产生怀疑,张栻的动中求静的学说也是朱熹静中求动观点的重要转折环节,所以张栻帮助朱熹进一步解决两种道学传统间在修养功夫与中和问题上的对立,甚至可以说湖南道学家以"性为体,心为用"的说法,促使朱熹特别努力使用"体用"的概念寻求自己的解决方案。

前面一章讨论张栻很注重程颐格物与主敬的学说时,我们推测张栻与朱熹讨论心的中和问题时,张栻很可能首先提出这些讨论主题。他们在 1163 年、1164 年及 1167 年几次会面谈论的内容,几乎没有文献数据可资参考,而且朱熹未将张栻早期的部分信件文章编进张栻的文集,而尚存的材料又往往很难准确判断完成的年代,所以很难判定究竟谁给对方的影响比较大。不过从 1172 年朱熹所写的"中和旧说序",我们知道张栻立刻同意朱熹的最后主张,唯有一点仍然不能同意朱熹,张栻依旧认为持养前,必须要在日用生活中体验天理。[①] 双方的共识如此容易达成,似乎表示朱熹也接受张栻强调主敬、格物的观点。即使张栻率先提到这些观点,或者促使朱熹思考这些问题,也不能因此贬抑朱熹理论综合的成就与哲学地位。不过,朱熹及日后的学者何以忽视或低估他与同代人的思想交流,由此大概可看出部分端倪。

在朱熹从 1170 年到 1172 年的交往友人中,吕祖谦一再提醒朱熹修养本心的功夫需要兼重动静。吕祖谦指出朱熹对胡宏《知言》中一段话的批评并不公平,认为朱熹的批评是从在静中持养的角度出发,而胡宏那段话是谈论日用生活的验察;吕祖谦并且指出这两种修养方法都很重要,缺一不可。朱熹批评胡宏没有追求本心时,的确有些言过其实,因为胡宏曾特别引用孟子对齐宣王谈论本心的看法作为例证,孟子建议齐宣王把不忍杀牛的感情推广到百姓(《孟子·梁惠王上》)。吕祖谦非常能

---

① 《朱文公文集》,卷 75,页 22 下—23 上。陈荣捷:《朱子新探索》,页 543。

够把握两种修养方法的要点，显示他已经完全接受这个观点，或者他在朱熹综合理论前已经朝这个方向发展了。从后面我们对吕祖谦个人与思想的讨论来看，他很可能很早就注意到两种修养方法并重的理论。无论如何，朱熹的态度并没有吕祖谦那么持平，他回答说："二者诚不可偏废，然圣门之教，详于持养而略于体察，与此章之义正相反。"①朱熹认为理解与省察天理是向外的，所以必须在持养天理之后。

二、《胡子知言》的讨论

第二个重要的讨论集中在胡宏《知言》的内容。朱熹在对本心的中和状态形成新观点的过程中，开始不满胡宏的《知言》。约从1170年开始，他要求张栻、吕祖谦一起批判《知言》。根据朱熹的说法，到1172年时三个人同意哪些段落有问题，②朱熹把这些意见记录下来，编成"胡子知言疑义"，张栻也表示基本同意这记录的观点。③

朱熹对《胡子知言》的讨论，显示当时的道学家对前人的著作进行一系列的修正。朱熹引用胡宏的一段话，表示他宁可采取张载的语言来描述心的功用，张栻对这两种表达方式都不太满意，而提出自己的说法。朱熹称赞张栻的说法有独到之处，但是他马上补充说："凡言删改者，亦且是私窃讲贯议论，以为当如此耳，未可遽涂其本编也。"④朱熹在讨论开始的时候，显然无意改动胡宏的原文，可是他终究着手修改《知言》。

在另外一处文字中，张栻反对朱熹删改胡宏的原作，加进自己的用语，从而改变胡宏的本意。张栻提醒朱熹，应该尊重保存前代学人的思想；不过在另外两处文字中，张栻又表示一段"当删去"，另一段"不必

---

① 《朱文公文集》，卷73，页46下，"胡子知言疑义"。
② 钱穆：《朱子新探索》，册3，页200。
③ 《南轩集》，卷21，页9下。
④ 《朱文公文集》，卷73，页40下，"胡子知言疑义"。

存"。① 唯有吕祖谦提的三段话始终维护胡宏,反对修改原作。朱熹在最后一次讨论中,直言不讳主张修改胡宏的原文:"此段诚不必存,……今欲存此以下,而颇改其语。"②为自己的删改行为辩护。

朱熹对胡宏的批评终究取得上风,他反对的段落在今本的《胡子知言》六卷中除四库本之外都不再出现。③ 到底是朱熹还是张栻删改胡宏的原作? 答案虽然很难断定,但删改的主张来自朱熹则全无疑义。唯有朱熹一人记载讨论过程中三方的意见,张栻与吕祖谦的意见并不在他们的文集里。"胡子知言疑义"最重要的意义是显示道学领袖在琢磨近期道学家的著作,重建自己的传统。

朱熹对胡宏的著作提出八点疑问,后代学者把这八点归纳成三个主题。④ 第一,朱熹反对胡宏性无善恶的观点。第二,朱熹认为胡宏把心看作性之已发,而仁就是心,所以胡宏是从"用"而不是从"体"的角度讨论心与仁的问题。第三,胡宏认为,只有省察心活动的最初阶段,才能够把握心、持养心;朱熹认为这是错误的想法。前面已经处理过修养功夫的问题,后面要谈关于仁的争论,所以这里先讨论性和心的问题。

胡宏说性为天下之大本,但是心能够知天地、宰万物以成性;朱熹反对这种"心以成性"的观点。朱熹引用程颐对孟子"尽其心者知其性"的解释,指出程颐是指心中的天理(即是性),而胡宏却是针对心的功用而言。胡宏认为性与心为一体两面,一体两用,互相关联。朱熹为否定这种关系,引用张载的"心统性情"的观点。⑤

---

① 《朱文公文集》,卷 73,页 44 下,45 上,47 上,"胡子知言疑义"。
② 《朱文公文集》,卷 73,页 47 上,"胡子知言疑义"。
③ 吴仁湖先生在标点本《胡宏集》的序言提到这发现,见序页 3。陈荣捷在《朱子新探索》中提到张栻和吕祖谦的一些话,已不在两人的文集中,见页 544 的注 165。
④ 《朱子语类》(正中书局本),卷 101,页 4104;(中华书局本),卷 101,页 2582。后代学者例如《宋元学案》,卷 42,页 1377;束景南:《朱子大传》,页 285—286。
⑤ 《朱文公文集》,卷 73,页 40 下—41 上,"胡子知言疑义";张载:《张载集》(北京:中华书局,新校标点本),页 374。

　　另外一段讨论与此类似。朱熹引用胡宏的话："圣人指明其体曰性，指明其用曰心。性不能不动，动则心矣。"朱熹上溯这个错误的观点到程门学生谢良佐，并且再次引用张载对情的看法，以修正胡宏的学说："性不能不动，动则情矣；心主性情。"张栻与朱熹的修正看法不同，表示要回到程颐而不是张载的论点，并且引用程颐的话："自性之有形者谓之心，自性之有动者谓之情。"但是朱熹这次反对程颐的说法，认为所谓"有形"的意义不明；①朱熹显然不是简单借用程颐的权威就足以被说服的。

　　不论是胡宏的"心以成性"，或是朱熹的"心统性情"，两人都看重心的地位，认为心具有超越的性质，并且都区分无所不在的"天地之心"和依赖个人生命而存在的"一己之心"。胡宏回答学生问题时，曾经表示心超越生死，而学生对他的回答颇为困惑，朱熹于是抓住这把柄，批评他的观点包含佛教生死轮回的观点，应该提到"理一分殊"的看法。换句话说，心中的天理是超越的，而心的本身并非超越的；②而对朱熹而言，心中之理就是性。

　　胡宏相信天理、人欲同体而异用，而且同行而异情。胡宏虽然要人在道德修为中区别天理、人欲，但是朱熹指责他对本性问题的观点。朱熹指出，人虽然不能知道天理的起源是什么，但是人生而具有天理，所以天理是先天的。只有受到形体的限制、习惯的熏陶或者受到情感困扰时，才会产生人欲；所以人欲不是天生的。如果认为两者都是天生的，如何能区别它们呢？朱熹认为胡宏不能认识本体是纯净不受人欲污染的，却妄想在天理中发现人欲，又在人欲中发现天理。③

　　胡宏还说观察人对别人与事物的好恶，可以理解天理、人欲的区别，好恶是人的本性，因此小人好恶以己，君子好恶以道。朱熹指责胡宏的

①《朱文公文集》，卷73，页47上下，"胡子知言疑义"。
②《朱文公文集》，卷73，页43上下，"胡子知言疑义"。
③《朱文公文集》，卷73，页41下—42上，"胡子知言疑义"。

观点是"性外有道",而且使得天理、人欲没有先后主从的区别,会违背《诗经·烝民》的意旨:

> 天生烝民,有物有则;
>
> 民之秉彝,好是懿德。①

《孟子·万章上》引用这段话来说明本性先天就包含德性,朱熹进一步扩充它的范围,以区别人欲与天命法则,因为天命的法则与天理、人性完全相同。

朱熹虽然承认好恶是本性固有的,但他坚持好恶不是性的本身,而称它为"物",并引经据典支持这种分别。《诗经·烝民》说:"有物有则",这分别也就是《孟子·尽心上》所谓的"形色,天性也"。朱熹总结说:"今欲语性,乃举物而遗则,恐未得为无害也。"②朱熹将好恶当作"物",似乎引起不必要的麻烦,他可以把好恶当作"情",就能够与他整个哲学体系更相应一致;亦即把"情"当作性的"用",就足以与性的本身区分。但朱熹舍此不为,却引用经典的权威批评胡宏的论述。总而言之,朱熹所希望的是把性与天理视为一事,不像胡宏认为性并无善恶的分别。

性如果真的像胡宏主张的无善恶分别,问题是:善从何处而来? 朱熹明白胡宏一直坚守着儒家行善的目标,对他所谓"人之为道,至大也,至善也"一语也推崇有加,但朱熹立刻补充说,本性如果没有善恶的区别,儒家的善行就失去根据。③

朱熹继续讨论胡宏对儒家善行的看法。胡宏指出圣人也有情、欲、忧、怨,与众人的区别仅在于行为合于节度:

---

① 《朱文公文集》,卷73,页42下,"胡子知言疑义";朱熹:《诗集传》(北京:中华书局,新校标点本;台北:台湾中华书局再印,1969年),页214。
② 《朱文公文集》,卷73,页42下—43上,"胡子知言疑义"。
③ 《朱文公文集》,卷73,页43上,"胡子知言疑义"。

> 中节者为是,不中节者为非。挟是而行则为正,挟非而行则为
> 邪。正者为善,邪者为恶。而世儒乃以善恶言性,邈乎辽哉!

朱熹认为胡宏的推理有误:

> 然不知所中之节,圣人所自为耶? 将性有之耶? 谓圣人所自
> 为,则必无是理,谓性所固有,则性之本善也明矣。[1]

朱熹极力强调唯有肯定行为中节就是内在的善性,联系圣人与合于节度
的行为才有意义。我们在前面已经谈过张栻如何放弃胡宏"性无善恶"
的主张,所以他立刻同意胡宏这项观念是错误的。

然而,张栻仍然坚持程颢的观点,认为善是性,但恶也不能说不是
性。张栻引用程颢以水喻性的比喻,将善比喻成水本然的澄清状态,将
恶形容为污水。善与内在的本性一致,而恶起源于物欲的困扰,所以学
问的目的就是清除本性所受的污染,恢复最初的澄净本源。朱熹在这里
只略带一笔说,程颢所谓恶也是性,只是专指气质之性而言。[2]

然而,程颢这段话一直困扰朱熹,值得进一步讨论。陈荣捷先生承
认朱熹讨论程颢的著作时,以谈论这段话最多。因为程颢将清水比喻善
性,陈先生觉得这种比喻很贴切,所以他的讨论就此打住,把难题简单搁
在一边。[3] 钱穆先生(1895—1990 年)显然更了解这段文字如何困扰朱
熹,他指出朱熹在《朱子语类》里,不断抱怨程颢的这项观点令人费解,竟
然达 30 多次,并且认为程颢对性的看法不完整。朱熹坚持程颢的"性即
理",称它是孔子以来无人了解的至理名言,其实也隐约批评程颢一番。
钱穆先生列举二程兄弟对本性问题的看法,显示程颢的观点的确与程颐
颇有不同。[4] 程颢认为性有善恶,而胡宏进一步说性无善恶。

---

[1]《朱文公文集》,卷 73,页 44 下—45 上,"胡子知言疑义"。
[2]《朱文公文集》,卷 73,页 43 上下,"胡子知言疑义";《二程集》,册 1,页 10。
[3] Wing-tsit Chan(陈荣捷):*A Source Book in Chinese Philosophy*,(Princeton:Princeton University Press,1963),p.529.
[4] 钱穆:《朱子新学案》,册 3,页 209—215。

朱熹和胡宏的另一个歧异在于他们对事物的本体的了解。二程谈论本体时,往往关心万物已经存在的状态,不是事物尚未生成前的本体阶段,例如,他们喜欢张载的"西铭",而不喜欢《正蒙》,因为前者谈论具体实在事物的本体,而后者较为抽象。程颐晚年比较能够接受张载,而朱熹以程颐所讲的"性即理"学说为中心线索,把张载、周敦颐和二程兄弟的哲学融合成一个体系。胡宏较接近二程的立论倾向,只讨论已存在的具体事物的本体;吕祖谦认为《知言》的价值胜过《正蒙》,很可能也是反映二程的这种思想倾向。但是朱熹坚持将本体解释成万物生成具体实物前的抽象第一原理。①

朱熹与胡宏所讨论的本体,其实在完全不同的层次。胡宏是从万物已经生成为具体实物的前提下,谈论天理人欲同为一体,而且心为性的作用。朱熹则根据自己的形而上哲学立场,分析胡宏学说的隐含意义。如果胡宏的性无善恶论指涉事物未发的寂静状态,朱熹才可接受他的理论。事物一旦有动静分别,立刻有善恶之分,而且合乎节度者才是善。朱熹认定胡宏的立场必须要谈论两种善性,甚至于两种本性:一为原初的本然之性,其二是通过情感作用的活动而呈现的性。② 朱熹虽然谈论"义理之性"和"气质之性",但是他没有将两者当成两种性,而且认为设定两种实在的性,根本是不能成立的理论。朱熹自认驳倒胡宏的观点,虽然胡宏没有像朱熹那样说两种本性。

朱熹认为解决问题的唯一办法是主张行为中可得见的善行,就是来自本性中的善性。朱熹根据这个思路,在 1171 年写信给胡宏的从弟胡实(1136—1173 年)说:

> 盖谓天命为不囿于物可也,以为不囿于善,则不知天之所以为天矣。谓恶不可以言性可也,以为善不足以言性,则不知善之所自

---

① 《朱子新学案》,册 3,页 215—216。
② 《朱子语类》(正中书局本),卷 101,页 4109—4110;(中华书局本),卷 101,页 2585—2586。

来矣。《知言》中此等议论与其他好处自相矛盾者极多,却与告子、杨子、释氏、苏氏之言几无以异。昨来所以不免致疑者,正为如此。①

善的本体就是最根本的原理,所以一旦认识终极的本体,就可以了解天如何成为天,以及善的根源。

朱熹是从形而上的思辨哲学出发,辩护最基本的原理,所以严厉批判胡宏的人性论观点。朱熹在1171年写信给胡宏的从弟,承认胡宏的本意是要极力推崇性的地位,但是称扬性超越善恶之分别,其实在无意间贬抑性的地位。性若非绝对的至善,而与人欲有相同的本体,它不可能是纯粹的。朱熹告诫他的学生说,胡宏的诠释无异说性是"空物",与苏氏兄弟和佛教的异端很相似。②

三、"仁说"

朱熹与张栻讨论的第三个主要问题是"仁"。他们的讨论早在1163年初次见面时大概已经开始,并持续十余年。朱熹虽然在1167年拜访张栻的两个月间也曾经涉及这个问题,但在"中和"问题解决前,"仁"的问题还没有成为中心议题。朱熹写了一篇谈"仁"的文章,并且在1172年和1173年间与张栻、吕祖谦通信交换对"仁"的看法。朱熹到1173年时的观点大概与张栻已经变成一致,他与吕祖谦磋商后,将"仁说"做最后的修订。

朱熹论仁是以"天地之心"为根据。《周易·系辞下》说:"天地之大德曰生",而且卦辞用"元、亨、利、贞"形容天地的大德。程颐、程颢受《周易》以天地生成万物的看法影响,认为生成万物的"大德"就是天地之心:

---

① 《朱文公文集》,卷42,页4下,"答胡广仲第三书"。
② 《朱文公文集》,卷46,页27下—28上;《朱子语类》(正中书局本),卷101,页4117,4119;(中华书局本),卷101,页2590,2591。

"天地以生物为心者也。"①朱熹发挥说：

> 而人物之生，又各得夫天地之心，以为心者也。故语心之德，虽其总摄贯通无所不备，然一言以蔽之，则曰仁而已矣。请或详之。盖夫天地之心，其德有四，曰元、亨、利、贞，而元无不统。其运行焉，则为春夏秋冬之序，而春生之气，无所不通。故人之为心，其德亦有四，曰仁、义、礼、智，而仁无不包。其发用焉，则为爱恭宜别之情，而恻隐之心无所不贯。故论天地之心者，则曰乾元、坤元，则四德之体用不待悉数而足。……此心何心也？在天地则块然生物之心，在人则温然爱人利物之心，包四德而贯四端者也。②

朱熹然后以体用关系的角度阐述仁，认为天地、人心都有体用两面，而且由体用的关系，天地的本体在"元"起时就涵盖其中，人心中的所有德性也可以用"仁"统摄；他说：

> 论人心之妙者，则曰："仁，人心也"，则四德之体用亦不待遍举而该。盖仁之为道，乃天地生物之心，即物而在。情之未发，而此体已具，情之既发，而其用不穷。诚能体而存之，则众善之源，百行之本，莫不在是。此孔门之教所以必使学者汲汲于求仁也。其言有曰："克己复礼为仁"，言能克去己私，复乎天理，则此心之体无不在，而此心之用无不行也。③

朱熹还引经据典说明人应该怎样作为，才能将仁体实践于日常生活中。

朱熹随后意图修正他所谓的早期道学家的错误，并且解决他与程颐间的一项明显差异。程颐认为"爱"不是"仁"，朱熹则指出仁是"爱之理"，并不是"爱"的本身；所以程颐的原意虽然没有讲得很明白，两人的观点其实没有矛盾。

①《二程集》，册2，页366。
②《朱文公文集》，卷67，页20上下。
③《朱文公文集》，卷67，页20下。

"爱之理"与"心之德"合起来马上成为儒家对仁的标准诠释,能够涵盖体用关系,比以前任何"仁"的定义都要清晰。张载在著名的"西铭"中明确论及仁的本体,并隐约谈到仁的作用。程颐不仅澄清张载的观点,而且建立"爱为情、仁为性"的学说。程颢说:"仁者以天地万物为一体",程颐说:"仁者天下之公,善之本也。"①谢良佐以"知"说明仁,杨时以"公"解释仁。这里"公"是指公正无私,意指天地万物为一体的思想,如果天地万物为一体,就可以无所不爱。张栻则从"知"和"公"的角度说仁。朱熹在程颐学说的基础上建立自己的观点,但是他更强调"爱"的因素,把儒家传统中几个重要的概念融合起来,写成一篇面面俱到的文章。

中国与日本的学者素来很注意朱熹的"仁说"以及他与张栻的信函,并且大都强调朱熹的理论综合很有创见,并肯定张栻最后接受朱熹的观点。例如,佐藤仁先生即说:"这篇文章透露出张南轩的湖南学识招架不住而且全倒向朱子的观点。"②刘述先先生还感慨在现存的张栻著作里"几无〔胡〕五峰学之痕迹,也看不出他本人的思想的特色何在,其学也无传人,大概因此附于朱子,遂完全为朱子学所压盖下去。"③我要考查这些说法,而且想平衡学者一贯侧重朱熹的倾向,所以较注意张栻的思想,以及他如何使朱熹的综合理论更加丰富。

张栻从 1161 年撰写"希颜录"开始,就一直努力研究仁的概念,而且数易其稿,直到 1173 年才能定稿。这篇文章完稿时,他也在修订"仁说"(原文见第二章),张栻"仁说"的修订稿无论语气、内容都与朱熹的"仁说"极其相似,所以从朱熹的学生陈淳(1159—1223 年)开始,有的学者就

---

① 朱熹、吕祖谦:《近思录》(百部丛书集成本),卷 1,页 7 下,11 下。

② 佐藤仁:"朱子的仁说",《史学评论》,第 5 期(1983 年),页 113。

③ 刘述先:《朱子哲学思想的发展与完成》,页 712。关于仁说,又参考钱穆:《朱子新学案》,册 1,页 55—60,73—81,345—366;册 2,页 39—81;牟宗三:《心体与性体》,册 3,页 229—300;友枝龙太郎:《朱子の思想形成》,页 102—122;刘述先:"朱子的仁说、太极观念与道统问题的再省察",《史学评论》,第 5 期(1983 年),页 173—188;陈荣捷:"论朱子之仁说",见其《朱子论集》(台北:学生书局,1982 年),页 37—68,及《朱子新探索》,371—381。

误以为它出自朱熹的手笔。[1] 但《朱文公文集》的编者说："浙本误以〔张〕南轩先生'仁说'为朱先生'仁说',而以先生'仁说'为序。'仁说'又注'此篇疑是'仁说'序,姑附此'十字,今悉删正之。"[2]

由于这两篇文章非常相似,有些学者急于证明朱熹的"仁说"比较早,所以是原创的观念,这种说法的证据其实很有问题,基本的材料来自朱熹给吕祖谦的两封信。第一封信是在1173年初写的"答吕伯恭第十六书",信中提到张栻说自己对"仁说"已经没有疑问,[3]陈荣捷先生就以此说朱熹的文章已经是"定稿"。[4] 可是朱熹在当年秋末冬初所写的"答吕伯恭第二十三书"中,又说接到张栻的"仁说"。[5] 更值得注意的是,朱熹在"答吕伯恭第二十四书"中开门见山说:"'仁说'近再改定。"[6]朱熹这里使用"再"字,显示他反复修改自己的文章。因此我们可以断定,朱熹在1173年年底以前,还在继续修改"仁说"。第二封信是"答吕伯恭第二十四书",朱熹在信中提到张栻在1173年底曾送达书信与"言仁录",朱熹评论此文"稍胜前本",而且说"仁说"曾经根据他们交换的意见修改。[7]可是这封信提到的"仁说"虽然是张栻的作品,但它只是张栻最后的定本。总而言之,将这些信件放在一起考查,显示张栻即使说对"仁说"已经没有疑问后,双方的文章仍然在变化改进。

由于双方一直修改论仁的文章,而且张栻论仁的重要著作今天已经不复存在,委实很难证明朱熹的"仁说"比较早完成。朱熹把张栻去世后

---

① 刘述先:"朱子省察",页177—181;刘先生根据陈淳的看法指出,朱熹在编辑张栻文集时,曾参考张栻的草稿而写完张栻的"仁说"。陈荣捷反对刘先生的意见,参见陈先生的《朱子新探索》,页376—381。

②《朱文公文集》,卷67,页20上。

③《朱文公文集》,卷33,页12上。

④ 陈荣捷:《朱子新探索》,页375—377;"论朱子之仁说",页56。

⑤《朱文公文集》,卷33,页15上。

⑥《朱文公文集》,卷33,页15上。

⑦《朱文公文集》,卷33,页18下。"言仁录"是《洙泗言仁》的另一标题;序言部分在《南轩集》,卷14,页4上—5下。朱熹早一点提到它,见《朱文公文集》,卷31,页4下—5下,第十六书。又参考陈荣捷:"论仁说",页56,58—59,及《朱子新探索》,页547。

遗留下来的文稿编辑成文集时,没有把"言仁录"、"希颜录"以及张栻写给朱熹的论仁的部分信件收进去。张栻从 1161 年以后,一直在写作讨论仁的问题,所以他们讨论仁的问题时,张栻的文章一定是重要的焦点和催化剂,尤其是在 1167 年拜访张栻的时候,因为朱熹还要等几年才开始写他自己的"仁说"。我们虽然无法比较张栻早期论仁的文章与朱熹的"仁说"的措辞用语,但从现存的文章与信件判断,张栻对朱熹发展出的论仁的综合学说似乎颇有贡献。

朱熹给张栻的信中批评早期儒者的观点偏颇不周全:二程以前的儒生把"仁"化约成"爱之情",因此看不出仁的重要;程颐严格区别"仁为性"、"爱为情"后,仁的重要性才再次获得肯定。然而,程颐的学生过于强调仁为性,反而忽略爱,比将仁视为爱的早期儒者更加不如。程颐的学生由于没有抓住仁的根本,不但个人修养没有成就,而且只能一味凭空玄想臆测仁的原理。他们由于这种无知,成为孔子所批评的"好仁不好学"的人(《论语·阳货》)。朱熹如此严厉指责道学传统中人,生动地显示他在 12 世纪 70 年代初,已经自信具有定义道学传统的权威地位。

朱熹在 1171 年进一步宣称,要纠正从二程学生而来的流行错误,需要为"仁"确立更清楚的概念。他在"答张敬夫第十六书"里说:

> 熹窃尝谓若实欲求仁,固莫若力行之进,但不学以明之则有擿埴冥行之患,故其蔽愚。若主敬致知交相为助,则自无此蔽矣。若且欲晓得仁之名义,则又不若且将爱字推求,若见得仁之所以爱而爱之所以不能尽仁,则仁之名义意思了然在目矣,初不必求之于恍惚有无之间也。①

简而言之,人必须对仁的意义和内容有更精确的理解,方能够谈到功夫

---

① 《朱文公文集》,卷 31,页 5 上下。

修养,而儒学的讨论才得以回归正确的途径。

朱熹和张栻在通信讨论仁的问题时,产生许多极有意义的争论,其中一个争议的焦点集中在"天地之心"的问题上。朱熹在他的"仁说"里借用程颐的话:"天地以生物为心者也",出自程颐的《易经》注解。张栻不同意这个说法,而支持程颐的另外一句话:"天地生物之心"[1],张栻认为这两句话有根本的差别。张栻和胡宏都认为心是一种奇妙的超越力量,能够包含天下、约制万物。"天地生物之心"反映出他们的主张:心是活动不息的观念。张栻根据自己的理解,指出"天地生物之心"不受它所生的事物限制;朱熹所提出的"天地以生物为心者也"的看法,则使心一定要受到限制。

朱熹答复张栻说,程颐这两句话其实意义完全相同。朱熹虽然即刻在"仁说图"中引用张栻喜爱的"天地生物之心"一语,但仍然指出这两种说法都认为天地之心就是生成万物的作用。他在 1172 年给另外一个朋友的信中,猛烈抨击湖湘学派的观点:

> 大抵近年学者不肯以爱言仁,故见先生君子"程颐"以一阳生物论天地之心,则必欿然不满于其意。复于言外生说,推之使高,而不知天地之所以为心者,实不外此。外此而言,则必溺于虚、沦于静而体用本末不相管矣。[2]

朱熹警告说,湖湘学派把心视为具有超越功能的观点,会导致佛、道所讲的虚空与寂静。然而,比较一下朱熹当时的记录与 12 世纪 70 年代初的实际情况,不难发现胡家的成员与张栻都比朱熹更专心于政务,并且在日常生活中持养此心,所以朱熹的批评是有些夸张。

朱熹和张栻虽然对"天地之心"无法获得共同的见解,但他们都同意

---

[1]《南轩集》,卷 21,页 4 上—5 下。佐藤仁:"朱子的仁说",页 113—114。又参见牟宗三:《心体与性体》,册 3,页 259—261。

[2]《朱文公文集》,卷 42,页 18 上,"答吴晦叔第十书";程颐的注解见其《易传》,卷 2,在《二程集》,册 3,页 819。

"天地之心"与"人心"是相连的。朱熹提出:"天地生物之心,人得之为人之心。"①双方对这句话的理解却大相径庭。朱熹的重点是在温暖柔和的同情心,人们因这种同情心而可以爱人、惠及他人。张栻则顺着二程所提示的另外一条思路,强调要经由无所不包的"仁",与万物犹如一体般互相联系。朱熹承认"仁"的普遍性能使"爱"惠及万物,但他很注意程颐曾提出的警告:普遍而没有区别的爱有流于"兼爱"的危险,视人如己可能会导致自我否定的结果,甚至荒谬到投身喂虎。同情心则较为实际可行,而且同情或爱其他的事物只是仁的效果作用,而不是仁的本体。② 有些在伦理学上强调"爱"以及"与人一体"的人,都不了解只有爱是不足的,因为爱不能告诉我们应该为人做什么。朱熹虽然如此夸大嘲弄张栻的立场,其实张栻没有掉进虚无的相对主义或滥情无度的危险里。儒家学者把爱与义、孝等特定的道德行为相连,而这些道德提供行为纲常的规范。

朱、张双方的文章还有一个明显的共同处:他们都用"爱之理"描述仁的本体。由于朱熹删除张栻论仁的一大部分论述,我们无从知道"爱之理"是否来自张栻的"希颜录"和"言仁录",也不能否定是朱熹首先使用这句话的传统看法。可是张栻马上在"仁说"和"癸巳论语解"中使用这句话,强调万物一体,要将爱推及万物,所以张栻将"爱之理"解释成公正无私、与人一体;但朱熹否认这句话有"万物一体"的含意。朱熹认为万物既然都具有此理,不必等待与万物合为一体以成就"爱之理"。公正无私虽然与仁很接近,但朱熹重申程颐的观点,认为"公"不足以代表仁的本体。从湖湘学派的立场来看,朱熹限制心与仁的本体;但从朱熹优越的形而上观点来看,湖湘学派强调仁有公正无私和无欲的特性,其实

---

① 《南轩集》,卷21,页5上下。
② 《朱文公文集》,卷32,页16下—18上,21上—24下;《南轩集》,卷21,页5上下;又参见钱穆:《朱子新学案》,册2,页57—66;牟宗三:《心体与性体》,册3,页259—261;佐藤仁:"朱子的仁说",页125—129。

限制了仁。朱熹虽然在"仁说"里没有使用"公"一词,而且极少提到去除私欲的问题,但他使用"克己"一词,显然对达到公正无私和控制私欲的境界,也有浓厚的兴趣。然而朱熹与张栻通信论难时,极力划分这些特征与仁的区别,而且努力将仁与理完全等同。[1] 朱熹所谓的"爱之理"没有强调爱包含世界的普遍意义,而特别指出它包括儒家一切的基本德目及相关的价值,而且这些道德价值是基本的先验法则,不需要依靠任何其他事物为基础。朱熹认为仁是基本的先验原则,因为它就是性,而非情或心。

朱熹也反对湖湘学派将仁与心的知觉视为一事。张栻与其他的湖南学者继承谢良佐、程颢的观点,认为仁就是心初发的积极作用,而且是功夫修养的基础。张栻在一封讨论仁的信中再次肯定这个说法,似乎显示"中和"的讨论并没有如一般所说的使他放弃湖湘学派的传统。张栻所说的"觉"指感受到别人痛苦而产生的同情心,《孟子·公孙丑上》特别注意一种不忍见到他人受苦而能自发反应的心,就犹如拯救即将坠入井中的孺子的不忍之心。"觉"是发自内在心性的道德情感,"觉"也意指心的认知状态,用以探讨湖湘学派与朱熹的争论很适切。朱熹以"觉"的这层意义为重点,解释张栻和湖湘学派的观点。朱熹认为广义的仁包含其他儒家德目,湖湘学派却因为仁包含智,而错把智当成仁。仁人当然有知有觉,但仁不能被化约成知觉。[2] 朱熹为强调仁是性、是理,而不是心,而把仁称为"心之德"。

朱熹认为把知觉当作仁,其实是以心来求心。他在讨论中和问题时指出,体验心所发的最初情感,不但需要有主动观察体验的心,还要有被

---

[1]《朱文公文集》,卷32,页18上下,19上下,21上下,23下—24下,33下—34下;《南轩集》,卷21,页5下,卷22,页5下—6上;又见陈荣捷:"论仁说",页40—50;钱穆:《朱子新学案》,册1,页73—81,册2,页66—68;牟宗三:《心体与性体》,册3,页267—272,285—296;佐藤仁:"朱子的仁说",页127—129。

[2]《朱文公文集》,卷31,页6上;卷32,页17上—18上,20上下。又见钱穆:《朱子新学案》,册2,页70—72;牟宗三:《心体与性体》,册3,页273—284;佐藤仁:《朱子的仁说》,页128—129。

动接受体察的心。他不太能理解胡宏、张栻和其他程颢后学其实是在谈论心的直观反省，并不是以一心求他心。朱熹也批评湖湘学派对孔子所谓"观过斯知仁矣"（《论语·里仁》）的诠释。程颐曾经解释这段话说：反省别人的过错，可以知道别人是否有仁；湖南学者将这段话当作功夫修养的戒律。朱熹虽然称赞他们关怀自我修养的态度，但认为这种解释需要心不断犯错、观错，并且知道"仁"正在观察这些错误。朱熹指责这种方法会导致不必要的精神压力。[①] 但是朱熹早先指责湖湘学派万物一体的观点会造成功夫修为的松懈，所以他这里的尖锐批评似乎有些混淆不清。

张栻回答学生问题时，颇能显示他接受朱熹批评的程度。张栻回复朱熹谈论"知觉为仁"的信函已然失传，所以这些师生问答的记录显得弥足珍贵。学生问张栻如何看待朱熹对谢良佐的评价，他回答说同意仁不能被化约成知觉，但也指出朱熹的批评稍嫌过分，并且补充说，心之所知唯有仁。另外一个学生引用朱熹"以心求心"的批评，请教张栻是否因此要明确修改他对孔子"观过斯知仁矣"的诠释，并请张栻澄清从反省失节的行为以知仁的论点，而且追问省察割股救父等极端的事如何能够教人以仁。[②]

张栻回答说，他仔细研究程颐的学说，而改正自己接近佛教的错误倾向，然后承认接受朱熹分别"厚"与"仁"的说法，但仍然认为反省过错很有益处。他也承认读书学习很重要，但坚持直接"体验仁"这个一贯的湖湘学派观点：

> 须是仔细玩味，方见圣人当时立言意思也。过于厚者，谓之仁
> 则不可，然心之不远者可知。比夫过于薄，甚至于为忮为忍者，其相

[①]《朱文公文集》，卷31，页5下—6上，卷67，页14上下，《观过说》；《南轩集》，卷21，页2下。又见牟宗三：《心体与性体》，册3，页298；佐藤仁，页129—130；Chung Tsai-chün（钟彩钧），*The Development of the Concepts of Heaven and of Man*，pp. 146–148。

[②]《南轩集》，卷31，页5下—6上。

去不亦远乎？请用此意体认，用见仁之所以为仁之义，不至渺茫恍惚矣。①

黄宗羲在《宋元学案》中评论这段话时，赞赏张栻把观过知仁与日常生活中的修养功夫相连，"如工夫有间断，知间断便是续，故观过斯知仁"。黄宗羲认为朱熹未能适切欣赏张栻的入手功夫："若观过知仁，消融气质，正下手之法。"程颢类似的"识仁"说法，毕竟不只是"知仁"而已。②

　　有些 20 世纪的学者对张栻和朱熹论仁问题的评论，可与黄宗羲的看法相提并论。批评朱熹最激烈的莫过于牟宗三先生(1909—1995 年)，他认为朱熹曲解张栻对心以及仁的本体的看法。牟先生把张栻放进由孟子到程颢、胡宏的一支儒家传统，代表论心的主流观点，强调内在自发的道德情感，而且认为仁的本体不受任何限制。牟先生把朱熹归入程颐的系统，并追溯这支系统的脉络到荀子，尤其因为他们去除心内在的道德主动性，把心降低到仅具有认知的作用。朱熹不把心、性、情统整为一体，而以过度知性的分析方法严格区分它们的意义。牟先生认为，朱熹降低知觉领悟的地位，认为知觉领悟是被动的，所以人需要依靠"格"外在的事物，以了解心中内在的理。牟先生并且批评张栻不能适切捍卫自己的主流传统，不能了解朱熹援用程子权威时，其实是以程颐的观点误解程颢的观点。③

　　钱穆先生对牟宗三先生的看法提供了大概是最好的答复。钱先生指出，朱熹为反对佛教心理皆空的主张，必须将心与理紧密地连接在一起，所以他将仁视为生成的力量与天地之心。为建立这种联系的基础，朱熹说：

　　　万物之心，便如天地之心，天下之心，便如圣人之心。天地之生

---

①《南轩集》，卷 31，页 6 下。
②《宋元学案》，卷 50，页 1621。
③ 牟宗三：《心体与性体》，有关部分主要参考册 3，页 234—300。

万物,一个物里面便有一个天地之心。圣人于天下,一个人里面便有一个圣人之心。①

这种联系建立后,朱熹便可以宣称:"仁者心便是理"。② 朱熹讨论功夫修养的目的,在于成就天地之仁时说:"学者克己复礼上做工夫,到私欲尽后,便粹然是天地生物之心。"③钱先生认为,在这些段落中,理、仁、心同为一体,④证明朱熹对心有更为广泛的看法,较牟先生所宣称的更接近孟子的主张。然而朱熹同时坚持了解心与仁的区别,以及一己之心与天地之心的道德差距,由于极为关注这些区别差距,他强烈反对湖湘学派的观点。

张栻与朱熹讨论仁的过程中,也的确获得一些共同的看法,并修改自己的"仁说"。朱熹在一封信中批评张栻不以体用关系了解性情,也没有提到"心统性情"的看法。今本的张栻"仁说"包括这些语句,显然张栻采纳朱熹这些建议,也接受"爱之理"必须先于"万物一体"的观点。张栻曾经在稿本中提到,天地之间无不是体之仁。朱熹认为如此则仁体就变成具体的实物,而且使万物与心中的仁的界限变得模糊。其实张栻从来没有将仁与心视作具体的实物,他的目的只是要指出仁无所不包。朱熹虽然明显误解张栻的观点,但张栻还是把这段话从"仁说"的定本中删除。⑤

我们若比较朱熹"仁说"的定本与他和张栻的书信,不难发现朱熹也曾因为张栻反对,而稍微修改自己的文章。⑥ "仁说"定稿后,朱熹在"仁

---

① 《朱子语类》(正中书局本),卷27,页1107;(中华书局本),卷27,689—690。
② 《朱子语类》(正中书局本),卷37,页1570;(中华书局本),卷37,页985。
③ 《朱子语类》(正中书局本),卷20,页754;(中华书局本),卷20,页467。
④ 钱穆:《朱子新学案》,册1,页357—358,362—363;册2,页56。陈荣捷先生虽然回答牟宗三先生的部分问题,但是在"论仁说"(页44,49—51)中,陈先生只说这个看法是来自儒家另一个学派,没有展开详细的讨论。
⑤ 陈荣捷:"论仁说",页55—58。他同意朱熹在此误解了张栻的看法。
⑥ 朱熹删除"无有不爱"与"不忍之心可包四德"。见陈荣捷:"论仁说",页54—55。朱熹的"仁说图"见《朱子语类》(正中书局本),卷105,页4185;(中华书局本),卷105,页2633。

说图"中两次提到"公"的概念,也更明确谈论在日常生活中实践仁;这些改变都反映张栻关怀的课题。佐藤仁先生认为,朱熹得以发展出仁的概念,张栻的贡献远比这些细微末节更全面:"朱子和张南轩关于仁性的论辩,给朱子思想中的仁提供了最后的一笔。此外,这些论辩使朱子扫除了从南轩那边而来的湖湘学派加诸他的早期影响。"①

双方的差别当然依旧存在。朱熹比较注重理论,张栻倾向实践。张栻强调克己以及去除无知和私欲,朱熹则在克己与学问间寻求平衡。张栻对朱熹的妥协也有限,他在"仁说"中并没有放弃谢良佐的仁为知觉的观念,然而他表达"仁者知觉不昧"观点的方式,并没有与朱熹直接对抗的味道。他虽然同意不能将仁化约为"公",但他没有完全放弃这观念,而且他的"仁说"定本中说:"公者,人之所能仁也。"②最重要的是,张栻的"仁说"并没有采用朱熹仁为"心之德"的说法。现代学者曾经讨论张栻为什么既不采纳,也没有提出疑问。他或许认为这个问题已经包含在其他的差异中,③或者根本没有异议,因为他们都师承二程的传统,而二程曾用种子来比喻仁、万物生成之理。④

"心之德"一词其实原来是张栻的用语,朱熹使用这句术语约 12 年后,承认它是张栻的用语,证据来自朱熹本人。朱熹承认这事实时,张栻已经去世五年,他没有必要承认贡献应该归功于张栻。朱熹当时编撰张栻文集,显然曾经重新审阅双方通信论学的内容与顺序。他在 1185 年写信给吕祖俭(吕祖谦之弟,1196 年去世),描述张栻对他的"仁说"的反应:"欲改'性之德,爱之本'六字为'心之德,善之本,而天地万物皆吾体

---

① 佐藤仁,"朱子的仁说",页 122。
②《南轩集》,卷 18,页 1 上—2 上。关于他们观点差异,参见《朱文公文集》,卷 32,页 21 上—33 下,卷 33,页 15 上,18 上下,20 上下;陈荣捷:"论仁说",页 56—58。
③ 陈荣捷:"论仁说",页 57。
④ 佐藤仁:"朱子的仁说",页 131。

也.'"①朱熹显然承认张栻针对"性之德"而提出"心之德"的观念。根据这段材料的背景,"心之德"很符合湖湘学派对心的看法。我们无从究知"心之德"是否来自"希颜录"和"言仁录",因为朱熹在编《南轩集》时,并没有收入这两篇重要的文章。

朱熹在这封信中又回忆说,他当时反对"心之德"的说法,因为它意义过于模糊,可以任人随意解释:"但心之德可以通用其他,则尤不着题,更需细意玩索,庶几可见耳。"②可是他却在自己的"仁说"定本里使用"心之德",并以"爱之理"平衡这观点。朱熹显然认为,从湖湘学派所坚持的心的观点理解"心之德",可能造成许多损害,以"爱之理"平衡后,就可以完全排除可能的损害。朱熹在1185年承认自己借用同时代人的学术观点,是相当罕见的事例,所以后来的学者很容易忽视它所呈现的朱熹思想发展过程。

张栻虽然没有向朱熹全面投降,但朱熹也的确赢得令人心服口服。张栻一旦接受朱熹的主张,承认湖湘学派思想来自谢良佐,就无法在程颢的哲学中寻求自己的学术渊源,所以追随朱熹向程颐寻求权威,使他在朱熹制定的规则下与朱熹展开论战。现代考证学者批评张栻没有清楚区分出二程思想的差异,而朱熹运用程颐来补充,甚至改变程颢的观点,都显示12世纪道学复杂多变的趋势。

整体而言,朱熹强调理论建构,张栻偏重实践,比较喜欢讨论文化价值以及实际的政策问题,但被迫讨论基本原理层次的问题。朱熹有时蓄意忽视张栻和胡宏的原意,而极力推衍他们理论的含意。例如,胡宏和张栻从体用的角度谈论具体的实物,朱熹却曲解他们在谈基本原理的本体。由于讨论层次的差异,朱熹赢得的一些协议,表面的意义甚于实际。朱熹与张栻的讨论,也证明朱熹比同时代的道学人士喜欢谈形而上的思

---

① 《朱文公文集》,卷47,页27上,在1185年写给吕祖俭的第25封信;又参见刘述先:《朱子哲学》,页145,189—90,及其"朱子省察",页180。
② 《朱文公文集》,卷47,页27上下。

辨哲学。

　　朱熹界定厘清许多观念名词,赋予它们重要的意义,而建立一套前所未有的综合儒学体系。在这过程中,他从与张栻的讨论里受益匪浅。后代的儒家学者承认张栻对朱熹的理论发展有贡献,但又常被两种看法遮掩而不彰。一派学者要证明朱熹理论的正统地位,并确立自己的理论权威;另外一派学者则指责张栻捍卫程颢和胡宏的传统不力,使他们自己的传统衰落。为重现 12 世纪儒家思想的发展动力,我特别强调张栻的贡献,而这种重建的工作由于材料的不完整而变得更加复杂。

　　朱熹编辑张栻的文集时,删除一些重要的材料,还改动《胡子知言》;我们重视历史材料的原貌,无法不对朱熹的做法不满。朱熹决定不要保留这些材料时,其实是在努力减低道学传统的多样特性,留下较为同质而确定的学术遗产。他的目的不是要客观整合文献,也不是否认朋友的贡献,他最关心的问题是道统的传承。朱熹的做法适切保证他所界定的道统得到传承,遗憾的是,朱熹删改张栻的文集后,他们求道的过程及思想世界都更难以如实地重建。在道学发展的第三时期,朱熹 1184 年编辑《南轩集》以前,整个思想气氛已经开始发生重大的变化,但是我们要先谈一谈 12 世纪 70 年代的道学领袖吕祖谦。

第四章　吕祖谦

　　吕祖谦虽然不被《宋史》列入"道学列传",并且鲜为现代学者所论及,但从 12 世纪 60 年代末期到 1181 年他去世的十几年里,他其实是道学最重要的领袖。[①]　吕祖谦比 12 世纪其他道学领袖在政治上更得意,而学问也广为时人推崇,但吕祖谦身后受到的批评却引发一个根本的问题:他到底是位主张多元化、不受教条拘束的思想家,抑或是摇摆不定、缺乏决断的人?

　　吕祖谦出身望族,富有才华。吕氏家族从汉代被封在东莱后,产生不少政府官员,他们在政府中的影响力到北宋达到最高峰。吕祖谦的先人吕蒙正(946—1011 年)、吕夷简(978—1044 年)和吕公著在北宋四朝分别官拜宰相,其他许多家族成员也甚获皇帝重臣的信任。吕祖谦的曾伯祖吕好问在女真人征服北方后,辅佐高宗在南方建立政权,功业彪炳

[①] 参见"年谱",《东莱吕太史文集》(续金华丛书本,丛书集成三编),册九;《宋史》,卷 434,页 12872—12874;《宋元学案》,卷 51,页 1652—1688;潘富恩、徐余庆:《吕祖谦评传》(南京:南京大学出版社,1992 年);邱汉生主编:《宋明理学史》,册 1,页 340—367;刘昭仁:《吕东莱之文学与史学》(台北:文史哲出版社,1986 年),页 1—26;姚荣松:"吕祖谦",收入王寿南总编辑:《中国历代思想家》(台北:商务印书馆,1978 年),页 1—17;陈荣捷:《朱子新探索》,页 554—555。

显赫;在十一、十二两世纪,吕氏家人辅佐宋室的功绩无人能及。吕氏家族的学术表现也是出类拔萃,上下七代人中有 17 人被列入《宋元学案》,其中三人甚至各有专章论述,另外一人与范镇(1007—1088 年)并列;其中最重要的是吕希哲、吕本中、吕祖谦等三人。

吕祖谦将吕氏家学传统和道学流派结合,发展出 12 世纪道学的一支主要流派。全祖望(1705—1755 年)在"同谷三先生书院记"中说:

> 宋乾、淳以后,学派分而为三:朱学也,吕学也,陆学也。三家同时,皆不甚合。朱学以格物致知,陆学以明心,吕学则兼取其长,而复以中原文献之统润色之。门庭径路虽别,要其归宿于圣人,则一也。①

全祖望这段话虽然是在 18 世纪回顾历史时所说的,但他认为吕祖谦是 12 世纪后半叶道学的一位主要领袖,见解十分正确。全祖望区分这三派学术时,不幸忽略张栻的地位;现代学者牟宗三先生把张栻放进他的划分系统里,却转而忽视吕祖谦。其实吕祖谦和张栻都不容忽视,而且除朱、陆、张、吕四派外,许多其他南宋道学家也颇值得研究。倘若一定要坚持简单的三派区分方法,全祖望的分法问题比较少,因为在 12 世纪后半叶,吕祖谦的影响力比张栻大得多。无论如何,全祖望准确指出吕祖谦学派的特点是能够兼容并蓄,而形成这种特色的主要原因是吕家从北方带来很多中原文献。

吕祖谦以家学和藏书为基础,在金华创建一所书院。他在金华附近的明招山任教一段时间后,于 1170 年把教学的中心移到城东的丽泽书院,与弟弟吕祖俭一起主持教务。当时的丽泽书院可与朱熹的白鹿洞书院(在南康附近)和张栻的岳麓书院(在长沙附近)媲美,丽泽书院的学者继承吕学的传统,并一直延续到元、明时代,使吕祖谦的史学和经世之学

---

① 《宋元学业》,卷 51,页 1653。中原文献对吕学影响亦见于《宋史·吕祖谦传》,卷 434,页 12872。又参见孙克宽:《元代金华学述》(台中:东海大学,1975)。

成为后世金华学派的基础。① 学者几百年来把金华学派归在浙东史学和经世之学的范围里,除婺州金华外,此派的大本营还包括浙南的温州和浙北的明州(今宁波)。把这三处的主要学派统称为"浙东学派"甚为恰当,因为吕祖谦的思想对这三个地区的学者都有影响,而且这些学者在当时已经有共同的归属感。

吕祖谦在金华讲学期间,学生从各方登门受教,吕祖谦也认为士子应该通过科举进入仕途,但他对"道"和文化传统具有更根本的责任感,并且试图影响学生,使他们也能关心文化、道德和哲学的问题。吕祖谦对心、性的看法接近孟子,属于当时道学的主流见解,但是他不像一些道学家花许多时间研究这些哲学问题的细节。他与朱熹、张栻等同道最大的不同处,在于他更注意全国的政治问题,重视历史研究和经世之学,而这正是吕祖谦与其他浙东儒者的共同点,他们对历史的看法也远比一般的宋代儒者(尤其是道学家)活泼。

过去几世纪的学者讨论吕家学术传统时,侧重四个主要的特点,而它们大多源于朱熹对吕家学术的评论。② 朱熹认为吕氏学术的特色:第一,"不名一师,不私一说"。这个传统是吕希哲在 11 世纪中叶有意识开创的。吕希哲曾追随欧阳修(1007—1072 年)的弟子焦千之,又曾问学于胡瑗(993—1059 年)和孙复(992—1057 年),使他的学术奠基在北宋第一代复兴儒学的学者的学说上;他又曾从学于王安石等第二代儒学复兴运动的学者;道学的兴起也引起他注意,而与邵雍、二程过从甚密。朱熹的《伊川先生年谱》据《吕氏童蒙训》说:"吕希哲原明与先生〔程颐〕邻斋,首以师礼事焉,既而四方之士,从游者日众。"③可见朱熹十分了解吕家的

---

① 《宋元学业》,卷 73,页 2434;邱汉生主编:《宋明理学史》,册 1,页 341;刘昭仁:《吕东莱》,页 215—262。

② 对这些特点的讨论见于邱汉生主编:《宋明理学史》,册 1,页 341—344;《宋元学案》,卷 36,页 1234;步进智:"论吕祖谦的'婺学'特征",《中国哲学史研究》,第 2 期(1983 年),页 89—98;刘昭仁:《吕东莱》,页 113—121。

③ 《二程集》,册 1,页 338。

社会政治地位对道学的兴起有很重要的帮助。吕希哲的孙子吕本中继承"不名一师,不私一说"的家风,先后追随过刘安世(1048—1125 年)、杨时、陈瓘(1060—1124 年)、尹焞、王蘋(1082—1153 年)等名儒,这些儒家学者和二程都有交往,其实他们代表的是 12 世纪初期范围视野较为宽广的道学。例如,刘安世是司马光的弟子,他的语录只保存在张九成弟子所编的《诸儒鸣道集》里。张九成和吕家的关系也很深厚,他与吕本中亦师亦友,写给吕本中的信充满感情,目前都收录在《横浦文集》和《横浦日新》里。①

吕本中的弟子林之奇(1112—1176 年)把多样化的传统传给吕祖谦。林氏是吕祖谦青年时代最主要的老师,对吕祖谦的历史观——尤其是他对《书经》的看法——影响重大。吕祖谦年轻时也透过其他老师与广义的道学建立联系,他曾短暂地追随胡宪,从杨时与张九成的弟子汪应辰(1119—1176 年)处得益尤多。胡宪的学术则结合二程的学说(尤其是他们的《易经》学说)和胡家的史学与经学。② 胡宪是胡宏的堂弟,也是朱熹的父亲朱松托孤时指定的三个老师之一,所以朱熹与吕祖谦有一个道学传统中的共同老师。吕祖谦还和道学的另一个分支有关系,他们是在温州永嘉的程颐传人,可上溯到郑伯熊(1124—1181 年),甚至周行己(1091 年进士),周行己曾经带领八个永嘉同乡北上向程颐求学。③

朱熹承认吕祖谦学问广博,但批评他不能专注研究学问的根本;似乎用程颢既能广博又能"守约"的标准衡量吕祖谦。《朱子语类》记载朱熹弟子吴昌寿批评:"东莱博学多识则有之矣,守约恐未也。"朱熹甚表认可同意。④ 朱熹并将批评引申到整个吕氏家族的学问,他在"与林择之第

---

① 张九成:《横浦文集》,卷 20,页 1 上下;卷 19,页 9 下—页 10 上;及其《横浦日新》(附于《横浦文集》),页 17 下。
② 吕祖谦之师承,见刘昭仁:《吕东莱》,页 84—93。
③《宋元学案》,卷 32,页 1127—1158。
④《朱子语类》(正中书局本),卷 122,页 4719;(中华书局本),卷 122,页 2949。

十一封信"中说:"吕公家传深有警悟之处,前辈涵养深厚乃如此。但其论学殊有病,如云'不主一门,不私一说',则博而杂矣。"①

第二,吕家"不名一师,不私一说"的学术风格使他们比较能够包容佛教。宋儒大多受过佛教的影响,但吕家比一般宋儒更能认清这事实,而且能够坦率承认佛教的影响。吕希哲晚年研习佛学,与僧侣交游,认为儒释两家教义有许多相近之处,所以主张调和两家学说。吕本中继承调和论的立场倾向,尤其喜好禅宗。吕祖谦在这方面的态度与先人不同,不但没有鼓吹佛教,而且还批评佛教。然而,还是有人认为他曾受禅宗顿悟学说的影响,因为他在"易说"中说过:"知此理,则知百年之嫌隙,可以一日解;终身之蒙蔽,可以一语通;滔天之罪恶,可以一念消。"②但这句话是他在讲解《易经》睽卦时所说的,从上下文的脉络可以看出原意似与佛学无关(在第五章我们会再讨论吕祖谦的易学)。不过,朱熹仍然"有疑于伯恭词气之间,恐其未免有阴主释氏之意,但其德性深厚能不发之于口耳。此非小病。"③

朱熹既然没有具体指出吕祖谦的思想和文章中有哪些地方"有阴主释氏之意,但……不发之于口耳",我们也许不应太强调吕家传统中佛学的成分对他的影响。其实朱熹也曾经批评吕祖谦与张栻不读佛经:"〔张〕钦夫、〔吕〕伯恭缘不曾看佛书,所以看他不破,只某便识得他。"④道学虽然深受佛道两教影响,许多道学中人却对佛道深怀敌意,甚至把它们斥为异端。

吕家继承唐代大家族兼收并蓄的学术传统,这种风格在宋代显得十分突出。诚如钱穆先生所说,吕家因为受到佛道两家相对主义倾向的影

---

① 《朱文公文集》,卷43,页21下。
② 《吕东莱先生文集》(国学基本丛书本),卷14,页342—343,"易说·睽卦";邱汉生主编:《宋明理学史》,册1,页343,认为这句话"很接近于禅说"。
③ 《朱文公文集》,卷47,页22上,第十九封给吕祖谦的信,写于约1177—1181年。
④ 《朱子语类》(正中书局本),卷124,页4762;(中华书局本),卷124,页2973。又参见束景南:"朱熹佛学思想渊源与逃禅归儒的三部曲",朱瑞熙编,《朱熹教育和中国文化》,页3—35。

响,而"喜和不喜争,喜融通不喜矫激"①。吕家当然不是有兼容并蓄胸怀的唯一宋代政治家族,但这些家族多半不是道学中人。吕祖谦虽然不如先人深受佛教影响,他还是比较能容忍不同的意见。他的包容倾向还有一个重要基础:他认为闻道十分困难,"善未易明,理未易察"②。又说:"义理无穷,才智有限。"③承认难以明确了解"道";而且为人秉性谦和,所以特别愿意倾听别人的意见,不轻易排斥异己。他说:"人各有偏处",所以应"就自己偏处,寻源流下工夫"④。这种个性使他擅长在儒家学者间扮演调停折中的角色,不过他也不免受到当时道学界狭隘学风的影响;他只追求儒家学者间的和谐共识,尤其是道学家间的和谐共识。

第三,吕家不论接受多少佛家影响,涉猎各种不同的理论,其家学终究还是以《四书》为中心,而《四书》是道学界公认的儒家主要思想文献。吕本中虽然又加入《孝经》,但仍然认为《四书》比传统的《五经》重要。他说:

> 学问当以《孝经》、《论语》、《中庸》、《大学》、《孟子》为本。熟味详究,然后通求之《诗》、《书》、《易》、《春秋》,必有得也。既自做主张,则诸子百家长处,皆为吾用。⑤

所以《四书》和《孝经》比起其他经书更属儒学的根本,儒学的基础稳固后,才能运用其他各家的理论。吕氏所关怀的《四书》问题和其他道学家相同,包括:"存心养性"、"穷理"、"尽心"、"正心"、"诚意"等主题。例如,吕公著"自少讲学,即以治心养性为本"⑥。道学当时甚至还未兴起。吕

---

① 钱穆:《宋明理学概述》,页198—199。又见刘子健:《两宋史研究汇编》(台北:联经出版事业公司,1987年),页41—47。
② 《东莱吕太史文集·别集》,卷9,页8下,与刘衡州(名清之,字子澄)信;又见《吕东莱文集》,卷4,页90。
③ 《东莱吕太史文集.别集》,卷10,页1上,与陈傅良(君举)。
④ 《吕东莱文集》,卷20,页464,"杂说"。
⑤ 《宋元学案》,卷36,页1234。
⑥ 《宋元学案》,卷19,页788。

氏一直很注重孟子的修身方法,这点也和其他道学家一样。

第四,吕氏重视功夫修养的情形,从他们的治家格言"多识前言往行以畜德"(出自《周易·大畜卦》)即可见一斑。吕公著早年就依此治学,而且把它变成家学的精华,吕家的成员虽然转益多师,他们最珍贵的还是"多识前言往行以畜德"的家学传统。这个格言很能反映吕氏"不名一师,不私一说"的作风,因此能够在历代产生出许多杰出人物,并且发扬它的教训,收集大量图书,建立当时最丰富的私人藏书。全祖望说:"中原文献之传,犹归吕氏,其余大儒非及也。"①这些藏书不但培养丰富的文学修养,对他们的史学研究也很有帮助。

二程在广博的吕学中占有很特殊的地位。吕希哲曾从游于程颐,吕希哲的子孙又追随过杨时等二程最亲近的弟子。吕祖谦把杨时的《中庸》注解当作研习此书的标准,认为个人教育应该以二程和杨时的文章语录为中心。吕本中也把张载的学问纳入吕氏的家学,所以1345年编成的《宋史》虽然未把吕祖谦列在"道学列传"内,却仍说吕祖谦的思想是张载和二程哲学结合的产物,②当然二程和张载的哲学并不是吕祖谦综合思想中的唯一成分。

吕祖谦的家世和教育都很优越,所以他在科举和仕途上都很得意,发展比其他南宋主要道学家顺利。他在1163年考中进士,不久又获得博学宏词科的殊荣;宋朝300年历史中,只有34人曾登上博学宏词科。报考博学宏词科需要熟读大量典籍,范围涉及文学、历史以及历代制度,吕祖谦能荣登此科显示他一直究心学问研究,以及他对效忠皇帝有十分的热诚。吕祖谦登上博学宏词科后立刻踏上仕途,担任的职位多半是史官,但是他的双亲分别在1166年和1172年去世,他两次离职回乡守制。张栻等人在此期间经常造访,使吕祖谦与士大夫的关系得以维持不坠,

---

① 《宋元学案》,卷36,页1234。

② 《宋史》,卷434,页12874。

所以他守丧期满后旋即被朝廷重新启用。

　　吕祖谦在 1169 年被任命为太学博士,随后出任位处京城南郊的严州州学。吕祖谦把金华书院的学规引进州学,当时张栻是严州的地方官,两人住得很近,可以每天相聚。1170 年吕祖谦写作两篇有名的奏议,劝孝宗选用贤能,远离小人,矢志收复北方河山。不久,孝宗擢升他和尤袤为礼部考官,因此成为 1172 年进士会试的主考。我们前面已经提到,这次考试的结果显示政治气氛转向,对道学群体非常有利。由于著名史学家李焘(1115—1184 年)的推荐,吕祖谦被任命为太学博士,又兼任国史编修官以及实录院检讨官,主持徽宗(1100—1126 年在位)实录的编纂。吕氏家人担任过几次类似的工作,吕夷简编修过太祖(960—976 年在位)到真宗三朝的国史,吕公著则主编英宗(1063—1067 年在位)和神宗(1067—1085 年在位)实录,可见吕家编修实录的经验比时人丰富。由于徽宗实录会涉及北方沦陷的问题,所以这项工作在政治上很敏感。1177 年实录完成,吕祖谦在呈献时,劝皇帝汲取经验教训,进行改革。孝宗再次提拔他,请他负责收集编纂北宋时期的杰出奏议、序跋和札记。他在这部汇集北宋政治智慧和文学典范的著作里,收录大量苏轼、王安石和欧阳修的文章,但也包含其他北宋人的作品。吕祖谦发扬一贯兼容并蓄的精神,不以人废言,只论文章的优劣,不管作者的政治和哲学立场。这部书完成后孝宗御赐《皇朝文鉴》的书名,并赏吕祖谦三百两银子,再度擢升他的官阶。

　　吕祖谦 40 岁的时候已经深受皇帝的敬重与信任,并和周必大等政府要员关系友好密切。吕祖谦的人缘良好,多少与他家人世代在朝任官有关。宋朝南迁后,吕家仍维持北方望族的习惯,与外地的名门大族联姻通婚。吕祖谦先娶韩元吉(1118—1187 年)之女,后来又和芮烨(1114—1172 年)的女儿结婚,韩、芮两姓不是金华同乡,但都是名门显宦。吕祖谦一直很密切注意朝廷的政局变化,不像朱熹不屑参政,但疾病使他的政治潜力未能完全发挥;他在 1178 年患病,次年辞去所有的官职,两年后就去世了。

吕祖谦的一生都被病痛所困扰。父母于 1166 年和 1172 年去世,他两度返乡守孝三年。三个妻子都在生产后去世,子女中只有一男一女存活下来。从 1157 年他初次结婚,到 1179 年第三任妻子过世为止,总共只过了八年的婚姻生活,所以在第一次结婚后的 3/4 时间里,他是个孤独的鳏夫。吕祖谦从幼年起就病魔缠身,从症状来看似乎是年轻时得肺结核,40 多岁时又中风。他抱怨右半身体虚弱疲惫、动作不灵,有时连饮食都无法自理,只能写很短的信。他在一封信中说:"药物日进三、四服,未尝废炙艾,医者或云血本少,用火则盖燥涸,以此犹未绝也。"①从他祖先和宋代士人的一般寿命来看,他应该还可以再活十几或二十几年,但是体弱多病以及守孝和丧妻的伤痛,都促使他在中壮之年就去世了。

吕祖谦早年病中的反省却改变他的性格。他幼年时期脾气很坏,疾病又火上添油,甚至遇到不喜欢吃的东西就要摔盘子,但病痛没有妨碍他认真读书,朱熹说吕祖谦在病中也是书不离手。②《宋史》说吕祖谦"少卞急,一日,诵孔子言'躬自厚而薄责于人'(《论语·卫灵公》),忽觉平时忿懥,涣然冰释。"③性格从此变成非常宽厚。吕祖谦家庭教育加强了他对政治和文化危机的社会责任感,他在有生之年的最后三个年头里,一直在金华专心教学研究,学生再度云集门下。这种门庭若市的盛况有诸多原因:吕祖谦具有崇高的社会政治地位,并且中过博学宏词科,此外还曾担任过太学博士,又主持过 1172 年的进士考试。他奉旨编修的书也受到广泛的好评,而且金华的书院离首都临安很近,从临安坐船逆流而上,最多四天就可以抵达金华。

---

① 《吕东莱文集》,卷 4,页 84,又见页 81,92。不但吕祖谦的症状,他三次丧妻也使人怀疑与肺结核病有关,因为历史上肺结核病对年轻妇女尤其有致命的危险。

② 《朱文公文集》,卷 82,页 2 上。

③ 《宋史》,卷 434,页 12874。

吕祖谦的讲学有独到之处。他强调学生应该发掘新的观点,而不是一味墨守成规,他说:

> 今之为学,自初至长,多随所习熟为之,皆不出窠白外。惟出窠白外,然后有功。[1]

他也劝朱熹多教导学生在日用生活中作修养功夫,教学则应注意方向和顺序,他说:

> 致知、力行,本交相发,工夫初不可偏。学者若有实心,则讲贯玩索,固为进德之要。其间亦有一等后生,推求言句工夫常多,点检日用工夫常少。虽便略见仿佛,然终非实有诸己也。"默而成之,不言而信,存乎德行",训诱之际,愿常存此意。夫子教人亦有"可以语上"、"不可以语上"之别。……非谓使之但力行,而以致知为缓,但示之者,当循循有序耳。[2]

吕祖谦留意到若要寻求知识与实践的平衡,学生应该自己思考。

吕祖谦教过多少学生呢?1180 年左右,丽泽书院有近 300 学生。[3] 陈荣捷(1901—1994 年)先生向来重视朱熹的成就,却也完全接受这个说法。[4] 这 300 个学生外,还应该加上 1180 年以外的丽泽书院学生,1167 年、1168 年和 1173 年三年在明招山任教时的学生,以及严州官学的学生,总数至少上千人。即使只计算 1180 当年的 300 个学生,他也无疑是 12 世纪 70 年代最受欢迎的老师,与张栻在 12 世纪 60 年代所受的欢迎程度相当。

吕祖谦的学生人数和朱熹的学生人数相比呢?以现在的眼光回顾,朱熹是南宋时代最著名的老师,例如,陈荣捷先生在《朱子门人》中列出

---

[1]《宋元学案》,卷 51,页 1654。
[2]《吕东莱文集》,卷 4,页 74。
[3]《东莱吕太史文集·别集》,卷 9,页 8 上,与刘清之(子澄)书。
[4] 陈荣捷:《朱子新探索》,页 554。

的 467 人中,①只有五人是在 1167—1179 年间列入门下。朱熹在南康重建白鹿洞书院后,又有 35 位年代可考的学生投入门下,另外 9 个本地学生从游的年代不明,即使把这 9 名学生都包括进去,朱熹在这 15 年内似乎只有 49 个学生,而吕祖谦在 1180 年一年里就有近 300 的学生。朱熹 1181 年所收的 49 个学生约占他学生总数的 10%左右,这些数字虽然不完整,仍然明白显示朱熹的学生大部分是在 1182 年到 1200 年之间投入门下,亦即吕祖谦去世后的 19 年间所招收的。

吕祖谦在父丧不久后就再广收学生门徒,因此几个友人对他略有微词,但是没有人怀疑他的哀伤及孝思。全祖望在《宋元学案》中说:

> 〔吕祖谦〕尝与汪端明书曰:"刘子澄传道尊意,是时以四方士子业已会聚,难于遽已,今岁悉谢遣归。"祖望谨案:此即〔陆〕象山谓"伯恭在衰绖中,而户外屦恒满"者也。〔张〕南轩亦尝问朱子曰:"伯恭聚徒,世多议其非者。"观此条,则〔吕〕先生因〔汪〕玉山之言而止,亦善改过者。②

吕祖谦虽然把学生"悉谢遣归",张栻仍认为他对这些学生抱有不切实际的期望:

> 〔吕〕伯恭真不易得,向来聚徒颇众,今岁已谢遣。然渠犹谓前日欲因而引之以善道。某谓来者既为学业之故,先怀利心,恐难纳之于义。大抵渠凡事似于果断有所未足。③

有些学生当然只是为准备科举而入门进修,但必定也有被吕祖谦广博的学识和道德修养吸引来的学生。

吕祖谦有几部主要著作是根据讲稿编成的。他的《书经》讲词被学

---

① 陈荣捷:《朱子门人》(台北:学生书局,1982 年),页 1—27。另见陈荣捷:《朱子新探索》,页 454—455。
②《宋元学案》,卷 51,页 1674。
③《宋元学案》,卷 51,页 1675。

生编成《东莱书说》,他在太学时根据"为诸生课试之作"而编成《东莱博议》,尤其著名。①《东莱博议》虽然是学生用来准备科考的范文,但就像吕祖谦曾对张栻说的,里面的文章也教导学生道德原则和历史教训。吕祖谦对追求"道"的一心投入很能表现道学群体的共同特点,他明白宣言:"坚任道之志,而致察理之力,乃区区所望。"②许多儒家学者偏离儒家正道的时候,这种对道投入奉献的热诚尤其重要,吕祖谦向朱熹说:

> 论学之难,高者其病堕于玄虚,平者其末流于章句。二者之失,高者便入于异端,平者浸失其传,犹为悖训,故勤行义。轻重不同,然要皆是偏。③

再三强调当日学者治学方法褊狭的弊病。

吕祖谦认为当时不友善的气氛四处弥漫,有些登门求教的学生也感染这种态度,使儒学之道处于危机四伏的境地:

> 从游者亦有可望者否? 根本不实者,所宜深察。往时固有得前辈言语声欬以借口,而行则不掩焉。媢嫉者往往指摘此辈,以姗侮吾道,绍兴之初是也。虽有教无类,然今日此道单微,排毁者举目皆是,恐须谨严也。④

吕祖谦尤其担心自称道学弟子的人行为不轨,提供敌人攻讦的口实。现有的材料虽然没有指名道姓,但我们知道陈公辅曾经向道学示好,批评"王安石学行之误",可是他后来态度一变,在 1136 年上书高宗,嘲笑道学"狂言怪语,淫说鄙论……幅巾大袖,高视阔步"⑤。吕祖谦的忧虑与其

---

① 吕祖谦:《东莱先生左氏博议》,清人刘钟英注(宝山斋本;台北:世界书局重印,1984 年),"东莱先生自序"。参见刘昭仁:《吕东莱》,页 33—75。
② 《宋元学案》,卷 51,页 1666。
③ 《宋元学案》,卷 51,页 1667。
④ 《宋元学案》,卷 51,页 1664。
⑤ 李心传:《道命录》,卷 3,页 6 上,7 上。又见李心传:《建炎以来系年要录》,卷 107,页 147—149;陈邦瞻:《宋史纪事本末》,卷 80,页 867—868。

他宗教的原教旨主义教派（fundamentalist sects）颇为类似，而他明确表现这种忧虑。尤其值得注意，因为他是最宽厚开明的道学领袖，而且政治地位最为稳固，甚至敢公开宣扬他在评阅进士试卷时，认出陆九渊的文章。

吕祖谦虽然有时表现出很深沉的忧虑，但对扭转恶劣的环境更表乐观。他鼓励学生潘景宪（叔度，1134—1190 年）加强责任感：

> 大抵讲论治道，不当言主意难移，当思臣道未尽。不当思邪说难胜，当思正道未明。盖工夫到此，必有应，原不在外也。①

吕祖谦认为士大夫应该负起实际行动的责任，不应该只是坐论空谈、抱怨世道人心不古："士大夫喜言风俗不好。风俗是谁做来？身便是风俗，不自去做，如何得会好？"②他还批评秦汉以后的士大夫："外风俗而论政事。"③吕祖谦认为讲学是解决当时各种问题的关键：

> 尝思时事所以艰难，风俗所以浇薄，推其病源，皆由讲学不明之故。若使讲学者多，其达也，自上而下，为势固易；虽不幸皆穷，然善类既多，气焰必大，熏蒸上腾，亦有转移之理。④

吕祖谦的政治学术生涯显示，他希望从朝廷开始，由上而下影响世道风俗，在社会上培养正直奉献的儒者，从而改造社会、政治，使它们符合道的理想。吕祖谦对教导士子应试的态度比张栻、朱熹积极，认为科举的成功可以使他们从政治中心改造影响社会。这种对体制内改革的信心，无疑深受出身仕宦家庭的背景影响。

吕祖谦为教导学生进入体制内工作，在金华书院的课程里对政府各种制度进行详尽的分析，这套教材流传使用 150 年后，才被后代门人编

---

① 《吕东莱文集》，卷 5，页 127。
② 《吕东莱文集》，卷 20，页 465，"杂说"。
③ 《宋元学案》，卷 51，页 1657。
④ 《宋元学案》，卷 51，页 1673。

成《历代制度详说》出版。吕祖谦叙述评论历代制度,讨论的题目包括:
学校、赋役、漕运、盐法、酒禁、钱币、荒政、田制、屯田、兵制、马政、考绩、
宗室和祀事。吕祖谦不但分析各种制度在历史上的优缺点,而且讨论它
们是否适用于当下的情况,他的判断多基于现实条件而非空泛的理论。
例如,他认为当时百姓有自由买卖土地的权利,所以张载、胡宏等学者要
想在全国实行井田制度,只不过是个不切实际的梦想。①

　　吕祖谦在其他著作中讨论到法治的问题。许多儒家士大夫重德治
而轻视法治,吕祖谦却很肯定法律的功用。② 他认为一般人反对用法,因
为他们心里想的是申韩之法,其实法律的本质与申韩之法不同:"人多言
不可用法,法是申、韩深刻之书,此殊未然。人之法,便是人情物理所在,
若会看得仁义之气,蔼然在其中,但续降者有时务快,多过法耳。"③法律
应该建立在人情物理和仁义的基础上,而不是系于人主的好恶。法律的
"仁义之气"不是抽象的理论,应该是实在的东西,有时必须用严刑峻法
吓阻不法,才能达到仁的目的。法律如果太宽松,违法犯禁的人会增加,
结果受法律制裁的人反而比较多。这些观点虽然都是从政府的立场出
发,但他也主张公私应该并重:

> 世俗多谓公私不两立,此大不然。所行若合道理,则公私两全;
> 否则公私两失。……庶或公不败事,私不伤义,便是忠厚底气象。④

有人也许会怀疑吕祖谦强调法治和主张公私并顾,只是反映出权贵大家
的背景观点。当然对吕氏这种家族而言,主张忠君和善待私家既是理

---

① 吕祖谦:《历代制度详说》,卷9,页1上—7上。
② 潘富恩、徐余庆:《吕祖谦评传》,页156—162。值得注意的是,朱熹担任地方官时执法很严;
　　参见 Conrad Schirokauer(谢康伦),"Chu Hsi as an Administrator, A Preliminary Study," in
　　Francoise Aubin, ed., *Etudes Song: Sung Studies in Memoriam Etienne Balazs*. 1st ser.,
　　no. 3 (1976), pp.228-232. 除此以外,吕祖谦似乎比朱熹更肯定法律。
③《吕东莱文集》,卷20,页457,"杂说";潘富恩、徐余庆:《吕祖谦思想初探》(杭州:浙江人民出
　　版社,1984 年),页39—47。
④《吕东莱文集》,卷19,页443,"史说"。

想,也有实际利益的成分。假如硬要说他注重法制是反映统治阶级的利益,那么许多统治阶级成员比较不注重法制和私人利益,又做何解释呢?吕祖谦和一般儒家学者都认为道德是治国的根本,但注重法制和私家利益是他的一大特点,而其他的浙东儒者也持相似的看法,陈傅良和陈亮的立场更鲜明,尤其是陈亮的例子,更能明确说明浙东学派如何寻求公(社会或国家利益)和私(或家庭利益)之间的平衡。

吕祖谦与其他浙东学者经常批评当时的风气太重文轻武,吕祖谦却编辑宋代最重要的文选之一《宋文鉴》,而且也是当时的文学大家,所以他反对重文轻武,并不是要以重武轻文的政策取而代之。浙东学者经常批评宋太祖把武官地位降到文官之下,并把兵权从武官手里转到文官手里。吕祖谦和他的浙东友人认为文武应该均衡合一。他引证古史说:

> 自古文武只一道。尧舜三代之时,公卿大夫在内则理政事,在外则掌征伐。孔子之时,此理尚明。冉有用矛,有若劫舍,孔子亦自当夹谷之会。西汉尤知此理,大臣韩安国之徒,亦出守边。东汉流品始分,刘巴轻张飞矣。[1]

东汉以后文学日兴,而文武之途渐分,历史提供许多徒重虚文而导致祸害的教训。吕祖谦又在《东莱博议·魏懿公好鹤》中用魏懿公(公元前668—前660年在位)好鹤的典故,讽喻许多近世的士大夫与魏懿公的鹤没有什么区别:

> 永嘉之季,清言者满朝。一觞一咏,傲睨万物。旷怀雅量,独立风尘之表。神峰隽拔,珠璧相照。而五胡之乱,屠之不啻机上肉,是亦懿公之鹤也。普通之际,朝谈释而暮言老,环坐听讲,迭问更难,国殆成俗。一旦侯景逼台城,士大夫习于骄惰,至不能跨马,束手就

---

[1]《宋元学案》,卷51,页1661。按:诸葛亮曾为此责备刘巴;参见陈寿:《三国志》(北京:中华书局,新校标点本),卷39,页982,注3。

戮,莫敢枝梧,是亦懿公之鹤也。①

吕祖谦的祖先来自北方,他虽然多病,但可能学过骑马,所以讽刺不会骑马的南方文人。玩马球的风气在宋代衰落,士大夫子弟只爱在院里街中安然踢球,可以想见骑术退步的情形。② 吕祖谦承认这些士大夫并非全无可取之处:"是数国者,平居暇日,所尊用之人,玩其词藻,望其威仪,接其议论,挹其风度,可嘉可仰,可慕可亲。"然而"卒然临之以患难,则异于懿公之鹤者几希"③。

从历史中寻找实际教训也是吕祖谦和其他浙东学者的重大相似处。他认为读史时应该厘清时代背景,设身处地从前人的经验中汲取教训:

> 当如身在其中,见事之利害,时之祸患。必掩卷自思,使我遇此等事,当作如何处之。如此观史,学问亦可以进,知识亦可以高,方为有益。④

又说:

> 看史须看一半便揜卷,料其后成败如何。其大要有六:择善、警戒、阃范、治体、议论、处事。⑤

吕祖谦认为吸收道德教训是读史的目的之一,但他更注重从历史中获得实际事功的借鉴,所以学习历史的目的并不限于道德的教训,还认为读史应要注重变化发展,不能只求博闻强记。他说:

> 陈莹中尝谓《通鉴》如药山,随取随得。然虽是药山,又须是会采。若不能采,不过博闻强记而已。壶丘子问于列子曰:"子好游乎?"列子对曰:"人之所游,观其所见;我之所游,观其所变。"此可取

---

① 吕祖谦:《东莱博议》,卷2,页138—139,"卫懿公好鹤"。
② 刘子健:《两宋史研究汇编》,页285—302。
③ 吕祖谦:《东莱博议》,卷2,页139,"卫懿公好鹤"。
④《吕东莱文集》,卷19,页431,"史说"。
⑤《吕东莱文集》,卷20,页462,"杂说"。

以为史之法。①

历史的发展不可能没有变化,他说:"此事极,则须有人变之,无人变,则其势自变。"②齐桓公(公元前684—前642年在位)就是不懂局势的变化而招致祸害。他标榜"尊王攘夷",成为春秋五霸的第一人,在葵丘之会达到成就高峰后,却变得傲慢堕落,种下霸业衰落的种子。吕祖谦认为齐桓公历史的教训在于:

> 〔齐桓公〕抑不知天下之势,不盛则衰;天下之治,不进则退。强而止于强,必不能保其强也。霸而止于霸,必不能保其霸也。驱骏马而驰峻阪,中间岂有驻足之地乎?③

吕祖谦指出齐桓公由盛而衰的模式,并可见于汉人与胡人互动的历史。

吕祖谦认为,学者在寻找历史的发展变化模式时,也应该了解每个时代的特性。权力结构不同,治国的方法也不同;例如在读《左传》时,学者应该把春秋时代划分成三个时期:五霸兴起前、五霸时期和五霸衰落后的时期。吕祖谦用权力结构划分历史,并不表示他认为统治阶级是决定历史的最终力量,他依然遵循孔子、孟子的传统,认为国家的兴亡最终取决于人民。

吕祖谦着眼于权力结构来为历史分期断限,并以此讨论过去的种种制度是否适用于宋代的现实状况。例如张载、胡宏等人主张恢复井田,吕祖谦则认为宋代距离井田制度的时代已将近两千年,历史条件改变太多,不可能恢复这种古代制度。与其固执古人的制度,不如改变旧制以完成古人所追求的真正目的——国家太平。④ 他一再强调唯有了解历史背景,才能善用历史知识。

---

① 《吕东莱文集》,卷19,页431,"史说"。
② 《吕东莱文集》,卷20,页453,"杂说";又见卷12—14,"易说"。
③ 吕祖谦:《东莱博议》,卷3,页167—168。
④ 吕祖谦:《历代制度详说》(四库全书本),卷9,页1上—7上。潘富恩、徐余庆:《吕祖谦思想初探》,页156—160。

由于史书质量的参差不齐,有的泛泛阅览即可,有的则须一字一句小心谨读。几部最重要的史书更应该以读经的态度来读:"学者观史各有详略,如《左传》、《史记》、《前汉》三者,皆当精熟细看,反复考究,真不可一字草草。"①《后汉书》以后的史书品质大半不高,可以在上面少花些时间。吕祖谦也用史学家的眼光看待儒家经典,开清代浙东史家章学诚"六经皆史"说的先河:"看《诗》即是史。史乃是事实,如《诗》甚是有精神,抑扬高下,吟咏讽道,当时事情,可想而知。"②又说:"观史先自《书》始,然后次及《左氏》、《通鉴》,欲其体统源流相接。"③这三段话里提到《左传》两次,可见《左传》在他的史学里占有中心地位。

吕祖谦认为《左传》是非常重要的史书,所以把它当成一部独立的著作,而不把它视为《春秋》的注解。他如此重视《左传》,但没有因此对《春秋》减低兴趣;《春秋》是宋代学者最重视的经典之一,产生至少 240 部相关的著作,数量超过其他任何经学著作。吕祖谦继承北宋孙复等学者的立场,强调《春秋》"尊王攘夷"的大义。④ 吕祖谦对《左传》的看法比较独到,除写过《东莱博议》外,另有《春秋左氏传说》和《东莱吕太史春秋左传类编》等两部与《左传》有关的著作。吕祖谦注意《左传》的细节,从中得出很多重要的结论。例如,他计算周朝将领的名字,证明周朝王室的军队确实越来越少,所以吕祖谦认为《左传》延续六经,继续记载古代的事物制度。

吕祖谦为延续《左传》的记录,开始撰写《大事记》,并在注释里评论各种事物和讨论史学得失。《大事记》大量取材司马迁(公元前 145—前 90 年)的《史记》,写作的方法也很受《史记》纪传体例的影响。他不但用《史记》和其他早期的材料纠正《资治通鉴》的细节,而且写了两部批评

---

① 吕祖谦:《左氏传续说》(四库全书本),卷 1,页 1 上,"纲领"。
② 吕祖谦:《东莱吕太史文集·外集》,卷 5,页 26 上。
③《吕东莱文集》,卷 20,页 462,"杂说"。《宋元学案》,卷 51,页 1663。
④ 刘昭仁:《吕东莱》,页 178—190。

《通鉴》的专著，可惜这两部书都未能保存至今。① 吕祖谦打算用《大事记》取代《通鉴》，但只写到公元前90年，就不得不因病搁笔，留下一千多年的空白。不过他完成了《十七史详节》，可以用它为基础完成《大事记》。从《大事记》的结构及一些论述可以看出吕祖谦史学的一些特点，例如，他不像朱熹死抱着正统问题不放。吕祖谦在写《三国史详节》时，以曹操（155—220年）为正统，替魏国写纪，蜀汉的刘备（161—223年）和诸葛亮等人只有传。② 这种务实的历史写作方式比较接近司马光，与朱熹的距离比较远。吕祖谦之后的浙东学者也倾向司马迁那种通古今之变的史学，但他们没有为吕祖谦继续完成《大事记》。

比较注意哲学问题是吕祖谦与同时的浙东学者不同的地方。浙东儒者一般较鲜论及性、命、心等题目，这些题目却是吕祖谦思想的重要部分。对于心的问题，吕祖谦注重孟子所讲的"本心"，追随孟子教人先寻回本心，因为它是一切学问和道德实践的基础。吕祖谦在孟子的"本心"的概念上，加上道学的"理"的概念："凡人未尝无良知良能也。若能知所以养之，则此理自存，至于生生不穷矣。"③人若能存养此天理，则不需再向外寻求："本不在外，自求而已"，所以"圣门之学，皆从自反中来"④。反躬自省非常重要，因为外在的世界是人内心世界的反映："近日思得内外相应，不差毫发。外有龃龉，即内有窒碍。只有'反己'两字，更无别法也。"⑤吕祖谦对自省有强烈的信心，但告诫世人不要仰赖顿悟："致知与求见不同。人能朝思于斯，夕于斯，一旦豁然有见，却不是。端的易得消散，须是下集义工夫，涵养体察，平稳妥帖，释然心解，乃是。"⑥吕祖谦虽

---

① 见刘昭仁：《吕东莱》，页52—53，197。又参见吕祖谦：《大事记》（四库全书本）；胡昌智："吕祖谦与其史学"（硕士论文，台湾大学，1973年）。

② 吕祖谦：《三国志详节》，卷1和12，见其《十七史详节》（1669—1670年山西刊本，普林斯顿大学善本书）。

③《吕东莱文集》，卷13，页309，"易说"。

④《吕东莱文集》，卷18，页415—416，"孟子说"。

⑤《吕东莱文集》，卷5，页121，"致潘叔度信"。

⑥《吕东莱文集》，卷20，页450，"杂说"。又见卷4，页96，"答潘叔昌"。

然在此似乎很重视内向的反省与直观的方法,但在他的思想体系里,格物的地位更加重要。这点明确显示在他对名物制度和历史研究的专心一致上;朱熹批评吕本中深染大慧禅的色彩,但很难如此批评吕祖谦。

吕祖谦也遵循孟子的观点主张性善:"人生而静,天之性也。乃中正仁义之体,而万物之一源也。中则无不正矣。"①他借用张载和二程的气禀论解释恶的存在:"性本善,但气质有偏,固才与性,亦流而偏耳。"②吕祖谦以此为基础,认为功夫修养的关键在于存养本心,使本心不被不正当的欲望干扰:"此心常操而存,则心宽体胖,怡愉安泰。福本自内有,若一欲败度纵败礼,则祸自外来。"③(按:"纵"疑当在"一"字前。)在存心和去除欲望方面,吕祖谦的功夫修养观与张栻和朱熹很相近,不过他不像张、朱那样深入讨论修养功夫各个阶段的细节。但我们在讨论"胡子知言疑义"时已经说过,在吕、张、朱三位学者中,吕祖谦最坚持功夫的涵养与体验要维持平衡,④日后朱熹却最以此著称。

吕祖谦与其他道学家认为仁是四德及一切道德行为的基础,他在讲解《孟子》时曾经说:

> 仁者,人也。仁之一字,已自尽了。更说礼字,又可以知其等高下。天下之理,除了仁与礼,更有甚事。⑤

礼在吕祖谦思想中有关键性的地位,认为礼不但是理,而且也是养心的必须之具。⑥ 他注重礼,而且认为仁与礼具有互相联系的关系,但仁仍无疑比礼更为根本:

> 仁者天下之正理也。是理,在我习矣而著,行矣而察,否则礼乐

---

① 《吕东莱文集》,卷3,页52,"致朱熹信"。
② 《吕东莱文集》,卷20,页455,"杂说"。
③ 吕祖谦:《左氏传说》(百部丛书集成本),卷6,页12下—13上。
④ 参朱熹:《朱文公文集》,卷79,页46下。
⑤ 《吕东莱文集》,卷18,页420,"孟子说"。
⑥ 《宋元学案》,卷51,页1657—1658;潘富恩、徐余庆:《吕祖谦思想初探》,页64—69。

虽未尝废于天下，而我无是理，则与礼乐判然二物耳。①

吕祖谦继承家族一贯注重忠孝的传统，但是他把忠孝及其他道德行为都归于仁的范围，而且是从仁而来："孝、弟，所以为仁也。体爱亲敬长之心，存主而扩充之，仁其可知矣。"②显示他既与张栻都认为仁就是心，也与朱熹一样认为仁就是理。吕祖谦有些论点更能显示与张栻、朱熹的共通处，但他更接近朱熹。吕祖谦与张栻都认为仁就是孟子所说的"本心"："仁是人之本心，浑然一体。"③而且仁的特点包括"公"和"一"：

> 若夫仁者之心，既公且一，故所见至明。而此心不变，譬如镜之照物，惟其无私，而物之妍丑，自不能逃。虽千百遍照之，其妍丑固自若也。惟仁者能好恶人，亦如是而已。④

他写信给朱熹时，又曾经以朱熹使用的比喻讲解仁与爱的关系：

> 盖爱者，仁之发；仁者，爱之理。体用未尝相离，而亦未尝相侵。所私窃虑者，此本讲论形容之语，故欲指得分明。却恐缘指出分明，学者便有容易领略之病，而少涵泳玩索之工，其原殆（始）不可不谨也。⑤

吕祖谦认为求仁的关键是"居敬"和"存诚"，一般湖南道学家所讲的"敬"近于"恭敬"，而吕祖谦所讲的"敬"则较近"严肃认真"的意思，他尤其注重专"一"和"诚"：

> 敬之一字，乃学者入道之门。敬也者，纯一不杂之谓也。事在此而心在彼，安能体得敬字。《大学》曰："君之无所不用其极"，盖非

---

① 《吕东莱文集》，卷17，页391，"论语说"。
② 《吕东莱文集》，卷17，页391，"论语说"。
③ 《吕东莱文集》，卷18，页417；又见"孟子说"，页420。
④ 《吕东莱文集》，卷17，页392，"论语说"。
⑤ 《吕东莱文集》，卷3，页60，"致朱熹信"。

特一事当然也,凡事皆若是而后可。①

有人问:"诚、敬两字有异否?"他回答说:"只是一般。所谓存诚,存便是敬。"②所以吕祖谦对功夫修养问题的看法与程颐和朱熹见解一样,三位学者都强调"敬"。总而言之,他努力追求书本学问、治国与功夫修养三者间的均衡。

吕祖谦的学问广博,使他有时似乎自相矛盾,因为他的许多看法和不同的儒家学者相近,而这些学者的学术各自发展,在日后变得互相矛盾。某些现代学者把吕祖谦说成没有高深理论成就的史学家,其实是不公平的论断。他的家学风格和个人性格都倾向于在异中求同,以寻求儒学同道的和谐统一。如果现代学者能像研究朱熹那样仔细研究吕祖谦的著作,我们或许能更清楚把握他的思想脉络和结构。现代学者尚未对吕祖谦做恰如其分的研究,或多或少也与他广博的学识和庞大的著作有关,使他比同时代的学者更难以为人了解。

吕祖谦比朱熹和张栻年轻,而且考上进士的年代也比较晚,但是从12世纪60年代晚期起,他就是道学的主要领袖,而且地位一直维持到1181年去世为止。吕祖谦的道德学问及政治社会地位吸引大量的学生,对道学的成长贡献良多。政府为科举阅卷能够公平,订定许多誊抄卷子和糊名的规则,防止主考认出考生的卷子。吕祖谦对个人文风极为敏感,能在担任主考时录取许多道学家,数目之多超过整个宋朝其他任何一次进士考试。政府和社会评论素来严厉制裁偏颇的主考,吕祖谦却敢公开说他认出陆九渊的考卷,而且没有因此受到制裁,1172年的进士考试证明他在政府和社会上的特殊地位。朱熹在与张栻的交往论学中,到1173年已经渐渐取得支配的地位,但他从来不能够支配吕祖谦的思想。朱熹在道学同道中的影响力超越吕祖谦,是吕氏去世后的事情,假如多

①《吕东莱文集》,卷20,页461,"杂说"。
②《吕东莱文集》,卷20,页465,"杂说"。

活 20 年的是吕祖谦而不是朱熹,吕祖谦的思想对宋代文化界和宋以后文化史的影响或许会大不相同,至少宋代的政治气氛必然会有所不同,因为吕祖谦比其他道学家更受朝廷官员尊敬。即使两人都活到 1200年,朱熹的理论和行为也会甚受吕祖谦影响,因为从 1163 年起到吕祖谦1181 年去世为止,两人一直相互影响甚巨。

第五章　朱熹与吕祖谦

朱熹和吕祖谦曾就社会、政治、教育和哲学等问题交换过许多意见，若能适切考查这些意见交流，对了解双方的互相影响应该颇有帮助。朱熹和吕祖谦的关系显示吕祖谦在 1168 年到 1181 年期间是道学最重要的领袖，朱熹在这时期对吕祖谦的温和态度，与日后对亡友的尖锐批评形成鲜明的对比。这种态度的转变以及他与吕氏的朋友关系，显示了朱熹在吕祖谦去世前后与整个儒家群体的关系发生的重大变化。

吕祖谦大概是朱熹最亲近的朋友。朱熹在 1156 年任职于同安县时，曾经因公事前往吕祖谦父亲任官的福州，得以认识吕祖谦，两人开始书信往来。在 12 世纪 60 年代末，尤其是 70 年代，两人的书信往返激增。朱熹在 1181 年接到吕祖谦最后一封信不久后，获悉挚友去世的消息。他们的友谊维持得很久，比朱熹与张栻的关系还要长八年，这或许与吕祖谦的家在金华有关。金华距离京城临安很近，又在临安前往福建的路上，所以两人相处的机会自然比较多。朱熹写给吕祖谦的信件尚存 104 封，比写给其他人的都多。吕祖谦写给朱熹的信则有 67 封流传下来，也比给其他人的信函多一倍有余。① 双方信函交往频繁外，亲近的关系也

---

① 陈荣捷：《朱子新探索》，页 555。

可以从所讨论的事情中可见一斑，不但涉及政治学术的问题，也谈到许多家庭事务，其中最明显的就是朱熹的长子朱塾（1153—1191 年）的事。朱熹给吕祖谦的信中说："此儿懒惰之甚，在家读书，绝不成伦理。"①这个儿子虽然有些恶习，但朱熹担心自己由于父子关系而爱深责切，对孩子管教过严，因此采纳孟子"易子而教"的建议，委托吕祖谦负责儿子的教育和道德修养。1173 年朱塾 21 岁的时候，朱熹把他送到吕祖谦那里，并且严格要求他在那里不许常常喝酒。吕祖谦安排他住在亲近的学生潘景宪（1137—1190 年）家，规定他不能单独离家，每天都要和潘景宪一起面见吕祖谦，聆听教训。三四年后，吕祖谦促成朱、潘两家联姻。

朱塾迎娶潘景宪的长女（生于 1161 年），不久后吕祖谦把独女华年（生于 1159 年）嫁给潘景宪的近亲潘景良，所以吕祖谦和朱家都与婺州的大族潘家结为姻亲。朱塾在 1180 年回到朱家，第三次参加科举考试，仍然失败落第。后来朱熹利用官荫的权利，使朱塾挂上朝廷礼官的头衔，但是这个儿子仍然不成大器，在官场上终无建树，1191 年在婺州的岳家去世。朱熹把儿子交给吕祖谦管教，不只因为吕祖谦的社会名望和政治地位崇高，朱熹也信任他的学术水平和个人修养，希望能够改变儿子的脾气和行为。吕祖谦不但负责教育朱熹的长子，并且替他安排婚姻，的确帮了朱熹大忙。

吕祖谦也充当朱熹与许多儒生学者间的桥梁，最著名的例子就是陆九渊。吕祖谦在 1172 年提拔陆九渊通过进士考试后，就一直照顾他，并且为调解朱陆双方的思想分歧，在 1175 年春邀请他们到他家来会面，朱熹因故不能前来，吕祖谦就专程赶去看望。他从金华出发，行程约 250 公里，赶到朱熹在福建崇安的家，随后俩人一起去朱熹的寒泉精舍，在那里经过一个多月的讨论，完成《近思录》的初稿。他们又一起翻越武夷

---

① 《朱文公文集》，卷 33，页 12 上，致吕祖谦第 18 封信；又见卷 94，页 27 上，"亡嗣子圹志"；《续集》，卷 8，页 6 上—8 下；《东莱吕太史文集》，卷 7，页 16 下—17 上，致朱熹第 20 封信。

山,到达江西名胜鹅湖寺,会见陆九龄、陆九渊兄弟。吕祖谦希望陆氏兄弟和朱熹能够建立友好的关系,居中协调他们对读书和功夫修养的看法。在从日后的历史发展来看,鹅湖之会是朱陆学派分道扬镳的分水岭。吕祖谦的性格和居中协调的努力犹能暂时缓减道学内部的紧张关系。第九章会再谈到吕祖谦在鹅湖之会后的六年里,一直引导陆九渊兄弟,使他们比较能接受他与朱熹的共同观点。

一、社会政治问题

南宋的国家大事最重要的莫过于如何对付占据北方的金人,吕祖谦一家和朱熹的父亲及其他道学人士一样,也直言不讳批评秦桧与他的和议政策。吕家家人甚至曾亲身参与朝廷变迁中一些最重要的事件,尤其吕好问曾短暂做过兵部尚书,并陪同皇帝前往金营投降。金人将吕好问送回开封,命令他协助张邦昌的傀儡政权,但他竟然说服当权者扶立宋皇室唯一没有被俘的皇子。宋高宗在南方再建政权,曾经对吕好问说:"宗庙获全,卿之力也。"①随后任命吕好问为尚书右丞。然而吕好问曾经在北方傀儡政权任职,招致许多批评,因此随即转任不太重要的职位;吕好问的儿子吕本中也与秦桧不和而去职。吕本中虽然反对秦桧的和金政策,主张收复北方,但终究是个务实的人,认为金人的军事力量强大,所以建议高宗不要贸然采取军事行动,应该巩固国力,保卫南方。② 吕祖谦承袭吕本中的观点,主张要先改革朝政、加强国力,准备充足后才能发动攻势。他采取主和、主战两派间的温和中间路线,③可与张栻后来的成熟看法相提并论。

朱熹年轻时坚决主战,在 12 世纪 60 年代上书提倡军事反攻,严厉

①《宋史》,卷 362,页 11332。
②《宋史》,卷 362,页 11329—11332;卷 376,页 11635—11637。
③《宋史》,卷 434,页 12872;潘富恩、徐余庆:《吕祖谦思想初探》,页 52—60。

谴责所有的议和派人士;但中年以后,体认金人的军力强大,态度开始冷静下来,类似吕祖谦的务实观点,逐渐取代主战的立场。他虽然终生不忘收复失土,但晚年对主战派的抨击比对主和派的攻击还要强烈,而且开始体认到至少需要 10—30 年的准备,才能收复北方。朱熹在思想成熟后,更强调防守和自强的立场:

> 今朝廷之议,不是战,便是和;不和,便战。不知古人不战不和之间,亦有个且硬相守底道理,却一面自作措置,亦如何便侵轶得我!今五六十年间,只以和为可靠,兵又不曾练得,财又不曾蓄得,说恢复底,都是乱说耳。[①]

他 60 多岁的时候,可能变得比吕祖谦更重防守和谨慎,但吕祖谦的立场显然曾影响朱熹。

当时内政的主要问题是减轻农民的负担。1167 年福建崇安县县令请求刘如愚(1142 年进士)与朱熹支援赈灾,朱熹从邻近的建阳县调请救灾物资,他的朋友魏掞之(1116—1173 年)早在 12 世纪 50 年代初期已在当地建立良好的社仓制度。州知府王淮(1127—1187 年)在 1168 年建议刘如愚和朱熹保留百姓偿还的贷款,以供紧急不时之需。刘如愚与朱熹根据魏掞之的先例,建议设立社仓,获得州府拨给赞助费用。崇安的社仓在 1171 年建立完成,由刘如愚的亲戚负责掌管,但后代人把社仓主要归功于朱熹。[②]

政府的义仓主要是在灾荒时,以直接发放实物或稳定市价的办法帮助农民,但由于官僚作风作梗,官方义仓的效率很低,涵盖范围也只限于

[①]《朱子语类》(正中书局本),卷 133,页 5135;(中华书局本),卷 133,页 3200。
[②]《朱文公文集》,卷 77,页 23 下—24 下;Richard von Glahn, "Community and Welfare: Chu Hsi's Community Granary in Theory and Practice," in Robert P. Hymes and Conrad Schirokauer, eds., *Ordering the World*: *Approaches to State and Society in Sung Dynasty China*, (Berkeley: University of California Press, 1993), pp.223 - 236;梁庚尧:《南宋农村的经济》(台北:联经出版事业公司,1984 年),页 279—293,及其"南宋的社仓",《史学评论》,第 4 期(1982 年),页 1—33。

城镇附近,且常由村吏或佛教僧侣负责分发赈灾物资。朱熹反对佛教僧侣参与,努力动员儒生参加这类社会活动,相信参与社仓可以培养同道的认同感以及对仁的体认。朱熹进行这项工作时,正是宋代民间社会意识日益增长抬头的时候,例如,婺州的乡村已经自组互助制度,而有的组织成为社仓的基础。①

朱熹的社仓遭到某些人批评指责,认为他仿效王安石"青苗法"的借贷办法,连张栻也不免有此疑虑,吕祖谦则挺身为朱熹辩护。朱熹和王安石都使用政府的资金作基金,要求借款人偿还贷款、支付利息。② 朱熹在 1185 年所写的"婺州金华县社仓记"中,反对别人将他与王安石的办法相提并论,指出他出借谷物,而不是出借现金,实施的方式是以乡镇为基本单位,不是以县为单位,并且由当地士人管理,目的是稳定农民经济,不是增加政府的收入。朱熹再三提到吕祖谦巡视崇安后,称赞社仓能师法古人的美意,是受古人启发,与王安石的失败实验不同。吕祖谦并表示要在金华建立社仓,而朱熹这篇文章就是为潘景宪主持的金华社仓的成立启用而写作的,赞扬潘景宪实现老师的夙愿。③ 先前吕祖谦曾安排朱熹的儿子朱塾住在潘景宪家,并让他迎娶潘景宪的长女。朱熹在 1182 年办理赈灾事务时,也获得与吕祖谦有关系的婺州士人帮助。

孝宗皇帝虽然赞扬朱熹的社仓制度,并且要将它推行到全国各地,但由于反对者阻止政府的支持,最后成立的社仓很少。除朱熹家乡的社仓外,金华社仓可能持续得最久。不过到 13 世纪中叶,地方胥吏开始接管金华的社仓,只在荒年发放谷物,并且要求以现金偿还借贷的谷物,朱熹希望由儒家君子长年监督救济照顾农民的设想,从此变成地方官僚系

---

① 梁庚尧:《南宋农村的经济》,页 267—274;又参见王德毅:《宋代灾荒的救济政策》(台北:台湾商务印书馆,1970 年)。

②《南轩集》,卷 12,页 8 下。蔡上翔:《王荆公年谱考略》(上海:人民出版社,新校标点本,1959 年),附 1,页 392—394;梁庚尧:《南宋的社仓》,页 5—10。

③《朱文公文集》,卷 79,页 15 下—17 上。

统赈灾的另外一个工具。① 朱熹倡导的社仓只短暂按照计划发挥作用，但已体现他政治理想的实践。魏掞之的社仓建立时间更早，刘如愚在"朱熹社仓"中也扮演重要的角色，以及吕祖谦的襄助，使社仓传播到金华，都显示后人所谓的"朱子社仓"并不是朱熹一人的功劳，而是道学人士合作应付需要而进行的社会福利事业。从朱熹担任地方官时写的"劝立社仓榜"等文，以及他支持吕大钧(1030—1081年)的乡约，可以看出他非常关注建立地方社群组织，②乡约成为鼓励乡民行善的地方社会组织。

二、书院与教育

朱熹与吕祖谦关心许多地方小区建设的事务，但最关注文人知识分子群体的建立，而书院、精舍是实现这一目标最重要的组织。吕祖谦在1166年母亲去世后，选择明招山母亲的墓地附近建立一座精舍，并且在当地教导后学。朱熹的母亲于1169年9月去世，他次年也在母亲墓地不远处建立寒泉精舍。吕祖谦返家后，以当时无比丰富的家庭藏书为基础，在金华城内成立丽泽书院；由于他的声望以及校址方便，当时有300多学生同时在此就学。

朱熹1179年在江西南康任职时，也营建一座书院。他写信给吕祖谦讨论兴建的计划，并要求吕祖谦为书院撰写铭文。朱熹表示任职期间，每四五天就要到官学一次。官方开办学校是为让学生准备应试科举，朱熹却很遗憾县内三所学校都是为准备科举而设置的。他在官学中

---

① Richard von Glahn, "Community and Welfare," pp. 236 – 238, 242 – 246.

② 《朱文公文集》，卷74，页23上—30上，特别23上下；卷99—100，特别卷99，页20下—21上。又见 Monika Übelhör(余蓓荷)，"The Community Compact (*Hsiangyüeh*) of the Sung and Its Educational Significance,"in Wm. Theodore de Bary and John W. Chaffee, eds. , *Neo-Confucian Education : The Formative Stage*, (Berkeley : University of California Press, 1989), pp. 371 – 388；与 Chu Ron-Guey(朱荣贵)，"Chu Hsi and Public Instruction," Ibid. , pp. 252 – 273；李晓东："论吕大钧之《吕氏乡约》在理学史上的地位"，《西北大学学报》，第2期(1987年)，页27—32。

讲解经典中的道德原理,并且明确地对官学的教学内容发表意见。① 太学官员杨大发(1175 年进士)大概对朱熹干涉学校很不满,向吕祖谦抱怨。吕祖谦得知朱、杨双方紧张关系后,写信给朱熹,提醒他不要干涉学校教师的做法。

朱熹在回信中为他在官学的行为辩解:

> 学中向来略为说《大学》,近已终篇,今却只是令教官挑覆所授《论语》,诸生说未到处略为发明,兼亦未尝辄升讲座、侵官渎告,如来教所虑也。②

朱熹对外人的批评表示不满,声称自己只是想仿效汉代的文翁,做一点补益的工作。文翁的教化功德备受赞扬,后人认为他将孔孟之道传给四川百姓,例如杜甫(712—770 年)曾说过:"文翁儒化成。"③朱熹表示南康地区佛教和道教寺院为数极多,所以他的行动尤其有必要。

朱熹又在庐山重建白鹿洞书院以振兴儒家传统。④ 这座书院坐落在距南康城十几里的一个山谷,在十、十一两世纪盛极一时,宋太宗(976—997 年在位)甚至曾经赐给书院一套儒家典籍。11 世纪朝廷下令所有州和部分县建立官学,以培养科举人才。固然并非所有州县都能建立官

---

① 《宋元学案补遗》,卷 49,页 154 上下;《宋元学案》,卷 97,页 3226。参见李弘祺:"朱熹、书院与私人讲学的传统",《国立编译馆刊》,第 19 卷,第 2 期(台北,1990 年)。

② 《朱文公文集》,卷 34,页 11 下,第 69 封信。

③ 杜甫:"赠左仆射正国公严公武"(赞严武诗),见仇兆鳌:《杜诗详注》(北京:中华书局,新校标点本),卷 16,页 1387。关于文翁事迹,见班固:《汉书》(北京:中华书局,新校标点本),卷 89,页 5181—5183。

④ 关于书院历史以及朱熹的作用,特别参见李才栋:《白鹿洞书院史略》(北京:教育科学出版社,1989 年);李科友:"'意不在鱼'论朱熹振兴白鹿洞书院",收入朱瑞熙编,《朱熹教育和中国文化》,页 96—114;石之:"白鹿洞书院史事杂考",收入朱瑞熙编,《朱熹教育和中国文化》,页 346—350;李弘祺:"精舍与书院",收入《汉学研究》,第 10 卷第 2 期(1992 年),页 307—332;陈荣捷:"朱子与书院",万先法译,《史学评论》,第 9 期(1985 年),页 1—32;刘真:"宋代的学规和乡约",收入《宋史研究集》,第 1 辑(台北:中华丛书编审委员会,1958 年),页 367—391;朱汉民:"南宋理学与书院教育",《中国哲学》,第 16 辑(1993 年),页 495—518;而且《白鹿洞书院通讯》从 1189 年开始。

学,但兴建的风气在 11 世纪中期达到高潮,12 世纪初的头 25 年时间里,又再现一次高峰。北宋政府将注意力转向官学,私学因此没落萧条,朱熹在 1179 年甚至得请樵夫帮忙,才找到白鹿洞书院的旧址。他上书朝廷要求资助重建这座书院,因为它象征儒家教育与文人价值,否则就只有任异教在山中林立。

这座书院获得朝廷同意后不到六个月就完成修建,并在 1180 年 3 月开放讲学,恰好是朱熹到任南康的第十二个月;努力一年就获得授权重建。白鹿洞书院除获得私人和朝廷的资助,地方政府也拨给田地作为学田,地方文人和皇室也捐赠书籍。它的重建与 12 世纪 60 年代岳麓书院的修复有相似之处,只是岳麓书院的重建被渲染得更多。孝宗时期(1162—1189 年)重建或兴建很多书院,而宋代的私人书院总数至少有 375 个。[1]

以朝廷官僚机构的办事效率而言,朱熹应该满意进展,事实却不然。他经常抱怨一些官员阻止计划,有人推测这位不知名的官员是杨大发,因为他不满朱熹干涉官学。不过杨大发是朱熹指派监督工程的两人之一,朱熹和他也有诗文往来,吕祖谦介入调解,必然缓和两人的紧张关系。朱熹写给吕祖谦的信中至少有五封提到杨大发,还数度赞扬杨大发建庙纪念周敦颐以及六位当地的杰出人士。[2] 建庙是朱熹计划中的重要的部分,希望以此增强当地百姓的儒家道德观念,并使地方儒生学士更能团结。如果杨大发阻挠计划,朱熹应该会在文章中否定杨大发,不会数度称赞他。杨大发虽然在 15 年后反对道学,但是白鹿洞的共事早已时过境迁,不应该根据后来紧张的环境衡量早期的

---

[1] Linda Walton-Vargo(万安玲),"Education, Social Change and Neo-Confucianism in Sung-Yüan China: Academies and the Social Eltie in Ming Prefecture,"Ph. D. dissertation, University of Pennsylvania, 1978, pp.243 – 247;该文总结现代中日学者对书院的解释。

[2]《朱文公文集》,书信卷见卷 26,页 3 上—4 下;卷 50,页 1 上下;诗见卷 7,页 4 下—6 上;又见《别集》,卷 7,页 10 上;致吕祖谦信见卷 34,页 9 上下,13 下,14 下,24 下,32 上。周敦颐曾任南康知州,1071 年在那里致仕。

关系。

一位美国汉学家的研究指出,朱熹有些言语显示,"别人抨击他重建书院的方式以及教学方法,使朱熹深感愤怒"①。可以使我们更了解朱熹的性格。或许因为他在此以前只担任过一项职务,而且是早在二十多年前,因此对书院的拖延和问题感到不耐烦,尤其政府的官学只在书院十来里外的地方,位置更加方便,他实在需要寻找理由使用政府资源,说服地方文人捐助修建一座新的书院。所以,朱熹在给朝廷的文书中,一再强调书院重要的历史及象征意义,却很少提及书院教学的活动;给朋友的书信则直率表达他对教育的使命感。道学人士普遍担心科举对士人文化的影响,但白鹿洞书院也花费近 1/3 的时间准备科举。除了朱熹自己的述说,并没有其他证据显示有人反对重建这座书院,所以朱熹的抱怨大概可以反映出他行事不老练,或者误解现实政策,与吕祖谦和张栻在政府任职的情况相比较,他这方面的不足更为明显。

朱熹强调建立制度,并且获得政府的资助,所以白鹿洞书院的地位比当时其他书院更为稳固。私人的努力与资金不足以建设书院,因此朱熹的白鹿洞书院成为朝廷和道学人士在 13 世纪关系改善以后合作的范例。朱熹为书院制定的行为规范为日后书院的发展开创先例,与官学的繁文缛节相较,朱熹希望造成学生承担更多责任的气氛。他把一篇训词贴在大门门楣上,要求学生学习古人的行为准则:

> 诸君,其相与讲明遵守而责之于身焉,则夫思虑云为之际。其所以戒谨而恐惧者,必有严于彼者矣。其有不然而或出于此言之所弃,则彼所谓规者必将取之,固不得而略也。诸君其亦念之哉!②

---

① John Chaffee(贾志扬), "Chu Hsi in Nan-k'ang: Tao-hsüeh and the Politics of Education," in Wm. Theodore de Bary and Chaffee, eds., *Neo-Confucian Education: The Formative Stage*, (Berkeley: University of California Press, 1989), p.416;贾志扬先生根据后来的矛盾发展看待这个时候的朱杨关系。

② 《朱文公文集》,卷 74,页 17 下。

朱熹希望学生能够修养道德,他警告说如果不然,就得接受官学里的规定。他的学生程端蒙在 1187 年制定一些细则,以补充朱熹的学规,不过朱熹觉得细则只能用于层次比较低的学生,①而白鹿洞书院的学生已经受过官学或私塾的纪律培养,是层次很高的学者。

朱熹陈述的规则是儒家伦理道德的总结,并且成为这座书院的"学规"。这些规则都很简明扼要,除一条规则外其他都取自经典。首先规定最根本的基础,人际最基本的五伦关系,取自《孟子·滕文公上》,所谓"父子有亲,君臣有义,夫妇有别,长幼有序,朋友有信"。具有这些品德的人才可以开始学习。其次,关于学习的次序,取自《中庸》第二十章:"博学之,审问之,慎思之,明辨之,笃行之。"第三,关于功夫修养的关键,取自《论语·卫灵公》:"言忠信,行笃敬。"以及《易经》损益二卦象传:"惩忿窒欲,迁善改过。"第四,引用董仲舒(公元前 176—前 104 年)的话:"正其义不谋其利,明其道不计其功"为处世态度的准则。第五,谈到与人相处之道,引用《论语·卫灵公》上的话:"己所不欲,勿施于人。"及《孟子·离娄上》中的话:"行有不得,反求诸己。"②所以从第三段到第五段都是解释学习的要点,因为"学"主要是对道德原理的自我修养。

朱熹的学规不仅要有别于官学的烦琐规定,也要在佛教戒律外树立新的途径。朱熹不喜欢佛教,但他和其他儒生学士大都很欣赏禅宗的戒律。此外,朱熹的学规谈到互相鼓励道德修养,和吕大钧的乡约有相似之处。

朱熹更直接的灵感应该是吕祖谦的书院学规。吕祖谦在 1167 年写下他的书院规范,并在 1170 年前修改两次,所以这些条文比朱熹的学规早将近 12 年。强调在儒家生活规范中体认道德修养,是这两种学规最基本的相似处。吕祖谦在 1168 年立下学生需要遵守的基本常规:"凡预

---

① 《朱文公文集》,卷 82,页 13 上,朱熹为程端蒙学则作的跋文。
② 《朱文公文集》,卷 74,页 16 下—17 上。

此集者,以孝、弟、忠、信为本。"他除将这些重要的儒家道德列作人际关系的准则外,还阐释入书院学习所必须具备的条件:"其不顺于父母,不友于兄弟,不睦于宗族,不诚于朋友,言行相反,文过遂非者,不在此位。"①如果书院学生违反上述条文,同学会加以劝诫,如果不能起作用,同学就要开会讨论他犯的过错。如果仍然不改过向善,书院就要将他除名。吕祖谦的规则与 12 年后的朱熹学规一样,都希望能够引导学生自我修养,鼓励学生互相帮助,共同进步。

朱熹和吕祖谦的学规似乎都简单地将道德行为与学问视为一事,因此有人或许会认为他们将学问化约成道德伦理的领域,朱熹学规的倾向尤其明显。他们表面似乎将道德修养当作学问的主要内容,但不应该简单地认为他们的学问最终的目的仅是实践道德行为,这解释过于简单,会贬低他们更广泛的课程以及实践的目的。整体观察他们的思想和文章,显示他们对学问和儒家传统的看法其实包含其他的内容。

吕祖谦与朱熹后期的学规不同,他特别详细规定学生的行为细节。有些条文规定学生间相处,要根据年龄大小称呼对方,不能谄媚或贬抑别人,也要遵守预习和讨论的规定。例如,学生得记录课堂上或阅读中遇到的问题,当作小组讨论的依据,还必须在笔记上签字显示哪些问题已经讨论过。

吕祖谦认为,使学生具有群体意识十分重要,可以使学生"勿狎非类"。所谓"非类"的意思并不太清楚,但是吕祖谦似乎努力减少学生遭受来自团体外的影响。吕祖谦虽然比较开明,可是排外倾向如此明显,显示道学同道有与别的团体划清界限的普遍倾向。他们与书院外的乡绅来往十分谨慎,尽量避免联系与冲突。例如,吕祖谦规定学生不许向官员送礼或关说,告诫学生要讲地方政府和官吏的好处,不可议论他们的是非。学生与其他社会人物接触时,不能与酗酒、赌博、打架或阅读不

---

① 《吕东莱文集》,卷 10,页 247;《东莱吕太史文集·别集》,卷 5,页 1 上。

正经书籍的人交往，而且必须与家庭保持密切的联系。吕祖谦严格要求学生和父母同住，遵守正确的丧葬礼节，避免为钱财与宗族争执。其他方面还包括在课堂上要严肃认真，学习必须勤奋。学生在一年内不能有100天以上的时间不在书院，每年至少要拜访以往的师长一次。如果在路上遇到老师，要行特殊的礼节表示敬意。[1] 这些规定的目的是维系书院的团结。

朱熹的学规比较注重基本原则，而吕祖谦的学规则比较强调行为规范；朱熹强调理论，吕祖谦侧重实践。如果指责朱熹的学规缺乏实践的意义，倒也有些言过其实，因为他强调遵守孝道。然而，他们所强调的理论和实践问题确实有明显的区别，朱熹的规范简约，且多取自经典；吕祖谦的学规详细周到，起头是总论，继以个别条文。朱熹的条文更为精致、系统，从道德修养的最基本的德目开始，结尾以三段话阐释学问的要务。两人目的都是组织学生，以研习经典及基本人伦关系的方式，学习儒家学说的真理；所以绾合儒家的团体是他们共同的主要目的之一。朱熹简练的学规名声日起，其他书院也相继采用，这份学规与吕祖谦早年学规的相似之处，再次显示吕祖谦在朱熹的贡献中发挥过作用。

吕祖谦应朱熹的要求而写作"白鹿洞书院记"，文中说重建书院的目的众所周知，朱熹对这份题记做大量评注，并将最后定稿刻在书院石碑上。他们提到重建书院的三个目的是要面对三项挑战：佛、道二教的竞争、改进教育制度以及弘扬儒学。吕祖谦讲他们都批评王安石新法中教育制度的弊病，反对学校太注重科举文章的习作，而倾向程颢的做法，以书院培养学生，强调儒家经典的学习和道德教育。根据吕祖谦的想法，这座书院会精研二程和张载的学说。[2]

---

① 《吕东莱文集》，卷10，页247—249；《东莱吕太史文集·别集》，卷5，页1上下。
② 《吕东莱文集》，卷6，页138—139。

三、重建道学传统

朱熹在 1173 年编辑《伊洛渊源录》时,更进一步强调二程以及他们最亲密的友人、学生是一支鲜明的儒学传统。这本书没有全面讨论 11 世纪复兴儒学的学者,只褒扬强调"道"的人。朱熹追随程颐的说法,认为致力于道的学者才是真正的儒者,研究文学和经学的学者则不然,所以他略过 11 世纪中叶对儒学复兴持比较宽广观念的学者,以传记和师承谱系追溯他所认为的道学流派渊源,指出这些先贤的贡献是延续道统,绍述古代圣人。朱熹在开头几章集中讨论开创道学的主要人物:周敦颐、程颢、程颐、邵雍和张载。他虽然用"伊洛"当作书名,而且二程素来被视为道学传统的源泉,但这里强调周敦颐的开山功劳,的确饶富意义。

邓广铭(1907—1998 年)先生在一篇文章中指出,周敦颐其实没有学生,在北宋时期也没有被视作重要的思想家,南宋的道学家才将他变成道学传统中重要的人物,朱熹尤其如此。朱熹夸大周敦颐的地位,甚至引起道学内部不同的意见。汪应辰两次写信给朱熹,表示怀疑二程是周敦颐学生的说法,推测二程顶多年轻时曾经受周敦颐影响,但《伊洛渊源录》却断定周敦颐和二程有明确的师生关系。朱熹答复汪应辰,只简单解释他的说法来自吕大临(约 1040—1093 年)记录在《二程语录》里的一条。朱熹承认汪应辰的质疑有道理,但没有修改《伊洛渊源录》的说法,仅引用吕大临的话为证据。邓广铭先生指出,朱熹避开汪应辰的合理的挑战,却以有问题的材料改写道学的历史。[①]

朱熹虽然是把周敦颐扶上道学宗师位子的主要人物,其实有些道学家已经为此奠立基础。本书在第一部已经提到,朱震早在 1134 年就说

---

① 邓广铭:"关于周敦颐的师承和传授",收入季羡林编:《纪念陈寅恪先生诞辰百年学术论文集》(北京:北京大学出版社,1989 年),页 53—60。

二程的学识甚受周敦颐的影响,湖湘学派也一直同时强调周敦颐和二程,胡宏和张栻都认为二程延袭周敦颐的一些思想。张栻除曾引用周敦颐的思想,至少写过六篇文章赞扬周敦颐。① 陆九渊虽然不承认周敦颐的"太极图说"(见第九章),但也相信周敦颐曾经教导二程。汪应辰反对周敦颐与二程有师生关系的说法,其实不是涉及二程地位的唯一敏感问题,例如,杨时就不承认二程曾经追随过张载,而且贬抑张载:"横渠之学,其源出自程氏。"②吕祖谦一意结合张载与二程的思想,但对周敦颐并没有采取批判的态度。从朱熹回答吕祖谦关于《伊洛渊源录》的问题来看,朱熹将周敦颐当作早期道学关键人物,吕祖谦并无异议。③ 吕氏一家对周敦颐遗留的学说也没有敌意,吕希哲、吕本中虽然曾经判断二程曾向周敦颐学习,但认为他们后来超越周敦颐。④ 因此,强调二程地位的学者不必然贬低周敦颐的地位。总而言之,我们不宜夸大道学人士反对周敦颐的情形。

朱熹也强调二程的贡献比较大。朱熹虽然引用程颐的"明道先生行状"为依据,表示二程的确曾经追随周敦颐,但更侧重二程的贡献。根据程颐这篇行状的说法,程颢得到周敦颐直接传授,但没有寻得学问的根本,所以自己苦心钻研近十年之久;程颐认为周敦颐的学问还不足以指导程颢这般天赋异禀的人。程颢回顾《六经》后,才获得思想的突破,发现古代圣人的道理。程颐形容他的兄长:

> 自十五六时,闻汝南周茂叔论道,遂厌科举之业,慨然有求道之志。未知其要,泛滥于诸家,出入于老、释者几十年,返求诸《六经》而后得之。明于庶物,察于人伦,知尽性至命,必本于孝悌;穷神知

---

① 《南轩集》,卷10,页4下—5上,8上—13下,卷34,页4上下;胡宏:《五峰集》,卷3,页14下—16上。周敦颐:《周濂溪先生文集》(百部丛书集成本),卷13,收录很多宋人对他的颂文。另一出处见张栻的《南轩集》,卷9,页6下。
② 《杨龟山文集》,卷5,页1下。
③ 《朱文公文集》,卷35,页7上—11上。
④ 《宋元学案》,卷12,页520。

化,由通于礼乐。辨异端似是之非,开百代未明之惑,秦、汉而下,未
有臻斯理也。谓孟子没而圣学不传,以兴起斯文为己任。①

程颐显然认为程颢超越周敦颐,朱熹也含蓄接受这个说法,后来更明确
赞扬二程复兴儒家之道。朱熹作《中庸章注》序时,指出二程与道的传承
有不可分割的联系:

> 尚幸此书之不泯,故程夫子兄弟者出,得有所考以续夫千载不
> 传之绪,得有所据以斥夫二家似是之非。盖子思之功于是为大,而
> 微程夫子,则亦莫能因其说而得其心也。②

这段文字与程颐的"明道先生行状"和朱熹的《伊洛渊源录》似乎互有抵
触,因为朱熹在书中指出周敦颐重新发现道,并将道传给二程;这项表面
的矛盾显示:现代的研究可能太高估朱熹对周敦颐的推崇。③

朱熹在 1193 年所写的"邵州州学濂溪先生祠记"提供另一个角度,
可以观察朱熹如何评价周敦颐和二程。朱熹虽然强调周敦颐的独特角
色,但认为二程的贡献更大:"〔周〕先生之学实得孔、孟不传之绪,以授河
南二程先生而道以大明。"④周敦颐因为传道而受赞扬,但朱熹将发扬道
的功劳归于二程。

就《伊洛渊源录》的篇幅而言,北宋五子的轻重排列依次是:程颢、程
颐、张载、邵雍,最后才是周敦颐。朱熹也很重视二程的其他同道,尤其
是胡宏及吕祖谦的先人吕希哲、胡安国;这两个例子都显示朱熹给二程
的篇幅比周敦颐多。

---

① 《二程集》,册 2,页 638,"明道先生行状"。又见朱熹:《伊洛渊源录》(百部丛书集成本),卷 2,
  页 11 上。
② 《朱文公文集》,卷 76,页 22 下。
③ 关于传统上的哲学诠释,见陈荣捷:"朱子道统观之哲学性",《东西文化》,第 15 期(1968 年 9
  月),页 22—32。关于朱熹对周敦颐作用的看法,见《朱文公文集》,卷 78,页 12 上—13 下,15
  上—16 上;卷 79,页 9 上—11 上;卷 80,页 11 下—12 下;《朱子语类》(正中书局本),卷 93,页
  3741—3744;(中华书局本),卷 93,页 2356—2358。
④ 《朱文公文集》,卷 80,页 11 下。

朱熹编辑《伊洛渊源录》赞美书中的人物,有力发扬一支研究道的独特儒学传统。全书近五章半的篇幅是谈论二程的主要学生,而其他20个较不重要的学生只在一章中简单带过。朱熹用巧妙的方式以二程为中心建立传统,并且用"伊洛"标榜二程的学派,结合四位儒学宗师与34位门徒,展现11世纪后期以来近半个世纪的几代道学发展。朱熹在1173年对道学范围的界定比晚年的见解宽广,但是比起同时代的学者已经狭隘许多,《诸儒鸣道集》就是很好的例子。

朱熹重新界定道学的范围,其实隐然要回应及取代《诸儒鸣道集》的看法。这部书是由张九成的学生在12世纪60年代编辑的,选取的人物顺序与朱熹不甚相同:周敦颐、司马光、张载,然后才是二程;所以司马光传道的地位仅次于周敦颐,而且司马光和张载被列在周敦颐和二程中间。周敦颐的地位在此不成问题,显示南宋初期不少道学人士认为周敦颐属于道学的一员,而且拥有特殊的地位;所以朱熹将周敦颐包括在内,并不算拓宽道学的传统。《诸儒鸣道集》虽然包括邵雍,但并未将他置于"北宋五子"的崇高地位,也没包括胡宏,但这部最早的道学选集还是显示道学初期较广阔的背景,因为它不集中于二程,而且较少谈论抽象的哲学问题。这本书还包括其他儒家学者,最有名的要属张九成,但朱熹将他排除在外,认为他受到佛教的影响太深。《诸儒鸣道集》反映道学初期视野广阔的另一证据:保存一些别处不见的著作。例如,刘安世的《元城语录》、江公望(北宋末期)的《性说》、刘子翚(1101—1147年)的《圣传论》以及潘植(12世纪初)的《忘荃集》最完整版本。① 潘植和刘子翚对佛教很有好感;江公望说有些儒生为性下定义时,不够重视人情的作用;潘植反对将道与物理分离。张九成不喜欢抽象的哲学,也明显表现在寓道于实践的思想,而《诸儒鸣道集》处处显示这种倾向。例如,它收入周敦

---

① 在1190年左右,《诸儒鸣道集》成为北方道学在金人统治下复兴的主要依据;参见田浩:"金代儒教:道学在北部中国的印迹",《中国哲学》,第14辑(1988年),页107—140。

颐的《通书》,而"太极图说"就未在书中出现。总而言之,这部选集呈现的道学,上溯几代到二程以及元祐党人中的同道,尤其是司马光和刘安世,包括日后选集所删去的人物,描述的范围比流传的朱熹版本要宽广许多。

朱熹的《伊洛渊源录》被元代的《宋史》编者当作撰写"道学列传"和"儒林列传"的基本资料;18世纪《四库全书》的编者回顾说,以道学来划分儒家学者,始于朱熹1173年完成的《伊洛渊源录》。① 朱熹以前虽然就有人界定道学的范围,但《伊洛渊源录》是重建或重新定义这支学术传统的重要一步。

朱熹和吕祖谦为弘扬道学,合作编辑一部哲学的入门选集《近思录》。吕祖谦在1175年拜访朱熹时,共同完成大部分的编辑工作,随后一直联络讨论某些章节,直到1178年才定稿。《近思录》与朱熹的《伊洛渊源录》不同,只包括北宋四子:周敦颐、二程与张载,传承的顺序依旧是从周敦颐到二程,再到张载,邵雍被排除在外。朱熹在别的著作里引用邵雍的宇宙论和自然观,但认为邵雍不应该包括在道学的主流里,因为他有宿命论的思想,而且不够重视个人修养和道德。② 全书最强调二程,其次是张载。全书总共622条,二程占80%的篇幅,张载占18%,周敦颐占的比例不到2%,而取自"太极图说"的只有一条。③ 从《近思录》的编排数目以及《伊洛渊源录》的篇目,可看出周敦颐在朱熹心目中的地位。因此,对朱子哲学的传统认识恐怕得修正,应该更注意张载,而不是周敦

---

① 纪昀、永瑢:《四库全书总目》(1782年四库全书本;北京:中华书局修订本,1965年),卷57,页519。

② Don J. Wyatt, "Chu Hsi's Critique of Shao Yung: One Instance of the Stand Against Fatalism," *Harvard Journal of Asiatic Studies*, 45. 2 (December 1985), pp.649 – 666. 陈荣捷:"朱子之《近思录》",收入其《朱子论集》,页126。

③ 陈荣捷:"朱子之《近思录》",页132—136;及其(Wing-tsit Chan), trans., *Reflections on Things at Hand: The Neo-Confucian Anthology Compiled by Chu Hsi and Lü Tsu-ch'ien*, (New York: Columbia University Press, 1967), pp.330 – 336;我根据书中的数字计算百分比。

颐,虽然强调张载可能要归因于吕祖谦。

自从南宋末以来,朱熹的后学将他当作《近思录》的唯一作者,但钱穆与陈荣捷等现代学者注意到吕祖谦的协助与贡献。[①] 吕祖谦的观点影响这本书的内容,由于他的坚持,朱熹保留一条论法制的条文,又删除几处抨击科举的文字。吕祖谦在一些特别的段落使朱熹放弃原来的目标。朱熹重视抽象的哲学,但却是吕祖谦劝他将讨论抽象哲学的"道体"当作全书的第一卷。吕祖谦的另外一个重要贡献是他删除程颢的"仁论",而收录程颐的《易传》许多言论。朱熹质疑程颐注解《易经》的方法,原本希望《近思录》不要引用任何段落,但结果全书有 106 处文字出自程颐的《易传》,竟然占总篇幅的 17%,仅次于朱熹编辑的《二程遗书》。朱熹在多年后解释说,他对吕祖谦让步是因为吕祖谦建议的段落很能解释日用生活中的功夫修养。[②] 可是朱熹为什么不满程颐的《易传》呢?

四、哲学的问题

宋代解释《易经》主要有两个派别,程颐是其中的一个代表,他以道德伦理的角度解释《易经》,而不是从象数占卜的角度看待它。程颐追随王弼(226—249 年),将"大传"附会在每一个六十四卦经文后,但把重点放在"大传",而不在卦爻经文,也不用邵雍、周敦颐偏重卦爻象数的方法,而将"大传"的道德原理应用到功夫修养。[③] 朱熹的方法又与程颐不同,不采取王弼以来将"大传"附会于每一个六十四卦经文的本子,而采

---

① Wing-tsit Chan(陈荣捷),*Reflections on Things at Hand*, pp.324 – 325;钱穆:《朱子新学案》,册 3,页 156—157。

② 《朱子语类》(正中书局本),卷 119,页 4592;(中华书局本),卷 119,页 2874—2875。

③ 邱汉生:"《伊川易传》的理学思想",收入《中华学术论文集》(北京:中华书局,1981 年),页 597—632。又参见 Kidder Smith, Jr. Peter K. Bol, Joseph A. Adler, and Don J. Wyatt, eds., *Sung Dynasty Uses of the I Ching*, (Princeton:Princeton University Press, 1990); Anne D. Birdwhistell, *Transition to Neo-Confucianism：Shao Yüng on Knowledge and Symbols of Reality*, (Stanford：Stanford University Press, 1989), pp.30 – 49.

用吕祖谦编辑的《东莱吕氏古易》,并曾为该文撰写跋文。吕祖谦以司马光的学生晁说之(1059—1129 年)的说法为基础,致力恢复上古经文的原貌,将"大传"与六十四卦分开。朱熹借用吕祖谦的易经古文,特别注意卦象(包括卦辞和爻辞),而不是程颐所使用的后出传文。朱熹认为孔子撰写"十翼"(大传)的传统说法可信,但孔子只是提出自己的看法,并不延袭伏羲发明八卦的原意。朱熹将他采信的上古经文与"大传"的哲学诠释分开,力图改正程颐对《易经》作过度的哲学诠释。程颐很少讨论卦象结构,而谈论卦辞跟爻辞的暗示的内在普遍原理。朱熹的做法与程颐相反,他借用邵雍和周敦颐的象数见解,从讨论卦爻的结构位置开始,强调有关的卦象神谕。朱熹认为程颐只强调传文中所提示的特定普遍原理,而忽视卦象神谕在不同情况下的意义。①

朱熹相信《易经》的本意只是占卜之书,不像其他经典具有强烈的道德教育意义。朱熹没有取消《易经》的占卜功能,其实是鼓励同时的文人把它当作功夫修养的工具。他在 1176 年给吕祖谦的一封信中说:

> 故今欲凡读一卦一爻,便如占筮所得,虚心以求其词义之所指,以为凶吉可否之决,然后考其象之所以然者,求其理之所以然者,然后推之于事,使上自王公、下至庶民所以修身治国,皆有可用。②

卦爻所提示的具体行为指示,取决于占卜当时的情况背景,唯有圣人能

---

① 《朱文公文集》,卷 38,页 5 下;卷 66,页 11 下—27 下;卷 82,页 20 下;卷 85,页 6 上—8 下;《朱子语类》(正中书局本),卷 66,页 2579;卷 67,页 2624—2632,2651;(中华书局本),卷 66,页 1622;卷 67,页 1649—1654,1666。吕祖谦:《东莱吕氏古易》(百部丛书集成本)。又参见钱穆:《朱子新学案》,册 1,页 501—522,册 4,页 1—52;束景南:《朱子大传》,页 594—606,734—749;吾妻重二:"朱子の象数易思想とその意义",《フイロソフイア》,第 68 号(1980年),页 145—175;钟肇鹏:"朱熹的易学思想",收入中国哲学史学会编:《论宋明理学》(杭州:浙江人民出版社,1983 年),页 281—298;邹水贤:"朱熹解经的指导思想和他关于易学的几个基本观点",收入其主编:《朱熹思想丛论》(厦门:厦门大学出版社,1993 年),页 209—228;曾春海:《朱子易学探微》(台北:辅仁大学,1983 年)。Chang Li-wen(张立文),"Chu Hsi's System of Thought of I," in Wing-tsit Chan, ed., *Chu Hsi and Neo-Confucianism*, (Honolulu: University of Hawaii Press, 1986), pp. 292 – 311.

② 《朱文公文集》,卷 33,页 32 下,第 47 封信。

知道如何在任何情况正确行动,因为他们了解万物几微的力量,能够因势利导。除少数的圣人外,每个人都有时需要占卜的指示,以探究自然的道理,成就人事、解决疑难。如果能够正确使用《易经》占卜预测未来,内心必然诚敬无私,了解人、天、地为一体。不过占卜不必用于道德原则十分清楚的情况,唯有极尽人事之后,才用占卜解决疑难、指示行动。朱熹在 1195 年就用占卜决定是否上书反对压制道学,当时他的学生畏惧朝廷的迫害,希望劝止朱熹上书,卜筮呈现不要上书的卦象后,朱熹采纳建议,焚毁上书。①

吕祖谦对占卜的看法与朱熹不同。《东莱先生左氏博议》中对士人谈到占卜,认为占卜过程中产生的不同的形象是人心的表露:

> 未灼之前,三兆已具。未揲之前,三易已彰。龟即灼矣,著既揲矣。是兆之吉,乃吾心之吉;是易之变,乃吾心之变。……妄者见其妄,僭者见其僭,妖者见其妖,皆心之所自发见耳。②

朱熹虽然要士人自己占卜,但不支持以占卜为生的人,吕祖谦则进一步谈到巫妖,生动表达他对占卜的态度。吕祖谦与程颐都反对占卜,即使他未追随程颐采用王弼的《易经》版本。上述引文也明确表达他的看法,认为占卜只能告诉我们内心已经认识的事物。

吕祖谦在别的著作中更清楚指出:心决定占卜的结果。《增修东莱书说》中说:

> 未占之先,自断于心,而后命于元龟。我志既先定矣,以次而谋之人,谋之鬼,谋之卜筮。圣人占卜,非泛然无主于中,委占卜以为

---

① 黄榦:《勉斋集》(四库全书本),卷 36,页 36 上下;王懋竑:《朱子年谱》(台北:商务印书馆重印本,1966 年),卷 4 下,页 216。又参见钱穆:《朱子新学案》,册 2,页 480—501。朱熹另外转求神谕的例子,见《朱子语类》(正中书局本),卷 107,页 4244—4245;(中华书局本),卷 107,页 2669—2670。
② 吕祖谦:《东莱博议》,卷 2,页 109—110。

定论矣。①

吕祖谦是位历史学家,经典提到占卜的时候,他必须承认古人"谋之幽明",但认为古人问卜,不过是为对事物的看法多求个观点而已。吕祖谦认为圣人占卜,但圣人不看重占卜。他也不鼓励士人将占卜当作自我修养的手段,认为占卜不足多论,因为占卜的结果已经先在心中决定了。

吕祖谦进一步澄清心与天地奥妙的关系,认为古代圣人之心是"天心"。前面也提到,张九成与胡宏用"天心"形容古圣人之心,相信人的德性与"天心"相连,吕祖谦的用法与他们很相近。"天心"只在经典中的《尚书》出现过一次,而且还是汉代的古文派经学家加进去的伪经,但吕祖谦讲授《尚书》时,至少引用"天心"十次,形容上古商周时代开国君主和大臣的心意。② 这两代的圣王据说与德合一,可以上接天心,下得民心。他们得到天心,承受天命治理国家。天心无私,所以这些圣王之心也是纯然无私的。

吕祖谦谈到更早的圣人时,认为天心与圣人之心合一是普遍的原理:"圣人之心,即天之心。圣人之所推,即天所命也。"舜禅让君位给禹时,天的"历数"已经在禹。圣人之心就是天心,因为"此心、此理,盖纯乎天也"③。

吕祖谦认为"天命之谓性"(《中庸》)外,天也赋予人之心,所以有人问心、性应该如何区别,他回答:"心犹帝,性犹天。本然者谓之性,主宰者谓之心。"④暗示不只圣人的心与天合一,心与天的联系也是普遍的;吕

---

① 吕祖谦:《增修东莱书说》(百部丛书集成本),卷3,页21上。

②《增修东莱书说》,卷7,页1下;卷9,页5下;卷10,页2下;卷14,页13下;卷15,页3下;卷19,页18上下;卷20,页4上;卷22,页8下;卷23,页4上;卷28,页12上。在卷10,页2下,吕祖谦引用《尚书》中"咸有一德"章。

③《增修东莱书说》,卷3,页17上下;邱汉生主编:《宋明理学史》,上册,页347。

④《吕东莱文集》,卷20,页451,"杂说"。

祖谦说:"心即天也,未尝有心外之天;心即神也,未尝有心外之神。"①进一步区别天心与视任何人事为外物的心,②并根据同样的想法,将心与道的相等关系普遍化:"心外有道,非心也。道外有心,非道也。"③因为道就是理,所以又回到吕祖谦天理合一的看法。

吕祖谦视理和天为一,又将理与天命相连:"命者,正理也。禀于天而正理不可易者,所谓命也。"④人不可能逃避天的规范,夏代的君主不再推行德政,不遵从天的规范,天"遂降之以灾",所以"天理感应之速反复手间耳",而且"非汤放桀,乃天也。以此深见,伐夏非汤之本意,实迫于天命之不得已耳"⑤。所以吕祖谦结合两种观念:新的哲学意义的"理",以及古代经典里会惩罚不道德君主的"天"。理或道德提供天与人之间的联系:"一理流通,天与圣人本无间。"⑥就此而言,天经由天理治理人民,但这说法与吕祖谦一向主张的"命由心定"的说法有明显的差异,矛盾只有在先预设心终究与天及理合一的情况下才可能消解,但也仅能解决部分的矛盾。一旦追问伦理学的难题时,这个矛盾差别就更明显:为什么人会丧失道德,无法认识心与天理是一体的呢?

吕祖谦引用《尚书·大禹谟》中舜的十六字传心诀,讨论这项伦理学难题的关键。这段话成为道学论心的重点,原文是:"人心惟危,道心惟微,惟精惟一,允执厥中。"吕祖谦解释说:

> 人心,私心也,私则胶胶扰扰,自不能安;道心,善心也,乃本然之心,微妙而难见也。此乃心之定体,一则不杂,精则不差,此又下工夫处。既有他定体,又知所用工,然后能允执其中也。⑦

①《东莱博议》,卷1,页74。
②《东莱吕太史文集·别集》,卷16,页14上;卷16,页11上下。
③《东莱博议》,卷2,页164。
④《增修东莱书说》,卷8,页13下。
⑤《增修东莱书说》,卷8,页2下—3上;又见《东莱博议》,卷3,页196。
⑥《增修东莱书说》,卷12,页10上。
⑦《增修东莱书说》,卷3,页17下—18上。

根据吕祖谦的解释,这段话既主张孟子的性善说,也肯定必须每日律己修养才能达到善的境界。人有道心仍然不足以为善,因为成为善人还需要认真严肃的修养。

吕祖谦为确定弥补这伦理学的问题,转向《易经》寻求解释。他在解释"复"卦时,将自我修养与孟子的心性本善的理论结合:

> 夫复自大言之,则天地阴阳消长,有必复之理;自小言之,则人之一心善端发现,虽穷凶极恶之人,此善端亦未尝不复。才复,便有亨通之理。且以卦体之爻观之。初九,一阳潜伏于五阴之下,虽五阴积累在上,而一阳即动,便觉五阴已自有消散披靡气象。人有千过万恶,丛萃一身,人之善心一复,则虽有千过万恶,亦便觉有消散披靡气象。……学者最要就天行上看,天道之有复,乃天行自然之道理,人之善心发处,亦人心固有之理。……人虽以私意障蔽,然秉彝终不可泯没,便是天行无间之理。①

天刚健不息的运行以及他对"复"卦的解释,不但加强吕祖谦对孟子性善理论的信念,也使他对个人能够实现自我道德转化更有信心。吕祖谦的分析虽然与程颐对《易经》的哲学诠释比较接近,但他和朱熹都分析卦爻的结构变化,并将得到的教训运用到自我向善转化的努力中。

吕祖谦和朱熹对《易经》看法的相似处,从朱熹对"复"卦的评注中显示得很清楚。《周易本义》中指出,人可以从"复"卦中看到天地之心的运作:

> 积阴之下一阳复生。"天地生物之心,几于灭息,而至此乃复可见。在人则为静极而动,恶极而善,本心几息而复见之端也。"程子论之详矣。②

---

① 《吕东莱文集》,卷13,页301—303,"易说"。
② 朱熹:《周易本义》(四库全书本),卷1,页44下—45上。

朱熹接着引用邵雍的诗,谈论天心在冬至时,处于寂然不动的状态,似乎全然不存在,一旦又受阳气催动,便能再化生万物。朱熹在此引用程颐和邵雍的诗文讨论爻辞,显然他一方面批评早先道学的易学传统,但也从中吸收不少解释;而且他与吕祖谦都从观察天与四季往复运行的过程,肯定人的本然善心能够回归自身,提供改邪归正的基础。值得注意的是,朱熹为确定善性,心安理得地引用邵雍谈论"天心"的诗。朱熹与吕祖谦都认为"天心"就是"君子之心",朱熹说:"盖君子心大则是天心,心小则文王之翼翼,皆为好也。"①并引用荀子的话:"君子大心,则天而道,小心则畏义而节。"②朱熹谈论天是有意识的主宰时,所谓"天"一直遵循道及理;总而言之,天就是理。理虽然是朱熹理论体系的中心观念,但理本身不直接控制万物的运行,由于需要一股制约的力量,他在几处视天为主宰,至少说过一次"天心"就是理的主宰,因为"天命流行所以主宰管摄是理者,即其心也。"③朱熹在这些段落里谈到圣人尽其心,所以能够知天、知性、与万物合为一体时,圣人之心与"天心"合而为一。学者在讨论朱熹对人可以向善的信念根据时,大多提及人性与天地之性为一体。④不过,将天心与圣人之心或君子之心结合起来,无疑又给朱熹提供另外的根据。

　　以心而论,朱熹以两个观念表达人可以为善的信念。第一,《易经》的复卦显示,人心与天地之心合一,因为人也具有使万物生长的仁德。其次,朱熹以帝舜的十六字传心诀为基础,发展"人心"与"道心"区别的

---

① 《朱子语类》(正中书局本),卷95,页3887;(中华书局本),卷95,页2447。

② 《荀子》(四部丛刊本),卷2,页4上下。

③ 朱熹:《朱子全书》(1713年渊鉴斋本;台北:广学社重印,1977年),卷45,页6上;又见《朱文公文集》,卷11,页8下,卷13,页6上—7上,卷57,页36下,卷95下,页22上下,以及《续集》,卷10,页14下。

④ 例如,Chan Wing-tsit(陈荣捷):"Evolution of the Confucian Concept Jen," Philosophy East and West, 4.4 (January 1955), pp. 295 – 319;以及其 "The Neo-Confucian Solution to the Problem of Evil," Bulletin of the Institute of History and Philology, Academia Sinica, 28 (1959), pp. 773 – 791.

主要理论,提出道德修养的要务。由于人心很不稳定,而道心是绝对的至善,所以必须将"人心"转化为与天理合一的"道心";①胡宏对道心的解释更明白而简练:"道心与天无二",且说"仁,天也。"②

"道心"与"天心"的相似之处显示,两者都是用以确认人可以为善的隐喻。人的意识可以使自我作自私的抉择,而导致自利与罪恶的行为。朱熹否定自私的思虑算计是"天心",因为天心一直与道一致;同样的道理,君子扩充心,其心就能与天合一、与道一致;换句话说,就成为天心。道心就是人具有的本心,若能够存养此本然的心,它就会引导人走上道德的路径;所以"天心"、"道心"都是与道德合一,自私的思虑则与天心、道心背道而驰。朱熹虽然从来没有清楚说明"道心"与"天心"其实是相同的概念,但两者的相似之处足以明确将它们联结在一起。朱熹未明确指出其间的联系,可能是因为"天心"有时指圣王之心,甚至当朝皇帝之心,以当时的背景,要将"天心"普遍化成为心处于至善的观念模式,比普通化"道心"困难;然而,这两个形容心自然与道德规范一致的概念,仍然为自我修为能够克服私欲,达到与正道和谐的信念,提供额外的支持。传统的儒家学者认为宇宙的自然规律内涵道德的意义,所以朱熹将人心与天及道联结,加强人具有努力向善的潜能的信心基础。

朱熹和吕祖谦都要在儒家学者间建立一个致力于道的群体,他们的个人风格不同,也影响道学内部以及道学与外人的关系;吕祖谦逝世后的时期,这点显示得更明白。

吕祖谦来自当时最有名望的士大夫家族,不仅提倡拥护家礼及传统,而且维护私人家族的利益。南宋的望族一般与当地其他望族联姻,所以也专注地方的事务;但有些新近移民的家族的做法有异,仍然流行

---

① Hoyt Tillman(田浩),"Consciousness of *T'ien* in Chu Hsi's Thought," *Harvard Journal of Asiatic Studies* 47.1(June 1987), pp. 43 - 48.
② 胡宏:《五峰集》,卷 2,页 67 上;《胡宏集》,页 41。

与外地的家族联姻。① 吕祖谦的情况与北宋的联姻模式比较一致,他第一任妻子是韩元吉的女儿,韩家是开封的望族,北方沦陷后移居福建。这位妻子在婚后七年去世,吕祖谦又娶她的妹妹为妻。他再度成为鳏夫后,迎娶著名的太学博士芮烨的女儿,而芮烨来自湖州。吕祖谦的女儿嫁入金华当地的望族,但这似乎是安排朱熹的儿子与同一家族联姻的计划中的一部分,显示他对朱熹格外宽厚与亲近。许多北方大族逃离女真人征服的北方后,无法保持既有的地位与传统,但吕家在这方面非常成功,至少到吕祖谦这代依然如此。

吕祖谦与北宋时代的先人都比较注重全国的政治,比较不特别关心地方的事务。他具有丰富的历史制度知识,并且明了当代的政治现实,因此朝廷讨论政治制度时,他是各方尊敬的权威。浙东其他的学者与陈亮一样,只注重全国与家族内的事务,吕祖谦则没有忽视中间层次的小区组织。例如,他为朱熹的社仓计划辩护,而且计划在金华建立类似的社仓;此外他通过在朝任官的朋友,协助朱熹建立他的第一座社仓与书院。

吕祖谦比较注重全国的事务,朱熹则活跃于中层的社区组织。朱熹在国家控制地方的权力削弱,而地方家族势力抬头的局势下,提倡一系列的组织加强中层的社区意识与团结。朱熹在社区组织的礼仪规范下,特别注重乡约、先贤祠、书院及社仓。他的社区制度的构想大多来自别人,但能将不同的办法融合,以达到整合儒学群体的目的。吕祖谦与朱熹都致力于加强道学家的意识和凝聚力,他们的重点虽然不尽相同,但都关心三个层次的事务,而且努力合作,互相支持,以强化国家及道学。

吕祖谦对朱熹的理论和实践有明显的影响。以书院而论,吕祖谦比朱熹早几年建立精舍与书院,而且吕祖谦是一名非常成功的老师,也必

---

① Robert Hymes(韩明士), *Statesmen and Gentlemen: the Elite of Fu-chou, Chiang-hsi, in Northern and Southern Sung.* (Cambridge: Cambridge University Press, 1986), pp. 82 - 104, 115 - 123. 他强调婚姻形式的变化,但也说新迁入的家族可能是例外,见页211。

然引起朱熹注意,而吕祖谦为学生制定的学规是 12 年后朱熹学规的蓝本。白鹿洞书院筹建的过程中,吕祖谦经常提供建议,朱熹并且将吕祖谦为书院重建完成而写的题记刻在书院石碑上。他们讨论胡宏的《知言》时,吕祖谦提醒朱熹要兼重精神修养的两种方法,而朱熹后来以此著称于世。朱熹与张栻处理"仁说"问题时,经常写信给吕祖谦讨论这个题目。在经学研究方面,朱熹以哲学诠释《易经》的基本文献框架是吕祖谦重编的《易经》,吕祖谦对《诗经》经文与"毛诗序"的看法,成为朱熹诠释该书的重要根据。《近思录》的内容及编排也证明吕祖谦介入颇深,这项合作计划如何进行,清楚记录在他们的书信与朱熹对学生的谈话里,但大部分日后的学者忽略、甚至贬抑吕祖谦对这部书的贡献。朱熹或许要为后学门人的偏见负担部分责任;吕祖谦去世后,朱熹总是避免强调故人的贡献,本书后面还会讨论,他批判浙东的功利学派,也连带影响他对吕祖谦的评价。

吕祖谦在各种讨论中,证明他能够讨论三个层次的问题。他虽然劝朱熹在《近思录》第一卷讨论"道体",但大体而言,他不像朱熹那么注意抽象的思辨哲学。朱熹与吕祖谦讨论的思辨哲学问题,的确不如他与张栻讨论的多。吕祖谦理论色彩虽然不如朱熹强烈,但现代学者也不应继续忽视他著作中的理论成分。他们讨论《易经》时使用的"天心"一词,可以提供另一观点考查他们如何追求修养的确立,而他们对于心与修养的看法也显示他们对占卜的看法。吕祖谦的体系强调心,甚于注重理;朱熹的体系则较以理为中心。吕祖谦调解学说的主要目的之一是要平衡太过强调心或理的观念,而由于他企图达到两者的和谐与平衡,他的思想具有兼容并蓄的色彩;这种印象使现代学者不能认真严肃地研究他的著作。

一般也认为吕祖谦对朱熹研究的中心议题如心、性、理所言甚少,他的专长是历史研究,而朱熹的特长是经典。朱熹和吕祖谦的学术重点的确不同,但这种比较的结论容易忽视吕祖谦对道德、哲学及经学的见解;

其实他对这些领域的学术和教育都有贡献。

若将吕祖谦学术的重点置于实际问题与历史研究,他真正的重点容易被误解。吕祖谦的社会活动、学术研究与历史著作虽然很著名,但仍然秉持如下信念:

> 静多于动,践履多于发用,涵养多于讲说,读经多于读史。工夫如此,然后能可久可大。①

这段话显示吕祖谦的基本重点与朱熹相似。吕祖谦的历史著作充满心、性、理的讨论,包含许多经典记载的圣人言行,而且他对三代以后的历史研究也是用以加强道德修养,这些都颇值得注意。对吕祖谦而言,经典与历史著作间没有明显的界限,因为经典都是上古时代的历史材料,《诗经》、《尚书》与《春秋》尤其如此。

现代学者比较朱熹和吕祖谦时,大多隐然接受朱熹的判断。朱熹同意学生的评语:"东莱博学多识则有之矣,守约恐未也。"他也说:"伯恭之弊尽在于巧。"②从他们对某些问题的不同看法,可以厘清朱熹所谓的"巧"。第一,朱熹说《尚书》很难解读,吕祖谦回答说没有事情不能解释清楚,但几年后吕祖谦承认朱熹对《尚书》的几处疑问是正确的。他们对这部经典的解释仍然不同,朱熹抱怨吕祖谦有时勉强解释《尚书》中无法解释的部分。其次,朱熹虽然欣赏吕祖谦对《诗经》一些解释,也赞同他将经文与序分开处理,但觉得他的解释有时太过取巧。第三,朱熹承认《左传》包含经典未触及的道理,但质疑何必花费许多时间追寻《左传》包括的琐碎细微的道理。他也承认吕祖谦对《左传》的解释极博学详细,但又批评他有时望文生义。第四,朱熹极力抨击苏洵、苏轼和苏辙以佛、道二教的学说污染儒学,吕祖谦却认为他们的偏差不应招致如此强烈的抨

---

① 《宋元学案》,卷51,页1670。
② 《朱子语类》(正中书局本),卷122,页4719;(中华书局本),卷122,页2949;陈荣捷:《朱子新探索》,页559—561。

击；朱熹因此写信给张栻，抱怨吕祖谦一番：

> 渠又为留意科举文学之久，出入苏氏父子波澜新巧之外，更求
> 新巧，坏了心路，遂一向不以苏学为非，左遮右拦，阳挤阴助，此尤使
> 人不满意。[①]

张栻回答说，吕祖谦虽然"于苏氏父子亦甚知其非，向来见渠亦非助苏
氏，但习熟元祐间一等长厚之论，未肯诵言排之耳。"[②]

朱熹和张栻虽然大张旗鼓声讨苏轼，吕祖谦仍然很尊敬苏轼的作
品。南宋一般的道学家对苏轼与古文的兴趣降低，吕祖谦却例外。他继
承家学的传统，甚至推崇江西诗人。[③] 他只在受人请托或应酬时，才会写
作纯文学的作品，但也的确写过许多各种文体的文章。他评论文章的范
例时，常教人学习欧阳修和苏轼的作品，《宋文鉴》就是力求文与理的统
一。当代学者刘昭仁先生曾经指出，吕祖谦不赞成将学术分成追随程颐
的"道"的学说与推崇苏轼文学的两派。[④] 吕祖谦调和苏轼与程颐的思
想，进一步反映他要加强儒学的团结，并且全面保存儒学的传统。

朱熹虽然从吕祖谦的调和受益良多，但有时严厉批评吕祖谦调和分
歧、寻求妥协的倾向；他曾经说：

> 伯恭讲论甚好，但每事要鹘囵说作一块，又生怕人说异端俗学
> 之非，护苏氏尤力。以为争较是非，不如敛藏持养。[⑤]

吕祖谦方面则认为朱熹过于强硬，不够宽容和厚道。[⑥]

朱熹也承认他们的性情不同，他赞扬吕祖谦："天资温厚，故其论平

---

① 《朱文公文集》，卷31，页4上；又见陈荣捷：《朱子新探索》，页559—561。
② 《南轩集》，卷22，页3下。
③ 他的外祖父曾几(1084—1166年)以及他的叔祖父吕本中都是有名的诗人。曾几曾经受到江
　西诗人影响，但是他的好友吕本中却没有将他置于江西诗派的名单中。参见，刘昭仁：《吕东
　莱》，页147—153。
④ 刘昭仁：《吕东莱》，页129—159，特别是页132—133，141，144—145。
⑤ 《朱文公文集》，卷39，页45下。
⑥ 《吕东莱文集》，卷3，页78。

恕委屈之意多。"而自己的性格是"质失之暴悍，故凡所论皆有奋发直前之气"。而这缺点比吕祖谦退让的性格更糟糕，"熹之发足以自挠而伤物"①。

朱熹和吕祖谦的性格虽然不同，但他对吕祖谦的感情和尊重是真诚的。吕祖谦去世时，朱熹表达最深沉的情感。吕祖谦去世的消息到达后，他在家中洒酒设奠，并且送去祭文。他的"祭吕伯恭著作文"大部分是赞扬吕祖谦温和谦恭、不轻易批评别人、文采出众、兼采百家风格，入朝出仕，树立道德的榜样。

最重要的是，朱熹谈到吕祖谦的去世对道学的意义。朱熹赞扬吕祖谦的道学，并且感叹"吾道"的衰落，以及吕祖谦去世对"吾党"的影响。吕祖谦虽然以前用过"吾党"的字眼，但朱熹也使用这词指称道学，则颇令人意外。在12世纪70年代和80年代使用这字眼，显示道学同道已经意识到自己成为一个团结而且独特的团体。孔子在《论语·卫灵公》中表示反对结党以后，"党"一直有极端反面的政治及道德的含意。北宋的政治家一般对它有比较好的看法，不过即使欧阳修写"朋党论"为君子结党辩护，仍然没有去除它的负面意涵。② 反对道学的人士已经警告朝廷这个团体像党派般运作，朱熹在"祭吕伯恭著作文"开头几句话意味深长：

> 呜呼！哀哉！天降割于斯文，何其酷耶？往岁已夺吾〔张〕敬夫，今者伯恭胡为又至于不淑耶？道学将谁使之振？君德将谁使之复？后生将谁使之诲？斯民将谁使之福耶？经说将谁使之继？事记将谁使之续耶？若我之愚，则病将孰为之箴，而过将谁为之督耶？然则伯恭之亡，曷为而不使我失声而惊呼，号天而恸哭耶？③

---

① 《朱文公文集》，卷33，页6下，致吕祖谦第7封信。
② 欧阳修：《欧阳修全集》（中国书店本），卷17，页124—125；又参见刘子健：《论欧阳修的治学与从政》（香港：新亚研究所，1963年）。
③ 《朱文公文集》，卷87，页12下；又见其《别集》，卷3，页12上。

朱熹在这篇祭文里清楚指出,张栻和吕祖谦是他所属团体的领袖,而且他们以道的学说贡献儒家的文化。朱熹在此大胆提出道学的政治、社会、文化的主张。由于祭文的体裁,朱熹将自己置于亡友之下,但含蓄表示要实现道学团体的目标。

朱熹反问"道学将谁使之振?"表示他会努力接过亡友领导道学的责任。张栻与吕祖谦去世后,朱熹宣称今后无人能够提醒纠正他的错误,既然已经没有人足以匡正他的错误,他又自谦说"若我之愚",似乎暗示身边的人都不如自己。

朱熹觉得自己有什么缺点呢?吕祖谦提醒朱熹有"伤急不容耐处",朱熹在 1175 年也承认有这种倾向。[1] 张栻在一封信中,以元晦称呼朱熹,提出惊人的告诫:

> 又虑元晦学行为人所尊敬,眼前多出己下,平时只是箴规他人,见他人不是,觉己是处多,他人亦惮元晦辩论之劲,排辟之严。纵有所疑,不敢以请。深恐谀言多而拂论少,万一有于所偏处不加省察,则异日流弊恐不可免。[2]

既然朱熹在吕祖谦的祭文中明确表示他要挺身负起领导道学的责任,并且说没有人可以纠正他的错误,道学下一阶段的发展使张栻的批评不幸言中。张栻与吕祖谦去世后,朱熹在没有如此亲密的同侪友人的环境下,继续发展道学的哲学理论以及组织道学的同道。朱熹在随后思想气氛比较冲突对立的年代里,对吕祖谦的态度比对故人生前还要严厉。

---

[1] 吕祖谦给张栻的一封信中提到他对朱熹的告诫,而张栻写信给朱熹,也曾经引用;见《南轩集》,卷 22,页 9 下。朱熹给张栻的第 27 封信中承认这项缺点,见《朱文公文集》,卷 31,页 15 下。又参陈荣捷:《朱子新探索》,页 521—523。

[2]《南轩集》,卷 20,页 10 上。

第三部

第三时期(1182—1202)

　　第三个时期道学日益政治化,无论是知识分子间的关系,或是他们与政府的关系都出现更多的冲突。朱熹在第二时期结束时所写的"祭吕伯恭著作文"可说是第三时期的开端,他在祭文里负起领导道学的使命。朱熹使用政治含意很深的"吾党"一词指称道学同道,并提出他们的文化政治使命,间接向朝野的其他儒生学士提出挑战,连没有参加吕祖谦葬礼的许多儒士,也会读到这篇由著名学者执笔悼念另一位知名学者官员的祭文。其实吕祖谦也曾经谈到"吾党"和致力于"吾道"的团体,而且为他们制订学术规范,并在1172年主持科举时大胆扩充道学集团的利益。吕祖谦的作为未造成重大的反弹,朱熹自命道学领袖却引发强烈的反应,显然朱熹并不像吕祖谦那样为学者官员所接受。吕祖谦的地位、威望、人格,以及学术影响都非比寻常,甚受士大夫的尊重,他们不愿意见到朱熹宣称自己取代吕祖谦的领袖地位。

　　朱熹在第三个时期初,职位升到提举两浙东路常平茶盐公事,掌握的权力也有增加。他在1182年就职前曾朝见孝宗皇帝,上呈七封奏议,到职后他集中精力治理旱灾带来的一系列危机和混乱。朱熹虽然曾抽空祭扫吕祖谦的墓地,并且拆毁一座秦桧庙,他主要的工作还是巡视辖区各地,以及整顿地方政府里的贪污腐化问题。

　　朱熹弹劾罢免几个官员后,将矛头指向泰州知州唐仲友(1136—1188年)。他上呈六道奏章,指控唐仲友行为不法,动用政府的资金和权力经营私产,甚至私造纸币。朱熹对唐仲友的指控似乎构成详细具体的案子,[①]可是邓广铭先生认为:"朱熹之纠弹唐氏,态度至为浚激忿厉,而其弹章中所列举的罪状却只是反复于狎昵官妓严蕊等人,以及所谓促限催税、蓄养亡命等事,甚至以官钱刊行荀、杨诸子之书也被列为罪状之

---

① 《朱文公文集》,卷18,页16—29下;卷19,页1上—25上。又参见 Yang Lien-sheng(杨联陞),"The Form of the Paper note *Hui-tzu* of the Southern Sung Dynasty," in his *Studies in Chinese Institutional History*,(Cambridge Mass.:Harvard University Press, 1961),pp. 365–373.

一,则可见其有意周纳,盖是先已决意要加之以罪而临时捃摭数事以为辞者。借可以断言,朱氏之所以出此,必系对唐另有私憾,而此私憾之生又必系有人居间拨弄而成者。"①唐仲友的背景也颇为显赫,他比吕祖谦还早考上进士和博学宏词科,而且在宋代得到博学宏词荣衔的金华人只有他们两位。唐仲友与许多浙东学者一样,对历代制度很有研究,但他比较接近旧式的世儒,反对道学人士所谓国家处于文化危机的看法。此外他的思想也比较接近苏轼的学说,而朱熹轻视苏学。② 皇帝尊敬唐仲友的学术背景,加上宰相也从中劝谏,所以只罢免唐仲友的泰州知事以及将要迁升的职位。皇帝有意将原来要授予唐仲友的职位授予朱熹,但朱熹拒绝接受,因为那会使人怀疑他弹劾唐仲友的动机。朱熹再三辞官后,只接受一项虚衔,并在 1183 年退出官场。

　　唐仲友案引发秦桧死后第一次因为道学而起的重大争论。吏部尚书郑丙(死于 1194 年)首先发难攻击道学,上书指责道学:"近世士大夫有所谓道者,欺世盗名,不宜信用。"③监察御史陈贾也在奏呈中指责道学人士标新立异,而且"假其名而济其伪",陈贾用"伪"形容道学徒具虚名,表面张扬唯有自己了解儒学的真义,其实骨子里执着追求权势利益。④ 尤袤出面为道学辩护,称赞道学与古代圣贤的传统一脉相承,有些太学生也表示支持道学。尤袤曾与吕祖谦一起在 1172 年主持科举,使很多道学人士中举。由于尤袤与太学生明确表态,似乎已经建立密切的关系,朝廷部分人士更担忧道学人士企图干政。孝宗皇帝裁定道学是好

---

① 邓广铭:"朱唐交忤中的陈同甫",收入其《邓广铭学术论著自选集》(北京:首都师范大学出版社,1994 年),页 564—565。

② 石田肇:"唐仲友覚书——南宋思想史の一齣",《社会文化史学》,第 12 号(1975 年 7 月),页 23—37。朱瑞熙:"宋代理学家唐仲友",收入衣川强编,《刘子健博士颂寿纪念宋史研究论集》(东京:同朋舍,1989 年),页 43—53。周学武:《唐说斋研究》(台北:台湾大学文学院,1973 年),页 1—128;唐仲友:《帝王经世图谱》(四库全书本),及《金华唐氏遗书》(续金华丛书本,丛书集成三编)。《宋元学案》,卷 60,页 1951—1961;《四库全书总目》,卷 135,页 1147。

③《宋史纪事本末》,卷 80,页 869。

④《道命录》,卷 5,页 4 下—6 上。《宋史纪事本末》,卷 80,页 869。

名称,但也有人利用道学的名义营取私利,然后争论才渐趋平息。

后代的学者一直认为1183年某些朝臣抨击道学,主要的原因是宰相王淮(1127—1189年)要庇护唐仲友。王淮与唐仲友是同乡,而且有姻亲关系,所以事实明显:这些攻击道学的言论是要讨好当朝宰相,王淮因此被后人当作朝廷压制道学的领袖。

然而传统的解释忽略一些重要的证据。第一,王淮早先曾积极支持过朱熹。1168年王淮担任建阳知州时,批准过朱熹建立社仓的计划,还提供建立社仓的资金,建议朱熹将百姓在灾年后偿还政府的本息保留起来,无须上缴州府。朱熹获准重建白鹿洞书院时,王淮在朝廷中的影响力正日趋上升。王淮也来自婺州,可能由于吕祖谦的关系而愿意帮助朱熹。1181年王淮家乡旱灾情况严重,他推荐朱熹前往负责赈灾事宜。其次,王淮在1181年并无意在学术上压制道学,他只不过建议皇帝把这个问题看作是知识分子内部的意见冲突。然而,这争端开启反道学的王淮派与支持道学的周必大派的斗争。

第三,1183年时王淮和其他人为捍卫既有体制而批评道学,认为朱熹过度攻击政治和学术上的对手,他们显然是从这个角度看待朱熹拆毁秦桧祠及弹劾唐仲友。陈贾告诫皇帝朱熹等人正在结成党派,这或许与朱熹的祭吕祖谦文有关,因为这篇祭文将道学称作"吾党",并且陈述道学的文化政治要务。现代学者曾指出,12世纪90年代的在野道学人士遭受打击时,反道学的人士是用传统的"党"观念统称这批知识分子和平民,其实朱熹率先使用"党"这个传统政治意涵深刻的字眼,他愤怒指斥提倡无党的人士:"若其不分黑白,不辨是非,而猥曰'无党',是大乱之道!"[1]可以肯定的是:1182年的冲突使朱熹更出名,更具争议,道学也因此变成政治色彩浓厚的字眼。

从1182年至1183年道学引起的争论对一些在野人士产生直接的

---

[1]《朱子语类》(正中书局本),卷132,页5102;(中华书局本),卷132,页3180。

冲击,至少来自婺州的陈亮有此感觉。陈亮从 1168 年开始就是太学学生,但是一直没有通过进士考试,也很少到京城的太学。他也是吕祖谦的朋友,所以朱熹在 1182 年初前去拜访陈亮。朱熹在浙江任职期间,陈亮曾就旱灾灾情以及某些官员的能力提出建议。陈亮与唐仲友是姻亲,但唐仲友怀疑陈亮怂恿朱熹进行弹劾。可是陈亮在一封 1183 年的信中,表示朱熹被奸诈的小人蒙蔽,并且不满朱熹怀疑他的动机,又抱怨唐仲友对自己恶言中伤。① 不久陈亮被捕入狱将近三个月,出狱后又遭人毒打。他写信给朱熹说,这些厄运都是因为有人怀疑他投奔"道学者"以求进身而招来的。②

朱熹在浙江逗留一年的经验以及这些冲突,都使他开始怀疑浙东的学者。他对所受的接待虽然感到满意,却感慨地说:"入浙从士大夫游,数月之间,凡所闻者,无非枉尺直寻,苟容偷合之论,心窃骇之。"③朱熹颇为失望,觉得这群浙东知识分子不能如他期望,坚定支持自己整顿地方官府的工作。这段批评使人想起朱熹对吕祖谦妥协的倾向发出的警告。吕祖谦人格的温和影响力随着他的去世而消逝无踪,这种宽容的精神已经堕落到背弃道德的地步,使朱熹引以为耻,甚至在 1188 年给孝宗的上书中指责浙东学者已经"不分是非,不辨曲直"④。同年朱熹对学生谈到浙江的经历,描述两个异端:一派是由陆九渊的学生杨简(1141—1226年)领导,束书不观;另一派则追随陈亮,"必求异者",已经偏离传统的轨道。⑤

朱熹相信吕祖谦以前的学生在追随陈亮,因此对陈亮观点传播的迅

---

① 《陈亮集》,卷 20,页 277—278;(增订本),卷 28,页 336—337。关于陈亮因为歌女之事而诋毁唐仲友的传说,见邓广铭:"朱唐文忤中的陈同甫",页 562—568;和吴春山:《陈同甫的思想》(台北:台湾大学文学院,1971 年),页 38—40。

② 《陈亮集》,卷 20,页 280;(修订本),卷 28,页 339。王淮由于朱熹的关系而对陈亮怀有敌意,此说见叶绍翁:《四朝闻见录》(北京:中华书局,新校标点本),卷 2,页 47。

③ 《朱文公文集》,卷 38,页 30 上。

④ 《朱文公文集》,卷 11,页 28 下。

⑤ 《朱子语类》(正中书局本),卷 122,页 4734—4735;(中华书局本),卷 122,页 2958。

速感到恐慌。他反省吕祖谦历史研究的风格,宣称找到从吕祖谦学说到陈亮功利学说的发展逻辑:

> 伯恭无恙时,爱说史学。身后为后生辈糊涂说出,一般恶口小家议论,贱王尊霸,谋利计功,更不可听。①

他与陈亮的冲突使他回过头来对亡友吕祖谦采取敌对批评的态度。

朱熹在 12 世纪 80 年代认为陈亮、陆九渊已经偏离正道,使他们的冲突变得相当尖锐。朱熹认为陈亮功利主义的倾向表现出只追求政治和社会的实际效果,而陆九渊则倾向禅宗般的个人顿悟:"海内学术之弊,不过两说。江西顿悟,永康事功,若不极力争辩,此道无由得明。"②朱熹写信给这两人时,口气比以前他对吕祖谦或张栻都要严厉得多,吕祖谦和张栻虽然比他年轻,而且获得进士的时间也比较晚,但朱熹还很尊重他们,态度非常客气。陈亮和陆九渊虽然也以晚辈自居,而且大体尊重朱熹,但比起吕祖谦和张栻对朱熹的态度来说,他们明显不肯妥协让步。陈亮指出朱熹道的观念超越历史的发展变化,而且将仁义与实用对立;陆九渊则强调心的一体直观,反对朱熹太过强调读书和格物,而且直接向朱熹所定义的传统权威提出质疑。这三方领袖在 12 世纪 80 年代拥有的学生都比以前大为增加,而随着三人的区别日益明朗,紧张也蔓延到学生和朋友,影响道学的整体发展。陈亮受到朱熹门人、甚至吕祖谦门人的排挤而甚感不满,他在 1185 年写信给朱熹,描述道学的派系之争:

> 因吾眼之偶开便以为得不传之绝学。三三两两,附耳而语,有同告密;画界而立,一似结坛,尽绝一世之人于门外。③

陈亮将道学家比喻成宗族或秘密宗教,显然对道学人士排挤其他儒士的

---

① 《朱文公文集》,卷 35,页 24 下,给刘清之的信。
② 引自王懋竑:《朱子年谱》,卷 3 上,页 134。
③ 《陈亮集》,卷 20,页 293;(修订本),卷 28,页 352。

做法极为不平。陆九渊对用道学界定划分儒家群体的做法也表示不满，与学生谈话时提出质疑：

> 然此道本日用常行，近日学者却把作一事，张大虚声，名过于实，起人不平之心，是以为道学之说者，必为人深排力诋。此风一长，岂不可惧?①

从后来的发展看，陆九渊的忧虑无异预示一场即将到临的风暴。

朱熹无视这些告诫，仍然将道学当作很好的名称，并且自认为道学传统的权威学者。他在第二个时期致力于编定北宋五子的文本，并确定它们的权威，这些工作大体在 1178 年完成，此后他把研究重点放在《四书》和《易经》上。他在评注中极力理解古圣贤的本意，所以思想显得更为独立，而批评早期道学人物也更直率。朱熹确定道学传统的开端后，转而致力于将自己的经典注释确定为道学的正统权威；当然这只是大致发展的线索，并不表示两阶段互相排斥。

朱熹早在 1181 年就使用过"道统"的词汇，但是八年后才开始宣扬这个字眼。② 儒家的孟子与韩愈曾经谈论圣人所传之道，偶尔有些宋儒亦曾援用"道统"一词，但朱子在 12 世纪 80 年代赋予这个词汇一个截然有异的意涵，且以道统传承自任。他在"中庸章句序"中提到"道统"三次，认为子思担心学术的传统失传而写《中庸》，使后人可以从经文中发现道。朱熹在"中庸章句序"里以及一个月前的"大学章句序"中提出道统的顺序，而且毫不迟疑地把二程置于复兴道学的最重要地位。朱熹为《大学》、《中庸》作注，并确定道统传承从孔孟直到北宋四子，暗示自己继承道统、领导道学。

---

① 《陆九渊集》，卷 35，页 437。
② 朱熹在 1181 年使用这一词，见《朱文公文集》，卷 84，页 29 下。朱熹的两个序在《朱文公文集》，卷 76，页 19 下—23 上。又见张永俊："宋儒之道统观及其文化意识"，《文史哲学报》，第 38 期(1989 年)，页 275—312；陈荣捷："朱子道统观之哲学性"，页 22—32，及其《朱子新探索》，页 429—435。

　　朱熹在 1194 年更清楚地指出他与"道统"的传承相连。他谈到道统在古代和宋代的主要代表人物时,列举邵雍、张载和司马光,因为他们与周敦颐、二程是同道;又在漳州修建的精舍里,把邵雍、张载、司马光和李侗的牌位与周敦颐、二程的放在一起陪祀孔子、颜回、曾子和孟子。朱熹将李侗包括在内,隐然表示自己也扮演道统传承的角色。① 朱熹使用"道统"形容道的传授,使这观念的阐述更完整,也更容易宣讲。他注释《大学》和《中庸》时,很适合使用这个词汇发展传道的理论,而这两本书的注释使朱熹在儒家思想体系中留下鲜明的烙印。②

　　朱熹在致仕年代中所写的著作使他的名声更为响亮。诚如束景南先生所说,朱熹蛰伏在"武夷山中六年,对道学反而是一个具有特殊意义的时期:它成了道学由一种文化力量上升为一种政治力量的转变时期"③。朱熹在 1188 年奉旨觐见,第三次见到孝宗,此时王淮已被革职,接近朱熹的官员像周必大等,在朝廷有不小的影响力。朱熹这次面圣后,被任命为兵部郎官,但他以足疾为由再三推辞,却授人以柄,所以他对孝宗说:"群议众排指为道学之人,而加以矫激之罪。"④

　　兵部侍郎林栗(1142 年进士)率先发难,尖锐抨击朱熹违旨不就,矛头则显然直指道学。朱熹曾经与林栗讨论《易》和《西铭》,结果意见不合;朱熹写信给同道说:"近得林潭州《易说》,甚可笑。"⑤林栗不满朱熹强调程颐和张载的观点,以及努力确定道学为正统的做法,指责说:"熹本无学术,徒窃张载、程颐之绪余,为浮诞宗主,谓之道学。"⑥这番话是道学成立以来对道学最为尖刻的指责,他并且重复前人对道学结党营私、徒

---

① 《朱文公文集》,卷 86,页 12 上下。
② 牟宗三:《心体与性体》,上册,页 19—20,44—45。
③ 束景南:《朱子大传》,页 558。
④ 《朱文公文集》,卷 11,页 28 下。
⑤ 《朱文公文集·续集》,卷 2,页 6 下,"答蔡季通"。
⑥ 《道命录》,卷 6,页 2 上下。《宋史纪事本末》,卷 80,页 870。又见王梓材、冯云濠:《宋元学案补遗》(四明丛书本;台北:世界书局重印,1962 年),卷 25,页 92。

有虚名以及行为怪异的指责。

这时叶适(1150—1223 年)挺身为朱熹辩护,他谈到道学的问题说:

> 凡栗之辞,始末参验,无一实者。至于其中"谓之道学"一语,则
> 无实最甚。利害所系,不独朱熹,臣不可不力辩。①

叶适认为,道学比朱熹使用的意义更广泛,许多努力改善行政的官员都
与道学有关,有些身居高位、为保护自身利益的人,才会抓住道学的缺点
一味攻击。叶适担心这些攻击会窒息知识分子的讨论,并引发党派倾
轧。叶适是主张经世致用的浙东领袖之一,肯挺身为朱熹辩护,仍将道
学视为学者和士大夫的团体,而不仅仅是朱熹的圈内人,尤其值得特别
重视;叶适显然也不接受朱熹为道学界定的狭隘定义。孝宗没有为这次
争论下结论,只说林栗的指责有些过分,但没有像叶适所指的那样全无
根据,所以只将林栗贬为知州事。

孝宗退位以后,道学中的官员卷入朝廷政治纠纷和皇室内部事务的
程度更深。光宗朝(1189—1194 年)时,几位道学官员批评皇室家务而被
革职。皇室内部的紧张关系明显违背儒家的孝道和礼制精神,他们上书
光宗,要求他以温和有礼的态度对待退位的孝宗皇帝,光宗以选择陈亮
为状元答复批评。陈亮在应试的文章里反对朝廷官员过分热衷儒家礼
仪而背离实际的问题,并且说光宗关注国家事务是一种更高的孝道,"岂
徒一月四朝而以为京邑之美观也哉!"②

陈亮也描述当时的困境:

> 而二十年来,道德性命之学一兴,而文章、政事几于尽废,其说
> 既偏,而有志之士盖尝患苦之矣。十年之间,群起而沮抑之,未能止

---

① 叶适:《叶适集》(北京:中华书局,新校标点本),卷 2,页 16—20,特别是页 9。《道命录》,卷 6,
页 3 上—8 下。《宋史纪事本末》,卷 80,页 870—871。御史刘光祖(1142—1222 年)曾加以响
应,见《宋史纪事本末》,卷 80,页 871—872;《道命录》,卷 6,页 8 下—12 下。
②《陈亮集》,卷 11,页 113;(修订本),卷 11,页 116。

其偏、去其伪。而天下之贤者先废而不用,旁观者亦为之发愤以昌言,则人心何由而正乎!①

陈亮虽然倾向攻击道学的人,但也警告任何的迫害都会损害国家所需要的人才,因此他呼吁建立一个更开放的政治气氛,使学术观点不同的人都可以被政府任用。遗憾的是,朝廷的紧张关系很快就由于另一次危机而更加恶化。

孝宗于 1194 年去世,光宗以身体不适为由,拒绝主持祭奠仪式。许多道学官员对这种违背孝道的做法甚感激忿,纷纷上书光宗,朱熹也辞去就任不久的职位以示抗议。叶适和留正(1129—1206 年)极力主张立光宗后人为太子,皇室耆老赵汝愚(1140—1196 年)则与两宫皇后的亲戚韩侂胄(1152—1207 年)联合,以皇太后的名义发出敕令,迫使光宗让位于太子。但是宁宗(1194—1224 年)登基后,两派的联盟迅速瓦解,而且恶化为更激烈的争斗。②

留正和赵汝愚暂时掌握大权,任命朱熹和一些道学人物出任官职,然而朱熹还未赶到京城时,留正已经被贬为州知事,显示朝廷派系斗争正趋激烈。朱熹上书宁宗,告诫他不要为人左右。韩侂胄是新皇后的叔父,而且与留正、赵汝愚不和,因此朱熹的上书被看作是针对韩侂胄而发。由于赵汝愚的推荐,朱熹被任命为焕章阁待制兼侍讲。朱熹在 1194 年的秋天入朝 46 天,而且几次担任宁宗的侍讲,再三告诫皇帝要警惕周遭肆无忌惮的结党营私之徒,甚至说应当给孝宗应有的祭奠和入殡之礼。宁宗对朱熹的说教感到厌烦,因此批准他的辞呈。韩侂胄终于在 1195 年初,以巧妙的手段将赵汝愚赶出朝廷,赞同赵汝愚的官员、知识分子以及一些太学生再次上疏抗议。

韩侂胄和他的党羽可以根据这些奏议上书,指控赵汝愚和留正聚众

----

① 《陈亮集》,卷 11,页 114;(修订本),卷 11,页 117。
② 关于这次党争,参见束景南:《朱子大传》,页 938—976,1038—1048。

结党。由于与道学有关的官员在帝位更迭时曾参与其事,并且要求皇室按照礼仪规范行事,很容易被认为是朝廷的威胁。反对道学的官员再三上书皇帝,终于在1195年正式禁锢道学人士,并且要求参加进士考试的贡生必须宣誓不与道学人士来往。到1197年又将59名道学人士列入"庆元党案"的黑名单①("庆元党案"也叫作"庆元学禁"),四位执政大臣列在名单之首,朱熹则被列在13名待制之首,接下来是34个文武官员。有些人的学术成就较其政绩出名,另外六个太学生和两位士人没有任何官衔。列入"庆元党案"名单的人的学术见解不甚相同,但具有共同的特征:大部分是追随吕祖谦、叶适和陈傅良等人所代表的浙东功利派学者,汪应辰的儿子和两位学生也被列入黑名单。学术渊源出于司马光学生的人也在榜上有名,此外陆九渊的学生杨简和袁燮(1144—1224年)也被列在其中。有些道学名人如陆九渊和尤袤没有进入名单,因为他们早在斗争爆发前就已去世。黄榦(1159—1221年)没被列入黑名单是个例外,因为朱熹似乎已选定黄榦继承学术。直到1200年朱熹去世后,韩侂胄才将黄榦当作道学的主要代表人物。了解"庆元党案"政治斗争的背景,才会明白韩侂胄何以在名单中杂入活跃政坛的浙东人士,而不只是朱熹这派人。当然叶适由于"以道学自名",已被看作是与朱熹同类的人。②

如果我们要寻找庆元党案中不同学术的渊源,就得一直追溯到二程以及除苏轼、苏辙以外的元祐党人。换句话说,在道学内部盛行的思想同出一源,黑名单上的人知识背景不一也显示道学在整个12世纪仍然继续具有广泛的意义。撇开道学内部的不同思想不谈,道学人士具有的共同特征足以招致反对派的侧目与攻击。

政治的冲突加强道学群体内部的团结。道学与所谓世儒和权臣的

---

① 《宋元学案》,卷97,页3197—3200。又参见韦政通:"'庆元学禁'中的朱熹",收入钟彩钧、张季琳编,《国际朱子学会议论文集》(台北:中央研究院中国文哲所,1993年),上册,页123—149;Conrad Schirokauer, "Neo-Confucians under Attack," pp.184 - 192.
② 《四朝闻见录》,卷4,页151,152。

冲突,使他们放下哲学上的歧见而展开合作。道学家即使在政治环境最有利的 12 世纪 70 年代,仍然对朝廷的权力分配感到失望,但也使他们更加团结;但政治上的考虑并没有阻止道学内部在 12 世纪 80 年代展开激烈的争论,不过 12 世纪 90 年代的危机的确加强了道学内部的团结和妥协。他们关心皇室孝道的问题,而且许多提出批评的官员纷纷遭到革职,所以几乎每个上黑名单的人都曾上书劝谏批评。政治压力不断增加,使他们力图寻求共同的出发点。

朱熹在孝宗在位时要排除道学异说,但在 1194 年以后,表现出与其他道学人士联合的倾向。他在竹林精舍把司马光列入学生每日清晨礼拜的道学大师;以象征刚柔兼具的竹子命名书院,或许反映他力图缓和自己刚烈不肯妥协的个性,而他早就承认有"伤急不容耐之病"①。竹林精舍的象征意义明显与从 1183 年到 1194 年在武夷山的武夷精舍不同。"武"字意思是军事,"夷"字意为用武力平定,以"武夷"命名学舍恐怕不是出于偶然。他在武夷精舍的时期正是他对对手抨击最为猛烈的日子。与前后时期的思想比较,武夷精舍时期的朱熹对道学群体和传统的定义较为狭窄。1194 年的竹林精舍周围有水环绕,颇像吕祖谦在金华的丽泽书院,与刚硬的武夷大不相同。朱熹在 12 世纪 90 年代的学术研究比前 20 年的范围更广,包括六经、礼,甚至文学作品。在 1193 年和 1194 年,他的学术对手陆九渊和陈亮先后去世,而他们是 12 世纪后期最不满朱熹使用"道学"一词的主要思想家。由于两位主要论敌去世,朱熹可以稍加放松,减轻他对道学其他流派的抨击。

12 世纪 90 年代中叶几个主要思想家过世,朱熹逐渐成为儒学领域中最年长资深的人物。1196 年吕祖谦的弟弟吕祖俭在艰苦的放逐生涯中过世,其他较次要的思想家,尤其是蔡元定和舒璘(1136—1199 年)也在朱熹之前过世。等到朱熹在 1200 年去世时,几乎所有的著名儒学思

---

① 《朱文公文集》,卷 31,页 15 下。又可参见本书第五章末。

想家都至少比他年轻 20 多岁。有三个值得一提的例外:陈傅良比他年轻七岁,但只多活三年;陆九渊的学生杨简和袁燮比朱熹小十余岁,而且一直活跃到 13 世纪 20 年代中期。在崇老的儒家文化气氛中,朱熹的长寿加强了他在道学发展的第三时期对年轻学者的影响,而这种特殊的身份也帮助道学群体在一个权威下形成共识。

朱熹此时的特殊地位或许也影响他的政治待遇。朱熹在 60 多岁遭罢黜期间,当朝的反对者并不迫害他本人。他已经辞官还家,也不再上书劝诫皇帝,所以他们只下一道简单的谕令,禁止他授徒。不过执政当局却流放蔡元定,蓄意使朱熹难过,却不让他成为殉道者而博得同情。朱熹使蔡元定成为攻击的目标,因为他相信蔡元定的风水理论,上书抗议宁宗为孝宗选定的墓址。① 不论朱熹是否认为自己要为蔡元定的厄运负责,他仍在路途中迎接蔡元定及其随员,与友人伤心告别。

反对朱熹的人也极力破坏他的为人以及儒者的名誉,他受到的指责包括不孝,对皇帝不忠、不敬,并且与两个尼姑有不正当的男女关系。② 除了恶毒的诽谤外,反对者还指责道学士人使用暗语,在科举考试中舞弊互相提携。他们在朝廷上重复以前的指控,说道学士人治学狭隘、道德虚伪,也不喜欢道学士人将庆元党案与元祐党案相提并论。他们很清楚重复以前的讽刺谩骂犹不足以压制道学,因此使用"伪学"的标签指出道学的虚假与伪善。攻击道学的人士也像 12 世纪 30 年代的人那样要求回到孔子原来的思想,摒弃被道学歪曲的见解;③这种看法显示部分攻击道学的人士也自认为儒家传统的代表。我们对这些人的思想所知甚少,而这些人常常被简单描述成一批反智的人物,但石田肇先生在研究明州高氏时指出,高文虎(1134—1212 年)家族对历史研究

---

① 《四朝闻见录》,卷 2,页 46。
② 《四朝闻见录》,卷 4,页 143—146。
③ 《道命录》,卷 7 上,页 1 上—23 上;卷 7 下,页 1 上—27 上;《宋史纪事本末》,卷 80,页 872—877;陈荣捷:《朱子新探索》,页 764—771。

有独到的见解,①而石田肇先生对周密的研究也显示必须认真看待周密(1232—1308 年)及其前辈对道学的批评。② 将来的研究也许会再现攻击道学的人士的学术发展轨迹,无论如何,反对道学的人不仅指控道学家自命的超然与正统,而且也指控这个排外的集团意图影响政府与政策方向。然而,即使环境如此不利,对道学的禁令还是逐渐失去最初的强势,终于在 1202 年解禁。与这个时期的政治纷争相比,更重要的是道学内部的学术争论。在 12 世纪的最后 25 年中,朱熹与陈亮和陆九渊的争论最为重要,以下我们就要讨论朱熹与他们的辩论。

---

① 石田肇:"南宋明州の高氏一族について",收入宋代史研究会编:《宋代の社会と宗教》(东京:汲古书院,1985 年),页 225—256。
② 石田肇:"周密と彼の著作をめぐつて",《东洋文化研究所记要》,第 11 辑(1991 年),页 83—93;及其"周密と道学",页 25—47。

第六章　陈　亮

陈亮的生平和思想代表南宋道学在婺州从第二个时期向第三个时期的转变。这转变在陈亮身上可以看得很清楚,因为他积极参与道学发展的两个时期,并且生动表达心中的幻灭感。他在 12 世纪 60 年代加入道学群体,70 年代底开始觉得自己与它格格不入,到 80 年代开始批判道学。他的变化不仅提供道学演变的资料,而且让我们了解为什么有的知识分子支持道学,有些则极力反对。

陈亮在 1143 年出生于一个寒微的士人家族。[①]　陈家虽然自称祖上

---

① Hoyt Cleveland Tillman(田浩), *Utilitarian Confucianism*, chapter 2,参中文本:《功利主义儒家》(南京:江苏人民出版社,1997 年),跟 "Ch'en Liang on Statecraft: Reflections from Examination Essays Preserved in a Sung Rare Book," *Harvard Journal of Asiatic Studies*, 48.2 (December 1988), pp.403 - 431. 又参见童振福:《陈亮年谱》(上海:商务印书馆,1936 年;台北:台湾商务印书馆再版,1982 年);陈豪楚:"陈同甫先生学说管窥",《文澜学报》,第 1 期(1935 年),页 1—18;颜虚心:《陈龙川年谱》(长沙:商务印书馆,1940 年;台北:台湾商务印书馆重版,1980 年);龚剑锋:"陈亮逸著《永康陈氏遗谱》考略",《文献》,第 3 期(1992 年 7 月),页 111—120;邓恭三(邓广铭):《陈龙川传》(重庆:独立出版社,1944 年);徐规、周梦江:"试析陈亮的乡绅生活",收入庄昭主编,《宋史论集》(河南省:中州书画社,1983 年),页 401—416;何格恩:"宋史陈亮传之考证及陈亮年谱",《民族杂志》,第 3 卷,第 1 期(1935 年 1 月),页 1975—2001;邓广铭:"辨陈龙川之不得令终",收入其《邓广铭学术论著自选集》(北京:首都师范大学出版社,1994 年),页 569—578,也参见 Beverly Bossler, *Powerful Relations* (Cambridge : Council on East Asian Studies, Harvard University, 1998)。

是唐代名宦婺州永康陈氏,可是从唐末以来,家族内几乎无人任官,家业也日渐衰落;陈亮只能上溯祖先到北宋中期。陈家的经济情况在 11 世纪时有改善,可是好景维持不久,金人入侵就改变了家族的命运。在 12 世纪 20 年代的战乱中,金人杀害他的曾祖父。他的曾祖父生前安排儿子与当地大姓黄氏联姻,而且黄家连续两代女子嫁入陈氏为妻,因此陈家虽然经济状况日渐衰落,却仍然不放弃追求入仕的机会。陈亮的曾祖父死后,陈家不久失去 200 亩田地,家业更加艰难。新家长陈益(1103—1167 年)当时年仅 24 岁,一面艰苦维持家族生计,一面还得准备科举考试。他虽然几经努力,但没有通过乡试或武试。陈益因为注意场屋成败又关心国事,所以不曾直接务农,考场失利竟使他消沉酗酒。他的独子也没有通过科举,只能回乡管理家族仅有的田地。由于经济状况恶化,陈家人只好在 1160 年把第三个孙子让人收养。永康虽然距离北方前线比较远,但金人的侵略还是阻挠陈家上进的希望,所以他们把一切罪过都归到金人身上,复仇是他们的强烈愿望;陈亮在这方面表现得比同时代的人强烈得多。

陈亮直到 25 岁一直受他祖父陈益的影响。陈益在年轻时由于父亲被金人杀害,不得不承担家族生计的重担,这经历使得他努力要把孙子培养成具有李白(701—762 年)一样坚强性格的人。李白被世人认为是个不肯逆来顺受的诗仙,而陈亮少年时代曾作歌称赞李白无拘无束的思想和放荡不羁的性格。陈益将中举入仕的梦想寄托在长孙身上,常常谈起父亲的战斗经历以及自己参加武试的情景,尤其对陈亮谈论许多军事战略。陈亮受到这些历史和军事战略思想影响,在青年时代写下第一本主要著作《酌古论》。这本讨论地缘政治战略的书,运用军事原理分析历史。陈亮反对长期以来将文武分途的做法,主张文武统一管理,因为文武分途会使文官衰弱,不堪重任,而武官则只注重军事细节,而不闻问其他事务。陈亮认为军事要成功,必须结合智力与武力,制定宏伟的战略,不能指望天命与运气,应该体认计划决定国与国间战争与冲突的结果。

吕祖谦也有类似的想法，但陈亮显然比吕祖谦更深入讨论军事战略，尤其推崇欺敌、埋伏以及其他《孙子兵法》所阐述的出奇制胜的策略，也强调知己知彼，并且运用所有地形、情报和心理等因素取得优势。[①] 陈亮运用这些战术原则分析汉到三国的历史，尤其是诸葛亮的成就。

《酌古论》完成不久，陈亮与吕祖谦同试漕台，名次排在吕祖谦前面，两人因为"同年"的关系成为好友。漕台考试是为官员亲属所设置的，不需经过地方考试就可直接参加州试，因此考生成功的希望比较大。吕祖谦来自士大夫家庭，所以有参试的特权；陈亮能够参加这项考试，大概与他母亲家的背景有关。吕祖谦第二年到京城赴试，连中进士和博学宏词科。陈亮得考虑经济的困境，只好担任别人的私人秘书随从进京，因此无法专心准备考试。

周葵（1098—1174 年）很欣赏陈亮的《酌古论》，相信他日后必定能成为国家的栋梁，所以邀请陈亮担任他的秘书。周葵从 1162 年应召入京，到 1164 年底，已经担任过许多不同的职务，包括参知政事。周葵的职位很高，而且在朝廷上推荐陈亮，陈亮因此得以亲身经历第二次对金战争的紧张环境。朱熹、吕祖谦和张栻当时都在京城，但陈亮没有见到朱熹和张栻。以陈亮当时的年龄、性格以及热衷军事战略的家庭背景而言，第二次对金战争对他的影响似乎更为深远。陈亮比其他三个较年长的思想家，更加注重军事的问题。孝宗最终决定议和，周葵辞官以后，陈亮也在 1165 年回到家乡。

在随后的四年里，陈亮的生活经历很大的变化。他在京城的时候给何恪（死于 1172 年）留下很深刻的印象。何恪出身浙江的富商家庭，他的兄弟虽然开始不太情愿，但何恪仍然做主把侄女嫁给陈亮，所以陈亮

[①] 《陈亮集》，卷 5，页 49 以至卷 8，页 90；（修订本），卷 5，页 40 以至卷 8，页 93。又参见侯外庐主编：《中国思想通史》（北京：人民出版社，1960 年），册 4 下，页 696—703；何格恩："陈亮之思想"，《民族杂志》，第 3 卷第 8 期（1935 年 8 月），页 1443—1464；庄司庄一："陈亮の学"，《东洋の文化と社会》，第 5 号（1954 年），页 82—100。

和他前三代先人一样,都因为前途看好而娶到富家妻子。陈亮婚后不久母亲便去世,次年陈家的家仆打死人,死者家属要追究责任,陈父因此入狱两年,家境更加艰难。陈亮的弟弟又离家出走,祖父母也都先后去世。金华同乡宰相叶衡(1122—1183 年)伸手援助,陈亮的父亲才在 1168 年被释。同年稍晚,陈亮考中乡试第一,有资格在太学享受俸禄。

陈亮由于考试成就出众,把自己的名字从"汝能"改成"亮",表示他的生命进入新阶段。"亮"字取自诸葛亮,不仅显示他仍然有军事政治的抱负,而且要培养自己成为"儒将"。他在这段时间比较能够致力学习,并与师友中的道学人物交往。由于周葵的影响,陈亮早已开始认真研究道学重要的题目和典籍。周葵劝他细读《中庸》和《大学》,以了解人性和天命。陈亮准备乡试时,曾经追随当地的学者郑伯熊。郑伯熊在秦桧当权时,仍然用二程和张载的著作指导学生。陈亮的第一个太学老师是芮烨,芮烨与吕祖谦关系密切,并且因个人修养而闻名。陈亮虽然与芮烨、吕祖谦的关系比较接近朋友,但他们的确影响陈亮不浅。12 世纪 70 年代初芮烨和周葵去世后,当代人中对陈亮影响最大的就属吕祖谦,而且这影响持续到 1181 年吕祖谦去世为止。

陈亮在这些学者的指导下努力求学,还是不能顺利爬上科举的阶梯,而科举失败对他的思想有很大的影响。他改名进太学读书不久,就在 1169 年的礼部考试中落选。随后他上孝宗皇帝"中兴论"一书,但孝宗不感兴趣。陈亮失望之余,只好埋头学习和修养心性。奇怪的是他没有参加 1172 年的进士考试,那一年的考试由吕祖谦主持,很多道学人士都得以中举。陈亮在家闭门读书十年后,参加 1177 年的礼部考试,但是又告失败。陈亮再次上书,陈述自己对当时各种问题的看法,尤其是收复北方、重建大宋的战争。他再次表达收复失土的信念外,还希望能够回避正常的科举程序在政府中任职,他的希望不幸都落空。科举经历以及在朝廷上的努力失败,成为他日后思想改变的重要原因。在 1178 年的上书中,他又改用新的名字"同",以回避太学生不得上书的规定。这行为虽然不无欺骗的嫌疑,不过"同甫"或"同父"从此成为他的字,但他仍然自称"亮"。这三个名字大致标志他思想发展的三个阶段:1143—1168 年的"汝能",1168—1178 年的"亮"和 1178—1194 年的"同甫"。

陈亮在 12 世纪 70 年代底为"中兴论"写一篇题跋,文中分析自己感情和看法的改变,自承十年后重读这篇文章时,感觉"已如隔世"。他回忆年轻时经营四方的抱负,以及对世间毁誉过实的愤恨,而每每念及伟人奋发有为的事迹时,所感到的久久不能平静。他为这些念头困扰时,读到道学名人杨时的话,觉得深有启发:

> 一日,读杨龟山《语录》,谓"人住得然后可以有为。才智之士,非有学力,却住不得。"不觉恍然自失。然犹上此论,无所遇,而杜门之计始决,于是首尾十年矣。①

那么在这十年里他都学习了什么?

道学主要人物的著作和儒家经典是他这十年间学习的主要内容,他后来说他研习张栻、吕祖谦和朱熹的文章,因为他们逐渐成为 12 世纪 60 年代和 70 年代的主要学者。② 陈亮在 70 年代初编辑早期道学大师的著作,尤其是张载和程颐的著作,并为它们撰写题跋。吕祖谦试图综合张载的关学和程颐的伊洛学说,而且他和陈亮都特别注意张载和程颐对历代制度的论述。吕祖谦说过,陈亮注意的是制度之用,而不是抽象的哲学本体:"若有体而无用,则所谓体者必参差鲁莽无疑也。"③陈亮一直专心检讨文化价值和评论制度,很少贸然推测抽象的基本原理。

陈亮在一篇讨论道统传承的跋文中,甚至把张载放到周敦颐和二程之间,赞扬周敦颐开道统之先河,也认为张载处于承上启下的地位,将道统传给二程。陈亮把张载排在二程之前,与《诸儒鸣道集》的看法非常相

---

① 《陈亮集》,卷 2,页 30;(增订本),卷 2,页 30。
② 《陈亮集》,卷 21,页 322;(增订本),卷 29,页 383。
③ 《吕东莱文集》,卷 5,页 109。《陈亮集》,卷 1,页 196;(增订本),卷 23,页 247。

似,却是他与朱熹的主要分歧之一。不过陈亮在 12 世纪 70 年代初期对早期道学著作的评价与朱熹的看法很相似,甚至他在 1173 年为张载、周敦颐和程颐的政事记写的"三先生论事录序",被误认是朱熹的文章,20 世纪末之前一直编排在朱熹的文集里出版。[1] 他在这个时期所写的文章涉及《尚书》、《诗经》、《周礼》、《春秋》、《礼记》、《论语》、《孟子》和《易》。陈亮在给幼年朋友的信中引用许多经典,论述修养如何重要,并且承认他在京城的努力失败后,已经放弃科举和仕宦的念头,而转向精神的修养。[2]

陈亮在第二个阶段的思想发展,在他论述经典的文章里,比他为道学著作写的题跋更为突出。这时他和道学人物很相似,与自己后来的成熟思想颇为不同。他肯定绝对的理和以动机为中心的道德,反对为获取最大的利益,而将价值判断建立在结果上的功利主义倾向。他谈到《孟子》时,把三代描绘成和谐的理想社会,与周代以来讲求功利而争权夺利形成鲜明的对比。陈亮指出上古三代黄金时期之后,"利害兴而人心动,计较作于中,思虑营于外,其始将计其便安,而其终至于争夺诛杀,毒流四海而未已"[3]。孟子为纠正被利害计较扭曲的心灵,所以主张严格的义利之辨。

陈亮在评述《周礼》时继续讨论这些主题,宣称周公在这部经典里保存三代盛世的政治原理,而这些原理是道在社会事务方面的完整实现,不论历史经历多少变迁,都不会随时间的消逝而衰竭过时。后来的统治者大都抛弃这些原则,只专注于"功利苟且之政",所以社会秩序会脆弱有如悬丝。[4] 周室衰微后,礼崩乐坏已经 1 400 多年,但陈亮坚信这些原理必然能够重新实现,因为上天尚未抛弃这些原则。陈亮谈到王安石运

---

[1]《陈亮集》,卷 14,页 164;(增订本),卷 23,页 254;《朱文公文集》,卷 76,页 32 下,33 上。《吕东莱文集》,卷 5,页 113。又参见王应麟:《困学纪闻》,引在《陈亮集》,卷 2,页 443。

[2]《陈亮集》,卷 19,页 259—261;(增订本),卷 27,页 318—320,致应孟明(逝于 1195 年)的信。

[3]《陈亮集》,卷 10,页 105;(增订本),卷 10,页 109。

[4]《陈亮集》,卷 10,页 101—102;(增订本),卷 10,页 104—105。

用《周礼》时，指责王安石推崇三代盛世之道，其实只是用来美化"霸者功利之说"①。陈亮和大多数道学家一样，将功利霸道与王安石不受欢迎的改革联想在一起，这种推崇孟子重德轻利的思想倾向，在他12世纪70年代中期的论史文章中随处可见。他在"汉论"五卷中常常强调心要专注道德，王者之心是政治的根本，其心其德的纯正与否，决定政府的好坏。省察自心十分重要，所以上古的圣王告诫后世子孙要惟精惟一。这些建议虽然显得很天真理想，但陈亮坚信治世之道没有超越道德规范的原则，人主之心既然决定朝政的好坏，所以历史研究应该着重他们的心，而不是他们的行为，否则史家不仅会误解成功帝王的本意，而且会忽视隐藏在制度下的缺憾。陈亮列举的反面典型就是历史上的暴君秦始皇帝（公元前247—前210年在位）；他强调秦政偏离德政只图功利，比秦律的严酷更甚，把重功利的结果与严酷的政府联在一起："一夫作难，七庙为墟，夫岂他哉？必蠹于功利，视德化为不急之务故尔。"②还批评秦始皇只重人力而轻天理，甚至说人力与天理成反比："人力愈至，则天理愈亏。"③不过陈亮在阐释这些道德规范时，仍然狂热主张要为宋朝复仇，一雪夷狄入侵之耻。他在"汉论"中批评汉景帝（公元前157—前141年在位）将公主下嫁匈奴单于，激动地骂蛮夷不是人，并以夸张的口气反问说：汉公主对丧失贞操于"犬豕"会作何感想？中国怎么能忍受如此的屈辱？④ 陈亮虽然也指责汉武帝的朝政，但赞扬他发动反击匈奴的战争。陈亮在敌视功利主义的阶段，战争和复兴国家仍然是他讨论国事的主要议题。他在"汉论"中重视豪杰，一如重视儒家价值观。他承认汉代帝王没有达到古代圣王的水准，但含蓄指出汉代帝王可以做自己时代的典范，而且在讨论经典的文章里强调依时代的不同建立相应的制度，指出

---

① 《陈亮集》，卷16，页195；（增订本），卷23，页246。
② 《陈亮集》（增订本），卷17，页195。
③ 《陈亮集》（增订本），卷19，页205—206。
④ 《陈亮集》（增订本），卷20，页218。

孔子的忠恕之道,并不是回避实际问题的抽象借口。①

　　陈亮在 1177 年回到京城太学参加礼部考试时,思想已经开始发生变化。以前他写过比较符合传统规范的论文,赞扬张良(逝于公元前 168 年)、贾谊(公元前 203—前 169 年)、诸葛亮和魏征(580—643 年)等人是君主的称职谋臣。陈亮为回答这些人是否为"纯儒",反问自己:他们为什么致力于异端之学或被扭曲的学说? 陈亮辩护说他们奉行的原理基本上都是儒学的原则,由于他们才智出众,所以能够察觉需要借用实际的政治智慧,解决政府的危机。如果圣人之道没有支离破碎,经典完全没有失落,这些豪杰不会在儒学外别寻观点策略。② 陈亮一直铭记自己的名字来自对诸葛亮的一心认同,似乎暗示自己也是为形势所迫,而借用实际政治智慧弥补儒学的英雄。他在科举二度落第时,愤怒指责主考是个心胸狭隘的小人,根本没有资格判断别人的能力。那些前代政治家的事迹必然鼓舞陈亮,因为他们的地位并不是靠科举的成功,而是从君主愿意倾听能人志士的实际建议而来的。

　　陈亮在"中兴论"的题跋里清楚表示,十年的修养和学习并没有改变自己的秉性,因为他的壮志一直不得伸展,得不到政府职位来实现理想,觉得自己没有用处。③ 陈亮第二次科举失败后深感挫折,索性大胆写成"上孝宗皇帝三书",不仅提出收复北方的军事战略,而且请求孝宗让他参与国家大计。他简单陈述打击金人的战略,然后坚持面见皇帝,才能详细谈论问题。上书引起皇帝的兴趣,决定起用陈亮。孝宗读过陈亮的第一道上书后,把它张贴在朝廷上,暗示要依照惯例提拔没有学位的人。孝宗的亲信曾觌(1109—1180 年)得到暗示后,派人去看陈亮。陈亮和朱熹都很轻视这位朝廷宠臣,陈亮甚至拒绝见曾觌的特使。由于陈亮拒不见面,又在上书中出语不逊,朝廷官员建议皇帝在特使见到陈亮前不予

①《陈亮集》,卷 19,页 260;(增订本),卷 27,页 319。
②《陈亮集》,卷 11,页 132—133;(增订本),卷 11,页 126—128。
③《陈亮集》,卷 2,页 30;(增订本),卷 2,页 30—31。

召见。陈亮仍然拒绝与中间人谈话，并在随后的第三封上书中坚持要直接觐见皇帝，这封奏书的确给孝宗留下很深的印象，决定授予陈亮职位。陈亮却对这职位嘲讽说："吾欲为社稷开数百年之基，宁用以博一官乎？"[1]陈亮既无官阶，也无资历，孝宗的安排已经十分破格宽大；陈亮轻视这职位，使人觉得他在发泄个人情绪，树立个人名声，陈亮却自信具有诸葛亮的才华，能制定收复北方的可行计划。

陈亮以诸葛亮为榜样，投身国事的热忱，从他日后的失望乃至绝望的程度可见一斑。陈亮乔装打扮离开京城，返回家乡，从此借酒消愁。酒醉时甚至在妓院里对妓女行王妃之礼，又在一位嫖客的怂恿下，模仿起皇宫的排场，还对学生行大臣礼，高呼"陛下万岁"。那嫖客向刑部侍郎何澹（逝于 1209 年之后）告发，而何澹正是陈亮在 1177 年侮辱的考官，所以乐得找到机会清算旧账。何澹将陈亮下狱拷打，直到陈亮承认冒犯皇室。孝宗皇帝派遣特使调查，随后宽大地撤销控诉，认为陈亮只是喝醉闹事。[2] 陈亮这次入狱记载在南宋叶绍翁的《四朝闻见录》里，后代史学也一直传布此事，但邓广铭先生在"陈龙川狱事考"列出详细的理由，否定实有其事。[3]

吕祖谦得知陈亮在 1177 年和 1178 年在京城对官员的傲慢攻击后，感到十分震惊，基于友谊和个人关系写信给陈亮，告诫他不合惯例的行为和言辞十分危险。陈亮回信辩护，自己急于获得有决策权力的职位，只是要做那些有官有位的人应该做而未做的事情，为国家解决重大的问题。他更大胆把自己比拟成孔、孟，被当时的官僚拒绝；孔、孟虽然知道

---

[1] 《宋史》，卷 436，页 12930—12940；《宋史纪事本末》，卷 79，页 847—866；《陈亮集》，卷 1，页 1—15；（增订本），卷 1，页 1—15。

[2] 叶绍翁：《四朝闻见录》，卷 1，页 24—25；《宋史》，卷 436，12930—12941；吴春山：《陈同甫的思想》，页 36—37；吉原文昭："陈亮の人と生活"，《中央大学文学部纪要》，第 97 卷第 26 号（1980 年 3 月），页 31—118。

[3] 邓广铭："陈龙川狱事考"，收入其《邓广铭学术论著自选集》，页 546—555。

不能成功,还是必须大声呼吁,因为他们有承担道的义务。① 陈亮进一步思考自己的做法后,又写了一封信给吕祖谦,生动描述不能得到职位的愤怒心情;他说:"今而后知克己之功,喜怒哀乐之中节,要非圣人不能为也。"②他放弃圣贤及道德修养的自我期许,开始与道学分道扬镳,与1178年的上书中痛斥文人空谈性命、正心诚意的口吻相合,认为这些空谈肤浅虚华,根本不能解决收复北方的当务之急。

陈亮在京城招惹麻烦后,有一阵子很能约束自己,小心恪遵吕祖谦的告诫。吕祖谦对陈亮的进步很感满意,写信给朱熹说:"陈同甫近一二年来,却翻然尽知向来之非,有意为学,其心甚虚。"③吕祖谦或许太乐观,但陈亮受到沉重打击后,未再继续发展1178年在"上孝宗皇帝三书"中提出的思想,一直到1181年吕祖谦去世为止。吕祖谦一直调和影响陈亮,但即使他一直在金华,也无法确定能够影响陈亮多久。然而吕祖谦去世一年左右,陈亮就写出更为激烈的"十论",足见他的影响有多惊人。

陈亮在1182年写成的"十论",提出许多与自己道学阶段不同的看法。他不再推崇孟子的道德人性观,认为人性是生理层面的问题,不是道德概念,所以谈到道德问题时,不再强调动机,而侧重满足生理的基本欲求等实际的事物(如饮水和穿衣)。他进一步发展1178年上书中所谈到的气有不同组成的问题,不仅谈论中国之道,而且谈周边夷狄的发展之道,并且指出中国的道经历时事变迁,所以上古三代所界定的道不能永远不变,后代圣贤不得不根据时代和具体环境重新界定道。陈亮的结论与以前所主张的不变的经典原则形成鲜明对比,也不再赞扬上古三代乌托邦式的理想,而指责贬抑汉唐君主的人,强调在道明白实现以前,必

---

①《陈亮集》,卷19,页263;(增订本),卷27,页322。
②《陈亮集》,卷19,页263;(增订本),卷27,页322。
③ 吕祖谦:《东莱吕太史文集·别集》,卷8,页10上。

须纠正贬抑近代成就(与上古三代盛世相比)的做法;①陈亮开始赞扬有成就的帝王值得仿效。

陈亮在 1185 年重编《中说》,写成"书类次文中子后"和"书文中子附录后"。《中说》其实早已编辑完成,而且曾与吕祖谦讨论,为尊重吕祖谦,陈亮在挚友去世前没有公开出版。这部书据说是隋代王通(584—617 年)的作品,他的思想对魏征等人很有启发,所以他们能帮助唐太宗(627—649 年在位)成为最成功的君主之一,而且王通早已经成为用功利的观点处理政治的代表人物。陈亮评论说,王通面对孔子的政治智慧遭人忽视数百年的事实,为恢复政治秩序,他运用上古经典的原理,以适应具体的时代环境。与王通正确体认时代变迁不同,孔子所编辑的经典只是就当时具体的历史环境而发,所以圣人的著作应该只是提供榜样规范,不提供后代具体的蓝图。王通与一千年前的孟子一样,提出新的观念解决时代的危机,所以能绍述孔子思想,并整顿天地之理。陈亮不但超越传统儒家所谓制度应该合于时势的主张,而且进一步宣称后代的学者不必受特定经典教条的束缚,需要根据所处的时代环境重新界定道。陈亮认同王通讲求实用政治、赋予儒家学说新意的做法,使道学人士无法赞同,吕祖谦和朱熹尤其感到不安。②

陈亮甚至在 12 世纪 80 年代在太学里写的"问皇帝王霸之道"中发展这些新观点。他不讲始终不变的"道",而谈论各种道在历史上如何为人所用。圣人伏羲和神农在上古时代使用"皇道",社会政治更有秩序时,近古时代的圣人黄帝、尧、舜应用"帝道"。"帝道"衰微以后,商

①《陈亮集》,卷 3,页 31—33;卷 4,页 40—41,页 43—44 以及页 47—48;(增订本),卷 3,页 32—34,卷 4,页 41—42,页 44,页 48—49。

②《陈亮集》,卷 14,页 168—170,卷 16,页 192—194;(增订本),卷 23,页 249—250,卷 23,页 251—252。《朱文公文集》,卷 36,页 27 下。又参庄司庄一:"朱子と事功派",收入诸桥辙次等:《朱子学大系》(东京:明德出版社,1974 年),第 1 册,页 465—480;庄司庄一:"功利学派陈亮の变通の理について",收入《入矢教授小川教授退休记念中国文学语学论集》(京都:筑摩书房,1974 年),页 511—524。关于王通,请看刘健明:"一个转型的儒者——论王通的志向与政治思想",《大陆杂志》,第 65 卷第 5 期(1982),页 223—230。

周圣王根据当时的需要,创造"王道"重建秩序。"王道"社会衰落后,五霸开始使用"霸道"实现统治。孔子觉得"皇道"遥不可及,"霸道"过于低下,所以他重视"王道"。孔子的门人也觉得"帝道"太遥远,孟子和其他正统儒家都推崇"王道",贬低"霸道"。法家虽然力图融合"帝道"与"王道",谋求富国强兵,秦国迅速瓦解显示这种政治哲学行不通,儒家于是抓住机会,责怪秦政采取的是"霸道"。汉唐的统治者和儒者为建立有秩序的政府,不得已私下借用秦代的政治理论和经验。陈亮指责宋代讲求道德的儒生走到空前的极端,极力贬斥霸道,赞美纯粹的王道,结果政府解决问题的能力反而日益低落,僵化的道德说教只妨碍、激怒有责任心的官员,使他们必须采用法家的手段解决国家问题。陈亮建议结合"王道"和"霸道",采用实际的手段解决实际的问题,使道德和经世致用不至于极端对立;这种王霸之道"有可以裨王道之阙,而出乎富强之外者"[1]。

陈亮为汉宣帝(公元前73—前49年在位)的王霸之道辩护,认为汉宣帝了解吏治会伤害百姓,所以采取综核名实、信赏必罚的实际措施,确保良好的政府;他不被传统的儒家政治说教局限,所以能够成功。陈亮承认儒家的礼乐在注重实效与讲求法制的环境下会衰落,并且重申道学家想用哲学讨论代替实际政策的积极效用,终究会徒劳无功。陈亮现在认为仅以王者的心判断朝政,根本是不切实际的想法,甚至直接挑战王者之心是天、地、人三者关键的说法,指出当今皇上聪明睿智,而且主政已经20余年,是传统观念的绝佳考验。当今圣上的德行与动机绝对无可非议,但宇内的平民百姓却不能遵信法度,因此实际政治比起传统儒家理论更复杂困难;[2]所以陈亮一改以前强调王者之心的观点。他虽然常以汉高祖和唐太宗为典型,其实对一般讲求实效的君主的评价都有

---

[1]《陈亮集》(增订本),卷15,页172—173。
[2]《陈亮集》(增订本),卷15,页167—168。

改变。

上面的例子或许已经足以说明陈亮在 1178 年以后的思想特征,他主张利用务实的手段解决实际的问题,赞扬王通和汉宣帝等功利致用的政治家。陈亮希望建立有效率的政府,所以主张综核名实、信赏必罚。这些政治理念一直属于法家和霸道的传统,似乎可以因此称他是个法家。陈亮比道学家更积极肯定法制,例如,他认为法规有修道的作用,可以使自私心变成公德心:

> 人道立而天下不可以无法矣。人心之多私,而以法为公,此天下之大势所以日趋于法而不可御也。……法者公理也。①

遵循法制是遵循宋代开国二帝的祖宗之制,而且这些法律规范已经成为自然天理的一部分,陈亮因此断言法不可或缺。

但陈亮的观点也表现出传统儒家对法有所保留的看法,而且这些政治观点以及具体的政策立场,在他思想发展的三个时期都相当的一致。② 例如,他发挥孔子的意见,指出严刑重法会限制慈爱君主的行为,却不能禁止奸民钻营法律漏洞。陈亮要求限制法律的范围,保护私有财产,而且个人利益必须与公众利益协调平衡。③ 他从生理的角度解释人性,意味着法律不必要把百姓改变成符合道学家所要求的道德境界。若进一步考查他的思想,会发现他也强调礼教,所以把陈亮看成法家也许不太适当。

陈亮成熟时期的思想或许用"功利儒家"形容比较恰当。有人可能会误解"功利"专指法家的传统,然而陈亮与法家的关系很有限,用"功利"的

---

① 《陈亮集》(增订本),卷 11,页 124—125。

② Tillman(田浩),"Ch'en Liang and Statecraft," pp. 426-428.

③ Hoyt Cleveland Tillman(田浩),*Ch'en Liang on Public Interest and the Law*,(Honolulu:Monographs of the Society for Asian and Comparative Philosophy, no. 12, University of Hawaii Press, 1994), pp. 16-29, 66-71. 参中文本:"陈亮论公与法",收入田浩编:《宋代思想史论》,页 518—576。

字眼说明他的立场,因为他强调用最有效的办法取得实际效果,根据不同的时代和环境需要解释"道",为个人以及国家获取最大的利益。这种事功传统与西方的功利主义类似,但并不全然相同。① 称陈亮为功利派的儒家,关键是承认他发展儒家思想中讲求实际事功的方面,引用儒家经典论证观点,都证明他的激进观点根源于传统儒学中的实际政治主张。

陈亮虽然猛烈抨击顽固不切实际的道学家,认为他们太坚持德性功夫,甚至对国家的危机视若无睹,但他没有反对儒学。他批评许多道学家没有运用《五经》(不仅《四书》)的原则,认为在兼求王霸之道时,也要用儒家的道德规范和实际策略解决问题。道德规范与事功手段不可或缺,而且从他的"道"的观念而言,两者是合一的整体。陈亮认定自己的思想来自孔子,但朱熹不同意他结合道德规范与事功手段的思想,要求陈亮做一个"醇儒"。② 我们必须使用朱熹"醇儒"的标准检定陈亮是否是儒家吗?陈亮成熟时期的思想在与朱熹的信件往来中表达得很清楚,下一章会进一步讨论。

陈亮的生活继续在好运、厄运交替中进行。他最年轻的弟弟陈明(1160—1187 年)在 1176 年从寄养的人家返回陈家,或许为陈亮带来一些财产。从陈亮对商人的肯定态度,以及他妻子家庭的经济条件来看,他可能曾经从事经商活动。无论钱的来源如何,陈家在 12 世纪 80 年代初竟购回 50 年前失去的 200 亩田。1184 年陈亮再次被捕下狱,被指控在宴会里下毒。陈亮这次参加晚宴,给坐在身边的人一包草药,用来加强菜肴的美味,但这个人回到家就死了。陈亮被羁押了三个月后,县官终于相信他上了江湖郎中的当。刚获释不久,又遇到一伙暴徒中途拦

---

① Hoyt Cleveland Tillman(田浩), "Yan Fu's Utilitarianism in Chinese Perspective," in Paul Cohen and Merle Goldman, eds., *Ideas Across Cultures*: *Essays on Chinese Thought in Honor of Benjamin I*. *Schwartz*, (Cambridge, Mass., Harvard University, Council on East Asian Studies, 1990), pp.63 – 84.
②《朱文公文集》,卷 36,页 19 上下。又参见邓广铭:"陈亮反儒问题辨析",收入其《邓广铭学术论著自选集》,页 505—529。

截,陈亮遭到毒打,眼睛和脑壳的肿痛一个多星期后才消退。这些事情发生后,他又专心研究课业,希望能够获得官位,得到人身保护的权利,于是在 1187 年回到京城参加科举。他在太学里获得"上舍"的考绩,所以有资格参加一项相当于进士考试的特考,但不巧在考前发起高烧,不能写完卷子。宋朝政府为控制传染病,规定病人不许进出京城,陈亮为不触犯规定,先行动身回乡,弟弟却因为照顾他,在归途染病发烧而死。陈亮万分难过,发誓不再参加科举,决心放弃入仕,但是次年从京城传来的消息又使他跃跃欲试。原来宋朝派三位特使去金国,而金却只派一个特使回报,显然以下国看待宋朝。陈亮为要求报复国耻,匆匆赶到京城向孝宗上书,提出全面的战略,以地缘政治、历史分析等观点论证,就像十年前坚持反攻一般。他在京城徒然等候二十几天,最后失望返回家乡。陈亮对国家政策大胆上书建言,又对当朝学者官吏放言评论,很多人蓄意与他疏远。1190 年 12 月他再次下狱,理由是他曾经雇用的两个帮工打死人。县官没有明确的证据确定案情,但仍然收押陈亮,因为几位有影响力的大人物要置陈亮于死地。陈亮的朋友和学生虽然几经努力营救,他还是在狱中渡过近十五个月的痛苦时光,直到光宗接到官员申诉,才下令在 1192 年 2 月将他释放。这个案件以及 1184 年因为草药等事引起的风波,成为陈亮在第三个阶段的主要生活内容,紧张和沮丧的经历无疑对他的激进思想和写作有很大的影响。

陈亮出狱后一直潜心学术,终于在 1193 年通过进士考试。他继续表达激进的主张,甚至写入考卷中,好友陈傅良担任主考时,他才终于获得同情。陈亮在礼部考试中,论述法治与人治的问题,指出两种典型的人:一种是强调人事的道德家,另一种是强调法制规定的制度家,而他的主张与传统的两极化的主张都不同,认为朝廷要放松行政规定,使国家可以灵活适应环境的变化。陈亮的主张十分鲜明,所以他的朋友必然认出试卷。陈亮在随后的殿试中,对光宗没有殷勤厚待退位的孝宗一事,写下他非常著名的论述。文章指出皇帝关注朝政是更高层次的孝道,并贬抑当时道学家日趋白热化的讨论为公众形象的问题。① 光宗决定陈亮为当年进士考试的状元,据说连退位的孝宗皇帝也很满意陈亮的雄辩。光宗随后任命陈亮为建康军判官厅公事,虽然不是他梦寐以求的职位,但他曾多次建议孝宗迁都建康,以准备与金人决战。陈亮关心建康的战略地位以及当地驻守的部队,立刻接受任命。但他在前往建康的路上染上重病,于 1194 年春或夏病逝,结束命运坎坷的一生,也结束效忠皇帝、收复北方而求职求官的渴望。

陈亮虽然在 1193 年的殿试中贬斥道学对光宗藐视礼制的指控,并且尖锐抨击道学的成员,朱熹还是去信祝贺他夺得状元的荣衔。陈亮去世后,他的儿子请求朱熹撰写墓志铭,遭到朱熹拒绝,不过他为陈亮的墓碑题字:"有宋龙川先生陈君同父之墓"。② 朱熹对陈亮的去世只有客套的反应,与他为吕祖谦写祭文时表现出的哀伤截然不同,可见朱熹与这两位婺州朋友关系有多不同。朱熹在 1194 年正致力于界定道学的教义、树立自己的权威,因此不像在 1181 年时较能宽容不同的意见。朱熹为许多人写过墓志铭,却拒绝为陈亮撰写,显示他把陈亮排斥在"吾道"之外;陈亮的终身好友陈傅良也拒绝为故人写赞文,可见陈亮确实被排除在道学团体外。

婺州的学术风气在 1181 年后也发生变化。陈亮在初入中年时,受吕祖谦影响而进入道学。吕祖谦关注国事,对道学内部不同的意见能够兼容并蓄,使陈亮更容易接受他的指引。陈亮虽然早在 1178 年就开始反对道学,但是直到 1181 年吕祖谦去世后,才开始表达激进的主张。他深感道学有排外的倾向,自己与他们格格不入,从此脱离关系。陈亮对道学的批评不仅显示功利思想已经成熟,也显示道学日益偏离多样化的发展过程。

---

① 陈亮的这两篇文章在《陈亮集》(增订本),卷 11,页 124—126;页 115—121。关于时人对其文章的反应见《宋史》,卷 436,页 12943。
②《朱子语类》(正中书局本),卷 107,页 4256;(中华书局本),卷 107,页 2676。

第七章　朱熹与陈亮

　　朱熹与陈亮间的互动与朱熹和吕祖谦的友好关系形成很鲜明的对比,这点差异生动描绘道学从第二时期迈向第三时期的发展变化。他们的关系不同虽然与性格的因素有关,但朱熹不论是面对吕祖谦或陈亮,都自认为在与婺州的思想领袖对话,所以他们的交流很能反映婺州学术的发展趋势。

　　吕祖谦早在 1174 年就要促成陈亮与朱熹交往,但一直等到 1181 年吕祖谦去世后,两人才开始直接接触。朱熹 1182 年在浙江就职不久后,前去永康拜访陈亮,见面的地点就是陈亮与吕祖谦有时会面的瀑布旁;陈亮陪朱熹去吕祖谦的墓地凭吊故人。朱熹不喜欢陈亮为吕祖谦所写的祭文,[①]因为陈亮在"祭吕东莱文"中谈论他和吕祖谦如何感叹世人不了解近世的英雄人物,而且说:

　　　　孔氏之家法,儒者世守之,得其粗而遗其精。……故孝悌忠信常不足以趋天下之变,而材术辩智常不足以定天下之经。在人道无一事之可少,而人心有万变之难明。[②]

---

① 《朱子语类》(正中书局本),卷 123,页 4748—4749;(中华书局本),卷 123,页 2966。
② 《陈亮集》,卷 24,页 364;(增订本),卷 32,页 426。

双方在开始时小心翼翼地寻求共同的立场。陈亮回拜时,与朱熹共处十日,两人饮酒互诉牢骚,抱怨朝廷不能收复中原。朱熹饮酒后喜欢大声吟唱,曾经被张栻告诫过一顿,但陈亮日后很怀念与朱熹举杯畅饮的时光。陈亮的个性豪爽鲜明,素性直言不讳,并且说朱熹是"人中之龙"。①

陈亮曾以人中之龙自诩,同时代人中能被他称作"人中之龙"的唯一人物就是朱熹。陈亮的好友叶适批评陈亮太过自负凌人,②也很类似张栻和吕祖谦对朱熹的评价。③ 由于两人的性格都如此好强,会面难免会有风雨欲来的声势,有如传说里双龙并出的情景,不过两人都不属龙,朱熹生于狗年,陈亮则肖猪。

朱熹与陈亮从1182年开始通信,一直到1193年。他们在1182年曾经互相拜访外,陈亮在1183年底又去福建拜访朱熹,但朱熹1188年未能按照约定去看陈亮,所以他们大多以信件来往。两人虽然有时不免动气,友谊却犹能一直维持。他们的书信表现出身份地位的差别。陈亮向朱熹拜寿,并馈赠礼金及其他礼物。陈亮是没有职位的后辈学者,所以讲话的语气也不同。他既然无官无职,行事又不按常理,所以担心朱熹不重视自己的观点。陈亮虽然常要求朱熹把自己的信件当作来自有身份的人物,但也声明除了吕祖谦外,朱熹是自己唯一想要说服的同道。朱熹则担心陈亮会认为自己的观点太陈腐传统,而将它们大打折扣。这些顾虑显示两人如何看待他们的关系,而且都认为朱熹的思想逐渐变成当代的主流。两人的交流证明朱熹12世纪80年代,大步向他宣称的传统迈进,并且逐渐成为道学的中心。朱熹虽然具有优越的地位,但陈亮的挑战的确也非常实际。

两人的友谊在开始的几年就发生变化。朱熹在1182年到浙江赈

---

① 《陈亮集》,卷19,页264;(增订本),卷27,页323。朱熹与陈亮的关系,参见 Hoyt Tillman(田浩), *Utilitarian Confucianism*, pp.115-131,和《功利主义的儒学》。

② 《叶适集》,卷20,页207—208。

③ 张栻:《南轩集》,卷20,页10上;卷22,页9下。又见本书第五章末。

济,他与陈亮的关系非常良好。朱熹是个外地人,面对旱灾和饥饿的危机时,他必须向地方文士征询消息建议,而由于吕祖谦的关系,朱熹和当地士绅得以取得联系。陈亮向他报告当地旱情以及官吏的情况,合作十分密切,所以朱熹弹劾唐仲友时,陈亮被许多流言传说困扰。不论陈亮是否怂恿朱熹反对唐仲友,至少他未能说服朱熹撤回弹劾。朱熹在1183年1月为此事所引发的争议辞职,陈亮表示遗憾,但他相信朱熹不久就会东山再起。陈亮1183年访问朱熹后,他们在信件中很少触及双方都关心的具体政治问题,而常谈论他们意见分歧的哲学问题。

例如,朱熹以陈亮的草药案借题发挥,批评陈亮的态度和哲学立场。朱熹说陈亮未能以仁约束自己的才智,所以与人共处时常常违背常规,而且他的行为容易招致恶意的报复,因此别人会相信诽谤他的谣言。朱熹对未能及早规劝朋友而深感歉意,并要求陈亮及早修身以约束行为、改正错误的观点,尤其应该放弃仁义与功利合一的观点。简而言之,陈亮应该以"醇儒之道自律"①。

陈亮辩护说,自己才华出众,不可以常理判断,并感叹无人能赏识他军事政务的长才,只一味挑剔他的仪礼行为。即使他承认有这方面的缺点,别人的看法还是太过分。朱熹指责陈亮与吕祖谦交往时,行为逾越常规礼节;陈亮则指出,从1162年他们共同应试漕台,结果他的成绩比吕祖谦高开始,吕祖谦就对他敬重有加,即使日后他们的发展和社会地位变化很大,吕祖谦仍然一直把他当作同侪挚友,所以他们谈话一向率直,不拘繁文缛节。吕祖谦的朋友学生不明其中原委,不满他们对等相处的关系,认为陈亮为吕祖谦写的祭文在自提身价。陈亮不但答复朱熹对他祭文的批评,并且含蓄反驳他与吕祖谦相处不遵礼节的指责,以及朱熹自称未能及时规劝。他承认桀骜不驯的性格对自己很不利,但否认

---

① 《朱文公文集》,卷36,页19上下。

他的性格和思想要为官司缠身负责。①

陈亮引用孔子的话答复朱熹要他成为"醇儒"的期望。他说孔子在《论语·宪问》里提到"成人",为什么需要在"成人"外加上"儒"的称号？不过是子夏(《论语·雍也》)等弟子抓着"君子儒"的称号发展成另一派别而已,《五经》根本没有把"儒"当作标准。难道立志成为"成人"犹有不足吗？成人讲究仁义外,必须要有勇。世儒只重视仁义,所以只代表成人之道里的一个主要方向。陈亮反问朱熹为什么只要他做个"醇儒",而不做"成人"？② 陈亮的立场是根据孔子的学说,极力反对削减学说的范围。

朱熹并不阻止陈亮向更高的层次努力,陈亮也指出朱熹认为"成人"不如儒家的圣人理想。朱熹一再称赞陈亮才华智慧出众,但是告诫陈亮不要被才智与胆识迷惑,并解释他的动机是："更欲贤者百尺竿头,进取一步,将来不做三代以下人物,省得气力为汉唐分疏。"③陈亮喜欢新奇的观念,使朱熹想起汉唐最有才具的学者的缺点："不肯低心下意做儒家事业、圣学功夫。"④

性格的差异感染了他们的意见表达。朱熹把陈亮的思想和他不安分的性格连在一起,但是问题的本质不能简单地化约成性格的差异,而应该把它当作问题的本质研究。

一、经世问题

宋代乡村日益被大地主控制,土地不均的问题十分严重。朱熹担任地方官的时候,花费许多精力从事赈济的工作,而且建议丈量土地,以期

---

① 《陈亮集》,卷20,页278—282;(增订版),卷20,页337—341。

② 《陈亮集》,卷20,页281—282,287;(增订版),卷28,页340—341,346。

③ 《朱文公文集》,卷36,页20上—21下;《陈亮集》,卷20,页287;(增订版),卷28,287。关于朱熹对"成人"的看法,见邱汉生;《四书集注·简论》(北京:中国社会科学出版社,1980年),页111—113。

④ 《朱文公文集》,卷36,页24上。

赋税平均合理。朱熹在浙江任职期间,曾经邀请陈亮评论自己讨论土地问题的文章。其实朱熹的"井田类说"只是从《汉书》和《汉记》里抄录三段长文,[①]并未加入自己的意见,但暗示他赞赏井田制度下的理想社会的景象。《孟子·滕文公上》和《孟子·告子下》提到井田,被后世许多政治改革引用为理想。朱熹曾经在别的地方批评张载、胡宏等道学家拥护这种不切实际的上古乌托邦制度,却在此认为井田制能够解决宋代的土地问题;他以后批评这种空泛的理想模式,大概来自陈亮强烈的反对意见。

陈亮坚持时光不能倒流回到上古,因为他们生活在法度繁密的时代,不论朱熹的文章有何暗示,不同时代的相异的制度不能任人随意凑合。如果上古情况可与今日的状况相比,而且百姓能够互利互信,他们就能与朱熹合作,不必诉诸上古渺远的制度。换句话说,承认私家的利益以及当今法度繁密的事实,比美化上古的理想模式更能切中问题的症结。学者几百年来坐而论道,在旧书堆里谈论这种理想的制度,从来未曾实现他们所希望的变革。[②] 陈亮在后来的信中又说,朱熹如果想改变当地的习俗,不应局限于经典的原则和树立道德榜样的教条,而应该实事求是地采取行动。除非正确的礼仪规范必须能用民歌表达,像孔子编修《诗经》一样,否则推行改革就像要老百姓"嚼木屑",根本不可能成功。陈亮说:"孔子以礼教人,犹必以古诗感动其善意、动荡其血脉,然后与礼相人。"[③]劝朱熹扩大听众,不再一味用心在士人身上,完全希望经由他们改革社会。

陈亮似乎对朱熹的社仓和其他社区组织不感兴趣,他在给朱熹的第四封信中说:

---

① 《朱文公文集》,卷68,页27上—29下;荀悦:《汉记》(四部丛刊本),卷8,页3—4;班固:《汉书》,卷23,页1079,1081—1082,卷24上,页1119—1123。现代学者对朱熹否定井田理想社会的研究,见萧公权:《中国政治思想史》(台北:中国文化大学出版部,1968年),册4,页502—504;钱穆:《朱子新学案》,册1,页198。
② 《陈亮集》,卷20,页273—274,277;(增订本),卷28,页333。
③ 《陈亮集》,卷20,页277;(增订本),卷28,页336。

> 亮之居乡,不但外事不干与,虽世俗以为甚美,诸儒之通行,如社仓、义役及赈济等类,亮力所易及者,皆未有分毫干涉。①

不论这段话是借口或是事实的描述,陈亮的表白的确令人吃惊,因为他自称"平生所学,所谓公私两字者。"②陈亮在其他场合说富家豪门的存在对公共事务有益,而且贫富差距自古而然,早在上古井田制时期就已经存在。由于井田制不可能复原,陈亮索性进一步说:"则贫富之不齐当亦听其自尔乎!"③所以建议政府不要太严苛控制乡村的富户大家。陈亮在写给朱熹的第二封信中说,地方富户的私人谷仓已经告罄,这或许是陈亮搪塞朱熹的借口,因为当时朱熹被浙江的干旱困扰,努力劝导富室捐献救灾,甚至不惜施加压力。根据这些材料,现代学者推测陈亮的观点反映出中小地主的立场,认为朱熹以仁义的表面理由牺牲他们的财富。

陈亮为什么不愿意支持社区福利,同时代袁采(1140—1195年)注重家庭的观点或许可以提供更好的解释。袁采在《袁氏世范》里警告介入家庭外的救济活动、社区组织和社会关系会有危险。④ 袁采强调维护家庭的利益,尤其要保持共同的家产。陈亮虽然没有袁采那样详细讨论家庭的利益问题,但是他也致力于加强家族的团结,增加家族的财富与实力。陈氏家长虽然不擅于理财,男性仍然一直掌管财政,但陈亮比袁采更肯定妇女面对问题与行动的能力,他在"二列女传"中就赞扬女性勇敢。⑤ 袁采也没有像陈亮那样清楚阐释功利致用的观点,但是他对于家庭利益的想法与陈亮成熟的功利原则明显类似,所以两个人的文章可以

---

① 《陈亮集》,卷20,页280;(增订本),卷28,页339。

② 《陈亮集》,卷21,页334;(增订本),卷29,页396,"与石应之"信。

③ 《陈亮集》(增订本),卷13,页153;又见《陈亮集》中第二和第三封信,卷20,页275—276;(增订本),卷28,页334—335。又参阅漆侠:"陈亮的经济思想",《明报月刊》(1985年4月),页33—36。

④ 袁采:《袁氏世范》(百部丛书集成本)。

⑤ 《陈亮集》,卷13,页160—161;(增订本),卷23,页243—244。以及"祭文",卷25;(增订本),卷33。

互相诠释对方的观念。

地区经济条件不同或许也可以解释陈亮对救济活动的冷漠态度。陈亮所在的婺州地区是位处经济发达地带间的偏僻地区,物产大约仅可维持自足,土地财富的集中比起朱熹所在的福建东南沿海等经济发达的地区,立刻相形见绌。福建的佛教慈善机构比较强大,对儒家士人是很大的挑战,所以他们得加入慈善活动。陈亮告诉朱熹,浙中地区的饥荒的严重局势只有中央政府才可以解决,由于较落后地区的经济资源相对缺乏,又得与京城和沿海等经济发达地区维持必须的贸易关系,陈亮或许因此认为外援比较可行。

有些证据显示陈亮并不反对义仓以及中央政府鼓励地方解决问题。他在考卷中赞扬汉以来的各种粮仓,甚至建议改进义仓制度,使它具有更强的应变能力,分布的地区更广。他编辑欧阳修讨论政府机构改革的文章成为《欧阳文粹》,认为这些文章可以成为政府改革的典范,而欧阳修比南宋的一般道学家更倾向主动有为的中央政府。陈亮呼吁政府的政策法规能够使百姓关注公益事业,而且使私人利益与公共利益能够协调平衡;他说:"人心之多私,而以法为公,此天下之大势所以日趋于法而不可御也。"[1]他虽然反对政府过分干预地方事务,并且指责中央集权导致宋朝军事衰弱,但仍然肯定中央政府能解决当时很多问题。所以陈亮对于地方制度的看法颇符合韩明士(Robert Hymes)先生的分析框架:关注家庭或是中央政府事务的人对中层的制度或社区组织不太感兴趣,而朱熹却大力支持中层制度与社区组织。[2]

朱熹比较强调地方和社区组织的改革,较少讨论全国制度的革新;

---

[1]《陈亮集》(增订本),卷 11,页 124;又参见 Tillman(田浩),*Ch'en Liang on Public Interest and the Law*.

[2] Robert P. Hymes(韩明士),"Lu Chiu-yüan, Academies, and the Problem of the Local Community," in Wm. Theodore de Bary and John Chaffee, eds., *Neo-Confucian Education：The Formative Stage*,（Berkeley：University of California Press, 1989）, pp. 432 - 456.

陈亮强调的重点明确与他相反,就这点而言,陈亮比较接近 11 世纪主要思想家的思想方向。不过他对一些主要问题(例如:重整军事组织、减税、学校和考试弊病等)的看法与陈傅良、叶适、甚至朱熹相差不远。由于实际政策的问题而造成思想家的分歧似乎已经不像北宋时期那么明显,但分歧仍然存在。例如,陈亮一直严厉批评科举制度,甚至毫不忌讳地在太学和科举的试卷中发表反科举的言论,直接要求考官将考试制度改革得更灵活而不僵化。[①] 朱熹虽然对科举的作用颇有保留,但他在顺利通过进士考试多年后,才发表"学校贡举私议",平常只在私下谈话时表达不满科举的意见。[②]

　　陈亮和朱熹虽然都主张恢复中原,但对相同的政策有不同的论点,反映他们思想观点的歧异。陈亮由于一直关注军事事务,拟定从三个方向对北方发动进攻的完整计划。他以特殊的"气"的理论为基础,建议迁都建康,并在建康发动主要攻势。他在"上孝宗皇帝第一书"中说:

> 惟中国,天下之正气也,天命之所钟也,人心之所会也,衣冠礼乐之所萃也,百代帝王之所以相承也。岂天地之外夷狄邪气之所可奸哉? 不幸而能奸之,至于挈中国衣冠礼乐而寓之偏方,虽天命人心犹有所系,然岂以是为可久安而无事也。……天地之正气,郁遏于腥膻而久不得骋,必将有所发泄,而天命人心固非偏方之所可久系也。[③]

他认为气在不同的地方发展,决定当地及居民的特征,而气的分布可以由讨论各地区在历史上所扮演的角色得到证明。女真入侵中原,玷污中原汉人的原始之气,由于中原是这股特殊之气的主要中心,驱逐外族就成为当务之急。两个皇帝同时并存、宋朝的皇帝必须向金人朝贡等不合

---

① 《陈亮集》(增订本),卷 12,页 132—136;卷 13,页 146—147,156;卷 14,页 157—160。《陈亮集》(1974 年本)中,只有两篇:卷 11,页 124—127,128—130。

② 《朱文公文集》,卷 69,页 16 上—26 上。

③ 《陈亮集》,卷 1,页 1;(增订本),卷 1,页 1。又参见 Tillman(田浩),*Utilitarian Confucianism*, pp.169 - 180.

礼仪规范的事激发陈亮强烈的仇恨，他要求迅速采取直接的军事行动，以洗刷朝廷、中国礼仪和历史所蒙受的耻辱。陈亮强烈主张以战争收复北方，甚至影响到他对其他问题的看法，尤其是土地问题。

朱熹谈论对女真人作战时，也对违背礼仪感到痛心疾首，但是他把这些礼仪视为经典和普遍的天理。朱熹认为个人的耻辱或许可以忽视，但天理绝对不容侵犯。他上书孝宗皇帝说：

> 今日所当为者，非战无以复雠，非守无以制胜，是皆天理之自然，非人欲之私忿也。……今释怨而讲和，非屈己也，乃逆理也，己可屈也，理可逆乎！[①]

这些天理原则是永恒不变的价值，是人类社会、政治乃至宇宙建立的基础。朱熹虽然同意陈亮的建议，在靠近中原的地区建立根据地，但是他不像陈亮有一套详细具体的策略，而且朱熹不赞成速战速决，主张以10—30年的时间准备反攻，所以他的态度更倾向防守自强。他关心政府行政的改革，使收复北方的计划更加遥远。他又强调道德的复兴重整，因为修养道德是收复北方的先决条件，政府道德素质是最根本的要务，政府首先必须把东南地区统治好，然后才能认真考虑统治北方的问题。[②]

整体而言，朱熹的计划比陈亮的计划更理想化，更强调由根本入手，因此也更为激进。陈亮认为人性仅是生理层面的问题，只要求行为与法制必须合于规范，因此他要改革的项目也比朱熹温和。朱熹强调抽象或超越的"理"，使他对根本彻底改造民众与社会的计划，比陈亮的看法乐观。陈亮讨厌抽象的观念，所以只在他理解的客观条件限制下，寻求解决的办法。陈亮选择汉唐君主做英雄榜样，但始终未把他们抬高到极端的理想化的程度，而朱熹却期待众人能够成为圣贤，遵循上古流传下来

---

① 《朱文公文集》，卷 13，页 3 上下。
② 《朱文公文集》，卷 11，页 4，页 11 上，页 15 上下，34 下；卷 24，页 10 下—14 上。《朱子语类》（正中书局本），卷 133，页 5128—5137;(中华书局本)，卷 133，页 3195—3201。

的道德原则,而坚持激进的理想主义。

二、论权宜与功利

朱熹与陈亮争论的一项主要问题是涉及"权"的道德问题。"权"可以解释成权宜、紧急或审时度势的意思。当原则("经")不能轻易解决问题时,儒家信徒了解必须采取不寻常的手段适应紧急的情况。孔子在《论语·子罕》中说:"可与共学,未可与适道;可与适道,未可与立;可与立,未可与权。"许多汉代的学者试图对"权"下明确的定义,例如赵岐(逝于 201 年)在注解《孟子·离娄上》时说:"权者,反经而善也。"①但程颐认为"经"、"权"的传统解释界限太宽,可以用来解释各种行为,所以提出新的理论,认为"权"就是"经","权"是"经"在不同时间和场合下的运用。朱熹在 1178 年完成的《论语集注》采用程颐这点解释,但到 12 世纪 80 年代和 90 年代他对学生发表评论时,反复声明他喜欢汉代学者的观点甚于程颐的观点。② 陈亮的挑战也许是朱熹转变的催化剂,迫使他改变思路,为儒家伦理中的这个复杂问题寻求新的解释。朱熹好像认为,陈亮把程颐"权""经"一致的观点推演到极端,使朱熹警觉其中的问题。

朱熹答复陈亮在 1182 年写的"十论"时,批评陈亮对于"权"的看法。朱熹认为"十论"所议论的问题就如一名男子想要救溺水的兄嫂,而违犯男女授受不亲的一般原则。《孟子·离娄上》使用这假设的情况划清"经"和"权"间的界限,但同意情况紧急的时候,容许暂时的权宜之计。孟子虽然追随孔子的立场,主张道德伦理在面对紧急情况时,可以容许灵活变通,但孟子和朱熹都强调,面对重大的问题必须坚持原则,通权达变时要十分谨慎小心。朱熹和孟子都否定这个事例暗示道德原则与情况的变化是相对

①《孟子》(四部丛刊本),赵氏注,卷 7,页 8 下。
②《朱子语类》(正中书局本),卷 37,页 1573—1588;(中华书局本),卷 37,页 986—995。又参见韦政通:"朱熹论'经'、'权'",《史学评论》,第 5 期(1983 年),页 99—114。

的关系。朱熹指控陈亮的文章有许多违背常理的地方,决定不让学生读这些文章,因为年轻人一旦阅读这些文章,会对三纲五常的原则感到困惑不解,造成不可弥补的损害,"其害将有不可胜救者"①。

朱熹对学生谈到 1183 年陈亮来访时两人讨论的问题,并表示他对陈亮深感困扰。朱熹认为陈亮主张"权"比"义"重要,而且"义"可以变通,因为"义是活物,权是称锤;义是称星,义所以用权。"②陈亮认为"义"必须符合时间环境变化,而程颐将"权"视为"经"在不同时间的应用,其实这两种看法是差不多一致的。朱熹一定明了其间明显的类似,但是他不愿意直接面对这个尴尬的难题,因此轻易地回避。

朱熹试图提醒陈亮注意自己的看法中隐含的道德难题,而反问:"义便是有随时底意思〔么〕?"陈亮完全不回避问难,仍坚持将"义"视为通权达变,所以直接回答说:"固是。"③朱熹终究无法让陈亮相信他对于义的看法与孔子在《论语·里仁》中告诫防范的小人相似,孔子说:"君子喻于义,小人喻于利。"朱熹也批评浙东的功利主义者,因为他们认为:"义理与利害只是一事不可分别。"④总而言之,朱熹严格地区分义理与权宜、功利。

陈亮为答复朱熹的严格二分法,提出许多榜样以改变朱熹的传统观念。陈亮的积极功利主义的模范,包括"霸"及汉唐时代的贤明君主,但是陈亮必须先克服这些汉唐君主与三代圣王间的极端差距,也得克服"霸道"与"王道"的对立。这些对立的概念如果能够融合为一体,讲究实际权宜的政治就能获得比较高的道德评价,并且摆脱它的传统负面意义。如果汉唐英明君主的成就被视为符合道德的原则,就可以奠立以统治的成果为道德的积极模范。陈亮第三时期(1178—1194 年)的思想虽然一直努力为目的伦理寻找根据,但早先他试图融合别人认为对立的概

① 《朱文公文集》,卷 36,页 18 下。
② 《朱子语类》(正中书局本),卷 137,页 5252;(中华书局本),卷 137,页 3269。
③ 《朱子语类》(正中书局本),卷 137,页 5252;(中华书局本),卷 137,页 3269—3270。
④ 《朱文公文集》,卷 53,页 33 上。

念。他在第一时期(1143—1168 年)专注讨论文武的差别以及他们训练的问题,第二时期(1168—1178 年)的哲学训练增加他融合理论的触及面与效率,以支持他讲究实际的思想方向。陈亮在 12 世纪 70 年代沉浸在道学里,所以在第三时期与最具理论系统的道学家展开论战时,依然能坚持自己的主张。

朱熹对"霸"的评论,证明陈亮所要完成的任务有多艰巨。朱熹是个学者,所以承认"王"、"霸"间有历史与制度的区别,而且承认古人侧重不同的正确政治立场。然而朱熹也是卫道之士,必须继续以保卫道德的立场谈论"霸",而忽视大部分的制度历史背景。例如,朱熹认为如果霸主秉持公心,不具私心,就可以实行王道;但是"功利之心"使霸主用仁义的幌子掩饰自私的动机,甚至自欺欺人,以为假借的仁义是自己真实的道德。朱熹以《孟子·尽心上》所谓"五霸久假仁而不归"为根据,认为霸者以武力欺骗胁迫百姓。霸道诉诸武力胁迫百姓,假借仁义实行功利的目的,王道则代表真正的仁义道德。朱熹虽然了解霸道政治的实际历史背景,但仍然扩大"霸"与真正道德间的距离。①

朱熹根据这些道德的区别,要求陈亮"绌去义利双行、王霸并用之说"②。这种观点隐含动机不纯的因素,不是儒家的价值观,荀子早就指责霸道有如此的缺陷。③ 汉宣帝曾经赞扬汉朝政治杂用王霸之术,④但朱熹反对肯定杂用王霸之说,认为古代的霸主与后代的君王都在推动实

---

① 朱熹:《孟子或问》(《朱子遗书》重刻合编;清康熙中御儿吕氏宝诰堂刊本;台北:艺文印书馆景印,1969 年),卷 1,页 5 上;卷 3,页 7 下。《孟子集注》(吴志忠刊本,收入严灵峰编辑,《无求备斋孟子十书》〔台北:艺文书局重印,1969 年〕),卷 3,页 11 下—12 上;卷 13,页 12 上。《论语集注》(吴志忠刊本,收入严灵峰编辑,《无求备斋论语集成》〔台北:艺文书局重印,1966 年〕),卷 7,页 14 下—15 上。《朱子语类》(正中书局本),卷 25,页 1011—1013,卷 53,页 2027—2028,卷 60,页 2298—2301;(中华书局本),卷 25,页 629,卷 53,页 1277,卷 60,页 1148—1149。

②《朱文公文集》,卷 36,页 19 上。

③《荀子》,卷 7,页 8 上下;卷 18,页 10 上。

④《汉书》,卷 9,页 277。

践异端邪说,假借仁义推行霸道只能成功一时,因为这些政治纲领内容空洞,没有足以维系长久的道德内涵。

陈亮表示朱熹没有完全理解他的看法,因此再次申明自己的论点。这些决绝的对立分别由孟子和荀子开始,所以汉唐的学者都不了解义、利、王、霸等概念,二程兄弟及后学又严格区分天理、人欲的界限,使王霸的差别更加遥远,结果一意贬低汉唐时代的成就,使问题变得更加恶化。朱熹和二程后学宣称三代治世是以天理为基础,汉唐盛世则完全依赖机诈武力,两者完全不同。朱熹并且指出,汉唐盛世即使能够维持和平与秩序,只是凑巧与天理有"暗合"之处,这些朝代最成功的君主只不过"是架漏牵补过了时"①,有如修补漏水的房屋,只努力支撑其中一点,却任整座房屋倒塌。陈亮疾呼抗议这批评不公平:

> 天地鬼神亦不肯受此架漏。谓之杂霸者,其道固本于王也。诸儒自处者曰义曰王,汉唐做得成者曰利曰霸。一头自如此说,一头自如彼做;说得虽甚好,做得亦不恶;如此却是义利双行,王霸并用。如亮之说,却是直上直下,只有一个头颅做得成耳。②

这里"一个头颅"是指人心。

陈亮这段话有几个论点,其中一点需要再加以说明。说到"一个头颅做得成耳",他认为没有抽象或超越的标准可以作判断一切的准则。天、地、人,甚至于鬼神都在同一层次运作或交互影响。陈亮宣称天地不会接受这些英主只是被权谋驱使的说法,他们的作为确实基于王道;陈亮因此说义、功、王道与霸道本来就是一回事,陈亮由于结合这些观念成为一个整体,所以坚持称之为"王道",避免"王霸并用"的

---

① 《朱文公文集》,卷36,页21。陈亮引作"是架漏过时"。
② 《陈亮集》,卷20,页281;(增订本),卷28,页340。我从1976年以来的著作,一直谈到陈亮反对"义利双行、王霸并用"的说法。邓广铭先生的观点也相同;参见其"朱陈论辩中陈亮王霸义利观的确解",《北京大学学报》,第2期(1990年),页1—5。近来束景南先生根据《陈亮集》,又有新的发现;看其《朱熹大传》,页607—608,注5,和杨勣青先生的后跋,页18—19。

说法,融功利观点与儒家道德为一体。陈亮努力综合这些观点,所以我们应该承认他要成为功利派的儒者,而不是一位与儒家对立的功利主义者。

陈亮融合王霸为一体,朱熹却依旧坚持两者是没有交集的平行观念。朱熹不评论陈亮对霸道问题的历史、哲学意见,而试图以王霸的象征提醒陈亮注意修养与自我约束。朱熹训诫陈亮有不平之气,并坚持不要在古今王霸的历史遗事中求天理人欲等思想观念,陈亮应该反省自己心中的义利正邪,因为"义利邪正之间察之愈密,则其见之愈明;持之愈严,则其发之愈勇。"①朱熹后来又补充说,即使只是毫厘之差,圣人仍然会坚持天理人欲的界限,否则很小的闪失也可以造成莫大的损失。如果忽略这种明显的分际,朱熹恐怕人们就无法分清义利之辨,而且像汉唐英雄,未尝有分辨功夫,所以"在利欲场中,头出头没,其资美者,乃能有所暗合,而随其分数之多少以有所立,然其或中或否不能尽善,则一而已"②。朱熹虽然没有重复说陈亮观点是"义利双行,王霸并用",但是他仍然认为它们是平行对立的观念,不是综合一体的概念。

哲学层次的讨论陷入僵局后,朱熹与陈亮转向讨论具体的历史人物作为代表的事例。例如管仲(夷吾,逝于公元前 645 年)就被当作谋取实际功利的代表人物,而孔子对管仲的评价与多数后世儒家学者截然相反。孔子曾称赞说:"管仲相桓公,霸诸侯,一匡天下,民到于今,受其赐。微管仲,吾其被发左衽矣。"(《论语·宪问》)霸道政治的纲领在公元前 650 年成立,统治管理封建诸侯,孔子认为应该归功于管仲的影响,并不是纯粹使用武力的结果。孔子又说:"桓公九合诸侯,不以兵事,管仲之力也。如其仁,如其仁。"(《论语·宪问》)孔子极少用"仁"称赞他人,除好学的颜回及殷商时代的三个名臣外(《论语·微子》),竟然也称赞管仲

---

① 《朱文公文集》,卷 36,页 20 上下。
② 《朱文公文集》,卷 36,页 26 下—27 上。

"如其仁"。"如其仁"一直困惑后代注释经典的学者,甚至不惜扭曲原意说这句话只是指表面的仁德。程颐又加入另外的解释,认为孔子指管仲仅有"仁之功"。① 陈亮指出如果程颐的解释是正确的,那么孔子也曾用结果作衡量道德的标准,而这正是别人批评陈亮的错误。陈亮辩解说,孔子已经证明管仲有仁德恢复天下的秩序,管仲所完成的丰富社会成果足以证明他的道德。②

朱熹承认孔子对管仲的评价很高,但他的态度仍然有所保留。朱熹同意陈亮的见解,认为后人把孔子"如其仁"的赞美误解成似"仁",但他发挥程颐认为管仲只有"仁之功"的论点。朱熹承认管仲保卫中国不受外族侵犯、维持封建秩序,都是有利于人的作为,所以他能显示"仁之功"。朱熹主张仁有不同的层次,所以坚持孔子称赞管仲的"仁"与颜回的"仁"不同。管仲虽然为中国带来和平,但那不一定证明他有仁德,因为他没有正确的道德动机。管仲的功业既不能够教化百姓,而且他死后也不能持续久远。朱熹认为这些事实证明管仲的成就很脆弱,他的动机也很自私。陈亮认为程颐"仁之功"的解释意味着孔子用结果衡量道德,朱熹则完全不能接受。朱熹仍然坚持传统儒学的观点,认为真正的道德才是万世功业的基础。道德永远能够带来利益,但如果一开始就寻求这些利益,人心就立即偏离道德。朱熹说:"管仲非不尊周攘夷,如何不是王道? 只是功利驳杂其心耳。"③这种功利思想的代表人物如何能当作积极的榜样? 所以朱熹恳请陈亮不要再把管

---

① 《二程全书》,卷18,页1下—2上;卷22上,页6上,有"仁之功",但陈亮引作"仁之功用"。
② 《陈亮集》,卷11,页133,卷20,页287,289—290;(增订本),卷11,页128,卷28,页346,349—350。
③ 《朱子语类》(正中书局本),卷33,页1328;(中华书局本),卷33,页829。又参见(正中书局本),卷93,页3739;卷16,页519;卷20,页754—755;卷25,页1010—1017;卷29,页1173—1174;卷33,页1358—1359;卷37,页1566;卷44,页1791—1796;卷48,页1892—1895;卷51,页1931—1932;卷53,页2027—2028;卷55,页2088;卷60,页2299—2301。又见《朱文公文集》,卷36,页26上,27上。朱熹:《孟子集注》,卷3,页1上下,以及《论语集注》,卷2,页7下—8下;卷7,页14上—15上。

仲当作理想的人物。①

陈亮也试图树立汉高祖和唐太宗为模范,认为他们的政策可以启发宋朝的政府。他在三代和汉唐的传统评价的阴影下,努力建立自己的学说。儒家学者用某些三代盛世的人物当作标准,以加强道德价值是有实效的政治社会智慧的信念。史学从前几朝代以来笼统分成两派:官方编修的史书,例如欧阳修和司马光的著作,对成就不凡而讲求实际的统治者赞美有加,有时候甚至把他们誉为三代的圣王。这些历史学家还认为近几朝代的经验对当代的政策和政治讨论甚有助益。比较卫道的学者,如著名的孙复、范祖禹和程颐,则强调唐太宗等君主个人的道德缺失。②司马光主张王道与霸道、古今的政治,都只是程度不同的分别,程颢则试图将这些差异当做绝对的分别,③陈亮与朱熹的歧异可以大概说是跟随这两种不同的史学传统而来,陈亮追随司马光的史学论点,而朱熹继承二程的历史观。然而,陈亮推崇汉唐明主的功业是以王道为基础,比司马光更进一步转化这些王朝为积极的模范。

陈亮要把汉唐英明君主重建成为功利思想的模范,必须重新调整对汉唐、三代盛世的评价。乍看之下,陈亮似乎只是要使后来的朝代与三代盛世并称,所以朱熹要求他放弃这个想法。但是陈亮否认朱熹的指控,并且再次申明自己的观点。陈亮承认三代与汉唐时代的发展程度不同,上古圣人本领(心智)和功夫都充分发展,后代君主虽然有本领,但功夫不足;换句话说,这是"无一人不遂其性"的三代与"人遂其性亦有时而乖戾"的近代间的界限差别。④ 陈亮在此似乎对汉唐的赞美略有收敛,但

① 《朱文公文集》,卷 36,页 21 上,26 上。

② 孙甫:《唐史论断》(学津讨原本),卷 1,页 3 下—21 下。范祖禹:《唐鉴》(国学基本丛书本),卷 2,页 12 上—13 上;卷 3—6。《二程集》,册 1,页 236。钱穆:《朱子新学案》,册 5,页 9—11。

③ 司马光:《温国文正司马公文集》(四部丛刊本),卷 74,页 13 上下。《二程集》,册 2,页 450—452。邓广铭:"朱陈论辩中陈亮王霸义利观的确解",页 2—3。

④ 《陈亮集》,卷 20,页 289,292;(增订本),卷 28,页 348—349,351。又见《朱文公文集》,卷 36,页 22 下—23 上。

是他稍加让步后，立刻由这观点挑战朱熹严格对立三代与后代的立场。陈亮嘲讽说，如果朱熹的观点正确，朱熹就应该宣称上古盛世没有求利、追求财富与权力的现象，而《诗经》和《尚书》中的三代盛世绝对纯洁。

陈亮认为这种理想的"正大本子"，只是经孔子编纂古籍时"一洗"，因此《诗》、《书》里的三代"得如此净洁"。[①] 历史文献经过删改后，上古时代才看起来比后世优越许多，其实这个理想境界从未实现过。陈亮称赞孔子删修历史，因为他有崇高远大的目的。老子和庄子引发普遍的怀疑气氛时，孔子觉得有责任重修三代的历史，以捍卫政府和礼制的价值。后来的儒生学者不幸误解夫子著作的历史性质，如果后世的儒生学者也关怀孔子关切的课题，就应该澄清汉唐开国君主的理想愿望，而且他们更适合作考查当前问题的模范。陈亮认为自己要完成的事就是孔子的要务，而将道学对汉唐的指责比喻成老庄对三代政治价值的诋毁（按照传统的说法，老子比孔子年长，庄子又生在孔子之后，但是陈亮把孔子的观点看作是对这两位道家人物影响的反应，大概只是辩论中使用的修辞技巧）。陈亮因此脱离道学的群体，但他仍然呼吁朱熹和同道"相与洗净二千年世界，使光明宝藏长长发见"[②]。如果朱熹承认三代的光辉只是神话，陈亮就可以更从容自由地从晚近的历史资源中，建立实际政治的积极模范。

陈亮说孔子编修五经时洗刷上古的记录文献，朱熹并没有直接回答这个大胆的说法。朱熹十分重视儒家经典的地位，结果竟然没有直接反驳陈亮的说法，的确令人惊讶。朱熹的正式著作如奏疏和经典注解等，都显示他的确相信经典中的上古三代盛世有特殊的历史时空限制。除这些正式的论述外，朱熹在私下与学生和朋友谈话场合，有时表现出更强烈的历史意识。他对经典的某些评论也显示他对后世的窜改或美化

---

① 《陈亮集》，卷 20，页 293；（增订本），卷 28，页 352。
② 《陈亮集》，卷 20，页 293；（增订本），卷 28，页 253；又见卷 20，页 285；（增订本），卷 28，页 344—355。

很敏感。① 例如,他曾经批评吕祖谦全盘接受《尚书》,并且试图合理解释《尚书》的一切记载。他在写作时,有时会把古代的政治制度当作实有其事的历史事实,而且认为这些制度可以适用于当前的时代(例如他讨论的井田问题),可是在比较不正式的论述中,他多以不切实际为理由,否定道学内张载、胡宏等人"复古"的主张。② 由于朱熹对经典记载的古代制度是否能够实行,素来抱存疑的态度,有时甚至怀疑是否实有其事,所以朱熹会觉得很难直接反驳陈亮"正大本子"的说法。

朱熹抓住陈亮熔金属为器具的比喻,避开陈亮对孔子的描述。陈亮在解释自己注重功利时,把自己的努力比喻成以各种材料制造工具:"正欲搅金银铜铁镕作一器,要以适用为主耳。"③朱熹指出这个比喻显示陈亮注重功利的倾向,但是这种合成的工具不能像单独的金属可以发挥最大的功能。陈亮承认引喻失譬,而朱熹继续借题发挥,宣称古人就像金属有确定的品质,"而非后人口舌议论所能改易久矣"。在朱熹看来,陈亮虽然努力要用"功利之铁以成道义之金",但是汉唐的君主若是真金,就不需要点化改变。古代的圣贤是纯金,汉唐最贤明的君主不过是在顽铁中有些微金子而已。陈亮没理解天理人欲的基本分别,所以评断历史人物总是含混不清,所谓"指铁为金,认贼为子而不知其非也"④。

朱熹没有被迫为上古时代辩护,反而发动攻击严厉批评汉唐君主的道德。汉高祖虽然废除秦朝的苛政,但是他"能除三族之令,一时功臣无不夷灭",所以"其他乱伦逆理之事往往皆身犯之"⑤,他的宽宏大量毫无

① 见朱熹:《朱熹辨伪书语》,白寿彝辑(北平1933年本;台湾开明书局重印,1969年)。关于朱熹理想化的叙述,见朱熹:《大学章句》(四部备要本),页1上—3上,"序"。邱汉生:《四书集注·简论》,页102—104。

② 见萧公权:《中国政治思想史》,册4,页502—505。钱穆:《朱子新学案》,册1,页198。陶希圣:《中国政治思想史》(重庆:南方印书馆,1942年),册4,页74—77,123—124。

③《陈亮集》,卷20,页287;(增订本),卷28,页346—347。

④《朱文公文集》,卷36,页27上下,又见页26上。《陈亮集》,卷20,页290;(增订本),卷28,页349—350。

⑤《朱文公文集》,卷36,页25下。

意义。这些君主行动背后的动机才是最关键的问题,例如,唐太宗的一举一动都是出自私欲,只因为他有假仁借义的机智才能,才击败对手建立几百年的王朝,怎么能根据这种成功说唐太宗是个理想的榜样呢?只论结果、不计手段主导这些朝代的政治,并使他们局限于功利和平庸,朱熹说:

> 若以其能建立国家传世久远,便谓其得天理之正,此正是以成败论是非,但取其获擒之多,而不羞其诡遇之不出于正也。千五百年之间,正坐如此,所以只是架漏牵补过了时。①

朱熹对学生的一段谈话中,对唐太宗只计利益的行为论述得详细。朱熹认为周公处死管叔、蔡叔兄弟的事情,与唐太宗残杀骨肉兄弟以谋取皇位,绝对不可相提并论。周公杀死管叔、蔡叔兄弟,因为他们与殷商的遗民密谋叛乱,是反对社稷和宗庙的罪人,所以周公"不得不诛之也。〔但〕若太宗,则分明是争天下,故周公可以谓之权,而太宗不可谓之权"②。朱熹与陈亮在进行这场辩论的过程中,一直认为最关键的问题是行为背后的动机。朱熹原谅周公处死自己的兄弟,同时谴责唐太宗残杀骨肉,因为他接受传统儒家的假设,认为这两种情况背后的动机不同。朱熹在给陈亮的信中谈到唐太宗只是"架漏牵补过了时",但是他又告诉学生周公的处置才是"权",唐太宗则不然,因为周公是不得已而为之,而唐太宗的行为有阴谋实际的手段。

朱熹与学生讨论时,几次谈到权宜的问题,并没有很敌视的态度,至少比写信给陈亮讨论这问题时温和。朱熹在《语类》里说:"权者,道之变也",又说:"权只是经之变"。③ 陈亮要把汉高祖、唐太宗的事迹解释成"经"、"道"的权变,甚至说就是"王道",所以朱熹大力反对。朱熹要求

---

① 《朱文公文集》,卷36,页20下—21上;又见页25下。
② 《朱子语类》(正中书局本),卷37,页1581;(中华书局本),卷37,页991。
③ 《朱子语类》(正中书局本),卷37,页1578,1586;(中华书局本),卷37,页989,994。

"反经亦须合道",①他不满汉唐君主的行为,而且将他们的政权降低到"架漏牵补过了时"的地位。但是朱熹却常与学生讨论权宜之计,以应付生活中各种的情况。例如,如果母亲去世,而父亲"要循俗制丧服,用僧道火化",朱熹认为可以使用权宜的办法:"其他都是皮毛外事,若决如此做,从之也无妨,若火化则不可。"②前提是必须别无选择,或者问题只涉及不重要的原则,或是不会首开先例而被后人引用。即使如此,朱熹还是非常迟疑。他解释孔子所谓"可与立,不可与权"时,认为孔子禁止一般人以权衡行事:"所谓经,众人与学者皆能循之;至于权,则非圣贤不能行也。"③只有动机纯净有若圣贤的人才能够"用权":"若不是大圣贤用权,少间出入,便易得走作〔错〕。"④这些话显示朱熹担心士人会随意审时度势,做出种种权宜的决定。他也对任人自行决定是非感到心有未安,因为他们可能会把欲望错当天理。

朱熹还企图将浙东功利学派主张的权宜与"浑厚"区分开来。他认为颜回的品德包括诚实、态度诚恳、纯洁率直、不机诈、不忧虑,而且这种品德对他人亲切、慈善、宽容。朱熹解释说:

> 浑厚自是浑厚。今浙中人只学一般回互底心意,不是浑厚。浑厚是可做便做,不计利害之谓。今浙中人却是计利害太甚,做成回互耳,其弊至于可以得利者无不为。⑤

他指出浙东讲求功利人士不能坚守原则的问题,仅教人妥协让步,以求在社会里互相适应。

浙东学派的两种思想倾向:吕祖谦所代表的努力谋求儒学群体的

---

① 《朱子语类》(正中书局本),卷37,页1576;(中华书局本),卷37,页988。
② 《朱子语类》(正中书局本),卷89,页3618;(中华书局本),卷89,页3281。
③ 《朱子语类》(正中书局本),卷37,页1578;(中华书局本),卷37,页989。
④ 《朱子语类》(正中书局本),卷37,页1586;(中华书局本),卷37,页994。
⑤ 《朱子语类》(正中书局本),卷122,页4734;(中华书局本),卷122,页2958。朱熹评论当代人与颜回的浑厚不同,见同书(正中书局本),卷118,页4538;(中华书局本),卷118,页2843。

和谐,和陈亮代表的以功利的手段谋取最大利益,朱熹用权宜的观念将它们联系起来。朱熹从 1182 年开始与陈亮的功利思想发生冲突后,他似乎对混权宜和义理为一谈所造成的危险更加敏感。陈亮以时间状况定义"义"的大胆做法或许使朱熹意识到程颐的观点可能有问题,因为程颐认为"权"是"义"在不同时务的应用,与陈亮的观点类似。朱熹在《朱子语类》引述程颐的话说:"权者,言称锤之义也。何物以为权?义是也。然也只是说到义,义以上更难说,在人自看如何。"①朱熹遇到陈亮的理论后,对程颐的说法更加保留,而比较倾向程颐所批判的汉代学者看法。

朱熹解决程颐和汉代学者之间的理论冲突的方法很有启发性。汉代学者说"反经合道"时,是追随孟子处理礼节的课题。程颐认为道是普遍适用的原则,因此他说"权即是经"。人的行为怎么可能既违背道、又与道相符呢?程颐认为汉代学者的观点不合乎逻辑,而且"权"和"经"必须是同一件事。朱熹同意程颐,认为道贯穿万物,而且是万物的根本。汉代的学者的看法也是正确的解释,因为经与权可以在不同的层次里了解,所以权宜的行为可能与日常礼节的"经"不符,但仍然与"道"一致。两种诠释都能解释圣贤为什么能有权宜的行为,甚至后人也可以在非常严格的情形下应用;要了解这两种解释,必须明了这个问题可以从不同的层次来理解。朱熹说:"伊川说'经'、'权'字,将经做个大底物事,经却包得那个权,此说本好,只是据圣人说:'可与立,不可与权',须是还他是两个字,经自是经,权自是权。"②朱熹解决这问题的办法引导他与陈亮继续辩论"道",以及"道"所在层次。

---

① 《朱子语类》(正中书局本),卷 37,页 1575;(中华书局本),卷 37,页 988。朱熹评论汉儒与程颐的说法,见(正中书局本),卷 37,页 1573—1588;(中华书局本),卷 37,页 986—995。
② 《朱子语类》(正中书局本),卷 37,页 1586;(中华书局本),卷 37,页 994。又参见韦政通:"朱熹论'经'、'权'",页 103—104。

三、道与历史

学者一直将朱熹与陈亮对于"道"的辩论解释成形而上学的论辩,因为他们注意朱熹和陈亮间的信件,而忽略推动引起辩论的"十论"。陈亮在信件中宣称道不断地在历史里运作,所以重要朝代的历史基本上都和道的发展相符合。他进一步指控说,如果道学家"脏汉臭唐"的说法正确,那么过去2 000多年里,"道"并不存在。陈亮又说,万事万物都是人心做成的,而人本身只是气,如果培养得当,就可以建立天、地、人的理想关系。由于陈亮坚持这种以人为中心的一元论见解,所以有人认为陈亮的信是向朱熹的形而上和抽象意义的道直接挑战,因此学者认为这场辩论是关于形而上学的辩论。可是我们若研究朱熹如何回答"十论",并且检视相关的信件,会发现他们对于道的讨论集中在文化价值的层次。历史对道的性质有何影响? 他们对这个问题的看法相当不同。

陈亮在1182年将"十论"的第一篇文章寄给朱熹,指出不同的历史时期曾经运用各种不同的道。"心固以天下为公"的道促使帝尧提拔默默无闻但极具才能的人,与他共同治理天下。他虽然以禅让的方式传位,但他的"道终不可常"。禹建立王朝以解决传位的问题,禹的后人不能成为圣贤时,禹建立的王朝就不再代表天下的公益。不过,这种道即使衰微,后世的君主也不能只凭智术武力维持地位,就像秦朝的先例,百姓会起而反抗。后世伟大的君主如汉唐的开国之君,不但传承天命,而且致力于为百姓谋福利。因为"三代之统绪未可继",所以他们用新的方式表达统治之道:"则大功大德固已暴着于天下矣。"卫道的儒生学者却仍然贬抑这些君主,认为他们的所作所为都是心术和武力;陈亮认为若要使道重现天日,必须先放弃这些成见。[1] 陈亮这篇文章指出,禹改变禅

---

[1]《陈亮集》,卷3,页31—33;(增订本),卷3,页33—34。

让制度,用父子相承的方法传位,道已经适应时间而变化,而且道在历史上变得更加衰微。

陈亮在"十论"另一篇文章里讨论《春秋》所呈现的道。他指出周公根据以往统治的经验,"朝诸侯于明堂,而列四夷于四门之外;分天下为五服,而以周索、戎索辨其疆,盖不使之参与中国也。"陈亮虽然使用"常道"指称抗拒夷狄入侵中国,但随后又证明道如何继续演变,并以各种方式在历史上为人应用。周室衰以后,"中国、夷狄混为一矣;其后楚始僭王,以夷狄之道横行于中国"。因为外族的势力强大,他们又与中国通婚融合,孔子不能完全按照周朝的道处理已经变化的情况。孔子作《春秋》以说明"中国、夷狄混然无辨之中",必须"致其辨"。① 后世的王朝作重大的让步,使道妥协至于有泯灭华夷界限的危险。然而,孔子和周公分别华夷的明智之举的确影响后世,保证中国之道和夷狄之道在不平等的情况下各自发展,从不同地域和历史演变而产生的明确界限决定道的性质。

上述事例涉及公众利益与华夷之防等两项原则,陈亮宣称它们继续与后世历史相关,而且仍然是应该遵守的权威原则。陈亮在讨论这么重大的问题时,仍然对历史情势及历史变化有敏锐的认识,使他以相对主义的态度限制绝对的"常理"。陈亮谈到土地改革的建议时也说:"古道卒不可复也。"②他在给朱熹的信中谈论道从不停止运作,在此又讨论道如何演变、如何断续失落,似乎向朱熹提出不同的挑战。

陈亮在给朱熹的信中宣称:"天地之间,何物非道?"说中国历代历史都有道的呈现。朱熹指责汉唐英主的所为只是与道"暗合",陈亮则将道比喻成晴天的太阳,睁开眼睛就可以看见太阳的光芒,只有那些"眼盲者摸索得着,故谓之暗合。"这些儒生习惯闭上眼睛,偶尔睁开眼睛看到事

---

① 《陈亮集》,卷4,页47—48;(增订本),卷4,页48—49。
② 《陈亮集》,卷16,页200;(增订本),卷23,页256。

物，却认定别人都是瞎子；他们像是秘密社会的成员，成群结党，私下互相传授"秘宝"。他们误指2 000多年来的人都是瞎子，声称"斯道之不绝者仅如缕耳"，其实道一直像太阳随处可见，几世纪以来有许多人根据道行事。①

陈亮继续反驳说，道学家指责汉唐没有王道的说法如果成立，那么这2 000多年都是无道的时期。如果人类社会都是"架漏过时"的权宜运作，天地万物如何生存繁衍？"道何以常在乎？"②那些重要朝代的开国君主认识道"盖天地赖以常运而不息，人纪赖以接续而不坠；而谓道之存亡非人之所能预，则过矣"③。陈亮在这里预设两个前提：其一，道在具体的社会事物中运作；其二，人能弘道，而非道弘人，所以人在天地人的关系里是积极主动的因素。如果道不依靠人的行动，那么只好相信佛教宣扬的轮回之说。

陈亮承认有些时候大部分的道会失落（例如王位被篡夺），但是即使那些篡夺王位的人都有重建秩序的贡献，显示出"有分毫天理行乎其间也"④。而且他说：

> 后世英雄豪杰之大者，眼光如黑漆，有时闭眼胡做，遂为圣门之罪人；及其开眼运用，无往而非赫日之光明，天地赖以撑拄，人物赖以生育。⑤

我们必须注意的是，陈亮并不是说任何在位的政权都合法。宣称篡位者的部分行为不乏天理，并非肯定这些政权完全把握道理。陈亮所反对的是刻意将后代君主与三代圣贤对立，这种区别对立会出现，是因为孔子

---

① 《陈亮集》，卷20，页292—293；(增订本)，卷28，页351—352。又见他给陈傅良的信，卷21，页330；(增订本)，卷29，页390—391。
② 《陈亮集》，卷20，页281，又见页285；(增订本)，卷28，页340，又见345。
③ 《陈亮集》，卷20，页287；(增订本)，卷28，页346。
④ 《陈亮集》，卷20，页281；(增订本)，卷28，页340。
⑤ 《陈亮集》，卷20，页292；(增订本)，卷28，页352。

删改三代古籍以树立思想,解决当时政治的问题。上古圣王的行动符合他们所处时代的需求,根据当时的环境建立典章制度。汉唐的英明君主完成当时所能做的事情,这些君主也有真实的道德心,他们宽宏的度量和实际的行动就是证明,[1]而他们的动机和行为完全符合在历史中演变的道。

简而言之,陈亮的"十论"和信件谈论的是一种不断变迁,甚至于瞬息即变的道,但是这种道万古常存。陈亮认为道内在于历史的发展与人类的行为,并且能适应时间情况的变化。由于道与时间和情境的变化是相对的,陈亮的观点无疑是对朱熹不变的基本价值的直接挑战。

朱熹的答复显示他关心的中心问题是:陈亮的相对论威胁到三代以来的基本价值观所具有的永恒不变的本质。朱熹批评陈亮的说法:

> 其说虽多,然其大概不过推尊汉唐,以为与三代不异,贬抑三代以为与汉唐不殊。而其所以为说者则不过以为古今异宜,圣贤之事不可尽以为法。[2]

朱熹首先指出陈亮的"十论"和信件有一个明显的矛盾:汉唐与三代无异,而三代和今世却有不同。但是我们在前面已经讨论过,陈亮的意思是:未经美化的三代与近代没有本质的差别;朱熹后面的评论证明其实他知道陈亮的这项区分。其次,朱熹厘清陈亮的相对论基本观点:时间的变化使后人不能把圣人的言行当作当代的原则规范。朱熹认为陈亮比较抽象的哲学思想,被这种明确的相对主义倾向带着跑。朱熹分析说:

> 故又须说天地人并立为三,不应天地独运而人为有息。今既天地常存,即是汉唐之君,只消如此,已能做得人底事业,而天地有所

---

① 《陈亮集》,卷20,页281,285—286,290—291,292—293,295;(增订本),卷28,页340—341,344—346,349—350,351—353,354。
② 《朱文公文集》,卷36,页22下。

赖以至今。①

首先,人类的行为与天地互相感应,是个流传久远的概念;它在汉代的时候制度化,成为官方儒学的哲学基础。朱熹和陈亮虽然都没有完全接受汉代的天地人互相感应的理论与应用,但他们显然承认天地人有相互影响的关系。朱熹没有质疑社会政治领域和天地的感应关系,只是批驳陈亮谈论感应关系的方式。陈亮主张自然不停地运作,证明汉唐英明君主的行为与道一致;朱熹却以人类无法免于犯错为理由破除他的观点。朱熹说:

> 然天地无心而人有欲,是以天地之运行无穷,而在人者有时而不相似。……不可但见其穹然者常运乎上,颓然者常在乎下,便以为人道无时不立,而天地赖之以存之验也。②

其次,朱熹指出,陈亮认为汉唐开国君主要完成他们对世界的责任,只需要做他们已经做的任何事情。换言之,朱熹指责陈亮完全认可所有历史上的行为或君主,因为一切的作为都恰当合理。有些现代学者根据朱熹这项夸大讽刺的反驳,而把陈亮的观点解释成:一切历史上的社会政治秩序就是道和理,而将它们极度地理想化。③ 如上所述,陈亮的观点并没有这么简单,他的评价确实区分汉唐君主的相对的道德和贡献,陈傅良就承认他的朋友有个评价的标准:"功到成处,便是有德;事到济处,便是有理。"④陈傅良的摘要虽然比朱熹的指控持平,但是遭到陈亮激烈反对,认为扭曲他对功利和仁义之道的观点,他坚持后代的君主的作为并非仅与道"暗合",⑤换句话说,他们也努力达成有价值的目标。陈亮早先反对

---

① 《朱文公文集》,卷36,页23上。
② 《朱文公文集》,卷36,页24下。
③ 很明显的例子是张君劢(Carsun Chang),见其 *The Development of Neo-Confucian Thought*,(New York:Bookman, 1957),vol.1, pp.329 – 331.
④ 陈傅良:《止斋先生文集》(四部丛刊本),卷36,页2下—3上。
⑤ 《陈亮集》,卷21,页330;(增订本),卷29,页390—391。

朱熹把他的观点解释成"义利双行,王霸并用",①陈亮要把道德和功利的关系设计成为一个完整的整体,但仍然保持两者间的细微差别,虽然这种关系在不同的时期实现的程度也不同。

朱熹宣称,把道说成相对于特定的时间和情况的论证,已经被人使用了几百年,以缓和时人对当朝政治的不满,或者是要把君主转变成圣贤模范,两种做法其实都在贬抑三代的价值,或者把所有的价值标准相对化。朱熹说:

> 世之学者……见有此一种道理,不要十分是当,不碍诸般作为,便可立大功名、取大富贵,于是心以为利,争欲慕而为之。然又不可全然不顾义理,便于此等去处指其须臾之间偶未泯灭底道理。以为只此,便可与尧舜三代比隆。②

朱熹认为陈亮提出"非道亡也"以及"不常废也"的口号(道始终体现在历史里),只不过想掩饰他的企图:把后代说成与三代盛世一模一样。③ 陈亮和他的前人执迷追求功利,所以被迫接受道是相对的观点。朱熹认为这种功利主义和历史相对论的观点,目前只造成可耻的目的,或是不完全的事业。朱熹说:

> 然立心之本,当以尽者为法,而不当以不尽者为准。……而况谓其非尽欺人以为伦,非尽罔世以为制。是则虽以来书之辨,固不谓其绝无欺人罔世之心矣。④

朱熹没有明说这位抱持相对论的学者究竟是何方人物,但他暗指陈亮对王通的高度评价。他在《语类》中也批评陈亮和王通的毛病一样:致力于把道与历史说成相对的几个阶段,并且修改儒家根据三代的标准对汉代

---

① 《陈亮集》,卷 20,页 281;(增订本),卷 28,页 340。
② 《朱文公文集》,卷 36,页 24 上下。
③ 《朱文公文集》,卷 36,页 23 下,25 上。
④ 《朱文公文集》,卷 36,页 25 上。

君主所做的评价。①

朱熹为反驳陈亮的相对论,宣称古代的道就是唯一的道,且具有永恒的价值,他说:"夫人只是这个人,道只是这个道,岂有三代汉唐之别?"朱熹意谓衡量上古与后代的标准没有本质的差别,只有用唯一的道评价所有的人物与制度,才可能实现"天地之常经,古今之通义,有以得之于我"②。有一套明确的标准,就可以发现后世君主的道德与动机都未达到三代的水平,否则,士大夫会不断以成败来论断是与非,以结果为判断的标准,继续以权宜为行事的原则,不管道德的规范。他们或许能获得泛泛的成就,但永远不能实现道。道永远不变,而且超越人类一切腐败行为的影响,简而言之,"若论道之常存,却又初非人所能预,只是此个自是亘古亘今,常在不灭之物"③。

朱熹认为道是永恒的,与陈亮所谓道永远常在的说法有什么不同?朱熹指出,双方都是就人对历史制度的意识谈论道的连续性。陈亮说此心、法"不常泯",就表示此心、法"有时"会泯灭;所以朱熹再次说陈亮的文章和信件有隐含的矛盾。道既然永远常在,但又需要依赖人的行动,是不是矛盾呢? 陈亮甚至在信中说:"道之存亡在人,不可舍人以为道。"陈亮认为道的存在取决于人的行动,但是朱熹要求他放弃这种看法。朱熹指出,这段话如果正确地解释,只指出一个事实:人有时能够完全理解和运用道,有时不能完全理解和运用道。陈亮虽然承认有程度的差异,但朱熹指责他不重视道德修养的程度是造成道能否完全实现的原因。④

朱熹为取代陈亮对这个问题所做的澄清,提出另外一个观点,以结合道本身的完整以及它在人类社会的体现:

---

① 《朱子语类》(正中书局本),卷 123,页 4750,卷 137,页 5247—5253;(中华书局本),卷 123,页 2966,卷 137,页 3267—3270。
② 《朱文公文集》,卷 36,页 25 上下。
③ 《朱文公文集》,卷 36,页 20 下—21 上。
④ 《朱文公文集》,卷 36,页 23 下—24 下。

> 夫三才之所以为三才者，固未尝有二道也。……盖义理之心顷
> 刻不存，则人道息。人道息，则天地之用，虽未尝已，而其在我者，则
> 固即此而不行矣。①

道从来未曾消失，只是人不能追随遵守道，所以朱熹区分两种含意不同的道：一种是永远存在不变的道德规范之道，另外一种是在历史中断断续续实现的道。

朱熹在答复陈亮所谓道是内在于经验世界的相对观念时，把问题集中在：道德规范意义的道为什么是永恒不变的？朱熹宣称，道已有 1 500 年的时间未在人间实现。如果不顾辩论的背景脉络，将这声明孤立起来解释，朱熹似乎肯定道在形而上的层次是独立的，与具体的事物或历史变化没有关系。但是上下文的脉络显示，朱熹只是要区别永恒不变的道德规范意义的道，与在历史中不能常常具体实现的道。汉唐的君主和谋臣没有努力实践儒家的原则，所以即使在他们的功业最辉煌时，只不过与儒家的道德价值"暗合"。

朱熹认为孟子去世后，道开始失传；陈亮却将朱熹的立场解释为道已经衰微 2 000 年。这中间的 500 年差距反映朱熹注重孔、孟记录的伦理原则，而陈亮则注重公元前 770 年被外族灭亡的西周政治秩序。朱熹始终强调要理解圣人在经典里记载的道德原则，陈亮似乎认定统治秩序是衡量道是否连续的更重要的因素。这差别主要来自一位追寻超越时间限制经典真理的哲学家与一位致力于研究时代变迁的历史学家间的紧张关系。

朱熹批判主张"学问之道不在于己而在于书，不在于经而在于史"的学者。② 他告诫学生说，陈亮"被史坏了"。③ 陈亮的学术"废经而治史，

---

① 《朱文公文集》，卷 36，页 24 下。
② 《朱文公文集》，卷 47，页 24 上。
③ 《朱子语类》（正中书局本），卷 123，页 4748；（中华书局本），卷 123，页 2965。

略王道而尊霸术,极论古今兴亡之变,而不察此心存亡之端"①,所以一直困扰朱熹。朱熹显然认为陈亮的功利思想来自他的历史研究,他面对陈亮的挑战后,指责吕祖谦的历史研究是陈亮更激进的道德观的基础。朱熹是个致力于研究道德价值的哲学家,而且认为道德价值在经典中表达得最为明确,唯有了解经典里的原则,才可以研究它们在历史上的应用,所以历史是次要的附属学问。

朱熹的学术研究也包含历史。他的《资治通鉴纲目》饱受现代学者抨击,认为他过于泛道德化,而且歪曲历史事实;但是谢康伦(Schirokauer)先生却很欣赏朱熹批评司马光过于泛道德化的说法。朱熹指责司马光的《资治通鉴》有时删掉有违风教的史实,或与自己想法不合的资料。②但是,朱熹同时也曾指责陈亮不承认历史人物的邪恶与过错。朱熹提出的观点的确证明他丰富的历史知识,以及他也赞成历史研究,而且司马光和陈亮有时候只报喜不报忧,当然也影响我们对他们的史学的评价。然而,这种推论思路颇有危险,可能会使我们忽略朱熹这段声明的主要作用。

姑且不论朱熹所指出的陈亮和司马光的历史事实错误,朱熹是为研究历史而讨论这些问题,或只是为达成哲学的目的? 当然主要是后者。朱熹对某些历史事件的评价即使比较客观,他还是贬抑历史学家用以构造思想体系的根据。朱熹为支持他自己的哲学理论而犯的错误,与司马光、陈亮的缺点可谓半斤八两。例如,他对古代圣人言行的研究不纯粹以考证为依据,甚至为填补《大学》的空白,不惜改动经典。他批

---

① 《朱文公文集》,卷 53,页 33 下。

② Conrad Schirokauer(谢康伦), "Chu Hsi's Sense of History," in Robert Hymes and Conrad Schirokauer, eds., *Ordering the World*: *Approaches to State and Society in Sung Dynasty China*, (Berkeley: University of California Press, 1993), pp. 202 - 203. 关于朱熹的事实判断与价值判断,参见黄俊杰: "朱子对中国历史的解释",收入钟彩钧、张季琳编,《国际朱子学会议论文集》(台北:中央研究院中国文哲所,1993 年),下册,页 1083—1114;牟宗三: "道德判断与历史判断",《东海学报》,第 1 期(1959 年 6 月),页 219—261。

评并且修改胡宏的《知言》,编撰张栻文集时,又删除一些重要的文章和信件。

简而言之,陈亮以他的历史研究与功利道德观,从两方面攻击朱熹的绝对价值观。在一方面,陈亮的历史研究是建立在历史主义的基础上的,认为时代不同,价值标准也相对随着时间和场合的变化而不同。朱熹夸大嘲弄陈亮的观点说:理想化一切的政治秩序,认为它们就是当时的道,这种夸大其词的说法甚至还主导某些现代学者的解释。其实陈亮的观点很谨慎,他注意到古代圣王与后代君主间的程度差异,而且也很警觉结果与道德的关系;陈亮的著作也显示他严厉批判许多现实状况。他始终坚持政府官员必须努力达到儒家的道德标准,但否定这些标准不受历史变迁及实际情况影响;此外,他要为汉唐明主寻求道德的支援,将他们树立为处理实际政治社会问题的榜样。

在另一方面,陈亮的功利道德结合利益结果与义理。朱熹强调个人的道德与伦理原则是最重要的课题,陈亮却反其道而行,主张社会和国家成就已经有内在的道德价值。陈亮以作战般的狂热,猛烈地攻击朱熹所主张的不受时间限制的绝对道德原则。陈亮面对的儒学思想潮流极力强调维护基本的文化价值,较少讨论实际的问题,他认为它已经妨碍了国家的利益,所以反应如此激烈。

吕祖谦能够包容多种思想,在第二时期(1163—1181 年)足以适当调解朱熹、陈亮的观点;但是朱熹与陈亮从 1182 年以后,更明确体认双方的思想歧异,促使他们将各自的理论进一步系统化,发展出更激进的主张。吕祖谦还是道学领袖的时候,陈亮和朱熹都很尊重他的指引,但是吕祖谦在 1181 年过世,调和各方的影响力从此消失,陈亮和朱熹都要填补吕祖谦留下的地位;陈亮要成为浙东学者的代表,但不足以与朱熹竞争全国道学领袖的地位。双方从 1182 年开始亲自接触,随即了解他们所继承的儒家传统有明显的差异,他们在试图把握对方思想的过程中,各自发展一些主要的概念。朱熹说陈亮将吕祖谦的史学中隐含的激进观念呈现无遗;朱熹所界定的道学比吕祖谦严格许多,加强陈亮的疏离感。陈亮觉得被排挤而离开道学群体,并且公开嘲讽道学似乎变成秘密宗教组织。道学失去这位婺州儒学的主要思想家后,多样的特性稍减,朱熹在道学内部的影响力相应增加。陈亮对朱熹的挑战,不如陆九渊的挑战那么受学术界瞩目,所以下一章要谈陆九渊的生平与思想。

第八章　陆九渊

陆九渊使道学在新的地区牢固扎下根基。他来自抚州金溪县(今江西临川县)一个殷实兼有地方自卫能力的经商家庭;抚州也是王安石的家乡,但在陆九渊之前,道学在当地显然未得到发展,所以他无缘追随有名的道学家。或许因为当地是道学文化的边缘地带,陆九渊讲学的对象不仅有文士,还包括一般百姓。陆九渊吸引的学生比较具有地方色彩,而吕祖谦和朱熹的书院学生来源比较广,但是陆九渊的学生不久就在更为活跃的地方建立分支据点,尤其是浙江东部的明州(今宁波)。

陆家自称祖上在周代受封为爵,但显然陆家只有一人在唐末做过较高的官职。唐宋间北方混乱之际,陆家先人举家南迁,到达抚州东北部的山区才安定下来。抚州大部分地区属于汝河流域的范围,信河由东北部发源,北向流入朋蠡湖,所以陆家居住的信河地区多山偏远。陆家利用地理条件,发展可观的自卫力量,甚至控制地方其他大姓,如邓、傅两家各自拥有寨堡和几千民兵,都受陆家控制。朝廷认可陆谔(1127—1136 年左右)在当地的领导地位,因为他指挥地方自卫武力,抵抗强盗和金人的军事侵略。陆九渊的父亲陆贺(逝于 1163 年)是当地有名的儒家学者,陆贺的六名儿子中,有三位成为著名的儒家学者,最年轻的两位还考上进士。显然由于陆九龄和陆九渊的功名,当地部分大族和州府官员希望削弱陆家对地方武力的控制。1175 年茶盗威胁抚州时,陆九龄仍有官方认可的地方领导权,但不久领导权力就被邓家接收。[①] 陆家对地方军事的影响力衰落时,他们正把注意力转向学术问题,而且与朱熹展开辩论。

陆九渊和陆九龄的情况与陈亮类似,都是家族在近 200 年中获得政府职位和学位的第一代人,而且两个家族都曾参与过对金的战争。陆九渊不像陈亮那么狂热反金,但他年轻时曾经习武,任官后又曾上书孝宗讨论军事。两家都算是地方望族,可以与大家族联姻,陈亮和陆九渊都娶富商的女儿。陈亮与地方的杰出富商联姻,所以一直维护富商和地主家族的地位及贡献,陆家的例子更显示富商的地位与影响力日渐重要。

陆家利用山地及信河的交通经营草药事业。陈亮与陆九渊都说家族的财政困难,但陆九渊对家族的经济活动描写得更详细:

> 吾家素无田,蔬圃不盈十亩,而食指以千数,仰药疗以生。伯兄总家务,仲兄治药疗,公〔三兄〕授徒家塾,以束修之馈补其不足。[②]

陆家有自己的事业、学校、民兵和祠庙,历经六代未曾分家,到陆九渊时已有上千的人口,所以陆家实现大家庭的社会理想,是当时有名的模范。陈家也努力要达成这个理想,但总是可望而不可及。陆家的家风也和陈家相反,素以严谨的家教传统闻名。

陆九渊与家族成员积极响应朱熹建立社仓的建议,也与陈亮的消极态度不同。陆家在 1188 年率先建立抚州的第一座社仓,虽然只服务县内 49 都保中的两个都保,但建仓后第二年发生旱灾,陆九韶(12 世纪 20

---

① 陆九渊年谱在《陆九渊集》,卷 36;又见《宋史》,卷 434,页 12879—12882;曾春海:《陆象山》(台北:东大图书公司,1988 年);林继平:《陆象山研究》(台北:商务印书馆,1983 年)。关于陆家地方大族的地位,见侯外庐:《中国思想通史》,册 4 下,页 651—656;Robert Hymes(韩明士),*Statemen and Gentlemen*,pp.140 – 144。

② 《陆九渊集》,卷 28,页 332。

年代末—90 年代)管理的社仓发挥了很好的作用。陆家把社仓建在居家附近,而且只服务最近的两个都保,显然控制社仓的运作,并且赚取贷款的利息。控制社仓的家族即使只收取比一般高利贷低的利息,也能够从中获利,而且低利率能够达成社仓的救济功能。陆家的家庭组织与家庭规范被时人推崇为模范,所以 13 世纪上半叶的抚州社仓也可能反映陆家的影响。陆家的家规要求子孙参加慈善救济活动,以避免与人发生冲突,但是日用所需及长期花费行有余力后,才可实施一般的救济或祭祀的活动;公益活动显然不如家族生计重要。①

　　地方救济工作通常由佛教僧侣组织管理负责,陆家并不急于为儒家人士争取接管这些工作。陆家的活动与陈亮对朱熹的社仓的反应虽然不同,其实陆氏兄弟与陈亮都不热衷与佛教慈善组织竞争,他们强调家族利益,并且认为政府应该负责家族以外的社会活动。陆九渊的立场不如陈亮接近袁采的《袁氏世范》所阐述的道德,他比陈亮、袁采吸收更多流行的道学偏见,反对追求利益或功利的想法。陆家对慈善救济制度的看法不像陈亮那么消极,但他们也有袁采那样以家族为中心的倾向,汇集个人对家族效忠,所以陆家成员不像朱熹致力于家族与国家间的中层制度。陆九渊似乎对乡约、祠庙、书院都不太感兴趣,在外地任官时,从不鼓励建立社仓。朱熹喜欢建立社区组织,甚于关心个人私家的利益;陆家却最重视培植大家庭以及它在当地的利益。

　　陆九渊与家乡官员通信时,毫不羞于倡言地方的经济利益。例如,他呼吁免除特殊税,并批评胥吏与地方大家族保持联系,但也明白争取自己家族的利益,他要求以公款补助陆家掌管的社仓,又推荐自己的姻亲在州府中担任更高的职位。另外一个例子更令人吃惊:他建议一位知府不要征收拖欠的税款,他宣称征收当月份以外的税,会使胥吏有从中剥削人民的机会,所以征收拖欠税款无异于征收新税。地方人民的利益

①　Robert Hymes(韩明士),*Statemen and Gentlemen*,pp. 152 - 157,163 - 164.

胜过中央政府的利益,所以"若是户部总司来理会州县积欠,亦一切不答,任他文移中如何打骂,一切不视"①。陆九渊在 1182 年要求这位知府不遵从中央政府命令时,他正在京城担任国子学正,在 1183 年转任敕令所删定官。他曾经三次出任地方官:1174 年在靖安县(今江西)、1179 年在崇安县(今福建)做主簿,1189 年出任荆门军(今湖北)太守。他在荆门军时确实改革一些税法,但没有证据显示他曾经漠视中央政府征收拖欠税款的命令。

陆九渊重视、关心家乡,在其他方面也表现得很明显。他与主要的儒学思想家通信的数量,远不及与抚州官员的信函来往勤快。吕祖谦赏识他的文章,因此得以通过进士考试,而且他最尊敬吕祖谦,但他的文集中只有一封写给吕祖谦的信,另外一封信给吕祖俭,一封给陈傅良,显然从未写信给张栻、陈亮或叶适。他写给朱熹的信最多,有五封信保存在文集中,另外 16 封可以在双方的文集里找到线索。②

陆九渊的学生来源也显示地域特色,他的学生中至少有 46 名是江西人,而且绝大多数来自抚州。其余 36 名学生中,18 名来自浙江,有 10 位来源不明。③ 有些学生可能只是他在当地担任官职的时候,短暂追随学习而已。他的教学活动集中在家乡与象山附近:34 岁时居家教学三年,49 岁时开始在象山教学五年。他在象山修筑一座学舍,每年在山中任教八个月;学舍的地点比吕祖谦、朱熹或陈亮的书院都偏僻。

陆九渊没有影响深远的外来老师,只接受家学教导。陆家的儒家道德教育很特别,孝宗曾经明令褒扬他们的孝悌美德。陆九渊在讲究儒家教养、文化气息深厚的家庭中成长,又是六兄弟中最年幼的一位,所以一

① 《陆九渊集》,卷 7,页 98,致陈倅信。关于陆九渊的社会和政治思想,见侯外庐:《中国思想通史》,册 4 下,页 659—669;李之鉴:《陆九渊哲学研究》(郑州:河南人民出版社,1985 年),页 225—262;徐复观:"象山学术",收入其《中国思想史论集》(台北:学生书局,1983 年),页 59—71。
② 陈荣捷:"朱陆通讯详述",收入其《朱子论集》(台北:学生书局,1982 年),页 251—269。
③ 参见徐纪芳:《陆象山弟子研究》(台北:文津出版社,1990 年),页 33,66—72。

直对儒家的行为准则感到很自在。宋代的主要道学家除程颢以外，都不像陆九渊那么信心十足，认为成德轻易可行，儒家的学说简易明了。陆家的家庭经济活动很多元化，而且独立，又有武装自卫的能力，大概都培养陆九渊的自信，相信努力必然有成，能够以修养发展完成自我。此外，他在 34 岁时就通过进士考试，比南宋时期新科进士的平均年龄年轻两岁。他的修养很成熟，从不担心科举考试，而且显然愿意接受政府任命的任何职位。

陆九渊在幼年时代就有早熟的好奇心。据说他 4 岁时就思考天地的边际，认真得忘记吃饭。13 岁时探讨宇宙，忽然省悟自己的责任义务就是宇宙的范围；他说：

> 宇宙便是吾心，吾心即是宇宙。东海有圣人出焉，此心同也，此理同也。西海有圣人出焉，此心同也，此理同也。南海、北海有圣人出焉，此心同也，此理同也。千百世之上至千百世之下，有圣人出焉，此心、此理亦莫不同也。[1]

陆九渊与朱熹都在幼年时代思索宇宙的问题，都想成为圣人，但他与朱熹不同。陆九渊在 8 岁时，就对程颐不满，曾经问道："伊川之言，奚为与孔孟之言不类？"[2]陆九渊多年以后说，朱熹学识"蔽固深"，很像程颐；而张栻"却通疏"，像程颢。[3] 陆九渊虽然比较喜欢程颢，但不认同程颢，而认同简易实践的古代圣人。

陆家的经济活动也使他的教育更丰富，迫使他注意实际的问题，应付各式各样的人，他自己回忆说："吾家合族而食，每轮差子弟掌库三年。某适当其职，所学大进，这方是'执事敬'。"[4]他与人接触、处理财务问题，获得丰富的实际知识与沟通技巧，都不是可以从书本中得到的知识。陆

---

① 《陆九渊集》，卷 36，页 482—483；又见卷 33，页 388。
② 《陆九渊集》，卷 33，页 481—482。
③ 《陆九渊集》，卷 34，页 413。
④ 《陆九渊集》，卷 34，页 428。

九渊阅人无数,所以与不同的听众沟通时,判断很敏锐,并且极有说服力。他的讲演素以感人著称于世,到乡村或城镇时,他的演说常能吸引几百人恭敬聆听,听众常被他发自肺腑的话感动落泪。他承认出色的演讲才能是有心而为的:"吾之与人言,多就血脉上感动他,故人之听之者易。"①

陆九渊曾经应朱熹的邀请,在白鹿洞书院演讲,讲词后来刻在书院的碑石上,堪称中国历史上的一篇演讲杰作。他引用"君子喻于义,小人喻于利"(《论语·里仁》),告诫学生准备科举考试时,把这句话当作座右铭。志于义或是志于利,决定未来的人生。要获得官位,不得已才参加科举考试,但是君子小人并不取决于科举的成败。专注于科举、追求成功而忽略熟读经典教训的人,纵使有学问,官运亨通,也绝不会关注百姓的福祉,仁义与他们无缘。陆九渊结束演说时向学生挑战说:

> 诚能深思是身,不可使之为小人之归,其于利欲之习,怛焉为之痛心疾首,专志乎义而日勉焉,博学审问,慎思明辨而笃行之。由是而进于场屋,其文必皆道其平日之学、胸中之蕴,而不诡于圣人。由是而仕,必皆共其识,勤其事,心乎国,心乎民,而不为身计。其得不谓之君子乎。②

他1192年在荆门军时,曾对近600人发表演说的讲义,证明他甚至能鼓励文盲分辨是非,寻回迷失的本心。③ 他的学生描述他如何向不同的听众演说:陆九渊等众人安静入座,才离室乘轿到场,入座后"间举经语为证。音吐清响,听者无不感动兴起。初见者或欲质疑,或欲致辩,或以学自负,或有立涯岸自高者,闻诲之后,多自屈服,不敢复发。其有欲言而不能自达者,则代为之说,宛如其所欲言,不敢复发。其有欲言而不

①《陆九渊集》,卷36,页503。
②《陆九渊集》,卷23,页275—276。
③《陆九渊集》,卷23,页283—286。

能自达者,则代为之说,宛如其所欲言,乃从而开发之。至有片言半辞可取必奖进之,故人皆感激奋砺"①。陆九渊演讲的内容也显示他的听众背景不一,他不讨论朱熹等学者关怀的格物与经典的问题,只用简易浅显的方法,直扣听众的本心;过度细密的推理(像朱熹的方法)会妨碍恢复本心以及向善的努力。陆九渊相信平民百姓如果理解基本的文化价值,又有追求正确目标的纪律,就有完成自我的能力。他告诉学生说:"须收拾作主宰。"②用他的话说,每个人都具有孟子所说的"本心"(《孟子·告子下》);孟子又说,人都有仁、义、礼、智"四端"(《孟子·公孙丑上》)。陆九渊将它们的关系解释得更明白:"四端者,即此心也;天之所以与我者,即此心也。人皆有是心,心皆有是理,心即理也。"③即使没有朱熹强调的学术研究与道德训练,"四端"已经足够自立自足:

> 近来论学者言:"扩而充之,须于四端上逐一充。"焉有此理?孟子当来,只是发出人有是四端,以明人性之善,不可自暴自弃。苟此心之存,则此理自明,当恻隐处自恻隐,当羞恶,当辞逊,是非在前,自能辨之。④

人的本心已有四端,不论任何情况都能够判断是非,不需要另外的准备。陆九渊为说明他的论点,某次和学生坐着谈话时,突然站起来,学生也自动站起来,陆九渊于是问:"还用安排否?"⑤这种反应可以客观解释成社会化的结果,但是陆九渊认定儒生每日自然实行的日常礼仪,就足以证明礼仪的法则已经自然在人的心中。

人心中自然的天理是整体直观体验的基础,因为"一是即皆是,一明

---

① 《陆九渊集》,卷36,页501—502。
② 《陆九渊集》,卷35,页455。
③ 《陆九渊集》,卷11,页149。
④ 《陆九渊集》,卷34,页396。
⑤ 《陆九渊集》,卷35,页470。

即皆明"①。陆九渊认为心推理的能力证明人可以完全仰赖心,而且心与天地自然之理一致:

> 义理之在人心,实天之所与,而不可泯灭焉者也。彼其受蔽于物而至于悖理违义,盖亦弗思焉耳。诚能反而思之,则是非取舍盖有隐然而动,判然而明,决然而无疑者矣。②

陆九渊的直觉理解是以肯定本心与天德间的联系为基础:"心之体甚大,若能尽我之心,便与天同。"③所以古代的圣人只简单教人保存、培养以及寻回此心,能够保持本心,学习和修养就很"简易",但一般人都不幸丧失本心中的四端。陆九渊写信谴责朋友说:

> 此理本天所以与我,非由外铄。明得此理,即是主宰。真能为主,则外物不能移,邪说不能惑。所病于吾友者,正谓此理不明,内无所主;一向萦绊于浮论虚说,终日只依借外说为主,天之所与我者反为客。④

他知道"心之德"会受到欲望利益的干扰,这些缺点有时来自不完善的天资,但大多出自行为实践,愚夫愚妇一般是被物欲引诱,"贤者智者之蔽在于意见,高下污洁虽不同,其为蔽理溺心而不得其正,则一也"⑤。不论蔽于物欲,或是蔽于意见,人心都因此变得贫乏。

一般人为寻求矫治的方法,往往诉诸各种技巧,要使思想清明、克服物欲,却偏离简易的途径:"主于道则欲消,而艺亦可进。主于艺则欲炽而道亡,艺亦不进。"⑥欲望如果已经阻碍人心,除非先去除心中的障碍,否则存心的简易办法无法发挥作用。去除心内的障碍与简易的办法不

---

① 《陆九渊集》,卷 35,页 469。
② 《陆九渊集》,卷 32,页 376。
③ 《陆九渊集》,卷 35,页 444。
④ 《陆九渊集》,卷 1,页 4,致曾宅之信。
⑤ 《陆九渊集》,卷 1,页 11,致邓文范信。
⑥ 《陆九渊集》,卷 22,页 272。

同,个人立志努力仍然不足,需要别人的帮助:"不得明师良友剖剥,如何得去其浮伪,而归于真实? 又如何得能自省、自觉、自剥落?"①所以陆九渊肯定群体能促进个人的精神修养,他特别建议学者读书。

儒家学者一般都致力于读书以达到修养的目的,但个人修养主导陆九渊的读书方法,他对学生说:"学者所以为学,学为人而已,非有为也。"②扩展知识以解决某些实际问题是次要的工作,自我修养是最主要的目的,所以心不澄净而读书,有如"假寇兵,资盗粮",适得其反。③ 由于精神修养最重要,自我反省的简易方法比读书或去除障碍更为根本,因为"此心之良,本非外铄","此事不借资于人,人亦无着力处。圣贤垂训,师友切磋,但助鞭策耳"④。

陆九渊认为人具有恢复本心、成为善人的内在力量,这是根据孟子"万物皆备于我"的信心(《孟子·尽心上》)。他将耳目官能比喻成孟子所谓的能自然符合儒家伦理的倾向,而告诉学生说:"汝耳自聪、目自明,事父自能孝,事兄自能弟,本无少缺,不必他求,在乎自立而已。"⑤陆九渊强调本心具有转化善人的内在力量,有时也把自己说成具有这种超越的人格:"我无事时,只似一个全无知无能底人。及事至方出来,又却似个无所不知、无所不能之人。"⑥他的自我形象有时更是意气飞扬:"仰首攀南斗,翻身倚北辰,举头天外望,无我这般人。"⑦这种愿望比陈亮想做英雄和将领要理想浪漫得多。

陆九渊对本心力量的信念也在哲学论述中表现无遗,最有名的是

---

① 《陆九渊集》,卷35,页464。
② 《陆九渊集》,卷35,页470。
③ 《陆九渊集》,卷35,页463。
④ 《陆九渊集》,卷5,页66,致舒元宾信;又见卷35,页452。
⑤ 《陆九渊集》,卷34,页408。
⑥ 《陆九渊集》,卷35,页455。
⑦ 《陆九渊集》,卷35,页459。

"宇宙即我心，我心即宇宙"，以及"心即理"，①这些口号观点很像张九成。道学家常将"理"视为具有形而上学思辨层次的观念，所以他的口号有时被认为是主张极端的主观唯心主义，或是创造思想客体的普遍意义的心。② 陆九渊没有进行哲学论证或严格的定义，但他的话并不支持主观唯心论的解释，他的主观论立场似乎只强调心(亦即理)能够赋予万物价值。

陆九渊使用"理"一词时(如道理)，通常指我们讨论的第二个层次——伦理原则以及文化价值，不是更抽象层次的理。有时"理"似乎有形而上层次的意义，因为此理"充塞宇宙"，而且"天地鬼神，且不能违异"。③ 他经常在谈论理和道时，显示能体验万物中存在的规范或理，例如他说："此道充塞宇宙，天地顺此而动，故日月不过，而四时不忒。"④他在此认为自然所内含的规范或理，是自然世界规律的基础。他在书信中更明确解释这些哲学上的联系："道塞宇宙，非有所隐遁，在天曰阴阳，在地曰柔刚，在人曰仁义。故仁义者，人之本心也。"⑤道就是天、地、人三界具体事物内在的理或规范。朱熹将阴阳视为"形而下"的领域，与"形而上"有严格的分界，陆九渊反对将道区分成这两个层次，因为"道外无物，物外无道"⑥。

他们对心的理解也反映这种区别。朱熹以帝舜的十六字传心诀为基础，将"道心"和"人心"解释成极端对立的观念，但陆九渊反对那么明确的对比。陆九渊告诉他的学生：

> 谓"人心，人伪也；道心，天理也"，非是。人心，只是说大凡人之

---

① 《陆九渊集》，卷 22，页 273；卷 11，页 149。关于这些范畴，参见张立文："论陆九渊哲学的思辨结构"，《中国哲学》，第 16 辑(1993 年)，页 280—295。

② 侯外庐的观点很有代表性，参见：《中国思想通史》，册 4 下，页 670—684；又见陈德仁：《象山心学之比较研究》(台北：学生书局，1974 年)。

③ 《陆九渊集》，卷 11，页 147，致吴子嗣第八封信。

④ 《陆九渊集》，卷 10，页 132，致黄康年信。

⑤ 《陆九渊集》，卷 1，页 9，致赵监信。

⑥ 《陆九渊集》，卷 1，页 10。又见王德有：《道旨论》(济南：齐鲁书社，1987 年)，页 146—167。

> 心。惟微，是精微，才粗便不精微，谓人欲之理，非是。人亦有善有
> 恶，天亦有善有恶，岂可以善皆归之天，恶皆归之人。①

陆九渊喜欢重复引用孟子的话："仁，人心也。"（《孟子·告子上》）见解与早期二程信徒如谢良佐、张九成、胡宏、张栻等有相通之处；②换句话说，心就是儒家所讲的道德、天理。陆九渊很少谈到人性的问题，即使有人问这种问题，他只简单回答说：性就是心。朱熹认为性就是道德、天理，而心包含内在之性，所以心具有认识天理的先验能力，但心的自身不包含道德的原理。③

他们对佛教的批评也可以说明他们对实体的了解与讨论层次的歧异。佛教徒对于实体的哲学假设是不是最重要的分歧点？或者两家学说的歧异只是道德实践的问题？张九成强调后者是佛教的缺点（见第一章）。陆九渊不喜欢细密的哲学思辨，所以他不用抽象哲学的基础区分两支传统，而以人伦价值的观点考查两者的差异。一位友人说儒、佛都能发挥仁慈的精神帮助百姓，但陆九渊指责佛教拯救人脱离轮回痛苦，其实很自私，因为他们最终的目的是要舍离尘世。儒家学说与此相反，儒者即使到达最高的中庸境界，依然强调经世致善，所以儒家一直主张公义。他说中国的佛教尊重儒家的家庭价值观念，证明儒家学说更为优越：

> 彼既为人，亦安能尽弃吾儒之仁义？彼虽出家，亦上报四恩。
> 日用之间，此理之根诸心而不可泯灭者，彼固或存之也。然其为教，

---

① 《陆九渊集》，卷35，页462—463。
② 《陆九渊集》，如卷19，页233；卷31，页373。又见唐君毅：《中国哲学原论·原性篇》（香港：新亚研究所，1968年），页531—643；邓克铭：《张九成思想之研究》，页68—69。
③ 参见 Yü Ying-shih（余英时），"Morality and Knowledge in Chu Hsi's Philosophical System," in Wing-tsit Chan, ed., *Chu Hsi and Neo-Confucianism*, (Honolulu: University of Hawaii Press, 1986), pp. 243 – 248. 中文本："朱熹哲学体系中的道德与知识"收入田浩编：《宋代思想史论》，页257—284；唐君毅：《中国哲学原论·原性篇》，页399—499；陈来：《朱熹哲学研究》，页337—355；山井涌："《朱子文集》に见ぇる朱子の'心'"，《中哲文学会报》，第6号（1981年6月），页27—44；山井涌："朱子の'心'に关する若干考查"，《中哲文学会报》，第5号（1980年），页97—112。

非为欲存此而起也,故其存不存,不足为深造其道者轻重。若吾儒则曰:"人之所以异于禽兽者几希,庶民去之,君子存之。"释氏之所怜悯者,为未出轮回,生死相续,谓之生死海里浮沉。若吾儒中至贤,岂皆只在他生死海里浮沉也? 彼之所怜悯者,吾之圣贤无有也。然其教不为欲免此而起,故其说不主此也。故释氏之所怜悯者,吾儒之圣贤无之;吾儒之所病者,释氏之圣贤则有之。①

他承认很少读佛经,但声称任何人都可看出两个学说绝对不能相容,因为这是公义心和私利心的根本区别。陆九渊的批评有些嘲弄的味道,但他对佛教的批判与张九成如出一辙,都强调道德修养和社会价值的问题。

朱熹也抨击佛教贬损儒家的社会和家庭价值,但认为伦理问题不是佛教与儒家间最根本的区别,并且指出陆九渊观点的不足之处:

向来见〔陆〕子静与王顺伯论佛云,释氏与吾儒所见亦同,只是义利、公私之间不同。书说不然,如此,却是吾儒与释氏同一个道理。若是同时,何缘得有义利不同? 只被源头便不同:吾儒万理皆实,释氏万理皆空。②

所以朱熹批评佛教时,一直侧重抽象的思辨哲学层次,而陆九渊避免讨论这层次的问题。张立文先生说,朱熹用"虚、实"区分儒、佛,"陆九渊也是同意的",并引用证据支持他的论断:

吾平生学问无他,只是一实。或问先生:"如此谈道,恐人将意见来会,不及释子谈禅,使人无所措其意见。"先生云:"吾虽如此谈道,然凡有虚见虚说,皆来这里使不得。"③

---

① 《陆九渊集》,卷 2,页 16—21,"与王顺伯",特别是第 17 页。
② 《朱子语类》(正中书局本),卷 124,页 4766;(中华书局本),卷 124,页 2976。关于陆九渊 1179 年的信,见《朱子语类》(中华书局本),卷 124,页 4765—4766;(中华书局本),卷 124,页 2975—2976。
③ 张立文:《走向心学之路——陆象山思想的足迹》(北京:中华书局,1992 年),页 208;《陆九渊集》,卷 34,页 399,407。

朱熹常常批评佛教讲"空"，却忽略佛教形而上学复杂的演变。印度大乘佛教所讲的"空"（*sʹūnyatā*）并不是简单的空无，因为他们已经开始视"真空"为"妙有"。中国的大乘僧侣更进一步强调"妙有"，并将"真空"转变为"妙有"。中国的禅宗大师也借用孟子"本心"和"本性"的术语，讨论超越相对善恶的绝对至善心性。道学哲学家认为理有道德的意义，所以朱熹不能欣赏禅学的观点，谴责它反道德或与道德不相干；他讨论佛教的心性论时，似乎不了解佛教如何运用"体用"的观念，虽然他的体用观点与佛教的讲法相近。朱熹年轻时曾致力于研习禅宗学说达十年，比别的道学家了解禅宗，而他对佛教"空"的学说以及对心的看法的批判，支配以后儒家学者对佛教的讨论。朱熹对佛教的批评虽然肤浅，而且不能把握两大传统的形而上学的真正区别，却指责佛教徒不能实践道德，竟然又批评陆九渊将伦理的问题当作儒、佛两教最根本的区别，实在不无几分讽刺。佛教也要在日常生活中实现本心、本性，但顿悟的观念对平民百姓不切实际，而且一如陆九渊的抨击，它仍然具有出世的自私的倾向。朱熹容许适度以"权"运用"中庸"之道，而且主张以渐进的方法转化欲望与气质之性，所以他提供恢复本心的方法比较有效。① 朱熹即使仍然不能摆脱部分佛教的影响，却对自己的正统思想深具自信，而且担心其他儒家学者的佛教倾向。

---

① Charles Wei-hsünFu(傅伟勋)，"Chu Hsi and Buddhism,"in Wing-tsit Chan, ed., *Chu Hsi and Neo-Confucianism*, pp.375 – 403，及其"Morality and Beyond: The Neo-Confucian Confrontation with Buddhism," *Philosophy East & West*, 23.3(1973), pp.375 – 396.朱熹、吕祖谦：《近思录》，卷13。冯耀明："朱熹对儒佛之判分"，《汉学研究》，第6卷第2期(1988年)，页333—354。钱穆：《朱子新学案》，册3，页489—579。束景南："朱熹佛学思想渊源与逃禅归儒的三部曲"，收入朱瑞熙编，《朱熹教育和中国文化》，页3—35。蒋意斌：《宋代儒释调和论及排佛论之演进——王安石之融通儒释及朱学派之排佛反王》(台北：台湾商务印书馆，1988年)。熊琬：《宋代理学与佛学之探讨——朱子理学与佛学之探讨》(台北：文津出版社，1985年)。束景南："朱熹与华严禅"，《中国哲学》，第16辑(1993年)，页263—279。Chung Tsai-chün (钟彩钧), *The Development of the Concepts of Heaven and of Man*, chapters 1,6; Peter N. Gregory, *Tsung-mi and the Signiication of Buddhism* (Princeton: Princeton University Press, 1991), pp.297 – 311.

　　朱熹批评陆九渊有佛教倾向,他以前也如此批评张九成,其实他认为陆九渊继承张九成的观点,因为他们都强调心就是理,都关注心的地位,而不重视经典的研究,并且都侧重简易的修养办法以达到本心的觉悟。朱熹认为这些观念与佛教徒的看法一样,显示松懈的修身功夫,误解复杂的人性,以及忽略格物致知。朱熹抨击佛教,重点虽然在空的观念,他最担心的禅宗影响却是读书与修身的问题。朱熹与学生谈话时,特别批评陆九渊"一味是禅"。①

　　陆九渊指责朱熹使用佛教的术语,朱熹反驳说哲学的观点若不同,使用共同的名词并无大碍:

　　　　迥出常情等语,只是俗谈,即非禅家所能专有,不应儒者反当回避,况今虽偶然道著,而其所见所说,即非禅家道理。非如他人阴实祖用其说而改头换颜,阳讳其所自来也。②

朱熹暗示陆九渊虽然没有明白援引佛教经典,但已经把佛教的思想引进儒学的术语。

　　陆九渊自认在宣扬孟子的学说,他与学生谈话时,回忆自己对儒学的理解,其实来自阅读《孟子》时的顿然省悟。③ 别人批评他只信奉孟子的一句话,他却欣然接受:"近有议吾者云:'除了先立乎其大者一句,全无伎俩。'吾闻之曰:'诚然。'"④而且自信十足地宣称:"区区之学,自谓孟子之后,至是而始一明也。"⑤换句话说,他越过周敦颐、二程兄弟,从孟子直接继承"道",这对朱熹所定义的道统是个重大的挑战。

---

①《朱文公文集》,卷35,页22上,与刘子澄第10信;《朱子语类》,卷124;关于陆九渊与张九成的共同之处,参见,(中华书局本),卷124,页4781—4782;(中华书局本),卷124,页2984—2985;陈来:《朱熹哲学研究》,页331—335。
②《朱文公文集》,卷36,页14上下。又见《陆九渊集》,卷2,页30。
③《陆九渊集》,卷35,页471。
④《陆九渊集》,卷34,页400。
⑤《陆九渊集》,卷10,页134,"与路彦彬"。

　　几百年来一些儒家学者同意陆九渊以独特的方式继承孟子的学说，王守仁(阳明，1472—1529 年)尤其注意他与孟子的共同处：

> 自是而后有象山陆氏，虽其纯粹和平，若不逮于〔周、程〕二子，而简易直截，真有以接孟氏之传。其议论开阖，时有异者，乃其气质章见之殊，而要其学之必求诸心，则一而已。故吾当断以陆氏之学，孟氏之学也。①

王守仁这段话是在 1520 年为陆九渊文集再版所写的序中所言，这 300 年间新的版本很少，但陆九渊已经成为中国思想史上一个举足轻重的人物，牟宗三先生认为陆九渊的学说比朱熹更接近孟子。② 以孟子的本心观点而论，陆九渊不愧是纯粹的孟子信徒；然而，朱熹的人性观与他对功夫修养的看法，也从孟子处获益良多。

　　陆九渊宣称继承孟子的衣钵，但他去世时，朱熹下了一段有名而且引起争议的评语，一语否定陆九渊的自我形象。陆九渊 1191—1192 年间在荆门军做太守，工作极为尽责，他的慢性出血症(可能是肺结核)由于劳累变得更加严重。他很了解中医，知道自己大限不远，所以他沐浴更衣，开始静坐冥思，两天后安详去世。朱熹听到消息后说："可惜，死了告子。"③把陆九渊比喻成与孟子争论性、仁、义和心等问题的告子，隐约指责他的思想混杂："陆氏之学，更鹘突似告子。"④他尤其强调陆九渊与告子都主张"义外"，并且努力维持"不动心"。⑤ 朱熹的本意即使是为陆九渊的哲学盖棺论定，他的评语也有纯粹哲学以外的言外之意。他似乎

---

① 王守仁：《王文成公全书》(四部丛刊本)，卷 7，页 29 下—30 上。
② 牟宗三：《从陆象山到刘蕺山》(台北：学生书局，1979 年)，页 4—5，13—25，81—92。
③ 《朱子语类》(正中书局本)，卷 124，页 4772；(中华书局本)，卷 124，页 2979。
④ 《朱子语类》(正中书局本)，卷 52，页 1959—1960；(中华书局本)，卷 52，页 1236。关于朱熹对告子人性论的批评，参见黄彰健：《经学理学文存》(台北：台湾商务印书馆，1976 年)，页 195—213。
⑤ 《朱子语类》(正中书局本)，卷 124，页 4767，4768—4769；(中华书局本)，卷 124，页 2971，2976，2977；又参见陈荣捷：《朱子新探索》，页 591—596。

隐然将自己与孟子排击异端相提并论,暗示自己在道统与道学中的地位。朱熹在纪念陆九渊的仪式里,表达他对故人的不满,似乎颇有失态,但不能与尊敬的故人继续辩论,他也深感难过。下一章接着就要讨论他们的思想交流。

第九章　朱熹与陆九渊

朱熹与陆九渊的关系比朱熹与陈亮的关系更能显示吕祖谦在 1181 年以前的影响力,以及他去世后道学的环境变化。吕祖谦不但在陈亮与朱熹间担任中介的角色,也是朱熹和陆九渊间的桥梁。后人的研究常只把吕祖谦当成沟通朱、陆思想对立的管道,其实他的领导才能和思想对三者的关系亦非常重要。

吕祖谦在 1172 年的进士考试中认出陆九渊的才能,陆九渊因为吕氏的声望立即名满天下,吕祖谦并且写信给各方朋友,推崇陆九渊的学术和人格,所以吕祖谦的友人也开始谈论陆九渊。吕祖谦在 1173 年陆九龄造访后,写信给朱熹称赞这位访客有孝友风范,而且陆氏兄弟都立志向学;他们以前的学问虽然有些偏颇,但是已有长足的进步,而且开始从各个方面探求"道"。朱熹回复说,陆九龄的名声他已早有所闻,但对陆氏兄弟的思想态度颇有保留,因为他曾经听友人将陆氏兄弟与张九成相提并论。朱熹并在随后的信中表示担心陆九渊会使用儒家的语言表达禅宗的学说,而这正是他所抨击的张九成的错误。1174 年陆九渊拜访吕祖谦后,朱熹回信给吕祖俭,批评陆九渊忽视经典的研习,想要直接把握圣人的本心。他随后又写信给吕氏兄弟,表示乐意与陆九龄、陆九渊见面,以解决他与朋友对陆氏兄弟学说的疑问;12 世纪最著名、最彻底的儒学辩论于焉展开。[①]

1175 年 6 月,吕祖谦安排朱熹与陆九龄、陆九渊在江西东南的鹅湖寺见面。鹅湖寺靠近杭州到福建的主要商业通道,旅程对朱熹和吕祖谦都还算方便;陆氏兄弟则可以乘船到达山下,然后乘轿上山。鹅湖寺是旅游胜地,所以与会的学者在当地度过悠闲的 5—12 天时光,吕祖谦并不时协调朱熹和陆氏兄弟的讨论。陆氏兄弟自信十足,断然不肯向朱熹妥协让步,甚至写诗嘲弄朱熹的哲学立场。到场参加学术交流的学者至少有 11 位,讨论很激烈,但也有许多问题,因为各种意见观点杂出,无法得到一致的结论。吕祖谦的原意只是介绍朋友互相认识,但是讨论的话题引出许多歧异,立刻成为注意的焦点。一位陆九渊的学生认为吕祖谦是立场中庸的协调人,陆九渊自己指出吕祖谦起初放开心胸聆听各种意见,但后来支持朱熹的观点。吕祖谦在鹅湖之会前后所写的信件显示,他对关键问题的意见大抵与朱熹接近,都强调读书对教学和功夫修养非常重要。前面曾讨论过,吕祖谦虽然强调发现本心,却比朱熹更强调经典的学问。

张栻写信询问朱熹鹅湖之会的情形,尤其关心陆氏兄弟是否愿意聆听他人的意见,朱熹回信明确指出陆氏兄弟困扰学者的地方:"子寿兄弟气象甚好,其病却是尽废讲学而专务践履,却于践履之中,要人提撕省察,悟得本心,此为病之大者。"[②]

从日后的发展来看,鹅湖之会是朱、陆学术的分水岭,但会后几年双方并没有分裂的迹象,朱陆的关系维持良好,而且开始直接通信。朱熹

[①] 学者曾经根据朱熹的书信文章,试图考订写作的年代,例如:陆九渊的"年谱",收在《陆九渊集》,卷 36。王懋竑:《朱子年谱》,卷 2 上,页 58—61,75—78;卷 2 下,页 96—101;卷 3 上,页 124—133;卷 3 下,页 166—167。钱穆:《朱子新学案》,册 3,页 293—488。陈荣捷:《朱子新探索》,页 572—596。束景南:《朱子大传》,页 326—359。陈来:《朱子书信编年考证》(上海:新华书店,1989 年),页 281—328。我比较常引用陈来的分析。
[②]《朱文公文集》,卷 31,页 15 下—16 上,致张栻的第 18 封信。

和吕祖谦在信件中批评陆氏兄弟过于自信,而且抛弃读书学问,一意直接追求本心。朱熹虽然不同意陆氏兄弟对读书的松懈态度,但开始称赞他们的人格。朱熹和吕祖谦在 12 世纪 70 年代后期对他们的批评很温和,主要的原因或许是他们开始体认读书和经典研究的重要地位。

陆九龄在鹅湖之会后的五年期间,更加称赞吕祖谦与朱熹的学识。他的继母在 1177 年过世,他为此写信给朱熹,详细询问葬礼的问题,而朱熹批评陆家的做法时,陆九龄都能够接受建议;但陆九渊则不然。陆九龄在 1179 年 2 月前往信州铅山的观音寺拜会朱熹,当时朱熹在等待南康太守的任命。朱熹的学生说:"〔陆〕子寿每谈事,必以《论语》为证。"①陆九龄写信给张栻,提到这三天的访问,仍然表示对朱熹的看法有所保留,但没有具体说明,不过陆九龄常提《论语》论事显示他努力调整自己的立场。他在鹅湖批评朱熹强调圣贤经典,但现在的看法已经与当时有很大的差距;他以前批评过为经书写注解的做法,现在却再三称赞朱熹对《中庸》的注解。陆九龄在 1179 年 10 月前往婺州造访吕祖谦,吕祖谦后来写信给朱熹,赞扬陆九龄的学问颇有进境:"陆子寿前日经过,留此二十余日,幡然以鹅湖所见为非,甚欲着实看书讲论,心平气下,相识中甚难得也。"②陆九龄在 1180 年突然病逝,朱熹与吕祖谦都认为失去一名同道。吕祖谦给朱熹的信说:"陆子寿不起,可痛。笃学力行,深知旧习之非。求益不已,乃止于此。"③朱熹回信说:"子寿之亡极可痛惜,诚如所喻。"④并在"祭陆子寿教授文"中称颂陆九龄进步成熟,与自己"道合、志同"。⑤

陆九渊在鹅湖之会后也比较倾向朱熹与吕祖谦所强调的读书。朱熹在 1179 年写信给吕祖谦,根据陆九渊写给别人的信指出:"〔子静〕却

①《朱子语类》(正中书局本),卷 124,页 4753;(中华书局本),卷 124,页 2968。
②《吕东莱先生文集》,卷 4,页 77,致朱熹第 52 封信。
③《吕东莱先生文集》,卷 4,页 79,答朱侍讲第 56 封信。
④《朱文公文集》,卷 34,页 32 上。
⑤《朱文公文集》,卷 87,页 10 下—11 下。

说人须是读书讲论,然则自觉其前论之误矣,但不肯幡然说破今是昨非之意。"①他在第二年所写的信件一再提到,许多江西的友人来信肯定陆九渊改变基本的观点,"却教人读书讲学"。②

朱熹与前来南康求教的陆九渊门人谈话后,更相信陆九渊的学问颇有改进。陆九渊门下两位主要学生曹建(立之,1147—1183 年)和万人杰使朱熹印象很深刻,因为他们坦承师说有误。其他学生返回江西接受陆九渊的教导,曹建与万人杰则转投朱熹的门下;不过其他学生依然固执己见,也使朱熹颇为困扰。朱熹写信向陆九渊抱怨,陆门弟子包扬认为读书会妨碍儒家道德的实践。陆九渊随即写信给这位弟子,批评他的"奇怪"之论;③包扬也在 1183 年投到朱熹门下。鹅湖之会后的几年,陆九渊和学生对读书问题的态度有些转变,向朱熹和吕祖谦重视经典的立场靠拢,所以朱陆两派间的紧张关系大为缓和。

包扬等陆门弟子很慢才体认读书非常重要,显示陆九渊并没有与以前的观点完全决裂,所以朱熹更要努力说服陆九渊。南康的旱灾情况严重,朱熹应接不暇,而陆九渊必须为陆九龄治丧,所以被迫取消原订在 1180 年会面的计划。陆九渊请朱熹和吕祖谦撰写墓志铭,结果两篇墓志铭都委婉指出陆九龄改变早期忽视阅读经典的看法,学问颇有进步。陆九渊在 1181 年 2 月为陆九龄的墓志铭,亲自向朱熹致谢。陆九龄逝世使他们都很难过,所以在礼尚往来的气氛下,双方都企图寻求共识,不愿开启争端。陆九渊此行在白鹿洞书院发表著名的义利之辨的演说,众人都深受感动,所以朱熹将讲词刻在书院的石碑上。总而言之,这次访问非常成功,朱熹写信给吕祖谦,赞许陆九渊的观点改变许多:"子静近日讲论,比旧亦不同,但终有未尽合处。幸其却好商量,亦彼此有益也。"④

---

① 《朱文公文集》,卷 34,页 17 上下,致吕祖谦的第 77 封信。
② 《朱文公文集》,卷 34,页 23 下,答吴伯恭第 81 封信。
③ 《陆九渊集》,卷 6,页 85,"与包显道"。
④ 《朱文公文集》,卷 34,页 33 上下,答吕伯恭第 93 封信。

朱陆的南康之会后,朱熹与吕祖谦交换对陆九渊的看法。吕祖谦关心陆九渊是否放弃鹅湖之会时的观点,并且评论说:"子静病在看人而不看理。"①显然意指陆九渊强调人内在的潜能,较不注重学习普遍的规范之理。朱熹回信说,陆九渊有更根本的缺点,就是"一些禅的意思",将学问看得很简易,又专注内在的心,忽视外在的事物,思想显然甚受禅宗感染。陆九渊过于自信,别人指出这种佛教倾向时,总认为是别人的错误。② 朱熹计划让三人在吕祖谦的丽泽书院再度会面,以解决分歧的见解,然而吕祖谦突然在 1181 年 8 月去世。

陆九渊在祭文里说吕祖谦"主盟斯文",感谢他耐心指导,使自己改变一些"狂愚"的想法,③并且承认陆九龄在生前的最后几年,已经转向吕祖谦的观点立场。陆九渊没有完全放弃自己的思想,但在鹅湖之会后的六年中,也有显著的改变。陆九渊的祭文措辞始终温和有礼,但谈到自己最近几年的进步,几乎是公开承认以前的错误。陈亮也写作一篇祭文悼念故人,但朱熹无疑比较喜欢陆九渊的祭文。然而吕祖谦的约束力消逝后,朱熹与陆九渊的关系毕竟与他和陈亮的关系如出一辙,在 12 世纪80 年代中期逐渐变得紧张。

朱熹为曹建写的墓志铭挑起朱、陆间的紧张关系。曹建是陆九渊很得意的学生,但他在 1179 年的冬天去南康追随朱熹。曹建去世于 1183年,享年仅 37 岁,他的朋友要求朱熹写墓志铭。朱熹利用这篇文章宣扬自己对道学的看法,与三年前为陆九龄所写的祭文类似,也明白提到曹建的思想向自己的观点转变。根据朱熹的描述,曹建具有阅读古文和今文的特殊才华,但读到朱熹所编辑的《二程遗书》后,才认识圣贤之学。他听说陆氏兄弟"独以心之所得者为学,其说有非文字言语之所及者"后,前往追随问学,但不满意所学,所以曾经写信给张栻,希望去湖南追

①《吕东莱先生文集》,卷 4,页 80,致朱熹第 59 封信。
②《朱文公文集》,卷 34,页 34 下。
③《陆九渊集》,卷 26,页 305—306,"祭吕伯恭文"。

随问学。张栻写信告诉朱熹:"是真可以共学矣!"但是他还未到湖南拜师,张栻就已经去世。曹建自从追随朱熹学习,读到张栻的遗稿后,承认以前(追随陆九渊时)的所学有误,并且宣称从此要坚持"定论而不疑矣"。他对格物穷理的体悟尤其值得称道,并且向朋友提出自己的新颖见解:"学必贵于知道,而道非一闻可悟,一超可入也。循下学之则,加穷理之工,由浅而深,由近而远,则庶乎其可矣。今必先期于一悟,而遂至于弃百事以趋之,则吾恐未悟之间狼狈已甚。"①治学的经验使他了解如果觉得良心不安,即使是老师的教训也不必遵从。朱熹如此描述曹建求学过程,显示朱熹与陆九渊的哲学仍然不同。

　　朱熹坦率描述曹建如何超越陆九渊观点,激怒了一些陆九渊的学生,其中以1183年回到朱熹身边读书的包扬反应最烈。朱熹写信给陆九渊,提到包扬对自己写的墓志铭不满,并随信附上"曹立之墓表"恳请陆九渊评论。朱熹必然自认延续他与吕祖谦在1180年为陆九龄的祭文中的批评,但那两篇祭文谈论陆九龄的演变时,语气都很含蓄客气,而1183年的墓志铭明确指出曹建以为陆九渊的教法有弊端。不仅如此,朱熹继续发挥吕祖谦文中隐约谈到的"道"的传承,暗示自己继承道统。朱熹并提到胡宏一句话,指出理想的学问是"欲博而不欲杂,欲约而不欲陋",而曹建达成这理想的境界。更重要的是,"使天假之年以尽其力,则斯道之传其庶几乎!"②所以曹建不仅回归儒家的正学,而且即将传承道统;显然,朱熹很有技巧地自称负责"道"的传承。他虽然尚未将道学的起源化约成单线的传承,但在12世纪80年代逐渐向这模式迈进。

　　陆九渊在1184年3月回信,指出朱熹的记录"亦有未得实处",而且自认以前给曹建的一封信,提到曹建的"平生甚详,自谓真实录"③。陆九渊答复曹建时,对于爱徒转投朱熹门下的决定,虽然没有明确表示反对,

①《朱文公文集》,卷90,页7上—9上,特别是页8上下。
②《朱文公文集》,卷90,页9上。
③《陆九渊集》,卷7,页94—95。

但为失去这位甚有前途的学生而感到难过；他失望地说："以为有序，其实失序；以为有证，其实无证；以为广大，其实小狭；以为公平，其实偏侧；将为通儒，乃为拘儒；将有正学，乃为曲学。以是主张吾道，恐非吾道之幸。"①陆九渊坚持自己与道的传承也有关系，驳斥朱熹自承"道"的宣言。陆九渊提出以前写给曹建的信，避免与朱熹发生更多的正面冲突，但仍然表达他的不满。

朱熹在12世纪80年代初也要避免与陆九渊直接冲突，尤其是与项世安(平父，1153—1208年)通信时，更鼓励调和"道问学"与"尊德性"的方法；鹅湖之会引起争议的读书问题，已经变成"道问学"和"尊德性"的对立，但关键的问题依旧是教学方法。朱熹在这期间给陆九渊学生的书信，并没有要求他们改变立场，只希望他们能结合两种方法的优点："陆丈教人于收敛学者散乱身心甚有功，然讲学趣向亦不可缓，要当两进乃佳耳。"②他写信给浙江的吕祖谦以前的门人和同道时，也建议他们要克服对陆九渊阵营的敌意，并且要学习陆九渊学术的优点："近来吕、陆门人互相排斥，此由各徇所见之偏，而不能公天下之心，以观天下之理，甚觉不满人意。"③吕祖谦过世后，浙东与陆九渊阵营之间敌意增加，给予朱熹在两派间担任调解任务的机会。他认为一派倾向禅宗，另一派倾向功利权谋，都可资借镜，提醒学生内外不能偏废。

朱熹在1185年感叹说：

> 近年道学外面被俗人攻击，里面被吾党作坏。婺州自〔吕〕伯恭死后，百怪都出，至如〔吕〕子约别说一般差异底话，全然不是孔孟规模，却做管商见识，令人骇叹。然亦是伯恭自有些拖泥带水，致得如此，又令人追恨也。〔陆〕子静一味是禅，却无许多功利术数，目下收

①《陆九渊集》，卷3，页42。
②《朱文公文集》，卷49，页25下。
③《朱文公文集》，卷54，页12下—13上，"答周叔谨"。

　　敛得学者身心不为无力,然其下稍无所据依,恐亦未免害事也。①

抱怨士大夫讥讽道学的学说以及复古的风格。但他显然更忧虑道学内部的思想发展,因为他立刻指责浙东的功利思想与陆九渊推崇禅宗。朱熹的措辞虽然严厉,却仍视浙东和陆学为道学的一分子。1181 年南康会面以来,朱熹批评陆九渊以这次最激烈,并且在 1185 年直接写信给陆九渊,批评他在 1184 年的上书有佛教思想。朱熹没有指明到底是怎样的佛教思想,他们的书信往来也还保持融洽的气氛。朱熹在 1185 年和 1186 年的批评大部分不直接针对陆九渊,仅指责陆九渊的学生有禅宗顿悟的思想。两派学生的关系逐渐紧张起来的时候,朱熹在 1186 年屡次提醒学生不要与陆学深辩。②

　　然而到 1187 年时,朱熹更尖锐地批评陆九渊的派别。他解释说:"向来正以吾党孤弱,不欲于中,自为矛盾。"但直接反击禅宗的影响已经势在必行,因为"近乃深觉其弊"。③ 朱熹一年前两度劝阻学生攻击陆学,但一年后再写信给这位学生时,态度已经完全改变:"去冬因其徒来此,狂妄凶狠,手足尽露,自此乃始显然鸣鼓攻之,不复为前日之唯阿矣。"④朱熹为禅宗持续影响陆九渊阵营颇为恼怒,据说陆九渊的学生已经藐视圣人、废弃礼法。他在 1187 年 5 月直接写信给陆九渊,抱怨禅宗的影响已经使陆九渊的弟子到达务内遗外、毁弃圣贤的经典的地步;他告诫说:"此其为说乖戾很〔狠〕悖,将有大为吾道之害者,不待他时末流之弊矣。"⑤陆九渊在七年前去信斥责包扬,但这次竟然回答朱熹说:"斯人必

---

①《朱文公文集》,卷 35,页 22 上,致刘清之的第 11 封信。

②《朱文公文集》,卷 50,页 28 上—29 上,致程正思的第 11 和第 12 封信。

③《朱文公文集》,卷 54,页 28 下,复赵几道信。王懋竑判断这些措辞严厉的信是在 1185 年初
　　执笔的;但是钱穆在《朱子新学案》,册 3,页 335—343 以及陈来在《朱熹书信编年考证》,页
　　316—322 中,都考订时间应在 1187 年。

④《朱文公文集》,卷 50,页 29 下—30 上,致程正思的第 16 封信。

⑤《朱文公文集》,卷 36,页 7 上。

不心服"①。

陆九渊拒绝认错,又不纠正学生,朱熹就在 1188 年初直接批评陆九渊,认为陆九渊若不先去除自己的病痛,给别人用药"反能益其病"②。陆九渊的两项活动或许也促使朱熹的立场转趋强硬。陆九渊在 1187 年建立象山精舍,教授大批的门生,他上次大举收徒是在 12 世纪 70 年代鹅湖之会前后,恰巧都遇上朱、陆见解最不合的时候。陆九渊又专心教学后,或许促使他宣示与朱熹的歧异,也使朱熹更担心他的负面影响。过去约十年间,许多陆门弟子登门向朱熹求教,但是现在他们与其他学生可能会转回到象山。竞相招收学生或许不是考虑的因素,但朱熹的埋怨也显示他怀疑陆九渊的学生,而这是他对陆九渊态度转变的一个主要因素。

陆九渊为王安石祠堂所写的文章引起争议,是朱陆失和的另外一个因素。王安石也来自抚州,所以抚州太守请陆九渊写文章纪念王安石祠堂的修缮。他在 1188 年 1 月完成"荆国王文公祠堂记",非常推崇王安石,并且指责王安石的政敌是改革失败的主因,道学的前辈也难脱责任。③ 陆九渊对王安石的正面评价与大多数道学人士的看法形成鲜明对比,他们不但批评王安石的人格,并指责新法导致北宋的灭亡。有些现代学者曾经比较朱熹与杨时等道学家对王安石的评论,因此朱熹的看法还比较持平。④ 他们未讨论陆九渊的意见,若与陆九渊的看法相较,朱熹对正面评价王安石显然十分不满。例如,根据蒋义斌先生的考证,朱熹

---

① 《陆九渊集》,卷 13,页 181。

② 《朱文公文集》,卷 36,页 7 上。

③ 《陆九渊集》,卷 19,页 233—234。

④ 石田肇:"朱熹の熙宁前后观",《群马大学教育学部纪要》,第 30 卷(1980 年),页 65—83。Peter Bol(包弼德),"Chu Hsi's Redefinition of Literati Learning,"in Wm. Theodore de Bary and John W. Chaffee, eds., *Neo-Confucian Education*: *The Formative Stage*, (Berkeley: University of California Press, 1989), pp.163 – 171。石田先生注重朱熹对王安石及其同时代人的评价;包弼德先生则补充说明杨时与朱熹的观点不同;又见 Conrad Schirokauer(谢康伦),"ChuHsi's Sense of History,"pp.217 – 218.

"最后数年,对安石之批评转严",觉得杨时的评论"最为近之"。① 朱熹一读完"荆国王文公祠堂记",立刻写信给朋友抨击这篇文章。例如,他提到学者最近对王安石的看法时,特别批驳陆九渊的文章:"此等议论,皆学问偏枯,见识昏昧之故,而私意又从而激之。"②朱熹的学生跟着围剿这篇文章,陆九渊则贬斥他们没有学问、胡乱评论,连朱熹也不满学生与陆九渊正面冲突:"临川之辨,当时似少商量。徒然合闹,无益于事也。"③

朱、陆紧张的关系继续扩大时,朱熹正专心与陆氏兄弟辩论第二个主要问题。朱熹与陆九韶在 1186 年和 1187 年通信讨论周敦颐"无极而太极"一语。朱熹在十余年前曾撰文解释周敦颐的"太极图说"和张载的"西铭",但一直没有将草稿拿给别人看。他在 1188 年出版这两篇文章,并在"题太极西铭解后"解释说:"始予作太极、西铭二解,未尝敢出以示人也,近见儒者多议两书之失。"④他所谓的"儒者"主要指两个团体:一派是陆氏兄弟,试图把周敦颐的"太极图"追溯到道家,以反驳朱熹对他们禅宗倾向的严厉批评;第二派是来自道学外的"世儒"的批评,反对朱熹以正统自居的傲慢心态。⑤ 例如,林栗在 1188 年 6 月弹劾朱熹,指责他辞官不受、侮慢朝廷,而且鼓吹道学是正统。林栗曾经与朱熹讨论《易经》和张载的"西铭",因此发生争执。林栗认为《易经》没有"无极"的说法,而"西铭"有佛教的法界思想。他们反驳朱熹具有学术正统时,都指出异端学说影响周敦颐与张载的著作。林栗的抨击在朝廷引起争论后,朱熹返家又收到陆九渊讨论"太极图说"的第一封信。

陆九渊在 1188 年开始挑战质疑朱熹为"太极图说"所写的注解,当

---

① 蒋义斌:《宋代儒释调和论及排佛论之演进——王安石之融通儒释及朱学派之排佛反王》,特页 174—176。
② 《朱文公文集》,卷 53,页 1 下,致刘公度的第二封信。又见《朱子语类》(正中书局本),卷 124,页 4770;(中华书局本),卷 124,页 2978;《朱文公文集》,卷 70,页 6 下—13 上。
③ 《朱文公文集》,卷 50,页 31 下,致程正思的第 18 封信。陆九渊在致胡季随第二封信中的评论,见《陆九渊集》,卷 1,页 7。
④ 《朱文公文集》,卷 82,页 14 上。
⑤ 又参见束景南:《朱子大传》,特页 280—281,663—634。

时陆九韶已经认定朱熹一心想要辩赢，因此不必再通信讨论。朱熹欢迎陆九渊代替乃兄的位置加入论战，而且希望他不会中断交流。到第二年朱熹却改变态度，认为与陆九渊讨论这问题没有收获。他的第二封信有些恼火的味道：

> 来书之意，所以见教者甚至，而其末乃有若犹有疑，不惮下教之言。熹固不敢当此，然区区鄙见亦不敢不为老兄倾倒也。不审尊意以为如何？如曰未然，则我日斯迈而月斯征，各尊所闻，各行所知，亦可矣。无复可望于必同也。言及于此，悚息之深，千万幸察。①

朱熹要使陆九渊惭愧外，并宣称如果陆九渊仍然反对他的见解，他不必再多作解释。陆九渊则回信要求朱熹让步："通人之过，虽微箴药，久当自悟，谅今尊兄必涣然于此矣。"②讨论到 1189 年陷入僵局结束。朱熹的儿子在 1191 年去世，陆九渊写信安慰，朱熹也回信表示谢意；两封信都按礼行事，但无法弥补双方的裂痕。

陆九渊过去批评朱熹的口气不如朱熹对他的批评那么激烈，但辩论"太极图说"后，他的态度也转趋强硬。他把"荆国王文公祠堂记"以及写给朱熹的三封信誊抄寄给一个朋友，自称是"明道之文"，并解释没有将朱熹的信一起寄去，因为他认为那些信"不必看，若看亦无理会处"，而且"看〔朱〕晦翁书，但见糊涂，没理会"。又指出"异端"二字出自《论语》，但在孔子的时代，中国并没有佛教，而且道家也尚未流行，所以异端怎么可能是指这些学说，而不是指像朱熹般自称孔子后学所犯的错误？"天下正理不容有二"，但一己的私见会混淆"正理"，而他赞同的是"正理"，不是一己的私见："若明此理，天地不能异此，鬼神不能异此，千古圣贤不能异此。若不明此理，私有端绪，即是异端，何止

---

① 《朱文公文集》，卷 36，页 16 上下。
② 《陆九渊集》，卷 2，页 31。

佛老哉?"①正有如朱熹所云:"理须是穷",不幸"但今时却无穷理之人",而且"今之言穷理者皆凡庸之人"。② 陆九渊在辩论后也对学生发表类似的看法,认为朱熹讨论"无","与尧舜不同",就是异端的议论,部分学生也接受这种看法。③

朱熹平常尊敬陆九渊是位正人君子与朋友,但陆九渊死后,朱熹的批评更为严厉,而且将两派的界限划分得更清楚。《朱子语类》里对陆九渊的评论大多数是他去世后才记录的,朱熹指责陆九渊对读书、经典及功夫修养的观点都受到禅宗影响,然而陆九渊部分主要弟子转投到朱熹的门下,连包扬都带着兄弟及学生到朱熹的书院执弟子之礼,12世纪90年代又有几位陆门弟子皈依朱熹的学说。由于儒家传统强调尊师重道,这些学生转投师门一定使朱熹非常自豪。但陆学的后人持续困扰朱熹,他批评他们"说禅",而且"悖慢无礼,便说乱道,更无礼律,只学得那许多凶暴,可畏!"④暗示他们不是道学的成员。

朱熹加强抨击陆学,但更贬抑浙东的功利派学者。朱熹这时期的看法与12世纪80年代早期以前大异其趣,从12世纪80年代后期到90年代,他严厉批判吕祖谦的学派,比对待陆学的态度还疾言厉色,指责故人吕祖谦的错误甚于陆九渊。吕祖谦强调"第二义"与外在的学问,陆九渊则强调"先立其大"及内在的学说,所以吕祖谦的学术有尾无首,而陆九渊的学问则是有头无尾,"伯恭失之多,子静失之寡"⑤。朱熹仍旧自认为立场中庸,处于吕、陆两个极端对立的集团间,但他的用语显示,到12世纪90年代,他已经比较希望与陆九渊的后学建立共识,与浙东的功利派学者较为疏远。

---

① 《陆九渊集》,卷15,页194
② 《陆九渊集》,卷15,页195。
③ 《陆九渊集》,卷34,页402。又参见钱穆:《朱子新学案》,册3,页408。
④ 《朱子语类》(正中书局本),卷124,页4769,4756;(中华书局本),卷124,页2970,2978。
⑤ 《朱子语类》(正中书局本),卷122,页4719,又见卷121,页4966—4700,卷122,页4713;(中华书局本),卷122,页2949,又见卷121,页2938,卷122,页2956。

一、教学方法与读经问题

1175 年的鹅湖之会触及许多问题,而教学方法是与会学者讨论最多的课题。此行相会的目的原先只是介绍朋友互相认识,所以陆氏兄弟写诗简略表达他们的观点。陆九龄提出他的诗:

> 孩提知爱长知钦,古圣相传只此心。
>
> 大抵有基方筑室,未闻无址忽成岑。
>
> 留情传注翻蓁塞,著意精微转陆沉。
>
> 珍重友朋相切琢,须知至乐在于今。①

他认为太专注研究圣人遗留下的经典,会使人不去体会圣人之心,用意显然在非难朱熹的经典注解。众人讨论第一首诗以后,陆九渊也提出他所写的诗,使讨论达到高潮:

> 墟墓兴哀宗庙钦,斯人千古不磨心。
>
> 涓流滴到沧溟水,拳石崇成泰华岑。
>
> 易简工夫终久大,支离事业竟浮沉。
>
> 欲知自下升高处,真伪先须辨只今。②

根据陆九渊的回忆,朱熹听完这首诗后,顿然"失色",而且"大不懌",③众人于是决定暂停讨论,使气氛稍微轻松。陆九渊的诗更尖锐地批评朱熹的学问支离、漫无目标,他使用涓流成海的比喻,说明成为圣人的历程应该是自然、自发,并且十分简易,只要立定志向修身,假以时日必然能够恢复本心。

陆九渊本来要追问朱熹:"尧舜之前何书可读?"但被陆九龄阻止。④

---

① 《陆九渊集》,卷 34,页 427。

② 《陆九渊集》,卷 34,页 427—428;又见卷 36,页 490—491。

③ 《陆九渊集》,卷 34,页 428。

④ 《陆九渊集》,卷 36,页 491。

尧舜以前的圣人必然以修持本心而成圣,因为他们无书可读。陆九渊的观点非常激进,暗示成圣与经典的研习是两不相干的事,并指出有经典以后,圣人反而很少,而在注解经典的鼎盛时代,很少人想要成为圣人。

朱泰卿(亨道)也参与鹅湖之会,他日后谈到当时教学方法的讨论:

> 鹅湖之会,论及教人。元晦之意,欲令人泛观博览,而后归之约。二陆之意,欲先发明人之本心,而后使之博览。朱以陆之教人为太简,陆以朱之教人为支离,此颇不合。①

这方法的区别成为日后讨论朱陆异同的标准。吕祖谦也推崇读书博学,所以他和朱熹与陆氏兄弟的差别,并不是在读书的价值,而是读书顺序的问题。

众人企图协调两方的教学方法,朱熹援引《中庸》,以"尊德性"和"道问学"解释双方的分歧,并在1183年宣称最好结合两个方法的优点:"今〔陆〕子静所说专是尊德性事,而熹平日所论却是问学上多了。"②日后许多学者以此作为区分朱陆异同的典范,但是唐君毅及余英时等先生认为这个传统的区分不符实际。朱熹一直以"尊德性"为主要的目标,"道问学"则为道德价值和功夫修养服务,③这些名词原来只涉及教学方法的问题,而不是整体哲学的区别。

陆氏兄弟在鹅湖之会上所提的诗,构成双方教学方法的另一项问题。学者根据这些诗、陆九渊的一些论述以及朱熹对陆氏的评价,有时简单说陆氏兄弟不注重阅读经典与注解,但是鹅湖之会后的五年期间,

---

① 《陆九渊集》,卷36,页491,朱亨道注。
② 《朱文公文集》,卷54,页5下,致项安世(平父)的第二封信。
③ 唐君毅:《中国哲学原论·原性篇》,页531—643,及其"朱陆异同探源",《新亚学报》,第8卷第1期(1967年2月),页1—100;Yü Ying-shih(余英时),"Morality and Knowledge," pp. 228-230.但又参见徐复观:《象山学术》,页32—45;钟彩钧:"朱子学派尊德性道问学问题研究",收入钟彩钧、张季琳编:《国际朱子学会议论文集》(台北:中央研究院中国文哲所,1993年),下册,页1273—1299;Huang Chin-shing(黄进兴),"Chu Hsi versus Lu Hsiang-shan: A Philosophical Interpretation," *Journal of Chinese Philosophy*, 14.2(1987), pp.179-208.

他们改变看法,开始承认读经也很重要,上一部分讨论朱陆关系时,已经提到这项变化的时间与影响。陆氏兄弟虽然向朱熹和吕祖谦的观点靠拢,但差异依旧存在。陆九渊听朱熹说要结合"道问学"和"尊德性"时,讽刺说:"朱元晦欲去两短,合两长,然吾以为不可。既不知尊德性,焉有所谓道问学?"①

陆九渊认为读书学习有如水对于鱼一样重要,而且求学可以改变人的禀赋。② 他与学生交谈时,常常提必须阅读经书;例如,他在 1183 年否认曾告诉人不要读书,反而强调读书是最重要的:"某何尝不教人读书,不知此后煞有甚事。"③他写信给一个朋友说:

夫博学于文,岂害自得? ……《中庸》固言力行而在学问思辨之后,今〔刘〕淳叟所取自得、力行之说,与《中庸》、《孟子》之旨异矣。④

博学不是自我实现的障碍,而是行动的前提,所以他和朱熹都认为应该先知后行。他并且抗议:"何尝不读书来? 只是比他人读得别些子。"⑤

陆九渊的读书方法有独特之处吗? 几个主题很明显。陆九渊似乎任人根据自己的喜好选择阅读的书:"所读书亦可随意自择,亦可商量程度,无不有益者。"⑥他在另一封信提到为年轻人选书的标准:"某尝令后生读书时,且精读文意分明事节易晓者,优游讽咏,使之浃洽,与日用相协,非但空言虚说,则向来疑惑处,自当涣然冰释矣。"⑦并且再三告诉学生读书的态度要优游,不可急于博览,因为"读书最以精熟为贵"⑧。他又在别处向学生解释:

---

① 《陆九渊集》,卷 36,页 494。
② 《陆九渊集》,卷 12,页 170,致黄循中的第一封信;又见卷 35,页 462。
③ 《陆九渊集》,卷 35,页 470。
④ 《陆九渊集》,卷 4,页 54,致刘淳叟的第二封信。
⑤ 《陆九渊集》,卷 35,页 446。
⑥ 《陆九渊集》,卷 3,页 38—39,致曹挺之的信。
⑦ 《陆九渊集》,卷 11,页 143,致朱几道的第二封信。
⑧ 《陆九渊集》,卷 14,页 186。

> 所谓读书,须当明物理,揣事情,论事势。且如读史,须看他所
> 以成,所以败,所以是,所以非处。优游涵咏,久自得力。若如此读
> 得三五卷,胜看三万卷。①

读书的目的是了解文章的道理,或者是文章内含的意义,"读书固不可不
晓文意,然只以晓文意为是,只是儿童之学,须看意旨所在。"②不但要了
解书本的原意,而且必须能有疑问:"为学患无疑,疑则有进。"③

陆九渊曾经彻底研读过经典,所以自认了解经典的大义与隐含的思
想,而且已经在生活中体现这些思想,他说:"学苟知本,《六经》皆我注
脚。"④"《六经》皆我注脚"有时被解释成傲慢超越经典的态度,但陆九渊
的文章引用经典不可胜数,他似乎只是强调应该以内在的经验了解经书
的大义,不可一味死读书。就引用的书籍而论,他最喜欢读的书就是经
典,尤其是《论语》、《孟子》和《易经》,他也引用史书以及过去的君主大臣
的行为论说,但最常用孔子与孟子的弟子的事迹说明自己的想法。他提
出思想论点时,显示他深刻了解经典的主旨。

陆九渊认为阅读经典是基本的要求,但对经书注解的态度比较复
杂。他从未替经典写过注疏,与朱熹及许多宋代儒家学者都不同,甚至
曾轻蔑后世的注家不过"矜世取誉而已"⑤。他说自己阅读经典时,只看
古人的注释,因为古人的用语已经很清楚明白,又告诫学生不必为后代
的注疏耗费精神,徒然加重自己的负担。⑥ 但他并不一笔否定注经的价
值:"后生看经书,须着看注疏及先儒解释,不然,执己见议论,恐入自是

---

① 《陆九渊集》,卷35,页442。
② 《陆九渊集》,卷35,页432。
③ 《陆九渊集》,卷35,页472。又参见张立文:《走向心学之路——陆象山思想的足迹》,页
  373—375。
④ 《陆九渊集》,卷34,页395。
⑤ 《陆九渊集》,卷14,页190。
⑥ 《陆九渊集》,卷35,页441。

之域,便轻视古人。"①他强调的是仔细详尽阅读经典,以了解圣人的微言大义。

朱熹的读书观念又如何呢? 朱熹更相信读书能够使人从圣人的言行道理,了解圣人的用心。"读书乃学者第二事",但是读书能助人培养道德价值与功夫修养,而且"博文工夫虽头项多,然于其中寻将去,自然有个约处"②。诚如余英时先生所提出,朱熹给予知识很有意义的自主地位,认为它是道德伦理的基础。③ 朱熹的教学方法与经典研究确实已经众所周知,足以全面比较他与陆九渊的见解。

陆九渊对读书问题的评论的确显示他的读书法与朱熹不同,因为陆九渊的读书方式比较优游、没有系统,容许个人选择自己喜欢的书籍,也可以读简单的入门书。朱熹则有详尽的系统规划,例如读《四书》时,先从《大学》和《孟子》开始,然后是《论语》,再来是《中庸》,此后才可以读其他的经典。朱熹为帮助人阅读《四书》,写作一系列的注释,或许是他最重要的思想与教学的工作。牢牢把握经典的义理后,朱熹才建议人读其他的次要书籍,例如史书。朱熹要求学者阅读他编辑的《近思录》,以理解最重要的道学传统,否则学生沉浸在道学前辈大师的著作时,会觉得困惑难解,甚至被他们学生的著作引入歧途。吕祖谦订定书院的规程,朱熹树立学规,陆九渊却彻底抛弃传统学校的规定,但他对礼仪的细节很严格;例如,他不准学生在吃饭时交叉双腿。④ 朱熹也强调精读几本书籍比泛观博览重要,但陆九渊对这问题的看法清楚显示,他认为不必读许多书。他们的读书策略的差异,多少与他们诉求的听众有关。陆九渊的部分看法,例如,读任何书都可以受益,显示听众的范围宽广,不限

---

① 《陆九渊集》,卷35,页431。

② 《朱子语类》(正中书局本),卷10,页255;(中华书局本),卷10,页161。关于博学而约,见(正中书局本),卷33,页1334—1341;(中华书局本),卷33,页832—837。

③ Yu Ying-shih(余英时),"Morality and Knowledge,"及其《历史与思想》(台北:联经出版事业公司,1976年),页4—10,91—93。又见钱穆:《朱子新学案》,册3,页613—687。

④ 《陆九渊集》,卷33,页389;卷35,页457。

于一般的文士。朱熹担任地方官时,也对百姓演说,但他远比陆九渊重视文士。

这些差异虽然都实有其事,但指责陆九渊只强调内在直觉、不注重阅读经典的价值,显然也有失公道。这些差异是互相比较而言,只能就 12 世纪的儒学范围而论。朱熹在 1191 年描述当时的学术,认为陆九渊的学派只强调本心、重视"约",吕祖谦的学派只强调博学,而自己则处于"中庸"之道:

> 为学须是先立大本。其初甚约,中间一节甚广大,到末梢又约。……近日学者多喜从约,而不求之于博。不知不求于博,何以考验其约!如某人好约,今只做得一僧,了得一身。又有专于博上求之,而不反其约,今日考一制度,明日又考一制度,空于用处作工夫,其病又甚于约而不博者。①

朱熹在 12 世纪 70 年代对博学问题的看法其实比较接近吕祖谦,但他在吕祖谦去世后谴责婺州的学术,批评他们比陆学偏离正道更远。下面要从朱陆对无极的辩论,说明他们对读书问题的不同见解。

二、"太极图说"的辩论

陆九韶在 1187 年质疑朱熹引用周敦颐的"太极图说",指出其中的"无极"一词不见于周敦颐的《通书》;②"太极图说"若非传抄的著作,就是周敦颐思想不成熟时期的作品;他思想成熟后的著作都没有提到"无极"一词,一定是发觉它不恰当。《通书》说:"言中焉止矣"。所谓"中"就是生成万物的"一",也就是"太极",所以周敦颐强调"中"生成万物,不是抽象的"无极"生成万物。③ 其实,最早的道学著作选集《诸儒鸣道集》也收

---

① 《朱子语类》(正中书局本),卷 11,页 298—299;(中华书局本),卷 11,页 188。
② 《陆九渊集》,卷 2,页 22—23。
③ 《陆九渊集》,卷 2,页 23。

入《通书》,并且删除《太极图说》。

朱熹为周敦颐辩护在"太极"上增加"无极"的做法,在写给陆九韶的第一封信中辩称:"殊不知不言无极,则太极同于一物,而不足为万化之根。不言太极,则无极沦于空寂而不能为万化之根。"①朱熹宣称,周敦颐对万化生成的奥秘了解得精妙透彻,观点"亘古亘今,颠扑不破"。朱熹在第二封信中重申,周敦颐引用"无极"的观念,防止人把太极误解为"别为一物"②。朱熹也在信中询问陆九渊的看法,并且宣称如果周敦颐的观点有任何疑问,应该是读者的错误,不是文章的问题。朱熹与陈亮辩论时,也暗示对方的观点来自个人错误的理解,他并且希望把挑战直接转到陆九渊。

陆九渊驳斥朱熹的说法,不但宣称陆九韶曾经认真研读周敦颐的作品,而且指控朱熹不尊重圣人的经典,尤其圣人已经用"太极"指名万物的根本,孔子《易经·大传》就说太极是变化的根本,预设的是实存的"有"。古代圣人没有提到"无极"的观念,所以不必担心"太极"会被误认为另外的有限实物。孔子已经指明"太极"的原理是万物存在的根本,问题早已经解决,后来的学者不必添上"无极"的观念贬抑孔子的解释:"太极固自若也,尊兄〔朱〕只管言来言去,转加糊涂,此其〔朱〕所谓'轻于立论,徒为多说,而心未果当于理也。'"③陆九渊并且引用《易经·大传》:"形而上者谓之道",以及"一阴一阳谓之道"为证据,推论说:

> 一阴一阳,已是形而上者,况太极乎? 晓文义者举而知之矣。
> 自有"大传",至今几年,未闻有错认太极别为一物者。没有愚谬至
> 此,悉窒不能以三隅反,何足上烦老先生特地于"太极"上加"无极"

---

① 《朱文公文集》,卷36,页3下。关于朱熹的太极观念,参见傅云龙:"试论朱熹哲学的'太极'",收入中国哲学史学会编,《论宋明理学》(杭州:浙江人民出版社,1983年),页212—225;山井涌:"朱子の哲学における'太极'",《东アジアの思想と文化》,第9期(1980年9月),页37—68。
② 《朱文公文集》,卷36,页4下。
③ 《陆九渊集》,卷2,页23。

二字以晓之乎?①

朱熹若真担心学生会误认"太极"是具体的事物,陆九渊建议还是根据经典,引用描述天的超越性质的"无声无臭"(《诗经·文王》)形容"太极"。

陆九渊认为"无极"的观念不仅画蛇添足,而且会将儒家经典误导到道家的范围。首先,朱震在 12 世纪 30 年代已经证实,周敦颐从道士陈抟(906—989 年)的弟子处得到"太极图"。其次,"无极"一词是老子杜撰的,从未在儒家的经典里出现,而老子却在《道德经》的第二十八章使用这字眼。第三,《道德经》的首章是老子的主要论点:"无名为万物之始,有名为万物之母",与周敦颐的"无极而太极"根本意义相同。陆九渊并且质问朱熹:"老氏学不正,见理不明,所蔽在此。〔朱〕兄于此学用力之深,为日之久,当此之不能辨,何也?"②最后,朱熹如此强调无极,就无法适切对待道学前辈的学问。周敦颐即使真的写过"太极图说",但他日后的文章根本未再使用"无极"一词。二程兄弟追随过周敦颐,但他们众多的著作、语录都没有提到过"无极"。此外,二程和其他同时代的学者都比潘兴嗣(清逸)了解周敦颐,朱熹却听信潘氏的"濂溪先生墓志铭"。朱熹发觉这篇墓志铭前,所有的道学家都没有注意到它,所以陆九渊要求朱熹提出理由解释:为什么对潘兴嗣的墓志铭如此认真,甚至将它看得比二程的叙述还重?③ 但朱熹其实并不全然满意潘兴嗣的墓志铭,而以自己的"濂溪先生事状"取代。④ 儒家衡量概念或文章是否有效时,它们的起源关系重大,所以陆九渊质疑朱熹的正统论里非常重要的观念与文献。朱熹否定"太极图"来自陈抟的传闻,因为潘兴嗣写的墓志铭没有提到这层关系,如此朱熹就可以自由宣称周敦颐自己洞察"无极"的观念,

---

① 《陆九渊集》,卷 2,页 24。
② 《陆九渊集》,卷 2,页 24。
③ 潘兴嗣的说法见周敦颐:《周濂溪先生文集》,卷 10,页 19 上—20 下;又见卷 9,页 9 上—10 上。
④ 《朱文公文集》,卷 97,页 15 上—16 上,"濂溪先生行状",也见于《周濂溪先生文集》,卷 10,页 20 下—22 下。

不是沿袭继承别人的看法。邓广铭先生在 1989 年批驳朱震所提到的陈抟与周敦颐间的关系,但他证明朱熹否认《太极图说》受到道家的影响,其实也是错误的。[①] 束景南先生提出另外的说法:"周敦颐应是通过〔其岳丈〕陆诜从〔陈抟的再传弟子〕张伯端那里得到了'太极图'。"[②]根据吾妻重二先生的考证,道藏里与"太极图"类似的资料是南宋以后的作品,所以"我们不得不认为'太极图'是周敦颐的自作"。但吾妻先生也指出"太极图"与"唐末宋初的道教内丹思想中流行的'坎离造化论'有密切的关系"[③]。

朱熹没有解释周敦颐的相关早期资料,以直接答复陆九渊的质疑,但明确处理周敦颐把新词汇引入道学传统所引发的问题。朱熹指出引进新的词汇并不是错误的做法,上古的圣贤不用"太极"的观念,孔子却提到"太极",周敦颐再添上"无极"。朱熹以古今圣人的道理一致为由,企图消灭观念不相符合的地方:"夫先圣后圣,岂不用条而共贯哉?若于此有似灼然实见太极之真体,则知不言者不为少,而言之者不为多矣。"[④]换句话说,古代圣贤不用"无极"一词,并不构成任何问题。

朱熹宣称,周敦颐能够洞察"太极"的本质,"真得千圣以来不传之秘",提出"无极"的高明见解,描述太极"不属有无,不落方体"的性质。[⑤]朱熹相信周敦颐提出的"无极",以及自己对"无极"的解释,使人能够更了解万物的根本。陆九渊说孔子已经彻底解决问题,不需要使用新的词汇,朱熹则不予置辩。

陆九渊非难周敦颐有道家倾向,朱熹也为他辩解。老子所谓的"无

---

① 邓广铭:"关于周敦颐的师承和传授",页 53—60。
② 束景南:《朱子大传》,页 284。
③ 吾妻重二:"太极图の形成——儒佛道三教をめぐる再检讨",《日本中国学会报》,第 46 集(1994 年 10 月),页 73—86,引中文提要;又参其"周敦颐'太极图・图说'の浸透と变容——特に道教・佛教をめぐつて",《关西大学文学论集》,第 44 卷,第 1—4 号(1995 年 3 月),页 473—503。
④《朱文公文集》,卷 36,页 7 下—10 下,特别是页 8 上。
⑤《朱文公文集》,卷 36,页 9 上。

极","乃无穷之意",庄子也提到"入无穷之门,以游无极之野";但周敦颐的"无极"并不是空无的观念或缺乏创生万物的道理,所以他的"无极"意义与老、庄的用法不同。朱熹推测陆九渊会被这个问题困惑,是因为"随语生释",与世儒犯的错误没有差别。①

朱熹并指出,陆九渊固执经书的原文,所以产生错误的印象。前面提到,陆九渊要学生把握书本的内在意义,不要停留在表面的文意,但他在这里比朱熹更重视文意,他们讨论孔子的《易经·大传》时,陆九渊推论阴阳是"形而上",朱熹则断定它是错误的观念,因为阴阳变化所内含的理才是"形而上",陆九渊如果坚持阴阳与道、太极在同一层次,会使人误解"太极"是有限的具体物质存在;周敦颐就是为避免这种混淆,而创造"无极"的观念,以表示"太极"并非具体的物质。

朱熹也质疑陆九渊所谓"极者,中也"的说法。朱熹提到"太极"在经典里指"其究竟至极,无名可名"。陆九渊引用许多事物制度里,"极"有"中"的意思,例如"屋极"。朱熹答复时,承认经典提到"北极"、"屋极"、"皇极"与"民极"等说法,而且有些儒者将"极"解释成"中"的意思,但朱熹认为这样解释是因为"此物之极,常在此物之中,非指'极'字而训之以'中'也。"②陆九渊认定古人的推论是从观察经验的形式开始,然后达到抽象的原理。朱熹显然相信古人是从比较抽象的推理开始,然后运用它们解释万物。这些例证显示,陆九渊的思想集中于文化价值的层次,而朱熹比较注重抽象的思辨哲学。

陆九渊回答说,朱熹错误地指责他将太极置于道的地位之上。朱熹视阴阳是属于"形而下"的领域,而道、"太极"属于"形而上"的层次,具有比较抽象和普遍的地位,所以就朱熹的观点而论,陆九渊将阴阳与道置于同一层次,根本是混淆不同层次的问题。但陆九渊引用孔子的《易

---

① 《朱文公文集》,卷36,页10上下。
② 《朱文公文集》,卷36,页8下。又见《陆九渊集》,卷2,页23。

经·大传》，认定道不是具体的物质，而且道就是阴阳的交替变化。《易经》认为变化（阴阳的交替）就是道，几段经文更强调这个观点，例如"说卦"："昔者，圣人之作《易也》，将以顺性命之理。是以立天之道，曰阴与阳；立地之道，曰柔与刚；立人之道，曰仁与义。"①陆九渊比较注意经典字面的意义，反映道学兴起前的文化观念，朱熹则较接近道学兴起后的风格，以哲学观念解释儒家的经典，讨论比较抽象的课题。所以陆九渊认为，朱熹在"太极"上添加"无极"的层次，显示他根本不了解经典与"太极"。跟他们讨论"中"的问题时一样，陆九渊也不像朱熹那样喜欢区分鲜明的层次。

陆九渊也辩护视"中"、"极"、"理"为一事的说法。"中"与"极"只有当做"虚字"时，才有意义的差别；但"中"与"极"是"实字"时，"当论所指之实"，都是指同一实体。陆九渊引用《中庸》首章："中也者，天下之大本也"，并进一步宣称："此理至矣，外此岂更复有太极哉？"②其他经典，尤其是《大学》和《易经·文言》都提到"知至"，所谓"至"就是"理"，《易经》说"太极"，《尚书·洪范》提到"皇极"，所以不论称之为"中"或"太极"，都是同一道理。周敦颐在《通书》里仍然将"中"视为存有的实体："《通书》曰：'中者，和也，中节也，天下之达道也，圣人之事也。故人自易其恶，自至其中而止矣。'周子之言〔中〕如此，亦不轻矣，外此岂更有道理，乃不得此虚字乎？"③但古代的道家开始将"无"置于"有"前，而"太极图说"就反映"无"的观念。儒家一直不愿使用道家的词汇"无极"，所以朱熹等说"无"的学者，是"少绌古书为不足信"。④

朱熹回答说，道家和周敦颐使用的"无"有根本不同的意义。老子的"有"、"无"是分离的两个观念，而周敦颐却认为它们是一体的两面。朱

①《陆九渊集》，卷2，页29。
②《陆九渊集》，卷2，页28—30，特别是页28。
③《陆九渊集》，卷2，页29—30。
④《陆九渊集》，卷2，页30。

熹甚至借用另一个道家术语"无为"说明周敦颐的看法:"无极而太极,
〔周子〕犹曰:'莫之为而为,莫之致而至',又如曰:'无为之为',皆语势之
当然,非谓别有一物也。"[1]此外,周敦颐只是提出观点,将理解释为"至
极",若说"太极图说"违反圣门的教训,未免滑稽可笑;因此朱熹反击陆
九渊,指责他像老子一样将有、无强作分别。

朱熹分析术语相同的经典段落,区分出几层不同的意义,反驳陆九
渊引用的经典证据。他利用"实字"与"虚字"的区别,证明"知至"在陆九
渊所引的《大学》和《易经·文言》里意义不同,而且"至"在此都没有"太
极之为至极者"的意义。[2]"极"的确在许多场合有"至极"的意思,但它应
该与日后最高价值标准的"中"有所区别;这些用法也不能与周敦颐所谓
的"中和"、"中节"混淆,因为"此'中'字是就气禀发用而言,其无过不及
处耳"[3]。朱熹承认理内在于"中"与"极",但反对陆九渊逾越古人的用
法,随意交错引用"中"与"极"的观念。

朱熹在信结束前提到自己最近阅读过《国史·周敦颐传》,传中引用
的"太极图说"文字有异:"'图说'乃云'自无极而为太极'。"[4]如果周敦颐
的原文果真有"自"、"为"两个字,朱熹愿意承认陆九渊的论点正确,因为
那会加强陆九渊将"无极而太极"解释成"无极之后而成太极";换句话
说,"无极"与"太极"会变成两个分离的实体,而周敦颐的说法就会像陆
九渊所指控的一样,将实在的本体分裂成"有""无"两橛。但是朱熹怀疑
《国史》的编者添上多余的字。这部《国史》就是洪迈(1123—1202 年)所
编的《钦定四朝国史》。朱熹在"记濂溪传"中要洪迈拿出版本依据:"不
知其何所据而增此'自'、'为'二字也。"[5]洪迈似乎举不出他的版本依据,
而且陆九渊也始终未提及《国史》的记载,朱熹在 1193 年更大胆抨击

---

[1]《朱文公文集》,卷 36,页 13 下—14 上。
[2]《朱文公文集》,卷 36,页 12 下。
[3]《朱文公文集》,卷 36,页 13 上下。又参见卷 72,页 11 上—14 下,"皇极辨"。
[4]《朱文公文集》,卷 36,页 16 下。
[5]《朱文公文集》,卷 71,页 4 上。又参见束景南:《朱子大传》,页 664—672。

《国史》:

> 史氏之传"周"先生者,乃增其语,曰"自无极而为太极",则又无
> 所依据,而重以病夫先生。故熹尝欲援故相苏公请刊《国史》草头木
> 脚之比,以正其失,而恨其力有所不逮也。①

现代学者赞成朱熹判断的比较多,但有些学者支持洪迈的说法,例如张
立文先生说:"恐怕《国史》较为可靠,材料也较原始,更符合周敦颐哲学
体系和'太极图说'的传授系统。"②朱熹无论如何引经据典,始终无法反
驳陆九渊质疑的核心问题:《太极图说》与"无极"的道家起源。

三、道、意见以及朱熹的权威问题

"太极图说"的争论虽然没有结论,它却交织着一项重要但常被忽略
的讨论:如何分辨客观的真理和一己的意见?陆九渊质疑朱熹界定传统
与道统的权威。他们第二次书信往返时,更明白辩论意见是否客观的判
断基础。学者一直不太注意第二次的往返书信,但是对如何决定意见是
否客观,在辩论"太极图说"的初期阶段,不同的看法已经浮现出来。

辩论初期双方就表示担心对手固执己见,只想辩论获胜。朱熹指责
陆九韶只要建立自己的意见,不能虚心对待他人的意见。陆九韶被朱熹
指责一番,颇感失望挫折,兼以朱熹的态度严厉,又求胜心切,所以陆九
韶认定多辩无益。陆九渊决定接替陆九韶的位置时,曾经写信向朋友解
释:以朱熹这般高明的才智,都不能避免思想混淆、沉溺理论、不尊重他
人意见以及争强好胜的毛病。但由于人都有与生俱来的善性,只要讲究
功夫修养与求知讨论,一定能够有进步。③ 陆九渊给朱熹的信中,特别强
调朱熹一直都有与朋友问难切磋的名声,但他的声名太响亮,有如"群雌

---

① 《朱文公文集》,卷80,页12上。又参见束景南:《朱子大传》,672—679。
② 张立文:《走向心学之路》,页231;并参见束景南:《朱子大传》,页664—679。
③ 《陆九渊集》,卷15,页192—193,致陶赞仲信。

孤雄",别人不敢表达反对的意见,所以陆九渊劝朱熹要"据事论理"。①

朱熹以"理未易明"为答复。若对道理有真知灼见,是非就很容易分辨;但不幸的是,真正的情况复杂得多:

> 吾之所谓理者,或但出于一己之私见,则恐其所取舍,未足以为群言之折衷也。况理既未明,则于人之言,恐亦未免有未尽其意者,又安可以遽绌古书为不足信,而直任胸臆之所裁乎?②

朱熹相信道理终究确定不移,但不容易把握了解,所以需要一套衡量个人观点的标准。陆九渊肯定讨论可以获得共识,朱熹认为那不是恰当的标准,但没有解释标准到底是什么,只间接指控陆九渊只靠自己心中的判断,不依赖传统经典的判断。陆九渊虽然不会接受这种解释,但朱熹根据自己的理解划分明确的界限:自己对道理的理解比较客观,陆九渊则仰赖主观的心。

陆九渊则根据自己的理解说明双方的困境,他回答说:

> 吾人皆无常师,周旋于群言淆乱之中,俯仰参求,虽自谓其理已明,安知非私见蔽说? 若雷同相从,一唱百和,莫知其非,此所甚可惧也。何幸而有相疑不合,在同志之间,正宜各尽所怀,力相切磋,期归于一是之地。③

陆九渊所谓"虽自谓其理已明,安知非私见蔽说",大胆提出如何判断认知是否客观的基本问题。唯有与致力追求答案的人讨论辩难,才能摆脱众说纷纭的一己偏见,因为"是非本在理,当求诸其理"④。陆九渊在此强调与同道论学非常重要。

如果怀疑陆九渊所谓"安知非私见蔽说"不是讨论主观认知的问题,

---

① 《陆九渊集》,卷2,页25。
② 《朱文公文集》,卷36,页8上。
③ 《陆九渊集》,卷2,页26。
④ 《陆九渊集》,卷3,页40,"与曹立之"。

我们可以进一步追溯它的来源。陆九渊虽然没有说明它的出处，其实他引用了吕祖谦书信"与学者及诸弟"中的一段话，与原文仅二字之差："吾人皆无常师，周旋于群言诸乱之中，俯仰参错，虽自谓其理已明，安知非私见蔽说？若雷同相从，一唱百和，莫知其非，此所甚可惧也。"①吕祖谦也认为必须以"众人聪明"对抗"自任一己之聪明"。② 陆九渊坚定相信与同道论学，可以达到"一是之地"，吕祖谦却没有那么信心十足。吕祖谦认为不但要"先内有所主宰"③，也必须关注外在的事物，不可以要求客观的事物服从主观的意志："如目疾者，以青为红，以白为黑，色初未之变也，今惟当自治其目，而色自定，却无改色以从目之理。"④陆九渊虽然引用吕祖谦的看法，但是吕祖谦的立场与朱熹比较接近，都以经典为客观的道理。

陆九渊解释双方为什么会为不能确定认知是否客观而困扰。古人则不同，帝舜愿意虚心听取别人的意见，与人讨论后能改正错误的看法，接受新的观点，所以能够成为伟大的圣人。古人的性格俭朴、讲究实质，彻底了解事实后，才着手建构理论，经典也鼓励这种作风倾向，教导人要"以其事实，觉其事实"。古人由于受这种思想指导，言论与讨论的事务都能符合一致。但"周道之衰，文貌日胜，事实湮于意见，典训芜于辨说"⑤。陆九渊或许犯了将价值判断当成事实的谬误，但他的确相信实事求是的作风已经被过度的博学文饰风格取代。

陆九渊将朱熹与子贡相提并论，都坠入讲究博学和文饰的窠臼。子贡虽然是孔子的及门弟子，但不能避免博文巧辩的弊病，空有广博的学问，却不能克服自己的偏见。陆九渊提醒朱熹，孔子传道时略过子贡，口

---

① 潘富恩、徐余庆：《吕祖谦评传》，页281，引吕祖谦：《吕东莱先生文集》，卷5，但这两句话不见于国学基本丛书本或百部丛书本。
②《吕东莱先生文集》，卷12，页293，"易说·临"。
③《吕东莱先生文集》，卷12，页285，"易说·随"。
④《吕东莱先生文集》，卷13，页306，"易说·无妄"。
⑤《陆九渊集》，卷2，页27。

吻则近于戏谑：

> 尊兄之才，未知其与子贡如何？今日之病，则有深于子贡者。
> 尊兄诚能深知此病，则来书七条之说，当不待条析而自解矣。然相
> 去数百里，脱或未能自克，淹回旧习，则不能无遗恨。①

子贡犹且如此，朱熹怎么能对广博的学识那么自信呢？陆九渊不但挑战
朱熹对"无极而太极"的解释，还要削弱朱熹注释经典的权威地位，因为
朱熹根据自己的经典诠释提出标准和原则。

朱熹不追随经典里圣贤直接简要的教训，反而谈论"无"的妙用，并
称赞周敦颐以"无极"揭开千古圣人不传之秘。朱熹虽然说周敦颐的发
现与古代圣贤的道一致，但是陆九渊却可以轻易用"妙""秘"为理由，抨
击周敦颐所理解的道：

> 尊兄两下说无说有，不知漏泄得多少？如所谓太极真体不传之
> 秘，无物之前，阴阳之外，不属有无，不落方体，迥出常情，超出方外
> 等语，莫是曾学禅宗，所得如此？平时既私其说以自高妙，及教学
> 者，则又往往秘此，而多说文义，此漏泄之说所以从出也。以实论
> 之，两头都无着实，彼此只是葛藤末说。气质不美者乐寄此以神其
> 奸，不知系绊多少好气质底学者！既以病己，又以病人，殆非一言一
> 行之过。兄其毋以久习于此而重自反也。②

陆九渊将朱熹注重读书的教学方法与喜爱奥秘的理论相提并论，很值得
注意。他也抨击周敦颐对太极本体的奥秘诠释很主观，朱熹却赞扬它对
了解儒家的本体实在有独特的贡献。朱熹认为若非周敦颐体察天道，并
将发现置于道学的文献里，太极本体仍然会是不解之谜。朱熹的看法其
实不是在辩论中被迫采取的立场，而是他自 12 世纪 70 年代以来就对此

---

① 《陆九渊集》，卷 2，页 27。
② 《陆九渊集》，卷 2，页 30。

持有的态度。

朱熹在 1172 年写给张栻的信中已经提到,"程子之秘"就是"太极图说"。① 朱熹与陆九渊辩论时,没有提出这个看法,但是当陆九渊说二程从没有提过"无极"一词时,他心里其实早已经有现成的答案;显然这个秘密太重要了,甚至不能轻易向道学中人泄漏。朱熹在"题太极西铭解后"说自己原来不愿发表"太极图说"的注释,②表面的理由是顾虑时人会怀疑周敦颐的著作,其实是吕祖谦等人在 12 世纪 70 年代即批评朱熹以"太极"为道、阴阳为器的说法"似有形容太过之病"。③ 朱熹是否对引人注意周敦颐发现的秘密也颇为犹豫呢? 简而言之,朱熹暗示真理的一项重要组成因素从未在经典出现,而且是别的道学思想家未想出来的。

陆九渊在信结束前,回答朱熹指责他不相信经典的问题,他宣称自己只是不相信"无极"的说法:"'尽信书不如无书',某实深信孟子之言。前书释此段,亦多援据古书,独颇不信无极之说耳。兄遽坐以直绌古书为不足信,兄其深文矣哉! '大传'、《洪范》、《毛诗》、《周礼》与'太极图说'孰古? 以极为'形'而谓不得为'中',以一阴一阳为'器',而谓不得为'道',此无乃少绌古书为不足信,而微任胸臆之所裁乎?"④陆九渊一转手就"以子之矛,攻子之盾",以朱熹对他的批评回头攻击朱熹。儒家的经典没有"无极"的观念,的确不能根据它判断陆九渊是否愿意接受或尊敬经典。

朱熹同意陆九渊的评语可以适用于许多当代人物,但不能以此批评自己。某些学者的确像陆九渊的形容,以一己的私说沾沾自喜,但朱熹说:"自省得与此语不相似也。"⑤并且征引陆九渊所谓的"虽自谓其理已

①《朱文公文集》,卷 31,页 9 上。
②《朱文公文集》,卷 82,页 14 上。
③《东莱吕太史文集·别集》,"太极图质疑",卷 16,页 1 上;束景南:《朱子大传》,页 280。
④《陆九渊集》,卷 2,页 30。
⑤《朱文公文集》,卷 36,页 14 下。

明,安知非私见蔽说",称赞它"尤为至当"。① 朱熹并未处理这个问题,只要求陆九渊实践自己的诉求,能够发现自己的错误,达到正确的"一是"。朱熹在这两处都没有谈论陆九渊的抱怨,更没有反驳。朱熹承认陆九渊所提的问题"尤为至当",却不解释如何区别道理与意见,的确令人颇为失望。

朱熹比较用心讨论陆九渊提出的解决争论的办法。朱熹劝陆九渊反驳别人的意见以前要先"平心",但陆九渊认为这个建议不切实际,因为双方都要对方"平心"接受自己的观点。朱熹澄清自己的本意:"但欲两家姑暂置其是己非彼之意,然后可以据事论理,而终得其是非之实。"② 陆九渊当地方官时政绩良好,朱熹或许因此提醒他判决案子以前,应该放开心胸,不存偏见,审听事实。同样的道理,如果学者受个人的感情或偏见干扰,即使想要公正无私,仍然不能避免犯错。

朱熹觉得沟通交流至此似乎还不够清楚,所以进一步批评陆氏兄弟讨论问题的态度。陆氏兄弟讨论"无极"问题的立论虽然相同,朱熹却要分辨他们的动机用意。陆九韶建立理论时,充满自信,甚至没有仔细推敲研究,而别人指出他理论的问题时,又丝毫不肯退让。他的秉性本来如此,并没有蓄意欺骗别人的用意,所以他的问题只是未曾做好研究。朱熹进一步宣称,陆九渊的本意是要证明自己的理论,赢得论战,"细考其间,紧要节目并无酬酢,只是一味谩骂虚喝,必欲取胜"③。他不但要超越子贡,更看不起周敦颐与二程,所以对周、程的文章吹毛求疵。④ 由于这些错误,陆氏兄弟只能用没有根据的理论取代圣贤的本意,所以书信往返讨论已经是多余的事情。如果双方能够敞开心胸、意气平和、言而有据,就能从讨论事实中得出结论;朱熹的结论是:陆氏兄弟的态度破坏

① 《朱文公文集》,卷36,页11上。
② 《朱文公文集》,卷36,页14下—15上。又见《陆九渊集》,卷2,页25。
③ 《朱文公文集》,卷36,页11下。
④ 《朱文公文集》,卷36,页15下。

所有可能解决问题的方式。

朱熹在结束时又引用孔子的话,重申他对学问和道统的看法。陆九渊坚持孔子能够成为圣人,不只是博学的结果;朱熹承认这是当然正确的看法,但孔子好学博闻,而且能够"一以贯之",所以能够成圣。朱熹辩护学问对成圣非常重要,并且以它为基础讨论陆九渊对道统传承的质疑:

> 颜〔子〕、曾〔子〕所以独得圣学之传,正为其博文约礼,足目俱到,亦不是只如此空疏杜撰也。子贡虽未得承道统,然其所知,似亦不在今人之后,但未有禅学可改换耳。周、程之生,时世虽在孟子之下,然其道则有不约而合者。①

朱熹认为当代人物受禅学的影响,所以不如子贡,以响应陆九渊的批评,而且确定自己的权威,以及他提出的理在"博文约礼,足目俱到"的解释。郭绍虞先生(1893—1984 年)等现代学者较注意朱熹用以建立哲学体系的"道"或"德性",而不太注意他所讲的"文",因此结论说朱熹与其他道学家似乎轻视"文"的地位。② 然而朱熹在此使用"文"、"道"、"礼"讨论儒家道统的传承。

这封信的写作时间,标准的说法是 1189 年 1 月,如果断限可信,写作时间应该是完成"中庸章句序"前的两个月。朱熹在"中庸章句序"提出著名的"道统"一词,其实在两个月以前,他已经使用这词汇反驳陆九渊,捍卫周敦颐和二程承袭道统的观点。前后时间如此接近,若说是陆九渊的挑战促使朱熹使用这个新的词汇描述道的传承,应该是可以成立的论断。朱熹在 1181 年所写的"濂溪光风霁月亭",就开始使用"道统"一词,③但直到与陆九渊书信往返辩论以后,"道统"才成为主要有力的观念。根据钟彩钧先生的判断,"太极图说"的辩论展开后,朱熹才将"理"

① 《朱文公文集》,卷 36,页 16 上。
② 郭绍虞:《中国文学批评史》(上海:中华书局重印,1961 年),页 138—175 上。又参见黄彰健:《经学理学文存》,页 173—177。
③ 《朱文公文集》,卷 84,页 29 下。

的地位提高,而且将"理"、"气"视为一组对立的观念。① 这些事例都进一步证明,研究朱熹的哲学必须注意当时的历史背景,尤其要考虑他与当代学人的辩论。

总而言之,陆九渊始终质疑朱熹诠释经典与界定道统的权威,相信朱熹显然将一己的意见当作决定圣贤本意的客观标准;不但抨击朱熹探求"道"的方法有"先知"般的色彩,并且大量引用经典阐述观点,质疑朱熹的诠释是否准确、客观。陆九渊的辩论方式与学者的一般印象截然相反,他再三强调需要一套区别主观意见与客观知识的标准。朱熹的经典注解证明他具有广博的学识,并且宣示从经典发现"理"非常重要,但不能有力响应陆九渊的问题,解释如何判断个人对理和经书的理解,不只是一己的主观看法。朱熹写给吕祖谦的一封信显示,陆九渊指责他的见解只是"意见",他为此困扰多年。② 朱熹与陆九渊争论这个问题时,他的反应显示在辩论的压力下,他很难为自己对道的理解以及经典的诠释建立客观可信的基础。

陆九渊自始至终否定朱熹了解道,例如他在辩论中强调子贡过分依赖学识,所以孔子没有授予他道统,而朱熹与子贡将传统过度思想化。朱熹渊博的学识是致命的弱点,陆九渊对学生说:"朱元晦泰山乔岳,可惜学不见道,枉费精神,遂自担阁,奈何?"③

陆九渊指责朱熹不够客观的说法虽然一直遭到忽视,但是一些近代学者已经重建朱熹注释经典的解释方法,与他是否客观的问题。④ 他们

---

① Chung Tsai-chün (钟彩钧),*The Development of the Concepts of Heaven and of Man*, pp. 214 – 218.

②《朱文公文集》,卷34,页34上,致吕祖谦第94封信。

③《陆九渊集》,卷34,页414;卷34,页419—420。

④ 例如:Yü Ying-shih(余英时),"Morality and Knowledge";Daniel Gardner,"Transmitting the Way: Chu Hsi and His Program of Learning,"*Harvard Journal of Asiatic Studies*, 49.1 (June 1989),pp. 141 – 72;and his "Modes of Thinking and Modes of Discourse in the Sung: Some Thoughts on the Yu-lü('Recorded Conversations') Texts," *Journal of Asian Studies*, 50.3(1991),pp. 574 – 603;Steven van Zoeren, *Poetry and Personality: Reading*, (接下页)

主要根据非辩论性质的语录及经典注解,能更系统合理解释朱熹在与陆九渊辩论时,所使用的预设、认定的事实,或是曾经短暂辩护过的观点。朱熹有一套尊重经典完整或自主的指导原则,并且以经典注释获得客观知识。他关心如何以客观的标准了解理,所以发展一套读书方法原则。这些研究提到陆九渊时,通常是要证明朱熹也认为"道问学"的终究目的是"尊德性",而且读书是一种内在的体验。然而,朱熹将传统知识化的程度,比以前的儒家学者都要彻底,并且使知识成为道德伦理的基础。以朱熹的体系而言,陆九渊对读书与客观知识比较不感兴趣,但是学者往往轻易强调陆九渊的主观色彩,与实际的情况颇有距离。

学者几百年来一直用"性即理"与"心即理"的差异,讨论朱陆的异同,其实双方辩论时没有专注讨论这问题。由于本书讨论的焦点放在历史事实,只处理辩论双方认为重要的课题,所以很少触及"性即理"与"心即理"间的差异,但它牵涉到朱陆双方最基本的前提,因此并非不相干的问题。陆九渊主张"心为理",比较相信讨论问题可以获得真理,并担心过份专心读书会使人偏离基本的理。陆九渊认为阴阳就是"道",也反映他拒绝将"心"、"理"区分为两个不同的领域,所以也无法同意朱熹所设定抽象的理的领域,或者"性"的观念,以充当"心"、"理"的桥梁。

传统的观点素来赞扬朱熹糅合"太极"与"理"的观念,能够超越周敦颐的哲学,其实陆九渊也认为"太极"就是"理",然而他主张它们就是

(续上页)*Exegesis*, *and Hermeneutics in Traditional China*, (Stanford: Stanford University Press, 1991); John B. Henderson, *Scripture*, *Canon*, *and Commentary*: *A Comparison of Confucian and Western Exegesis*, (Princeton: Princeton University Press, 1991); Susan Cherniack, "Book Culture and Textual Transmission in Sung China," *Harvard Journal of Asiatic Studies*, 54.1(June 1994), pp. 5 - 125; John Berthrong, "To Catch a Thief: Chu Hsi (1130 - 1200)and the Hermeneutic Art," *Journal of Chinese Philosophy*, 18.2(June 1991), pp. 195 - 212; Aichim Mittag(闵道安), "Notes on the Genesis and Early Reception of Chu Hsi's *Shih Chi-Chuan*: Some Facets for Reevaluation of Sung Classical Learning," 收入"中央研究院"历史语言研究所出版品编辑委员会主编:《中国近世社会文化史论文集》(台北:"中央研究院"历史语言研究所论文集之一,1992 年),页 721—780。

"中",朱熹则不愿赞同这个说法。而且,陆九渊主张"理"和"太极"意指同一本体时,他的哲学目的与朱熹不同,不是要强调"理"先于"气"的观念,因为他没有必要建立抽象的哲学体系。

朱陆辩论"太极图说"的问题,没有获得结论就草草结束,但现代学者一般认为朱熹获得哲学理论建构的胜利,不过也承认陆九渊的说法,相信"太极图"与"无极"的观念是来自道家。从这方面可以看出现代儒学研究的演变:学者无论如何推崇朱熹的哲学,他们不再需要否认朱熹体系中的某些因素的原始起源。

整体而言,朱熹证明自己阅读经典时,比较着重分析,富有学术研究的气息。陆九渊阅读经典的方式偏重字面的意义,比较直接、整体。朱熹甚至抱怨陆九渊"随语生释",而"引经必书全章,虽烦不厌"①。陆九渊能够娴熟引经据典,足以否定所谓他不尊重经典权威,或者不能阅读经典的假设;朱熹指责陆九渊不重视经典和读书,显然影响他的传统印象。

朱熹夸大陆九渊的学术倾向,朱熹的后学也确信不移,他们继承朱熹的说辞,继续抨击陆九渊笃信禅守思想、混乱圣学之道。前面已经提到,吕祖谦的影响力消逝后,朱熹与陆九渊的立场变得更坚定,而且双方的紧张关系漫延感染学生。两位道学先生在辩论过程中,变得更加不宽容,他们界定的"道学"范围也日益鲜明。朱熹虽然没有对陆九渊进行人身攻击,但指责陆九渊深受禅宗感染,而且读书修身的功夫都很松懈,这已经是十分尖锐的批评。辩论演变成摩擦,并且影响双方学生的关系,朱熹必须负一部分责任。朱熹的学生派别意识比老师更强烈,但他们的基础是朱熹的一些论述,都自认在与混乱大道的学者对抗。朱、陆与双方学生的对立冲突甚至延续到现代,直到最近的一些研究,仍然试图修正这种壁垒分明的态势;有些美国的汉学家也从 20 世纪 80 年代开始主张朱、陆间的分歧对立,但并没有大多数中国学者相信的那么严格对立。

---

① 《朱文公文集》,卷 36,页 10 上,13 下。

本书的讨论显示朱、陆的共同点,但更强调他们的分歧。他们的紧张关系促进道学的发展方向,所以不能忽略道学传统发展的这段历史。朱陆的辩论结束后,朱熹旗帜下的门人后学努力宣扬他的学说,并在13世纪使他对道统及道学的解释获得官方的承认。

第十章　朱熹的祈祷文与道统观

一、前言

通过对朱熹的祈祷文以及道统观的阐释,我希望填补一项朱熹研究的空白。基于一些最近特别值得注意的鬼神观研究,[1]我想进一步探讨朱熹的祈祷文与鬼神观,并且指出其观点中可能的、新的重要意义。我

---

[1] 特别参见:金永植(Yung Sik Kim), *The Natural Philosophy of Chu Hsi*, *1130 –1200* (Philadelphia: American Philosophical Society, 2000)以及中文版本《朱熹的自然哲学》,潘文国译,(上海:华东师范大学出版社,2003 年);詹启华(Lionel M. Jensen),"Ruins of Remembrance: Image, Text and the Generative Fiction of the Chinese Past",(1998 年 10 月在加州大学伯克利分校提交的论文);詹启华,"When Words Move Stones: Figure, Fictions, and the Chinese Past"(Sabbatical grant proposal and book proposal, 1999);贾德纳(Daniel Gardner),"Ghosts and Spirits in the Sung Neo-Confucian World: Chu Hsi on *Kuei-shen*," *Journal of the American Oriental Society* 115(4)(1995);贾德纳,"Zhu Xi on Spirit Beings," in Donald S. Lopez, Jr., ed., *Chinese Religions in Practice*(Princeton: Princeton University Press, 1996);金永植,"*Kuei-shen* in terms of *Ch'i*: Chu Hsi's Discussion of *Kuei-shen*,"《清华学报》17(1985):149 – 162;和秦家懿(Julia Ching), *The Religious Thought of Chu Hsi* (Oxford University Press, 2000),第三章。也可参见艾周思(Joseph A. Adler)的"新儒家"的解读,"Varieties of Spiritual Experience: Shen in Neo-Confucian Discourse,"在杜维明(Tu Wei-ming) and Mary Evelyn Tucker, eds., *Confucian Spirituality*(New York: Crossroad Publishing, 2003).

的目标不是将朱熹的观点加以归类,使其符合现代西方哲学意义上的"宗教"概念,而是想提供一个例证来说明朱熹及其思想的复杂性,远超过某些当代学者在研究古人时,过于乐观主义的理想化以及过于理性主义的系统化所表明的。

我特别要把朱熹论述中两类观点(即其鬼神观与道统观)放在一起研究,通过比较来看看我们究竟能从中得到什么。联系鬼神观与道统观的关键大概就是朱熹对于孔子之灵的祈祷文,这些祈祷被大多数学者忽视了,而这恰恰是我的分析所关注的焦点。钱穆、陈荣捷和李约瑟(Joseph Needham,1900—1995年)三位先生早已明确注意到了在朱熹形而上学的理性主义体系中,存在着宇宙的两种力量——"鬼神":"鬼"是一种具有收缩性、否定性的力量,而"神"则代表一种伸展性的、肯定的力量。[①] 不过,如果我们将焦点放在他关于"鬼神"较为传统的论述上(比如他对神灵意义上的"鬼神"论述,他对孔子的一些祈祷等),通过探究朱熹对于一些传统概念、仪式的特殊的和有时甚至是全新的运用,我们是否能够对朱熹的思想得到某些新的了解呢?

二、对朱熹鬼神、道统概念的检讨

朱熹用"鬼神"一词来指称大量具有神秘和精微特性的"事"、"物"。例如,他说:

> 雨、风、露、雷、日、月、昼、夜,此鬼神之迹也,此是白日公平正直之鬼神。若所谓"有啸于梁,触于胸",此则所谓不正、邪暗、或有或无、或去或来、或聚或散者。又有所谓祷之而应、祈之而获,此亦所谓鬼神。同一理也,世间万事皆此理,但精粗小大之不同尔。[②]

---

① 特别参考:钱穆《朱子新学案》;陈荣捷:《朱子新探索》;李约瑟(Joseph Needham),*Science and Civilization in China*(Cambridge and New York:Cambridge University Press, 1956),2:490 – 491。

② 《朱子语类》(中华书局本),卷3,页34—35。

因此,在第一种意义上,"鬼神"指的是宇宙万物的自然功能及其运行,朱熹使用"公平正直之鬼神"来指自然界的自然而神秘的运行,例如季节的有规律、恒定的变换;植物的周期性的生长。这种意义上的"鬼神",是指存在于所有现象中的收缩和伸展的两种力量,也是大多数关于朱熹"鬼神"观的研究所讨论的内容,这因为主流的研究所关注的是他的哲学系统。

在第二种意义上,朱熹则用"鬼神"指称一种明显具有神秘色彩,尤其难以理解的现象,比如"鬼啸与鬼火"①。他讨论鬼怪,不仅因为经典的某些篇章里提到它们,也因为他承认后来人们关于鬼神的一些事例具有部分的真实性。在好几处,②他特别举出伯有(卒于公元前 534 年)的例子,并且赞成子产(公元前 581—前 521 年)的解释。子产关于灵魂的解释,被视为正统儒家的看法同时被广泛地引用。③ 伯有是一个贵族,他对杀害他的人进行报复。杀害他的人不但剥夺了他的生命,而且也剥夺了他世袭的职位,因而使得他的灵魂丧失了受祭祀的权利。为了让这个"孤魂野鬼"感到满足并消失,英明的政治家子产让伯有的儿子接替了父亲以前的职位。人的灵魂在中国北方被称为"魄",而在南方则被称为"魂",子产把两种看法结合了起来,他说:

> 人生始化曰魄,既生魄,阳曰魂,用物精多则魂魄强,是以有精爽至于神明也。匹夫匹妇强死,其魂魄犹能凭依于人以为淫厉。……其取精也多矣,其族又大,所凭厚矣,而强死能为鬼,不亦

---

① 《朱子语类》(中华书局本),卷 3,页 37。秦家懿(*The Religious Thought of Chu Hsi*,p.276n. 89)注释说:"'鬼火'是指在黑暗和潮湿的墓地上空漂浮、闪烁的火,可能是来源于腐败尸体发出的气体;'鬼啸'可能是指这些地方的风的呼啸声。"

② 《朱子语类》(中华书局本),例如,卷 3,页 37,38,41,44,45,49;卷 63,页 1551。

③ 关于正统的儒家观点,见钱穆:《灵魂与心》(台北:联经出版社,1976),和余英时:"'O Soul, Come Back!'A Study in the Changing Conceptions of the Soul and Afterlife in Pre-Buddhist China," *Harvard Journal of Asiatic Studies* 47 (1987):365 – 395.

宜乎?①

子产对于魂魄的这一解释,由于朱熹的支持,确立了在儒家哲学中的正统地位。尽管围绕这一正统观念,余英时先生已经提醒我们:在汉代,大部分中国人已经接受了另外一种理论,该理论主张更为彻底的二元灵魂观。② 葬礼的实践与观念在中国不同的地区差异仍相当大。

在回应子产有关鬼解释的过程中,朱熹突出了"气"的中心地位。在解释为什么一些人的灵魂徘徊不去,尤其是如果他们是遭遇暴死而寻求复仇的时候,朱熹说:

> 多有是非命死者,或溺死,或杀死,或暴病卒死,是他气未尽,故依凭如此。又有是乍死后气未消尽,是他当初禀得气盛,故如此,然终久亦消了。③

只要这个人的气没有消散,就会产生怪异的结果:"若是为妖孽者,多是不得其死,其气未散,故郁结而为妖孽。"④在一些情况下可以通过燃放爆竹来破坏这些"妖孽",因为爆竹有助于驱散"气"。⑤ 朱熹认为,尽管在大多数情况下,这些成为鬼的滞留之气是来自那些自杀或者被杀害的人,但甚至在正常死亡的情况下,个体也能够拥有这种很强的气,以至于不被驱散。⑥ 相似地,基于《左传》,他接受了苌弘因为忠诚,死后化为碧玉的故事。⑦ 此外,朱熹也承认巫觋(常常被归入"萨满")和祠祀在与鬼神打交道的时候是有效验的,因为他认为人心中的气能够启动鬼神,并且与其相感通。换句话说,"盖皆其气类之相感,所以神附着之也"⑧。

---

① 孔颖达:《春秋左传注疏》,(四库全书本),起昭公七年,卷44。
② 余英时:"'O Soul,Come Back!'"pp.372-373.
③《朱子语类》(中华书局本),卷63,页1551;也可见卷3,页43、44。
④《朱子语类》(中华书局本),卷3,页45。
⑤《朱子语类》(中华书局本),卷3,页38。
⑥《朱子语类》(中华书局本),卷63,页1551。
⑦《朱子语类》(中华书局本),卷3,页45。苌弘的故事《左传·鲁哀公三年》有记载。
⑧《朱子语类》(中华书局本),卷90,页2310。

在这些例子中,尽管朱熹也接受鬼神的存在,但他通过用"气",尤其是不正之"气"来讨论物怪神奸,表明他仍努力在其哲学系统内为这种现象找出理性的解释。而且,朱熹很少否认物怪神奸事物的存在——如果它们据说被人们看到过。例如,当他的一个弟子怀疑这些奇异现象存在时,他驳斥说:"只是公不曾见!"①朱熹处理鬼神故事的态度以及接受怪异现象的倾向表明:除了明显受到传统观念的影响,他还受到福建文化,尤其是武夷山附近地区(这里曾是朱熹生活的主要地方)文化的影响。福建是个对神灵以及怪异现象信仰非常强的地区之一。尽管他援引并且赞成经典中的一些怀疑性的论述,例如"敬鬼神而远之"②,朱熹发现,与那些周代儒者相比,他很难避免谈论鬼神并对之抱持一种超然的态度。毕竟,朱熹是有意地在与佛教徒、道教徒、巫祝竞争。他的理气哲学为他提供了一个拒绝各种怪异迷信的基础。例如,通过坚持暴死会产生鬼,他否定了佛教的灵魂再生观念。再者,他认为祠祀的设立是为了在信众中增进道德,所以他主张取消那些他所认为的"淫祠"。③

朱熹所说的鬼神的第三种意义,是指传统上可以供人祈祷和祭祀,并且能产生回应。祖先魂灵存在,并且能够对后代的祭祀产生回应,长期以来对于儒家以及以孝道为中心价值的家族而言,具有关键的作用。例如,根据《礼记》的说法,"魂气归于天,形魄降于地,故祭求诸阴阳之义也"④。正如余英时先生的研究所表明的,汉代人已经广泛地接受了一种说法,这种说法认为魂是正面、积极的、具有上升倾向的阳气;魄是被动的、具有向下倾向的阴气。因此,当人死的时候,清而轻的魂就很快升于天,而浊而重的魄气就慢慢降于地。因此,在"复礼"中,古代中国人祈求

---

① 《朱子语类》(中华书局本),卷3,页35。
② 《论语·雍也》;也可见金永植的讨论,金永植,《朱熹的自然哲学》页115。
③ 《朱子语类》(中华书局本),卷3,页55;也可参见秦家懿:*The Religious Thought of Chu Hsi*,p.65。
④ 郑玄、孔颖达:《礼记注疏》(十三经注疏本,1815 年本);参见余英时:"'O Soul, Come Back!'"p.374.

刚刚死亡的亲属之魂升天而非企盼魄能够回来。这种魂升于天、魄降于地的二元观念实际上与古代中国人的信念有关系。他们认为有一个天庭或者在上的世界,同时有一个在下的世界,这个下面世界在早期被称为"黄泉"。他们进而相信,死者变成的鬼,需要祭祀供奉的食物。另外,既然后代子孙和死去的祖先同由一气所构成,那么由后代子孙来做祭祀就很关键。如果某鬼魂没能够得到祭祀,他不仅会寻求补偿或报复,而且不能够充当吉祥之气的媒介。

既然这些魂灵不能够无限地存在下去,并且要依赖物质因素,在葬礼中对尸体的保存就变得非常重要。此外,在汉代,当神仙的观念流行的时候,人们相信有些人可以摆脱沉重的气的束缚,转换他们的形体并且得到长生。当这些神仙被假想最终升到天上以后,对于普通人的灵魂来说,又产生了一个新的向往。魂的住所与"梁父"联系起来,梁父是位于山东的圣山——泰山附近的一个小山,这个地点变成了死去的统治者——也就是说他们魂灵的都城。于是在这座小山收到祭祀的"地主",就变成了"地下主"。因而,魄的住所就与"梁父"山脚下的一个地方联系起来。魄落入到鬼庭政府的管辖之中,在古代经常被想象为"黄泉"。①

郑玄(127—200 年)明确地表达了一种长期存在的观点,他说魂气是一个人精神和心智的基础,而魄主要在视听中发挥作用。②《祭义》是汉代儒家的文献,它用一句简明的话总结了这些不同观念:"气也者,神之盛也。魄也者,鬼之盛也。"③

朱熹的论述表明他是忠实于这些传统观点的主要方面的。就像《礼记》所说的那样,朱熹也提出魂归于天、魄散于地的看法。④ 很重要的一点是,朱熹不关注人死后魂归于梁父这一自汉代发展出来的观念,所以

---

① 余英时:"'O Soul,Come Back!'"pp.374 - 377.
② 同上书,页 376,《礼记注疏》,卷 47,页 14 上—15 上。
③《春秋左传注疏》,起昭公七年,卷 44;也见余英时:"'O Soul, Come Back!'"页 378—393。
④ 例如,《朱子语类》(中华书局本),卷 3,页 37、38、45。

上天成了他与神灵联系的唯一焦点。同时他也赞成子产的魄先于魂的说法。① 受郑玄影响,朱熹进而把魄与耳目聪明,魂与"口鼻嘘吸"之气联系起来。②

这个第三种意义上的鬼神围绕(但不限于)祖先的魂灵,因此,这种意义的鬼神成为朱熹与其学生谈论得最多的鬼神也就不足为奇了。例如,一个人的魂能够逗留,或者在四周徘徊,并能够在祭祀先祖的时候为其子孙触动。就像朱熹明确地告诉他的听众的那样:"今人祭祀但能尽诚,其祖考犹来格。"③此时,由于特别的生物学上的关系,以及亲属之间的血亲关系,尤其是内在于父系的血缘关系,这种气与气之间的感通更为强大。在被问及祖先魂灵的存在以及"共有"的气的重要意义时,朱熹说:"毕竟子孙是祖先之气。他气虽散,他根却在这里;尽其诚敬,则亦能呼召得他气聚在此。"④这里的"根",可以解释为祖先之间的血缘关系,因为祖先和后代拥有父子代代相传的"气"。⑤

正如在朱熹的表述中所暗含的那样,他与学生的讨论中也包含着一个重要的观点:既然人死气散,后代是如何通过祭祀活动与祖先相沟通的呢? 答案主要集中在后代与祖先之间共有的特殊之气上。例如,他推断说:

> 然人死虽终归于散,然亦未便散尽,故祭祀有感格之理。先祖世次远者,气不可以聚散言也。然既是他子孙,毕竟只是一气,所以有感通之理。⑥

从祖先继承下来的特殊之气是如此重要,以至于朱熹推论说:"但有子孙

---

①《朱子语类》(中华书局本),卷3,页49。
②《朱子语类》(中华书局本),卷3,页45。
③《朱子语类》(中华书局本),卷90,页2309。
④《朱子语类》(中华书局本),卷3,页47。
⑤《朱子语类》(中华书局本),卷63,页1546。
⑥《朱子语类》(中华书局本),卷3,页47。

之气在，他便在。然不是祭祀时，如何得他聚！"①

朱熹坚持认为只有恰当的嫡系后代才能感发祖先的魂灵；这一说法与传统的训诫（例如，《论语·为政》）是一致的。这些训诫认为，一个人去祭祀不是自己祖先的人是毫无用处的。举个例子，朱熹为《左传》中的一句话提供哲学上的支援："所以'神不享非类，民不祀非族'，只为这气不相关。"②

通过支持只应祭祀自己的祖先这一古典信条，朱熹明确反对烧香供奉佛、道神明的风俗。不过，他本人却供奉那些与他没有血缘关系的人，并为他们建祠。这种做法的先例见于《礼记》，《礼记》中就允许祭祀个人的老师。张栻及随后的朱熹扩大了这一传统，想为建先贤祠提供合理的基础。他们又将这一先例做了扩展，为了表明周敦颐与程颢、程颐兄弟恢复并传承了古代圣人之道，张栻与朱熹甚至在这些人没有到过的地方为他们建祠。③ 大约在同一时间，他们还为著名的政治家与军事家诸葛亮修建了相似的祠堂。④ 因此，尽管他们主要为道学中的先贤建祠，但他们并不把自己局限在那一传统之内。

在 1177 年重建周敦颐在庐山的书院的纪念文中，朱熹认为是孔子提出了圣人之道得之于上天的观念。这涉及《论语·子罕》，朱熹评论说："而孔子于斯文之兴丧，亦未尝不推之于天，圣人于此，其不我欺也，审矣。若濂溪先生者，其天之所畀而得斯道之传者与[欤]？不然，何其

①《朱子语类》（中华书局本），卷 3，页 50。
②《朱子语类》（中华书局本），卷 3，页 47。
③ 内斯卡（Ellen G. Neskar），"The Cult of Worthies：A Study of Shrines Honoring Local Confucian Worthies in the Sung Dynasty (960—1279)"（Ph. D. dissertation, Columbia University, 1993). 这篇博士论文，美国哈佛大学出版社有可能将来会出版，书名大概为 Politics and Prayers：Shrines to Local Former Worthies in Sung China. ［编辑注：2001 年已出版。］
④ 朱熹：《朱文公文集》，例如"卧龙庵记"卷 79，页 1 上—2 上。也参见田浩（Hoyt Cleveland Tillman），"One Significant Rise in Chu-ko Liang's Popularity：An Impact of the 1127 Jurchen Conquest,"《汉学研究》14(2)，(1996 年 12 月)特别见页 13—16。

绝之久而续之易,晦之甚而明之亟也?"①(随后讨论朱熹自己与周敦颐、孔子之灵感通的时候,我们应该将这一段话牢记心中。)朱熹进而将周敦颐的太极图与传说中的古圣人伏羲的创制相类比。参照《易传·系辞》伏羲演八卦的描述,朱熹认为伏羲与周敦颐都直接体认到了天道,同时参赞了天地的化育。② 此外,1181 年朱熹参拜了周敦颐在庐山的书院,在参拜即将结束的时候,他写下了下列这首诗:

> 先生寂无言,贱子涕泗滂。
>
> 神听傥不遗,惠我思无疆。③

这里,朱熹表白了他与周敦颐的神灵的直接作用与沟通。

朱熹拈出"道统"一词,就始于这一次与周敦颐神灵的感通;朱熹的道统观,把道的传承从孟子以后已经断裂这一般的观点,提升到更系统的水准。道统观念的建立,传达出朱熹自认对古圣之道有一种独特的进入。朱熹所建祠正与宋代国家孔庙之祠祭王安石相抗衡,王安石新学一直是道学的大敌。作为一种反主流文化(counter culture),朱熹及其同道者建立的祠祀大量借用国家孔庙的组织方式和祭祀礼仪,以此来挑战并最终改变当时孔庙所表示的象征与意义。道学群体最后于 1241 年成功地说服朝廷将王安石移出孔庙,并开始在孔庙中祭祀朱熹和一些其他道学大师。④

三、朱熹的鬼神观与道统观的可能关系探索

朱熹在与周敦颐的神灵相感通的时候提出了"道统"一词,在此联系

---

① 朱熹:《朱文公文集》,卷 78,页 12 下;《朱子集》(成都:四川教育出版社,1996 年),卷 78,页 4074。

② 参内斯卡(Neskar),"The Cult of Worthies,"pp.386 - 388.

③ 朱熹:《朱文公文集》,卷 7,页 17 上。

④ 特别见黄进兴:《优入圣域》中皇帝与士人关于孔庙问题上的斗争史。关于宋代的斗争,特见余英时:《朱熹的历史世界》(台北:允晨文化公司,2002 年;北京:三联书店,2003 年)。

基础上，我希望进一步寻求朱熹有关神灵与道统关系的一些言论方面的证据，尽管在他的思想中，这两方面通常被认为是完全独立的、无相关的。根据近年来的研究，我的探讨将努力平衡现代哲学研究中某些具有分歧性的结论。一些学者把"道统"的起源想象成朱熹为回应禅宗而建构的传宗谱系（filiative project）。① 另一些学者认为，无论是家族的谱系还是禅宗的《传灯录》都提出了一个连续的传承系统，可是北宋的思想家很长时间以来即接受了一种看法，这种看法认为道统的传承自古代以来已经被打断了。② 然而，就我的理解，社会历史学家的工作表明，北宋新兴的士人阶层的宗族的确是断裂的，或者说难以探讨到任何可以超过公元 10 世纪、上溯许多代的特征。新上升到菁英阶层的知识分子，他们拥有纪念和保持先祖的记录的资源。在我看来，这些知识菁英可能觉得，他们有一种来自孝的义务，去追溯并怀念自己的先祖。换句话说，大多数家谱都有断裂的情形，这可能已经影响到了宋人道统如何可以恢复的想法。我将以朱熹为个案，简明地探究我的假想，看一看朱熹对于鬼神的评论是否能帮助我们理解他的道统观。

简单地说，有什么样的迹象可以表明，朱熹大概已经认识到了对祖先和先师的古典祭祀无法产生足够的精神力量（spiritual empowerment），从而试图增进与故去之人之间的进一步交流？虽然资料琐碎，但我相信随着我们对几个要点的逐步阐述，一定会看到一个模式（pattern）显现出来。

第一，朱熹有关自己祖先的经验可能影响了他的观点，提高了他的敏感性，使他觉得有必要探讨鬼神问题。他的父亲和祖父的遗骨都没有被运回原籍，而安葬在他们生前所居当地的佛寺附近。朱熹的父亲尽管被认为服膺于二程的儒家思想和道学，但依照当时习俗，自己挑选了靠

① 特别见魏伟森（Thomas A. Wilson）：*Genealogy of the Way*.
② 特别见内斯卡（Neskar），"The Cult of Worthies，"pp. 302 – 303.

近佛寺的墓地。临死前,朱熹的父亲安排当地刘姓与胡姓家族来照料孤儿寡母。的确,刘家在资助、教育朱熹方面起到了重要作用,还将自家的女儿许配给朱熹。朱熹在福建与刘家有如此紧密的关系,以至于他显然与婺源家乡(当时属徽州)的父系亲属较少联系。这种情形持续到21岁,当时,朱熹第一次回婺源故乡拜祭祖坟。这次返乡显然使他深受触动,因为他将父亲在婺源的100亩地捐出,以供祖坟维修之用。①

后来,朱熹将近40岁时,母亲去世,他并没有遵照经典传统把她葬在父亲的旁边,而是将她葬在离父亲大约100里(约50公里)的地方。其后,朱熹移葬他父亲到另一个地方,但仍没有让父母的葬地相邻。数百年以后,一位清代笔记小说家注意到在南宋时期的大学者当中,有很多人把父母的遗骨分开埋葬,因此,这种做法在当时是一条能够遵循的通例。② 所以,很明显地,朱熹的这种做法并不具有独特性,在他之前已有许多类似做法,而且那个清代的作者关注到他们的先例。在2000年10月参观朱熹墓的时候,朱杰人先生曾为我指出:朱熹曾经为自己的墓选择了一个特别的风水宝地,同时又在另外一个地方为自己妻子的墓选择了一块墓地。因此,通过占据不止一处的、具有重要意义的、关键性的"气"所,他们的后代从中受益。朱熹对地点的选择是经过对风水的仔细研究决定的。

朱熹相信,不当的墓地会让尸体被地下之风所耗尽,这将导致后代财运不佳。例如,在1194年的一封上疏中,他反对为孝宗所选的墓地,其中有如下的推论:

> 使其形体全而神灵得安,则其子孙盛而祭祀不绝,此自然之理也。……其或择地不精,地之不吉,则必有水泉蝼蚁地风之属以贼

---

① 张脉贤编:《朱熹与徽州》(黄山:黄山市新安朱子研究会,2001年)。
② 钱泳:《履园丛话》(北京:中华书局,1979年),卷5,页141。闵道安(Achim Mittag)使我注意到了这一段。

其内,使其形神不安,而子孙亦有死亡灭绝之忧,甚可畏也。①

朱熹对墓地很敏感,一定与他早年的感情相牵缠。那时他刚14岁就失去了父亲,被迫一下子成为大人。作为家中的唯一男人,朱熹看到他母亲苦苦地支撑着家庭的重担;而且,他母亲去世时,朱熹在母亲的墓地旁建立他有生以来第一个精舍,并在其中静坐读书。他对墓地风水(其中大概包括阴功或墓地气功)相信程度之深,不仅表现于他移葬父亲一事,而且也体现于1191年按照风水先生的建议,把儿子的安葬推迟一年:"亡子卜葬已得地,但阴阳家说须明年夏乃可窆,今且殡在坟庵。"②

第二,朱熹很关注并遵从当时的风俗及礼仪,这导致他甚至不顾张栻的反对,赞成对于古典葬礼的一些重大改变。例如,在回应朱熹所草《朱子家礼》的一封回信中,张栻强调了一点,即朱熹违反了经典的基本原则:

> 古者不墓祭,非有所略也。盖知鬼神之情状,不可以墓祭也。神主在庙,而墓以藏体魄。体魄之藏而祭也,于义何居? 而乌乎飨乎? 若知其礼之不可行而徇私情以强为之,是以伪事其先也。③

为了证明他以及二程与经典的分歧是正确的,朱熹回答说:

> 故世俗之情,至于是日不能不思其祖考,而复以其物享之,虽非礼之正,然亦人情之不能已者。④

因此,在这个情况下,实际的考虑和世俗之情,就成了委屈经典使其适应当代的理由。

第三,张栻反对行召灵的礼仪,因为冠礼(标志一个男子的成年)中

---

① 朱熹:《朱文公文集》,卷15,页33上。
② 朱熹:《朱文公文集·续集》,卷7,页7下—8上,"与陈同父"书;也见陈荣捷,《朱子新探索》,页102。但是陈教授说这安葬的事一定是朱熹对他儿媳妇主张的退让。可是陈教授的证据是有问题的:他引用了张栻询问葬礼的一封信,但是张栻比朱熹的儿子早去世11年,因此张栻怎么能够向朱熹询问他儿子安葬的事情?
③ 张栻:《南轩集》,卷20,页2上—3下。
④ 朱熹:《朱文公文集》卷30,页27上。

的这一部分会让那些无知的人相信鬼神;朱熹却赞成呼召祖先之灵。[1]《朱子语类》中有好几段话记载了朱熹对于张栻的回应,张栻对神灵采取非常怀疑的态度。[2] 同样,朱熹相信当时的一些巫师"亦有降神者"[3]。既然他相信巫师能够降神,他当然更相信儒家之礼能够与先祖之灵沟通。例如,在他所建的祠堂里,朱熹带领学生们一起引召圣人之灵。为1194年祭祀孔子和其他圣人的灵,朱熹写道:"奠以告虔,尚其昭格,陟降庭止,惠我光明。"[4]

第四,朱熹问道:"若道无物来享时,自家祭什么?"[5]这个反问表明朱熹对《论语·八佾》中的"祭神如神在"的教导并不完全满意。朱熹在《语类》中有如此多章节讨论鬼神和祖先祭祀的问题,以至于金永植先生总结说:"对他来说,几乎没有什么比祭祀更重要。"[6]传统儒家认为,最重要的事情是从事祭祀仪式的人所受到的影响,朱熹的观点与此一致,他坚持死去之人的后代应该保持诚敬的心,以便他们能够与祖先散去的"气"相感应,并将其召回来享用祭祀:"故祭祀之礼尽其诚敬,便可以致得祖考之魂魄。"[7]他还说:"若是诚心感格,彼之魂气未尽散,岂不来享?"[8]然而,这些段落中对诚敬的强调,不应该模糊这样一个事实,即朱熹的确鼓励这样的期望:以极其诚敬的态度祭祀,的确能够引起先祖魂灵的积极反应。

第五,有相当的证据表明,朱熹和他的学生积极地为祭祀那些与自己的父系不属于同一"气"的人辩护。因为他坚持在父系中有特别的、共

---

① 参见伊沛霞:*Confucianism and Family Rituals in Imperial China*(Princeton:Princeton University Press, 1991),页131—132的讨论。

② 《朱子语类》(中华书局本),卷3,页34,35,37—39;卷63,页1550。

③ 《朱子语类》(中华书局本),卷90,页2310。

④ 《朱文公文集》卷86,页12下。

⑤ 《朱子语类》(中华书局本),卷3,页51。

⑥ 金永植:《朱熹的自然哲学》,页110。

⑦ 《朱子语类》(中华书局本),卷3,页46;也见卷63,页1551—1552。

⑧ 《朱子语类》(中华书局本),卷3,页38。

有的气传递下来，他的学生提出这样的问题也就不奇怪了，即如何说明参与祭祀自己的妻子或其先祖的合理性。既然一个人没有继承那种特殊的"气"和"精神"，一个人如何能够与其妻子的祖先相感？这个学生甚至提出一个解决办法，能够回避由于朱熹要求直接相关的"气"所带来的明显矛盾。这个学生建议，这样的感通是建立在"诚心"而不是"气"之上的。然而，朱熹拒绝这种简单的解决办法，他用最初的一原之理或元气来证明，参与祭祀自己亡妻及其先祖的习惯做法具有合理性：

> 但所当祭者，其精神魂魄，无不感通。盖本皆从一原中流出，无间隔，虽天地山川鬼神亦然也。[1]

朱熹坚持在祭祀活动中，祖先和后代之间靠特殊的气来联结，上述例外为我们提供了另一例证，即抽象的"理"在朱熹的实践考虑中占有首要位置。这就是说，朱熹的实践考虑比抽象的"理"还要优先。不过，普遍之一气尽管证明了参与祭祀妻子的祖先是合理的，但同时也削弱了朱熹反对佛教徒、道教徒祭祀自己血统之外的那些人的基础。

上一节也将对祖先的仪式与对天地山川之灵的祭祀做了一个类比。在另一场合，朱熹走得更远，以至于他说一个人可以感应到雨神和佛，因为他们居住在山中、河边等特别灵妙的气所。

> 祈雨之类，亦是以诚感其气。如祈神佛之类，亦是其所居山川之气可感。今之神佛所居，皆是山川之胜而灵者。[2]

换句话说，朱熹坦承由于某些人的祠所在山川所获致的灵气，使得这些人可以与神、佛相感通。

上述朱熹对于天地山川之灵的祭祀所做的类比，促使我们觉得有必要简单地探讨一下他有关这些神灵的论述。他对于这些神灵的祭祀类

---

[1] 《朱子语类》（中华书局本），卷3，页52。我尤其要感谢金泳植让我注意到这一段，这一段明显减弱了朱熹对于来源于祖先的特殊之"气"的强调。也见金永植：《朱熹的自然哲学》，页110。
[2] 《朱子语类》（中华书局本），卷90，页2292。

似于对雨神的祈祷:因为在向自己先祖的灵魂做祭祀祈祷时,个人追求的也是一种感应,所以所有这些神灵都与上述朱熹的第三类鬼神有关。他相信当这些神灵高兴时,他们乐意对祈祷和祭祀做出回应。例如,在解释《孟子·万章上》"尧荐舜于天而天受之"一句时,朱熹把这种情况比作"如祈晴而得晴,祈雨而得雨之类"。① 朱熹的文集中还保存了一些他对土地神以及雨神的祈祷。② 与一些官员不同,朱熹在做这些仪式性的求雨祈祷时,没有表现出怀疑与勉强。而且,他声称他在祈祷的时候尽了所有的诚敬。③ 当然,作为一个地方官,求雨是他职责的一部分。不过,他在做求雨祈祷时候的官位与我们的研究有密切关系,而不是降低这种相关性。

　　一个人的地位以及与自然界的神灵的关系,对朱熹来说是一个很关键的考虑,因为其中存在着谁有权对伟大的自然物和现象祭祀的规定。谈到经典的规定时,他说:

> 且"天子祭天地,诸侯祭山川,大夫祭五祀",皆是自家精神抵当得他过,方能感召得他来。如诸侯祭天地,大夫祭山川,便没意思了。④

因此,一个人感应这些神灵的能力依赖于个人与他们的关系,这种关系又与个人的官位相关。

　　为了强调自己的论点,朱熹甚至讨论了有关官位的一些古典规定,以及对非祖先神灵进行的一些不当祭祀:

> 鬼神是本有底物事。祖宗亦只是同次一气,但有个头脑处。子孙这身在此,祖宗之气便在此,他是有个血脉贯通。所以"神不享非

---

① 《朱子语类》(中华书局本),卷58,页1360。
② 《朱文公文集》卷85,页21上;卷86,页9上,页16上下。
③ 《朱文公文集》卷36,页17上,朱熹给陈亮的信。
④ 《朱子语类》(中华书局本),卷3,页47。

> 类，民不祀非族"，只为这气不相关。如"天子祭天地，诸侯祭山川，
> 大夫祭五祀"，虽不是我祖宗，然天子者天下之主，诸侯者山川之主，
> 大夫者五祀之主。我主得他，便是他气又总统在我身上，如此便有
> 个相关处。[1]

这段话非常重要，以至被两个不同的学生用相同的话记录了下来。在这里，朱熹提出：因官位而有的主祭贵族身份与存在于祖先和后代之间的血脉关系具有类似的性质，因为当适当的人员进行祭祀活动时，有一种身份联结或所属关系。朱熹在上面一节提到的"主"字，可以通过阅读一个相似的段落来得到更好的理解，在那一段中朱熹使用了一个不同的字："属"。"属"字的意思是"属于"、"与之相联系"或者"依赖于"的意思。另外一个意思是"与……相联系"、"相近"或者"托付给"。

《论语·八佾》中，孔子坚决反对季氏祭祀泰山，因为季氏并不是鲁国的宗主。朱熹在此处评论道：

> 天子祭天地，诸侯祭其国之山川，只缘是他属我，故我祭得他。
> 若不属我，则气便不属我，则气便不与之相感，如何祭得他。[2]

在上引两段资料中，朱熹提出，在对"他者"进行祭祀的时候，"他者"魂灵的确属于"吾"或者说是与"吾"相联系的。

在另一相关的段落，朱熹探讨了那句"神不享非类"训诫的一个不同侧面。他提出了一些例子来说明，尽管在那些情况下缺乏血缘关系，但是"气"却仍是相关的。他又引用了一个例子来说明问题：当皇帝对上天进行了适当祭祀时，天做出了回应，这是因为在他们之间存在共有的"气类"。〔共有的"气类"似乎可以与上面讨论的血缘关系或者"血脉"（consanguinity）相比较。在这些上下文中，他使用传统的称呼"天子"来称呼君主（而不是用其他的词，例如"皇帝"），这一点似乎很重要，因为

---

[1]《朱子语类》（中华书局本），卷3，页47。
[2]《朱子语类》（中华书局本），卷25，页612。

"子"暗示其与"天"之间有共有的"气")。当再次谈到各个国家君主祭祀的例子时,朱熹补充说:"今祭孔子必于学,其气类亦可想。"①这段谈话特别值得注意,因为他将皇帝对天的祭祀与知识分子对孔子的祭祀放在并列的位置。此外,在进行祭祀或者敬献活动的时候,两类祭祀的基础都是存在于彼处的魂灵与此处的祭祀者之间的"气类"。就像我们下面要探讨的那样,孔子是朱熹需要进一步讨论的一个特殊例子。我这里的第五点,简言之,即朱熹为祭祀那些族谱之外的人的习惯做法找到了合理的解释;不过,通常他是以这样的方式来做的:他强化了关于谁可以祭祀的规定,并且突出了祭祀者与接受恰当祭祀的神灵之间的"属"和"气类"的联结关系。

第六,在这样的祭先圣礼中,朱熹为我们提出了进一步的例证,表明他把与圣人的感应看成是和先祖的感应一样。他不止一次地对先圣使用"告"字,例如,"告于先圣先师之神"②。这样的说法可以与家礼中向先祖"报"相似。在回应一个祭祀圣贤的问题的时候,朱熹回答说:既然圣贤就是"有功德在人,人自当报之;古人祀五帝,只是如此"③。("五帝"是传说中的祖先英雄,对中国文明的开创做出了巨大的贡献。)换句话说,一个人所感谢的既是圣人,又是先祖的魂灵——这与向一些常见的神请求帮助或者祈求保佑不同。④ 对先祖或圣人所做的"报"显然被认为是适当的:既然他们被假定为仁慈而又有智慧,个人为什么需要祈求先祖或圣人用一种特殊的方式来对他的困难做回应呢? 向他们报告并且服从他们的智慧,就显得有充分的理由。

祭祀先圣的结构和地点,进一步强化了先圣与先祖之间的隐喻的同一性。除了在书院和精舍摆设神位,反映了宗祠中的辈与辈之间的先后

---

① 《朱子语类》(中华书局本),卷3,页52。
② 《朱文公文集》,卷86,页1下。别的例子也在卷86,页1上下、页3上—4上。
③ 《朱子语类》(中华书局本),卷3,页53。
④ 关于这个区别,请见内斯卡(Neskar)在"The Cult of Worthies,"页160中讨论的引文。

秩序，朱熹还安排学生每日在影堂、土地公以及先圣像前敬拜。按照一位弟子的记载：

> 先生每日早起，子弟在书院，皆先着衫到影堂击板，俟先生出。既启门，先生升堂，率子弟以次列拜炷香，又拜而退。子弟一人诣土地之祠炷香而拜。虽侍登阁，拜先圣像，方做书院。[①]

该段为王过所记，王过所录皆为1194年之后朱熹在竹林精舍中时所作所为，[②]这一段所描写的一定是朱熹在福建竹林精舍中的活动，而在福建除了朱熹自己的妻儿老小，并没有其他宗族的亲戚。然而，在这里，王过用表示家庭关系的"子弟"，而没有用"弟子"来指称朱熹的学生；因此，人们很容易会认为这是一个宗族内的学校，而不是可以接受非亲属的精舍。情况变得更为复杂的是，子弟最先集于影堂，影堂一般是用来摆放祖先画像的地方，然后再登阁拜先圣像。

令人吃惊的是，在整个过程中，参与者皆以"子弟"指称。当然，可能只是王过误用了表示家族关系的词来描写精舍成员的活动，因为他把他们看成一个"家庭"。如果朱熹领着非其宗族的学生到他自己的影堂前敬拜，似乎非常奇怪。伊沛霞（Ebrey）教授认为，朱熹不赞成在祭祖中使用画像，也不用"影堂"一词。[③] 但是他确是赞成使用古代圣贤的画像。[④] 有趣的是，在与学生的一次谈话中，朱熹反对在岳麓书院里建造一个巨大的孔子塑像，但对拥有一个较小的孔子坐像表示了认可。[⑤] 因此，尽管在这里王过用"影堂"一词，极有可能在影堂中的画像是那些圣贤的。因此，用"影堂"一词暗示指出，圣贤似乎等同于祖先。不管怎样，该段中以

[①]《朱子语类》（中华书局本），卷107，页2674。

[②] 陈荣捷：《朱子门人》，页63。

[③] 伊沛霞（Patricia Ebrey）："Education Through Ritual：Efforts to Formulate Family Rituals During the Sung Period"，in de Bary and Chaffee，eds.，*Neo-Confucian Education*，p.301.

[④]《朱文公文集》，卷77，页14上下；卷79，页2下，页11上。也可参看内斯卡（Neskar）的讨论："The Cult of Worthies"pp.29-31.

[⑤]《朱子语类》（中华书局本），卷3，页52。

学生为"子弟",因此而模糊了弟子与亲属之间的区别。而且,带领学生每日敬拜于圣贤神位或画像前,似乎有点类似每日报告并敬拜先祖。早晨的仪式以朱熹带领学生向先圣/先师(即孔子)敬拜为结束,这一点也颇值得注意。

第七,孔子看起来在朱熹的仪式中已经占据了一个特殊的位置,他甚至在向孔子的忏悔文中表明了自己与孔子有特别关系,好像一种虚构的家庭关系。其中一处,对他不能改变一个学生,朱熹感到非常恼怒,因此而告于孔子之灵,说:

> 熹之不肖,昨以布衣,诸生推则为此县吏,而得参听其学事。而行能寡薄,治教不孚。所领弟子员有某某者,乃为淫慝之行,以溷有司。熹窃自惟:身不行道,无以率砺其人,使至于此,又不能蚤正刑辟以弹治之,则是德刑两驰,而士人不率者终无禁也。是故告于先圣先师,请正学则,耻以明刑。夫"扑作教刑"而"二物以收其威",故先圣先师学校之政所以遗后世法也。唯先圣先师临之在上,熹不敢不拜手稽首。[1]

"明刑"是一种刑罚,指夺取犯罪者代表身份的冠戴,在他们的背上挂一块牌子,牌子上写明所犯的过错。值得注意的是,朱熹引用了《尚书·尧典》和《礼记·学记》的记载,作为使用尺条击打学生手心刑罚的依据。[2]虽然在这里主要是威胁惩罚学生,但朱熹显然也向先圣先师寻求支持与理解,以增进自我的修养。而且,他可能也有心通过表现自我的羞愧来使学生感到羞愧,因为他想让学生羞耻于自己的所为,从而能摆脱淫慝之行。对我来说,这听起来就像中国父母常用的手段,孩子犯错了,不直接惩罚他(她),却转而自我批评,借此激起孩子的羞耻心,以达到使他们

---

[1] 《朱文公文集》,卷86,页1下—2上,也见《朱子集》卷86,页4423。
[2] 参见蔡沈《书经集传》页7,见于宋元注《四书五经》(北京:中国书店,1985年;据世界书局本影印)第一册;于王梦鸥《礼记今注今译》(台北:商务印书馆,1971年)第二册,页479。

改过向善的效果。

但此处使我们感到特别有趣的是,朱熹是如何通过假想的"宗"——一个暗示从圣人到其后代的父系传承的字眼——把自己放在学生和孔子之间,充当中间者的角色。虽然朱熹在 1176 年并没有讨论宗的问题,在 12 世纪 80 年代他却把这个问题融进他的《家礼》,并成为《家礼》中的一个主题。[①] 这里的时间因素非常重要,因为在 12 世纪 80 年代,他发展了道统观,宣称自己是这个传统的权威。宗与道统的融合清楚地表现在 1189 年的《中庸章句·序》中。对于他自己所问的《中庸》何为而作的问题,他通过断定孔子弟子颜回、曾子传得古代圣贤之宗,曾子再传孔子之孙子思,子思最后作《中庸》的过程来回答。因此,在朱熹看来,道统之传是很自然而然的。[②]

1194 年,朱熹为他的"道统"提供了一个祭祀时的版本,这一版本再一次用家庭作比喻:"传"和"宗"。(值得注意的是,这一活动是在同一个竹林精舍中进行的,这里被称作"沧州精舍",王过在上面的一处引文中描述了这一日课的进程。)

> 后学朱熹,敢昭告于先圣至圣文宣王。恭惟道统,远自羲轩,集厥大成,允属元圣。述古垂训,万世作程,三千其徒,化若时雨。维颜、曾氏,传得其宗;逮思及舆,益以光大。自时厥后,口耳失真,千又余年,乃日有继。周、程授受,万理一源。曰邵曰张,爰及司马。学虽殊途,道则同归,俾我后人,如夜复旦。熹以凡陋,少蒙义方,中靡常师,晚逢有道。载钻载仰,虽未有闻,赖天之灵,幸无失坠。逮兹退老,同好鼎来,落此一丘。群居伊始,探原推本,敢昧厥初?莫

---

① 见伊沛霞(Patricia Ebrey),*Confucianism and Family Rituals in Imperial China*,页 134—135 的讨论。另见周启荣(Kai-wing Chow):*The Rise of Confucian Ritualism in Late Imperial China:Ethics, Classics, and Lineage Discourse* (Stanford:Stanford University Press, 1994),页 100,页 113—114。
② 《朱文公文集》,卷 76,页 21 上下;或《朱子集》卷 76,页 3994。

以告虔,尚其昭格,陟降庭止,惠我光明,传之方来,永永无怿。今以吉日,谨率诸生,恭修释菜之礼,以先师兖国公颜氏、郕侯曾氏、沂水侯孔氏、邹国公孟氏配,濂溪周先生、明道程先生、伊川程先生、康节邵先生、横渠张先生、温国司马文正公、延平李先生从祀,尚飨!①

朱熹强调"宗"在祖先典礼的重要性,就类似于他鉴定道统祠里的"宗"。因为朱熹气的哲学的要求,祖先与祭祀祖先的子孙之间必须有相同的气,所以这里特别值得注意,他坚持宗在祭祖中的重要性,与他认为摆放在道统祠中的神位也是一个"宗"的观点正相符合。此外,他的确允许例外,不过这些例外是在严格的地位或者功能上与"血脉"相当的"属"的规定之下才出现的。既然他把那些对他的祭祀做出回应的神灵描写成来自上天,并且确信他完整无缺地继承了"道",很明显地,他觉得自己已经具备了他曾表达过的作为合适人选与圣人之灵的资格,尤其是与孔子之灵相感通的特殊资格。

但是为什么12世纪90年代朱熹的批评者没有抓住他所称与孔子之灵的亲缘关系这一点?这种激进的宣称,在朝廷之上那些朱熹的敌人眼中,一定比其他的指控——如他与两个尼姑有染——更使朱熹罪证确凿。② 那些指责已经足够让他们把朱熹定为伪学之师;而且,1200年朱熹去世时,他的学术仍然受到朝廷的禁止。我们应当记得,朱熹宣称与孔子之灵有特别的进路,起初是在道学团体内部祭祀时所说,直到1241年朱熹入祀孔庙之后才被公开,因此这时他的宣称也不再显得那么激进。也许这里面可以看到,直至今天的后来人是怎样想当然地认定朱熹具有崇高的地位,而却因此根本忽略了他在最初宣称对孔子之灵的特别进路时是如何的傲慢。

---

① 《朱文公文集》,卷86,页12上下;《朱子集》卷86,页4446。
② 叶绍翁:《四朝闻见录》(中华书局本),页143—146。

四、结论

上面已经探讨了朱熹一些关于鬼神的论述中的明显张力。一方面，他通过对后代从祖先那里继承来的特殊的气的必要性的阐述来反对祭祀他人的先祖，由此强化了经典的规定。另一方面，当被问及并努力说明祭祀亡妻或妻子之先祖的合理性的时候，他以气的普遍性或终极同一性为基础，来最终通达并与这些灵魂感通。这个援用气的同一性的表述，可能诱使我们得出结论：朱熹赞成祭祀圣人意味着他正以这样一种方式将传统开放，即从哲学上为每一个有心人士提供了接近圣人的进路。的确，他建祠并祭祀圣贤——特别是孔子——的大胆做法，对以孔庙为中心的国家控制的孔子崇拜是一种挑战。宋、金对立时期的朝廷当然使得朱熹有比较多的自由宣称(至少私底下在他的小团体的祠堂和学院内部)：他可以用直接的、外在于孔庙之内的国家仪式的规范，来接近孔子。不过，对朱熹论述的深入解读，表明他对于祭祀非亲属的魂灵有其规定。他在祭祀妻子的先祖与祭祀天地、山川之间做了一个类比。此外，他赞成只有皇帝才能够祭天地、诸侯才能够祭境内的山川的古老箴言。同样地，当地的官员被赋予了祭祀当地的神灵以及求雨的权力。因此，在制度系统中的地位就是一个明显的要求。

为了论证这个例外的合理性，朱熹宣称在这些情况下，有一种特殊的"主人"身份在起作用。例如，既然皇帝在与天地的关系上是主人，这些神灵就"属于"他或者与他相"联系"，因此他们将会对他的祭祀和祈祷做出回应。朱熹进而坚持这种联系是建立在分享相同的"气类"的基础上的；因此，"气类"就与血亲关系中所分有的血脉之"气"具有相似性。朱熹将皇帝对上天的祭祀与人们对孔子的祭祀并列起来，甚至声称一个人对孔子之灵的接近必须基于"学"；通过这样的方式，个人能够沉思孔子之灵的"气类"是什么。

　　既然一个人对孔子之灵的接近是由他的"学"来决定的,朱熹的姿态,乍一看,显得非常平等,至少在知识菁英中是如此。然而,仔细检视他的言论及行动就会发现,他在圣人以及先祖之间做的隐语的同一性是以抬高自己独一无二的身份为目的的。他每天都带领学生像对待有血亲关系的先祖一样,对着圣人的灵位致敬。因此,他的身份不仅仅是教导者,也是这个想象的群体的宗亲首领。1194 年,他在"沧州精舍"活动的时候,积极利用"宗"这一语言形象,这一血缘传承谱系,以及"传",即家庭传承,来突出从圣人到他自己的"道统"传递。此外,有时,他向孔子忏悔,向孔子之灵请求指导与开示。例如有一次,当他忏悔了自己的过错并请求指导如何处罚、约束他的团体中犯错误的后生时,他充当了孔子之灵与其学生之间的调停者。

　　通过对于孔子的祭祀,朱熹在一方面遵循了尊敬老师,特别以孔子为先师的传统;然而,在另一方面,他向孔子的祈祷与忏悔就好像他以孔子为祖先。他的祈祷与忏悔毕竟不是以"气祈"的形式向神灵请求保佑,而是以"告"的形式——类似于一个人对于自己的祖先的灵位所做的"报"。朱熹 14 岁时,他的父亲就死了,并且他在一生中与父系亲属(一般说来,父系亲属在一个人的成长和职业生涯中起到重要作用)仅有不多的接触,所以他比有些同道者(如张栻)关注于呼召神灵的仪式,更敏感于墓祭、风水(以确保神灵的安适及尸体的完整)等。他自己按照风水先生的要求选择墓地——特别是在他的哲学正走向一个比较纯粹理性主义的方向时——表明他对追悼而怀念(remembrance)和信心(reassurance)有一种强烈的出于亲情的要求。他强调周敦颐就是上天赋予复兴孔子学说重任的人,这也显然出于一种高于系统哲学的要求。确实如此,经由文本与观念,他可以更容易地直接诉诸二程;然而,在祠祀及在其中所思考的"道统"观念中,周敦颐比二程更有优先性。周敦颐与天之间的直接联系类似于伏羲和孔子。此外,在他自己祭祀圣人,尤其是孔子时,朱熹声称上天的精神意识已经保证了"道"完整无缺地传递到了他的身上。

　　考虑到朱熹与逝去的人交流的一些言论与经验,我们可以得出这样的结论:他在接近孔子灵位时的虔敬反映出一种想象中的世系。由于中国的政治分裂,这导致了北方的女真和金政权拥护一个"孔"世系,而南宋在南方促进了另一个世系;①在这个情况下,朱熹以世系方式对孔子之灵的独自接近当然就稍微容易一些。在朱熹的"气"哲学中,随着对只有一个合适的后代才能从祭祀中受益的重要性的强调,他显然觉得有种特别的需要把自己看成是孔子想象中的后继者,或者至少与孔子之灵有种特殊的联系。如果他在精神上是孔子"宗"统的后继者,他就与圣人的心有某种回应或者有一种特殊的继承。尽管他没有清楚地宣称自己是孔子的后人,他的确说了只有一个有着适当的身份的人和一个与那些神灵有某种"属于"关系的人,才能享有一种血脉关系,并因此与那些神灵有效地感通。在朱熹的叙述里清楚地描述了自己与孔子之灵的有效感通;因此,他成功地实现了自己对于通达并感应神灵的一些规定或者说要求。

　　此外,既然孔子之灵的"气类"是"学",朱熹在孔子降临的神灵之前的一些口头描述和身体上的磕头行为树立了朱熹作为经典的权威解读者的地位。一点也不奇怪,那些听到和观察到他们的老师在孔子之灵前祈祷与磕头的学生,在朱熹死后,仍然坚持他在"道统"中的特殊位置。看到了朱熹被迎入道统祠的典礼,当然有助于他们接受他有关"道统"谱系的声明,并且使他们确信老师传达了圣人的原初资讯的权威性。孔子(《论语·述而》)和孟子(《孟子·公孙丑上》)曾提供了榜样,限制一个人明确把自己跻于圣人之列。但是,在亲眼见证了朱熹领受沧州精舍那类道统祠里的典礼以后,他的弟子们也准备跨出最后的一步,宣布他们的

---

① 见魏伟森(Thomas A. Wilson)编辑的 *On Sacred Grounds*:*Culture*,*Society*,*Politics*,*and the Formation of the Cult of Confucius* (Cambridge, MA.: Harvard University Press, 2003).

老师是圣人。因此,鬼神、文和道最终共同增强并产生出他的哲学系统内在的一致之协调("理")。因为这样,所以当我们在试图理解朱熹如何形成他的哲学时,不应当忽略"鬼神"在其中的作用。

　　总之,目前的探究已经集中在朱熹哲学相当抽象、甚至是精神性的层面上;显而易见的,他对于实践的现实关心是首要的。除了说明家庭的礼仪实践的合理性,他明显关心在人民中建立能与宗教信仰相抗衡的部分。最终,他关于魂灵的论述,特别是他对孔子之灵的祈祷,帮助他增强了他已经完美无缺地获得了孔子所传之"道"的信心。通过在学生面前提出这些口头声明,且通过把自己放到孔子和学生之间充当中间人,朱熹将这种精神力量运用于他的实践,甚至政治活动中,这使他成了经典的权威解读者与解释者以及道学伙伴的首领。既然他们亲自听到了老师的声明:来自上天的圣人之灵已经确信不遗地将道统传给了他们的老师,他们对于老师"终结大成"了传统的信念当然就增强了。毕竟,在那项祭祀活动的最后,朱熹已经率领他们"传之方来,永永无怿",就是说,他们诚实而无息地——毫不拒绝地——将道无休地传给将来的那些人。简言之,这类史料让我们更清楚地看朱熹的使命感!因此,以自己微不足道的方式,这一对于似乎抽象的"鬼神"与"道统"问题的探讨为我们提供了一个例子,在朱熹的思想中,社会政治关怀——理论之上的实践——是首要的。

第四部

第四时期（1202—1279）

庆元党禁在 1202 年正式解除,李心传在当年完成一篇回顾道学的文章"道学兴废"。① 他是第一位记录道学活动的历史学家,道学在 1202年的状况使他不感乐观。道学经过 20 年的政治争论,已经处于最低潮的阶段,似乎即将完全灭亡。李心传在 1239 年写《道命录》的序文时,却追溯道学如何得到政府的青睐,势力再度兴盛。南宋皇帝在 1241 年颁布敕令,进一步承认道学的地位。这些变化到底从何而来呢?

朝廷的政策逐渐开始转变,到 1202 年时,甚至韩侂胄都发觉对道学的禁令太苛刻,很多知识分子因此与政府关系疏远;他为寻求支持与金人开战,恢复朱熹等道学家的名衔,他们在禁锢时期若非被迫退休,就是已经去世。韩侂胄也企图授予因党案遭禁锢的某些道学领袖政府职位,有几位接受任命,最著名的是浙东功利派的学者陈傅良与叶适。朱熹的女婿与最重要的弟子黄榦,也接受韩侂胄提供的官职,然而韩侂胄无法吸引道学领袖支持对金开战。道学人士早在高宗时代就以主战而闻名于时,但 13 世纪初期道学家官员对开战的态度却转趋保守,明显反映出吕祖谦和朱熹的自强防守立场的影响。宋朝在战事失利后,被迫在 1207年处死韩侂胄,并将他的头颅献给金人;道学领袖并没有为以前头号政敌的凄凉下场感到悲哀。新任宰相史弥远(1164—1233 年)继续努力与道学和解,促使朝廷在 1209 年加封朱熹尊号。

李道传(1170—1217 年)在 1211 年上书朝廷,提出道学所关心的要务。他指出皇帝应该采取三个具体的步骤,以提高学者的士气。第一,宣布禁锢道学是错误的决策。第二,太学应该采用朱熹的《论孟集注》、《大学中庸章句或问》为课本。第三,周敦颐、二程、邵雍和张载应该进入孔庙陪祀。李道传认为这些措施可以振奋士人的精神,人才会因此增加,朝政也得以稳定改善。② 朝廷内部有人依然敌视道学,所以这个雄心

① 李心传:《建炎以来朝野杂记》(百部丛书集成本),卷 6,页 1 上—3 上。
②《道命录》,卷 8,页 6 下—9 上。《宋史纪事本末》,卷 80,页 877—878。

勃勃的计划尚未到成熟实施的阶段,但是朝廷为安抚李道传和其他上书的大臣文士,在 1212 年决定采用朱熹的《论语》和《孟子》注解为太学课本,朱熹的《中庸》和《大学》注解由于引起一些争议,未获太学采用。政府在宁宗朝期间,下令为张栻、朱熹、吕祖谦、陆九渊、周敦颐、程氏兄弟、张载,甚至张九成等人追加谥号。

　　宁宗在 1224 年去世,由于他没有子嗣,造成皇位继承的危机。宰相史弥远不选择年长的济王(逝于 1225 年)继承皇位,而让比较年幼的继皇子即位,是为理宗(1224—1264 年在位)。湖州某些人士反应激烈,认为济王的皇位继承权遭人篡夺,所以起事叛变。济王事前并不晓得有人预谋叛乱,叛变事发后也极表反对,但朝廷的密探仍将他牵连在内,他终于被迫自杀。史弥远为重振朝廷的威信,任命几位道学人士担任高官,但他们竟然要求追加济王封号,史弥远只得又撤除他们的职位。道学虽然遇到这些挫折,但理宗在 1127 年和 1129 年为朱熹追加封号,或许是为应付蒙古人日益增长的威胁,他们在 1227 年消灭西北的西夏。

　　刘子健先生进一步推测,由于蒙古人的威胁在 13 世纪 30 年代日益增加,政治形势迫使朝廷接受道学成为官方的意识形态。[1] 蒙古人在 1234 年消灭金朝政权,势力扩展到南宋的边界;血腥的军事征服不是蒙古人的唯一威胁,他们接受金朝遗老的建议,在华北的统治中心建立孔庙,并开始斟酌举办科举考试,所以蒙古人自称继承儒家的治统。宋朝为对抗蒙古人的军事与文化的侵略,力图树立自己的正统地位。史弥远在 1233 年去世,郑清之(1176—1251 年)接任宰相,他召回两位年长的道学领袖魏了翁(1178—1237 年)和真德秀(1178—1235 年)入朝。乔行简(1156—1241 年)在 1234 年小心翼翼地要求朝廷加封朱熹和北宋五子特殊的荣衔。1238 年蒙古人支持建立太极书院,并在书院里祭祀周敦颐、二程兄弟、张载、杨时和朱熹。我在 1988 年指出,12 世纪 90 年代初道学

---

[1] James Liu(刘子健), *China Turning Inward*, pp. 146 – 149.

已经在北方颇为发达,但是南宋的士大夫认为,蒙古人在1234年支持被俘的学者赵复(1206—1299年)后,道学才在异族统治下开始发展。[1]　蒙古人的措施更加强对南宋政权的意识形态挑战。

宋理宗在1241年1月颁布敕令,全面接受道学为正统的意识形态,并举行特别的仪式,将朱熹、周敦颐、张载和程氏兄弟的画像供奉在孔庙中,尤其肯定朱熹的理论成就以及他的《四书章句集注》,能够使道昌明于世。理宗说:

> 朕惟孔子之道,自孟轲后不得其传,至我朝周〔敦〕颐、张载、程颢、程颐真见力践,深探圣域,千载绝学,始有指归。中兴以来,又得朱熹,精思明辨,表里浑融,使《中庸》、《大学》、《语》、《孟》之书,本末洞彻,孔子之道,益以大明于世。朕每观五臣论著,启沃良多。其令学官列诸从祀,以示崇奖之意。[2]

道学的主要政敌王安石的牌位被赶出孔庙,太学在几天后受命向传承道统的先圣先贤致敬,吕祖谦和张栻也在1261年进入孔庙陪祀。到1267年时,吕祖谦在孔庙中的牌位在朱熹与北宋三子的下首,侧身东庑的先儒;程颢则在邵雍、司马光、张栻的牌位前,被列在西庑的先儒里;[3]后来朝代又把朱熹地位提升到其他道学人士之上,[4]这些措施都在宣传南宋继承北宋沦陷后的文化正统。

南宋政府承认道学恢复古圣人之道,而且在北宋沦亡以后,将道传布到南方,所以南宋朝廷能够与道统的传承结合,以此为文化宣传的手

---

① 毕沅:《续资治通鉴》,卷169,页4614—4615。关于道学12世纪90年代在中原地区的传播,见田浩:"金代儒教",页107—140;"宋、金、元文化思想碰撞与融合",收入张希清主编:《10—13世纪中国文化的碰撞与融合》(上海:上海人民出版社,2006年),页21—61。

② 《续资治通鉴》,卷170,页4630。又参见黄进兴:《优入圣域:权力、信仰与正当性》(台北:允晨文化公司,1994年),页259—264;袁征:"从孔庙制度看宋代儒学的变化",收入邓广铭、王云海编:《宋史研究论文集》(开封:河南大学出版社,1993年),页490—509。理宗所提的注释就是朱熹的《四书章句集注》(新编诸子集成本;北京:中华书局重印,1983年)。

③ 《宋史》,卷105,页2554—2555。

④ 参见黄进兴:《优入圣域》。

段。南宋利用文化正统对抗蒙古人在北方修建孔庙以及斟酌举办科举考试的政策,蒙古人的行动也显示,他们要使人认为新政权赞助儒家的文化,而且是中国的合法统治者,南宋则企图否定蒙古人具有任何文化的正统地位。

南宋朝廷的权力结构其实没有改变。一些道学人士获得显赫的职位,但没有改变实际政策的权力,所以他们的胜利只是表面的装饰。不过道学的政治地位,以及它与朝廷的关系已历经根本的变化。

李心传在 1239 年为《道命录》写序时,就用政治的角度解释道学地位的提升。他观察道学历史的角度广泛而且实际,强调支持道学的大臣在关键的时刻发挥重要的作用。11 世纪末时,司马光是否在朝攸关道学的兴衰;赵鼎在 12 世纪 30 年代高宗朝的地位,也影响道学的命运,而赵汝愚是 12 世纪 90 年代的关键人物。这些大臣掌握权力时,道学就欣欣向荣,他们一旦被剥夺权力,“道学其为厄已甚矣”[1]。但是对专门研究朱熹哲学的现代学者,转变政策的功劳都归于朱熹的门人与后学,我们在下一章就要讨论朱子的门人。

---

[1]《道命录》,序,页 2 上。

第十一章　朱熹门人与其他道学家

　　若要评估朱熹的学生如何促使政府解除对道学的禁令,必须考查他们的人数、活动、思想以及当时的思想潮流。陆游(1125—1210 年)所写的一篇祭文提到朱熹约有 1 000 名学生,而根据现代的统计,接受过朱熹指导的有 467 位有名可查。[①] 12 世纪结束时,道学界内外没有人像朱熹拥有这么多学生。数以千计的民众前往聆听陆九渊的教训,但他们大多不是知识分子,不能传播陆九渊学派的思想。《宋元学案》列出陆九渊在抚州槐堂的 65 名学生的名字,而且史传记载还可以考查出另外 17 名学生,[②]人数不及朱熹的学生。

　　朱熹学生的地理分布也很重要。378 名学生的来历可以考查,其中福建人占 43%,浙江 21%,江西 21%,其余的 15%来自其他地区。[③] 其他的统计数字也大致相当:《宋元学案》里朱熹的学生有 51%来自福建,

---

[①] 陈荣捷:《朱子门人》,页 1—27,及其《朱子新探索》,页 454—455。又见田中谦二:"朱门弟子师事年考",《东方学报》,上篇在第 44 期(1973 年 2 月),页 147—218;下篇在第 48 期(1975年 12 月),页 261—357。

[②]《宋元学案》,卷 77;徐纪芳:《陆象山弟子研究》,页 33。

[③] 我根据陈荣捷先生的资料计算百分比。见陈荣捷:《朱子门人》,页 1—27,及其《朱子新探索》,页 454—455。

而《朱子语类》记录的学生有 32% 是福建人。① 福建学生的人数如此众多,使朱熹的学术在当地有无法消灭的坚实基础。朱熹主要学术对手的家乡在浙江与江西,但朱熹的门人在上述地区也有相当可观的支持者。浙江、福建及江西都是南宋时代的学术、经济重心,拥有最多的书院,对朱熹学说的传播与吸收新的道学成员都很重要。朱熹也吸引一些偏远地区的学生,所以他的门人广布各地,但集中在经济、文化的核心地区。朱熹的学生约有 28% 曾经在政府担任官职,政治成就出众的弟子虽然很少,但是 131 名士大夫在文官体系内的确很有分量。

朱熹曾经安排学生继承他在派内的权威。他非常赏识陆九渊的前任学生曹建,而曹建也几乎已经准备就绪传承道统,但却不幸英年早逝,所以朱熹此后的希望寄托在黄榦的身上。黄榦是最早追随朱熹的学生之一,对朱熹极其尊敬,并且全心奉献师门的学术。张栻去世时,朱熹写信给黄榦,感叹“吾道益孤”,所以像黄榦那样的杰出人士必须承担更重的责任。② 朱熹把女儿嫁给黄榦,黄榦则帮助他收集资料,出版部分的著作。朱熹的竹林精舍在 1194 年修建完成时,显然已经选择黄榦担任继承人,因为他勉励黄榦:“它时便可请直卿代即讲席。”③朱熹将要去世前,写信给黄榦说:“吾道之托在此者,吾无憾也。”④《宋史》甚至记载朱熹将一套儒服传给黄榦,做法就像禅宗大师传递衣钵。⑤ 朱熹的著作都没有提到这件事,他反对佛教,似乎不太可能明显地模仿佛教传衣钵的行为。然而,朱熹对自己的地位十分有信心,自信能够将“吾道”托付给弟子;换句话说,朱熹暗示自己在道统传承中的地位,而且拥有选定道统

① Mao Huaixin（冒怀辛）,"The Establishment of the School of Chu Hsi and Its Propagation in Fukien,"in Wing-tsit Chan, ed ., *Chu Hsi and Neo-Confucianism*, (Honolulu: University of Hawaii Press, 1989), p.508.
②《朱文公文集·续集》,卷 1,页 1 上。关于黄榦,参见王德毅:“黄榦的学术与政事”,《汉学研究》,第 9 卷第 2 期(1991 年),页 105—120。
③《宋史》,卷 430,页 12778。
④《朱文公文集》,卷 29,页 22 下。
⑤《宋史》,卷 430,页 12778。又见陈荣捷:《朱子新探索》,页 436—439。

继承人的权威。朱熹去世后，黄榦以父丧之礼对待老师，并且为朱熹守孝三年。

黄榦后来返朝任官，虽然当时韩侂胄掌握政权。黄榦的见解观点一直维持独立，而且与愿意倾听的任何文武官员交换分享意见。他一直批评中央政府的政策，所以无法留在首都任官，只能转赴各地任职。他在预防饥荒以及金人侵略方面的政绩十分卓著，是浙江、荆湖各地州县里声望很高的官员。不论在何处做官，他都努力弘扬朱熹的教育主张，而且在汉阳建祠祭奉周敦颐、二程与朱熹，又在南康的白鹿洞书院讲学。黄榦致仕返回福建后，各地学者登门请益，有些甚至来自南宋版图的中西部地区，所以他不断转赴各地任职，其实是团结与扩充朱熹学说的信徒；例如，他在"周舜弼墓志铭"赞扬同学周谟(1141—1202 年)参与"吾党"每三个月在他江西家乡的聚会。①

黄榦坚定支持朱熹的学说，尤其追随朱熹的"人心"与"道心"的区别、道的体用交互关系、修心与格物的平衡、教育、家礼与道统传承方面的观点。他接受李心传的帮助，编辑《周易本义》与第一部《朱子语录》，并撰写"朱子行状"，成为日后朱熹传记的主要资料。

黄榦在"朱子行状"的结语，把朱熹描述为道学传统的高峰：

> 道之正统，待人而后传。自周以来，任传道之责，得统之正者不过数人。而能使斯道章章较著者，一二人而止耳。由孔子而后，曾子、子思继其微，至孟子而始著。由孟子而后，周、程、张子继其绝，至〔朱〕先生而始著。②

黄榦将朱熹与孟子相提并论，给予朱熹在道统里扮演的角色，甚至比北宋四子还高。他在"圣贤道统传授总叙说"中解释朱熹"中庸章句序"提

---

① 黄榦：《勉斋集》，卷38，页 20 下—21 上。

② 黄榦：《朱子行状》，李滉(退溪，1501—1570 年)辑注(日本东京及大阪 1804 年本；台北：中文出版社重印，1972 年)，页 65 下。又见其《勉斋集》，卷 36，页 48 上下。四库全书本没有"曾子、子思继其微，至孟子而始著"的话。

到的道统观念,叙述"太极"如何衍生万物,提出"此道原之出于天者"的说法,①并且从舜区分"人心"与"道心"的十六字传心诀开始,历数上古圣人与宋代周子、二程、朱熹的主要贡献;所以黄榦认为朱熹的学说与经典注疏使道统传承达到巅峰,朱熹的学说使道"始著",贡献超过周敦颐、二程。黄榦在此叙述的道统传承,直接从周敦颐跳到二程、朱熹,将张载置于一旁,而孟子与周、二程间,以及二程与朱熹间的道统传承中断,黄榦并没有特别注意。

黄榦比较关心如何将传统的延续建立成为一支学派,所以他着重保存既有的思想发展;他宣称:

> 圣贤相传,垂世之教,灿然明白,若天之垂象,昭昭然而不可易也。虽其详略之不同,愈讲而愈明也。学者之所当遵承而固守也,违乎是则差也。②

黄榦的方法学术味道比较浓厚,强调系统化既有的学说,努力在他认为充满敌意的环境中建立正统。黄榦企图全面完整保存朱熹的学说,但在系统重整师门学说,决定何者是最基本的教训时,也稍微修改学说的分量比重。黄榦不流连区别朱熹思辨哲学的各种层次,而强调内在自我的功夫修养,也可以说他扩展补充朱熹的修心观点,继续回应陆九渊门人的挑战。

黄榦团结朱熹的后学居功厥伟,所以甚受朱熹其他弟子的敬重。他来自朱熹的家乡福建,又有担任官职的地位与人际关系,具有优越的条件,在朱熹去世后能团结学侣,度过非常重要的 21 年;然而,其他学生的贡献也不容抹灭。

另外尤其值得一提的朱熹学生是陈淳。朱熹 1190 年在闽南担任漳州知事时,陈淳与他初次见面。他在 1180 年得到别人赠送的《近思录》

---

① 《勉斋集》,卷 3,页 17 上下。
② 《勉斋集》,卷 3,页 19 下。

一部,从此开始研究朱熹的作品,所以他很高兴能有机会面见朱熹。陈淳写信向朱熹自我介绍,赞扬当代唯有朱熹可以延续道统,继承二程:"故孔、孟、周、程之道,至〔朱〕先生而益明,所谓主盟斯世,独惟先生一人而已。"①朱熹接收陈淳为弟子后,鼓励他着重根本的原则道理,不要只是一味读书:

> 凡看道理,须要穷个根原来处。如为人父,如何便止于慈? 为人子,如何便止于孝? 为人君,为人臣,如何便止于仁,止于敬? 如论孝,须穷个孝根原来处;论慈,须穷个慈根原来处。仁敬亦然。凡道理皆从根原处来穷究,方见得确定,不可只道我操修践履便了。②

他们常常谈论万物根源的天理直到深夜,根据陈淳的说法,朱熹说他从未与别人讨论过这个问题;换句话说,陈淳觉得朱熹将一种特别的道只传授给自己,而朱熹显然也认为找到在闽南传道的人;他写信给陈淳的岳父说:"喜为吾道得此人也。"③

陈淳听从朱熹的指导,专心研究万物以及人伦的天理根源。陈淳12世纪90年代常常送文章给朱熹,而朱熹往往肯定他的见解,并不时提出建议。朱熹在1191年离开漳州后,直到陈淳在1199年底登门拜访,两人才再度见面。朱熹当时的身体状况已经不佳,但仍专心与陈淳谈论学问。朱熹认为陈淳已经能够追究根源的问题,充分掌握了解天理,所以提醒他要注意日常生活的实践,并且在饯行时进一步说:"安卿更须出来行一遭,村里坐,不觉坏了人。"④鼓励他到处走动,不要一味留在偏远的山村,要肩负更多领导的责任。陈淳两次拜访的时间,总共只有七个多月,但记录了朱熹600多条谈话内容,比其他学生的记录都多,而且记录不但详尽,品质也非常好。

---

① 陈淳:《北溪字义》(北京:中华书局,新校标点本),页74,"论朱子"。
②《朱子语类》(正中书局本),卷117,页4488;(中华书局本),卷117,页2815。
③《朱文公文集》,卷57,页2下。
④《朱子语类》(正中书局本),卷117,页4520;(中华书局本),卷117,页2832。

　　陈淳传承朱熹学说的最重要著作是《北溪字义》，以近 230 个条文系统解释朱熹哲学的 25 个关键观念字汇。前半部分处理日常生活的实践与功夫修养的问题，并且讨论"命"、"性"、"心"及"诚"等观念；后半部比较侧重哲学的观念，讨论"理"、"太极"与佛教的问题，所以次序大体遵循朱熹在 1199 年对他的告诫：先注意日常生活中的实践，然后进入哲学义理的抽象层次。朱熹在 1190 年建议陈淳寻求根源，也继续影响他在书中不断提到"天理"与"天命"。书中最长的篇幅是讨论朱熹较少触及的鬼神问题，而且删除朱熹对气的一些重要讨论。陈淳形容"太极"时，常使用道家的"浑沦"一词，而朱熹极少用这字眼，即使用到，也只是形容"无极"。陈淳的观点其实从来没有与老师冲突，《北溪字义》素来被视为忠于朱熹的原意，尤其对"心"的解释非常成功，将朱熹的诸多论述系统整理，厘清它们的意义。① 陈淳对朱熹的主要观念的解释可靠而且系统井然，成为阅读朱熹著作的入门书。

　　陈淳没有脱离朱熹的思想体系，但他的观点也有细微的不同，更强调"理"与"气"不可截然对立，因为"太极"若截然先于阴阳五行，就无异于将"理"与"气"判为二物，所以陈淳似乎不全然满意朱熹对"无极而太极"的解释。此外，他同意朱熹的"知行并进"的学说，但否定"知先行后"的观念。② 他与朱熹最重要的差别是对心体的看法，陈淳似乎没有严格划分"心"与"理"的界限，他在"心体用说"说：

　　　　天道无外，此心之理亦无外；天道无限量，此心之理亦无限量；天道无一物之不体而万物无一之非天，此心之理亦无一物之不体而万物无一之非吾心。天下岂有性外之物而不统于吾心是理之中也哉？③

---

① Wing-tsit Chan（陈荣捷），trans．，*Neo-Confucian Terms Explained*（*The Pei-hsi Tzu-i*），*by Ch'en Ch'un*，*1159 – 1223*，（New York：Columbia University Press，1986），pp.12 – 22.
② 参蒙培元：《理学的演变——从朱熹到王夫之戴震》（台北：文津出版社，1990 年），页 114—132。
③ 陈淳：《北溪大全集》（四库全书本），卷 11，页 3 上下。

陈淳批评陆九渊的学术,但我们也可说他将朱熹的学术重点转到心学。

　　陈淳在1216年进京赴考,许多朱熹的信徒前来拜访。他虽然再次落第,仍有不少人要求他指导朱熹的学说,其中以1217年在严陵的例子最重要且有名。他从京城返回家乡,中途道经浙江严陵,当地知府和文士邀请他在官学演讲,陈淳停留下来发表四次讲演,强调道学的实际效用,以及朱熹学说的重要意义。

　　第二次讲演的题目是"师友渊源",极其明确地提出道统传承的说法。他不但重申道统,也沿袭朱熹的说法,认为周敦颐直接经由天体验道,并且强调周敦颐经二程直接到朱熹的道统传承。他赞扬朱熹扮演的角色:"有朱文公,又即其'二程'微言遗旨,益精明而莹白之,上以达群圣之心,下以统百家而会于一。"①所以陈淳越过张载,直接提升朱熹的地位。朱熹的分析与综合十分重要,若不入门学习他的学说,不可能成为圣人。陈淳批评认为朱熹的学术不是求道途径的学者,总结说:"学者学圣人而考论师友渊源,必当以是为迷涂〔途〕之指南,庶乎有所取正而不差矣。苟或舍是而他求,则茫无定准,终不可得其门而入。既不由是门而入,而曰吾能真有得乎圣人心传之正,万无是理也。"②朱熹相信传承的是道,不是禅宗所讲的"传心"。陈淳这段话以及上面两条引文中所加进的一句话(来自朱熹的文集),显然在抨击陈亮的功利思想与陆九渊在浙江的门徒,希望他们"不再扰乱吾道"③。他另外写作两篇补充的文章,更加强攻击佛教与科举的学问。前面已经提过,吕祖谦的实用之学被夸大讽刺,成为准备科举考试的学问,而陈淳的确曾在别处批评吕祖谦太强调文学,④朱熹则把禅宗的一元论心性观归结为陆九渊的谬误。

　　陆九渊的学术遗绪在严州几乎无所不在,使陈淳相当震惊。陆学的

---

①《北溪大全集》,卷15,页3下;也在其《北溪字义》,页77。

②《北溪大全集》,卷15,页4上;这段话与其《北溪字义》页77之语稍微不同。

③《北溪大全集》,卷15,页4上。

④《宋元学案》,卷51,页1678。

信徒在严州已经约有 45 年的基础,最主要的是詹阜民在 1179 年和 1185 年追随陆九渊学习静坐与恢复本心的方法,后来又接受某些陆门弟子提倡的更为激进的开悟方法,并将这些学说传回严州。根据陈淳的说法,他在 1217 年逗留严州两个月以前,掌握当地思想风气的陆门弟子思想极端,甚至到忽略读书研究的地步,都变成佛教的信徒。陆门弟子宣称陆九渊从孟子处直接继承道,或许更使陈淳大为震惊。这个说法虽然比陆九渊更公开忽略北宋的道学家,但是以陆九渊的言论为基础,因为他认同孟子,而且向朱熹的权威挑战。陈淳显然发觉严州的学者笃信陆学,不听信自己宣扬的见解,不过他仍然使一位学者改变信仰:郑闻(生于 1192 年)受到陈淳的长信及私下的请求的影响,终于改变立场。陈淳公开敌视陆学,大概源于他在严州的经历。①

《北溪字义》没有提到陆九渊,若因此说陈淳在写作时已经忘记陆门弟子的挑战,未免有些夸大。陈淳处理"心"、"太极"问题时,列举朱熹用以反驳陆九渊的论证,他对权宜之计的评论也可以视为对陈亮功利思想的回应。"气"是很重要的哲学观念,但《北溪字义》没有提到这个观念,或许因为它不是朱熹学派与主要对手辩论竞争时的中心议题。陈淳若是留在闽南,继续留在相当孤立的处境中,可以正面传播朱熹的学说,就不会觉得必须公开攻击陆九渊与陈亮的学术,然而他在浙江与陆门学者正面冲突,反应太过强烈,使大多数后来的学者认为他一生都有鲜明的宗派色彩。

真德秀是朱学最杰出的下一代领袖,不过他早年的教育却使他走不同的道路。他在幼年时代思想就很早熟,由父亲负责他的早年教育,直到他 14 岁时父亲去世为止。邻近的士大夫杨圭让这位失去父亲的青年与自己的孩子一起学习,后来又把女儿嫁给他。杨圭通过进士考试,但生平其他事迹一概不详,或许是比较传统的儒生,与道学没有渊源。真

---

① Chan Wing-tsit(陈荣捷):*Neo-Confucian Terms Explained*,pp.24 – 31.

德秀接受杨圭的指导,在 1199 年他 22 岁时考上进士,当年度的考生都必须立誓宣称与被禁锢的道学没有关系。真德秀继续研究学问,在 1205 年获得博学宏词科的殊荣,证明他的学识广博,文采非凡。

真德秀已经是颇有成就的士大夫,但他在 1205 年遇到朱熹的学生詹体仁(1143—1206 年),深受詹体仁的启发,因此改变学术方向。詹体仁在次年去世,但显然已经足以唤起真德秀继续阅读朱熹著作的兴趣。至 1219 年,他对朱熹学术的研究已经非常著名,所以黄榦写信给同事,谈到真德秀和陈宓(1171—1230 年)时说:"此二公者异日所就,又当卓然其护法大神也。〔朱〕先师没今赖有此耳。可喜,可喜!"①黄榦曾经直接写给真德秀,表示佩服他的政治成就,而且能够代表朱子学派。②

诚如黄榦所云,真德秀的政治声望是朱熹学派的重要资源。真德秀仕途的第一阶段(1202—1214 年)以担任福建知事判官开始,但在 1205 年荣登博学宏词科后,立刻被征召到太学任职,随后在京城各部担任职位。1213 年宁宗皇帝任命他担任出使金朝的特使,但蒙古人当时正包围金朝的首都,所以真德秀未能完成使命。他看到金朝的困境后,回国向皇帝报告蒙古人会打败金人。蒙古人在 1214 年攻占金朝的国都,但要等到 1234 年才完全灭掉金朝,所以真德秀的判断使他获得高瞻远瞩的名声。他这篇奏折在当时广为流传,因此激怒宰相史弥远。真德秀为避免直接在史弥远的手下任职,所以在仕途的第二个阶段(1215—1224 年)大多担任地方官。他不论是在江东赈济灾荒,平定泉州的盗匪,或是建立潭州的义仓,办事效率都很高,使他的声望更节节高升。他在 1225 年应召入京就职,但随即因为要求朝廷加封已故的济王,与一批大臣同时被革职。在被迫退出官场的七年时光里,他一直潜心学术研究,终于在 1233 年又出知泉州,次年转任福州,政绩再次备受赞扬。真德秀的仕途

---

① 《勉斋集》,卷 5,页 23 上下,致李燔(1190 年进士)信。
② 《勉斋集》,卷 15,页 11 上—12 下。

进入第三阶段(1234—1235 年)时,曾经受到理宗皇帝亲自召见,并留在京城担任要职,但是他的健康情况迅速恶化,不久就在 1235 年去世,享年 58 岁。他前后在京城任官 15 年,担任地方官 12 年。由于史弥远专权,真德秀在朝的成就不高,所以他与多数朱熹门人一样,宁愿在地方任职,可以比较自由地造福百姓。①

一些同时代的学者赞扬真德秀拯救了道学的文化。《宋史》以早期颂扬他的文章为基础,引用孔子形容自己使命的"斯文"(《论语·子罕》),强调真德秀的贡献:

> 然自〔韩〕侂胄立伪学之名以锢善类,凡近世大儒之书,皆显禁以绝之。德秀晚出,独慨然以斯文自任,讲习而服行之。党禁既开,而正学遂明于天下后世,多其力也。②

狄培理先生根据《宋史》的说法总结:"魏了翁与真德秀使朝廷解除禁锢朱熹学术的命令。"③在讨论这项结论前,需要再谈一下真德秀与当时的思想环境。

且不论第四部分提到的政治因素,这里要检讨真德秀对政府解除道学禁令的影响。过去几十年,一直有士大夫要求政府解除禁令,但真德秀与魏了翁比其他人更受注目。真德秀与魏了翁或许最大的贡献,就是他们的活动使朱熹的学术更受学者文人欢迎。真德秀在各地州府任官时,树立教育、风俗与生活的榜样,帮助传播道学的价值观,而且在地方建立祠堂祭祀朱熹等人,加强书院的传统,并且扩充朱熹的社仓改革计划,照顾没有土地的家族。

---

① 《宋史》,卷 437,页 12957—12965;Chu Ron-Guey (朱荣贵),"Chen Te-hsiu and the 'Classic of Governance':The Coming of Age of Neo-Confucian Statecraft,"(Ph. D. dissertation, Columbia University, 1988),pp.35‒102.

② 《宋史》,卷 437,页 12964。

③ Wm. Theodore de Bary (狄培理), *The Message of the Mind in Neo-Confucianism*, (New York:Columbia University Press, 1989), p.45,又见 pp.87‒89.也参见蔡方鹿:《魏了翁评传》(成都:巴蜀书社,1993 年),页 157—162。

真德秀的另一项贡献是写作许多讨论政治管理的著作。《政经》强调如何改进地方行政，讨论地方官的行事作为，并且如何处理税收和诉讼等事务。他在第一部分引用 50 段经典，当作行政管理的基本原则；随后以 22 条历史材料说明地方官的榜样，大多数是谈汉代的循吏。第三部分补充说明地方官常遇到的六个问题，并且以自己的经验为基础，建议处理的方法。最后的部分收进他如何解决地方问题的公告和指示，其中最有新意的是义仓：他扩展社仓的制度，将福利扩充到没有土地的农民，而且解除朱熹规定的地方官监督的义务。[①] 真德秀能够兼顾道德与实际的关怀，很有效率地综合道学的经世方法，扩大朱熹在地方社群建立制度的计划。但是真德秀运用历史知识实施统治管理，又承认必须使用法律与刑罚，多少反映类似浙东功利派的观点。

真德秀的名著《大学衍义》也反映经世的综合思想。序文将朱熹讨论《大学》的作品与为皇帝解说的《大学》讲词相提并论。[②] 真德秀在书中解释《大学》，并且详细罗列皇帝应该阅读的典籍，应该如何注意功夫修养。在功夫修养方面，他强调"敬"以及克制私欲。书中并未讨论重大的哲学问题，或者治国、平天下的具体政策，但真德秀相信君主若能修身、齐家，就能够轻易解决制度的问题；他的重点始终是孟子所讲究的君主的用心。真德秀与陈亮、吕祖谦都将汉唐君主视为后世君主的榜样，但他没有强调这些思想家。

真德秀并且在 1234 年将《心经》呈献给理宗皇帝。他仍大体追随朱熹，首先讨论帝舜著名的强调"道心"及"允执厥中"的传心要诀，随即引用许多资料，阐述道学一贯的"主敬"与重视道德责任的论点。真德秀以

---

① 真德秀：《政经》（四库全书本），特别是页 53 下，又见 Chu Ron-Guey（朱荣贵），"Chen Te-hsiu and the 'Classic of Governance'"，pp. 163 – 208.

② 真德秀：《西山文集》（四库全书本），卷 3，页 16 上。又参见其《大学衍义》（四库全书本）；邹永贤："朱子学派治国纲领试探——兼析真德秀《大学衍义》"，收入其：《朱子学研究》（厦门：厦门大学出版社，1989 年），页 158—200；朱鸿林："理学型的经世之学——真德秀大学衍义之用意及其著作背景"，《食货月刊复刊》，第 15 卷第 3、4 期（1985 年 9 月），页 108—119。

孟子为主要依据，也引用周敦颐、二程与朱熹为权威。他将"人心惟危"与孟子性善论并列，颇有几分反讽的意味；他从未放弃孟子主张的性善理想，但比其他道学家更强调克除私欲。[1] 狄培理先生认为真德秀表现出的"严谨"与其苦行精神的行为，确实比二程与朱熹的学说更为简朴，也更难以达成理想。[2]

真德秀的《政经》提供很生动的例子，他表扬泉州百姓自毁肢体以尽孝的行为。进士吕洙的女儿割股疗亲，真德秀为她树立牌坊、写作文章称赞这种牺牲奉献的精神，又设宴款待割股疗亲的男子。[3] 这些事例让人想起张栻的学生提出的疑问：割股疗亲等极端的行为是否能够教导人从孝顺中体认仁？真德秀的极端苦行精神无疑非比寻常，但清代福建地方以儒家道德的名义，实行类似的极端行为，或许真德秀奠定了部分的基础。

真德秀与黄榦、陈淳一样，将朱熹学术的重心从思辨哲学转移到自我修养与文化价值的层次。真德秀与陈淳都主张"理气不二"，往心学的方向进一步发展。真德秀也比较强调"体用一致"，将心的本体视为性或理；仁说的观念则更接近张栻的立场，企图论证"天人合一"，并且振兴五伦、克去私欲。[4] 此外，真德秀特别强调敬、天命的内在之性以及格物的学说，然而，在大半的领域内，他仍然忠实追随朱熹的学说。

真德秀强调朱熹道统学说的一个特殊面向，黄榦则并未特别注意这点。黄榦从学术的角度解释道统，界定朱熹学派的范围及学说；真德秀则更注重朱熹描述周敦颐体会道时的"先知式"语气。道湮灭千年之后，无人能教导周敦颐如何得道，所以他直接承受天的启发，"独得不传之

---

① 真德秀：《心经》（四库全书本），页 1 上—23 下。

② 见 Wm. Theodore de Bary（狄培理），*Neo-Confucian Orthodoxy and the Learning of the Mind-and-Heart*，pp. 81 - 82.

③《政经》，页 41 上。

④ 参蒙培元：《理学的演变》，页 132—151。

妙"①。天与受启发的人构成创造性的关系,而这种关系适用于周敦颐、二程与朱熹;他与陈淳都以朱熹取代张载的地位。1227 年四子的纪念堂在南雄州学落成时,真德秀写文章进一步雄辩说:"岂人所能为也哉,天也。然四先生之学,岂若世之立奇见、尚新说,求出乎前人所未及耶。凡亦因乎天而已。"②

真德秀的"先知式"的天启观点,比黄榦界定学派思想的学术目的,较有开放容纳道的传统的潜能;例如,他赞扬吕祖谦的程度虽然没有到达崇奉朱熹的地步,但仍然为吕祖谦的纪念祠堂写作落成题献词,赞扬他在婺州"讲道"。③

真德秀并不敌视陆九渊的学术,也与许多朱熹的弟子门人不同。他强调心的问题,或许曾经受陆九渊著作的启发;而魏了翁也"将朱学与陆学结合"④。真德秀没有明确提出综合朱、陆修心学说的方法,但他的学生企图达成这目标。汤氏兄弟与他们的侄子汤汉(1244 年进士)来自安仁(今安徽南部),与陆九渊江西的根据地距离不远。真德秀并未劝阻他们的努力,而与他们讨论朱陆异同的问题。汤巾在三兄弟中排行第二,曾经襄助南康白鹿洞书院的重建计划。朱熹曾经主持重建这座书院,而且将陆九渊在 1180 年发表的"义利之辨"讲词刻在书院的石碑上。汤巾与道一书院的创始人程绍开(1212—1280 年)是朋友,而吴澄(1249—1333 年)日后在此热心致力于调和朱、陆的教育方法。⑤ 江西的朱、陆门人显然没有浙江的朱、陆后学那么对立不和,陆九渊在江西的学生鲜有知识分子,都未将陆九渊的思想作重大发展。⑥

---

① 《西山文集》,卷 24,页 1 下。
② 《西山文集》,卷 26,页 9 上。
③ 《西山文集》,卷 25,页 30 下—32 上。
④ 蔡方鹿:《魏了翁评传》,页 163。
⑤ 《宋元学案》,卷 84,页 2839—2844;卷 92,页 3033—3062。Chu Ron-Guey(朱荣贵),"Chen Te-hsiu and the 'Classic of Governance'",pp. 20 – 25.
⑥ 《宋元学案》,卷 77,页 2565—2614。邱汉生:《宋明理学史》,上册,页 580—587。

陆九渊学术比较有创造力的中心是浙江东北部的明州。朱熹与吕祖谦对所谓"明州四先生"都有很大的影响,但舒璘、沈焕(1139—1191年)、袁燮和杨简最后都比较倾向陆九渊。这四位学者以杨简最为知名,[1]他的著作虽然大部分已经散失,但仍然比陆九渊的其他学生有更多作品留传于世,所以不必太依赖充满敌意的材料研究他的思想,条件比陆九渊其他学生的情况优越。

杨简是陆九渊最早的学生之一。陆九渊在 1172 年路过浙江富阳县时,曾经发表一场演讲,杨简当时是富阳的主簿。他问陆九渊何谓本心? 陆九渊引用杨简刚处理的案子说明:能够明辨官司两造的是非曲折,是由于本心的作用,不是来自法律条文。杨简立即了解判案时体验的心思清明的境界,并进一步询问是否还有其他应该注意的事,陆九渊大声喝道:"更何有也?"[2]杨简不再继续追问,回来整夜静坐沉思,第二天已经很有体悟,而向陆九渊拜倒,正式成为陆门弟子。根据杨简的记载,他尤其感激陆九渊第二个回答,若没有得到这回答,恢复本心会变得很复杂。

杨简在政府各部门任职 45 年,他的开悟、心的澄静,以及经世致用的思想变得十分知名。朱熹在 12 世纪 80 年代初期推崇杨简既能修身,又能治国,担任地方官时,致力于造福百姓与推动文化。1195 年朝廷开始迫害道学,赵汝愚被解除宰相的职位,杨简与一些臣士上奏抗议,因此被迫致仕,而且被列入庆元党案禁锢的名单。有些道学人士在 1202 年道学的禁令解除后,应韩侂胄的邀请,重返政府任职;但杨简到韩侂胄遭撤职后才复出。新宰相史弥远的一些亲友是杨简的学生或赞助人,他在京城的史馆、工部历任要职,中间并且出任浙江的温州知府。皇帝未能

---

① 《宋元学案》,卷 74,75,76;徐纪芳:《陆象山弟子研究》,页 54—61,113—173。关于杨简,又见《宋史》,卷 407,页 12289—12292。

② 钱时:"宝谟阁学士正奉大夫慈湖先生行状",见杨简:《慈湖遗书》(四库全书本)之附录 3 上。又参见《慈湖遗书》,卷 5,页 11 上下,"象山先生行状",及卷 4,页 4 上—6 上,"陆象山先生辞"。

听从他的建议,接受 1214 年来自金朝统治区的北方饥民,他因此辞职退出仕途。①

　　杨简最后在明州的慈湖书院任教 12 年,以 86 岁高龄去世,生前指导过许多学生。《宋元学案》列举六十几位亲传的弟子,下几代门人也众多。他的书院比陆九渊任教的地方容易到达,并且更专心向年轻的文人学者传授哲学思想。杨简兼重公共行政、教育、经典的注解与史学,与没有传统学术训练及治理知识的主观论哲学家非常不同。

　　杨简教导学生体认内在于本心的真理,认为本心就是人心、道心、仁、道,否定区别人心、道心的学说,视"真吾"为万物一体的境界。《杨氏易传》宣称《易经》的卦爻与变化的历程都是指内在自我的转化,例如"己易"首段说:"易者,己也,非有他也。己易为书,不以易为己,不可也。以易为天地之变化,不以易为己之变化,不可也。天地我之天地变化。我之变化,非他物也。"②程颐认为《易经》是谈论"理"的学说,邵雍与周敦颐强调象数,杨简则认为它在讨论心的问题。他在《周易解·序》中说:"天地之道,其为物不贰,八卦者易道之变也,而六十四卦者又变化中之变化也。物有大小,道无大小,德有优劣,道无优劣。其心通者,洞见天地人物尽在吾性量之中,而天地人物之变化皆吾性之变化,尚何本末、精粗、大小之间。"③陆九渊要融入协调"理"的哲学与抽象的"太极"观念,杨简的学说直接注重人心,所以更彻底注重心的观念。他没有追随陆九渊区别自我和外物,而对自我与万物合一有更整体的看法。人虽然都有"道心",但容易受偏见、固执与私利影响,其他儒家学者希望以博闻与自我修养达到清心的境界,杨简却认为两种方法都是障碍,因为它们误导人脱离直接简易体认道心就是人心的正途:"人心本善,本正,人心即道,故

---

① 关于宋朝对难民的限制,参见黄宽重:"略论南宋时代的归正人",《南宋史研究集》(台北,新文丰出版公司,1985 年),页 198—200。

② 《慈湖遗书》,卷 7,页 1 上。又参见《宋元学案》,卷 74,页 2459—2480。邱汉生:《宋明理学史》,上册,页 587—598。

③ 《慈湖遗书》,卷 1,页 1 下—2 上。

曰道心。"①他建议摆脱偏见,并且以直观的方法体验真心,所以许多当时与后世的学者认为这教法很像禅宗,不过一些学者也为他辩护。②

杨简的佛教倾向使他与叶适疏远。从 12 世纪 80 年代初期开始,浙江地区的吕祖谦信徒就与陆九渊的门人学生关系很紧张,但仍然能够保持联系。颇值得一提的是,1188 年朱熹在朝遭受贬斥时,叶适是道学最有力的拥护者。12 世纪末反道学的禁令雷厉风行时,叶适与杨简都是遭禁锢的主要目标。杨简将陆九渊的心学发展到更整体、更激进的地步,显然使叶适相信道学有步入主观主义倾向的危险。杨简在 1211 年左右到温州任职,使叶适必须更直接面对杨简的学术,因为他在 1208 年被迫致仕后,一直住在温州。叶适退休前不久,曾经编辑陈亮的文集,阅读陈亮的文章以及陈亮对朱熹的质疑挑战,或许使他对朱熹所界定的道学传统更感挫折;不论如何,他曾经是道学在朝廷的主要支持者,却在晚年尖锐批评许多道学家用形而上学及抽象的方法追求道的研究取径。叶适为反驳历代圣贤都对道提出新颖的洞见,尖锐地指出孔子不过传下《六经》而已,所以真正的儒家学者应该只要致力于保存经典确立的传统。道学家称赞古代的圣人与近来的道学前辈对传统贡献良多,但叶适却严厉指责他们的革新观念。③

叶适与道学分道扬镳,造成的主要结果是使 13 世纪道学的范围变得更狭窄。浙东的功利学派(初期以陈亮为代表,后来以叶适为代表)与

---

① 杨简:《慈湖诗传》(四库全书本),卷 6,页 14 下,"将仲子"。

② 岛田虔次:"杨慈湖",《东洋史研究》,第 24 卷第 4 号(1966 年 3 月),页 123—141。冯友兰:《中国哲学史》(上海:商务印书馆,1934 年;台北重印:大学丛书,约 20 世纪 60 年代),页 934—937。Carsun Chang(张君劢),*The Development of Neo-Confucian Thought*,vol. 1,pp. 336 – 341.

③ 叶适:《习学记言》(四库全书本),卷 49,页 14 下—23 上;又见《叶适集》,卷 2,页 11,卷 9,页 147,卷 10,页 162,卷 12,页 220,卷 15,页 273,《别集》,卷 3,页 676—678;周梦江:《叶适与永嘉学派》(杭州:浙江古籍出版社,1992 年);周梦江:"叶适经济思想与商品经济",收入邓广铭、漆侠编:《宋史研究论文集》(石家庄:河北教育出版社,1987 年),页 477—492;Winston Wan Lo(罗文),*The Life and Thought of Yeh Shih*,(Hong Kong: Chinese University of Hong Kong Press,1974),pp. 153 – 176.

道学各自独立发展。颇为讽刺的是,杨简的哲学成为朱熹部分门人将他逐出道学范围的借口,朱熹指责陆九渊习禅,朱熹的门人更容易将杨简描绘成禅宗的信徒。杨简极力提倡人心、道心、吾己与万物都是相同的观念后,他的学生还能增加什么学说呢?明州慈湖书院的学生保持杨简的学术直到元朝,然而即使在明州,学术的长期潮流还是倾向于与朱熹的方法论综合。杨简纵然大名鼎鼎,也抵挡不住明州的思想学术在13世纪继续朝多样化与综合的方向发展,黄震(1213—1280 年)与王应麟(1223—1296 年)的著作尤其表现明显,因为他们汲取 12 世纪道学主要流派的思想。

以思想领袖而言,思想活动的中心在 13 世纪 30 年代又重回浙江。[①]浙江文士的数目一直最多,但吕祖谦在 1181 年去世后,思想中心转到朱熹所在的福建地区,而且一直延续到黄榦与真德秀担任领袖的时代;福建领袖群伦半世纪的时间里,浙东地区的明州、温州与婺州也一直维持重要的地位。

在 13 世纪 30 年代以后,将朱熹的学术延续到元代,要数"婺州四先生"的贡献最大;接下来的"金华四先生"将朱熹的学术从南宋末年延续到元代的中期,他们是何基(1188—1268 年)、王柏(1197—1274 年)、金履祥(1232—1303 年)、许谦(1270—1337 年)。何基年轻时追随黄榦,与朱熹学派的渊源最为直接,并且将朱熹学术传授给其他的金华先生。金华四先生赞扬黄榦是朱熹道统的主要继承人,其他的学生如陈淳等人,则属于朱熹道统的旁支。他们刻意突显自己与黄榦的直接师承关系,树立金华学派是最正统的继承人的形象,后来的学者也大致接受他们的说法。金华学者追随黄榦,不继承陈淳,所以他们注重朱熹的《四书章句集注》,而不是《近思录》。他们教导人要根据朱熹的注释精通熟读《四书》,然后才阅读北宋五子的著作,尤其是周敦颐比较深奥的作品,所以朱熹

[①]《宋元学案》,卷 86,页 2884,2886。

逐渐控制他们对道学传统的看法。

金华四先生没有盲目追随朱熹，例如，朱熹认为《大学》古本的"格物"章已经散失，王柏则表示怀疑，而且他修正朱熹对"无极"、《诗经》、《尚书》的一些观点。王柏十分忧虑南宋日益恶化的形势，非常注意实际的事务，并且超越朱熹的观点，肯定刑法与国家的权力。[①]

王柏固然是回应当时的社会政治的实际发展，但他的学说主张与家族所接受的婺州多样化的道学也不无关系。他的祖父与张栻、吕祖谦、杨简及朱熹都有交往，王柏的父亲曾经追随吕祖谦及朱熹。王柏显然将朱熹的学说移植到婺州的学术根源上，非常重视当地的道统传承与朱熹的权威地位。王柏的继承人金履祥与许谦并且受丽泽书院的吕祖谦学术遗产影响，金华四先生与丽泽书院显然没有严重的冲突。

金华地区的吕祖谦与朱熹的后学的合作关系，或许可以局部解释乔行简从 1234 年至 1241 年的活动。前面第四部分提到乔行简是 1234 年主导朱熹进入孔庙陪祀的资深大臣，朱熹的后学认为真德秀与魏了翁改变朝廷反对道学的政策，其实真德秀和魏了翁只在史弥远 1233 年去世后短暂入朝。真德秀在 1234 年秋天入朝，但几个月后就逝去；魏了翁企图影响中央政府，但不久也受挫下台，被贬谪到地方州府任职，直到 1237年去世。两人在朝的时间很短，也未能左右朝廷的政策，乔行简却是位政坛大佬，道学地位提升的时候，他一直在政府里任官，1241 年政府政策重大转变时，他依然在朝。乔行简是位资深干练的大臣，一定比真德秀或魏了翁更能改变朝廷的政策，何况真、魏两人去世的时间，至少比道学获得正式承认的时间早了四年。乔行简能够使用比较有效的手段，促使朝廷接受承认道学为正统的政治利益，他的方法比其他士大夫在朝廷上书声嘶力竭地呼吁实际。由于政治的权宜之计是朝廷行动背后的真正动机，像乔行简这般具有实务经验及娴熟政治技巧的人物，必然厘清皇

---

① 《宋元学案》，卷 82，页 2725—2733。邱汉生：《宋明理学史》，册 1，页 645—676。

帝对这行动的看法。

　　乔行简是吕祖谦的学生,或许会令人吃惊,但是他素来延续吕祖谦对待朱熹的宽宏态度,师生二人的行事都是在追求道学及朝廷的更大利益。乔行简的活动与王柏的综合思想都显示,朱熹在 12 世纪 30 年代已经成为道学的主要象征。然而,1267 年的孔庙陪祀的殊荣显示,吕祖谦与司马光在南宋时代,依旧被视为属于道学传统的范围,因此以比较宽广的视野看待道学的观点,在整个 12 世纪依然持续不坠,尚未被朱子学遮蔽。

结语以及感想

近代日本汉学家内藤虎次郎（1866—1934 年）认为，宋代由于在经济、社会、文化、政治及技术方面的变化，而为后来中国政治和社会的演进设定了基本方向，并影响到东亚其他国家的发展，所以标志着中国"近代"之开端。[①] 人们或许会特别强调，就儒学——尤其是在 1241 年成为国家正统的朱熹一系的儒学——而言，这一连续性确实存在。虽然认识宋代的转变，对于我们理解中国、朝鲜、日本和越南后来的发展非常重要，然而对那些被广泛接受的要么从内藤先生论点而来、要么受其影响的观点，我却持保留意见。我认为，后来的史家对宋代思想的研究过于狭窄地局限在朱熹身上了。或许有人以为我敌视朱熹，其实我并无意诋毁他，相反，我倒是要将他放在历史的背景下，来理解他的崛起。由此导致的结果是，我们将看到与主流学术界的流行论点相比不那么夸大的图像。当然，我并不怀疑朱熹的动机，因为他的确是以他所理解的方式，孜孜执着于发展并保守着道。而且，我一点都不否认，朱熹思想自身就值得认真研究。无论是传统自身还是近代以来的反传统主义，都以朱熹为

[①] 内藤虎次郎：《支那史学史》（东京：弘文堂刊行，1950 年）。

中心,使得重新省察朱熹很有必要;因此,我这篇有关破除朱熹中心论的文章,将主要讨论他对传统的重建及后来人的引用。

一、关于朱子学的几个问题

虽然不否认朱熹哲学的重要性,我仍要提出几个论点。首先,研究者夸大了他的作用和他的思想,其代价是忽视宋代的其他重要思想家;因此,后代的以朱熹为中心的宋代思想研究过分简化了社会政治背景,以及他在其中形成自己思想系统的文化论辩。如果不呈现一幅更广阔的图景——其中既包括他的前辈,又包括他的朋友和对手——我们对宋代的理解,甚至对朱熹体系的认知,都是粗略而不完全的。这幅图画中的有些人代表着不同于朱熹的学术取向,在当时有着相当的活力。朱熹的思想体系是在对同时人的借鉴,以及与当时道学群体内外的某些人的斗争中逐渐发展出来的,即使朱熹本人视自己的观点为中庸之道,与同时人的极端偏颇不同。与主流传统学术相别,本文的第二部分将讨论一些当时不同于朱熹的思想流派。

第二,前瞻性地审视朱熹为当时思想派别之一支的历史背景,与回溯性地以后人的用法来究考其文化谱系和哲学遗产,这二者之间当然有极大不同。朱熹本人虽有抱负,并且他的所为确实影响到了后来的情形,但他大概不会预见到后人如何以他为正统思想的根据。我意识到,在我们的视野中,区分这两个方面很有必要,但是,我的表述或许将两方面混在一起了,因为我要强调在把自己树立为传统的唯一权威解释者的过程中,朱熹做出了卓越而成功的努力。他的努力超出了在经典注释中寻求真理和说服读者相信他得到了圣人之意这两点之外。除了按其自己的哲学体系重新诠释经典中词汇,并为《大学》补传,朱熹还对同时人的著述中可能引起异议的观点与解释的那些篇章段落进行删削。例如,在编辑整理已经过世的张栻的文集时,朱熹删去了某些论仁的文字和一些重要书信——在其中一封信里,张栻提出仁为"心之德",后被朱熹用来表述他自己对仁的理解:"爱之理,心之德"。如果朱熹未在其 1185 年写给吕祖俭的信中稍微提到张栻的说法,我们就不会知道这些被删去文字的重要性了。朱熹还同样删改了一些讨论北宋灭国的历史,以及关于秦桧为相时所作所为的记载。[①] 有人或许会反对说,注家一般都如此对待文本,所以,在这里朱熹是否确实与别人不同呢?我对此问题的部分回答,源自朱熹如何独一无二地和大胆地理解传统,把自己当作传统发展的高峰,并以孔子为虚构的和所想要的祖先,祈求孔子之灵的降临。自居为孔子之灵与门生弟子的中介,朱熹由此便有一种极佳的手段,加强他在传统内的权威;所以,与传统文人成圣成贤的目标相比,朱熹要露骨得多。主流学者一般都没有注意到朱熹本人在其崛起中的作用。总之,我承认对朱熹思想谱系的形成,因回溯与前瞻的角度不同而有理解的差异,但与此同时,我们必须考虑在使自己上升并最终确立特别的文献、传统和历史的过程中,朱熹表现出的超绝之定力与娴熟技巧。

第三,除非我们能同时了解朱熹的计划,以及当时其他人的声音,否则,我们就会或者轻易地把多样的思想归功于朱熹,或者只是因为后来思想家的思想没有出现在朱熹的体系内,就认为他们具有创造性。例如,朱熹因书院和社仓而著名,但对二者演变的仔细研究却表明,在这些观念和制度的发展中,其他人起了关键作用。本结语最后部分要探讨的例子是一个颇有争议的问题,即儒家伦理与 20 世纪后半期东亚经济"奇迹"的相关性。由于欣赏日本的经济活力,有些学者在寻找新教工作伦理的过程中发现或暗示,在日本存在一种与正统朱子儒学不同的特殊性,于是便认定这些在日本的发展歧异于后古典的中国儒学。有些现代学者将东亚、东南亚的经济发展联系到朱熹思想上。然而,尽管我的讨

---

① 蔡涵墨(Charles Hartman):"一个邪恶形象的塑造:秦桧与道学",收入田浩编:《宋代思想史论》(北京:社会科学文献出版社,2003 年)及其"The Reluctant Historian: Sun Ti, Chu Hsi, and the Fall of the Northern Sung," *T'oung Pao* 89 (2003):100–148.

论处于文化可能影响经济发展这样有争议的领域,我却准备说明,在这些点上朱熹或许不如某些同代人重要。

所有这些,都不是要否认朱熹的思想和理念在其他地方或后代扮演了关键的角色。不过,他的影响实际上比人们平常所理解的要复杂得多。例如,就像柏清韵(Bettine Birge)所论证的,朱熹的理念和他的追随者的行动都对中国妇女的财产权及再嫁造成不好的影响。虽然儒家有父系观念,可是至少在宋代以前的1 000年中,中国家庭都延续这样的传统:以嫁妆把一些财产移给女儿。结婚时,女性控制她的嫁妆,这些财产不在分家范围之内;所以,如果守寡或离异,女性可以将全部嫁妆带回娘家或用于再婚。女性再嫁也没有障碍;而且,再嫁的事由她自己或娘家决定。在宋代,嫁妆的数量和重要性都提升了,也获得法律的承认;妻子也有绝对的权利把嫁妆从丈夫家取出。然而,朱熹主张父系家族;当朱子门人在13世纪声势壮大时,黄榦及其同侪便在办案时致力于强化父系家族与寡妇贞节的理念。黄榦号召女性要在夫家尽忠一生。他鼓励妻子放弃对自己财产的控制权,但仍要在家庭理财中起主要作用,以便使丈夫能摆脱俗务的缠绕。不过,直到14世纪初,蒙古人统治之下,朱子学者具有发言权时,法律才有了改变。随着蒙古人企图在整个中国推行叔娶寡嫂制,对此的道德反抗使朱子学者有机会制订新的法律,既禁止妻子从夫家取回嫁妆,又反对寡妇再嫁。总之,柏清韵显示了朱子学派如何与蒙古的婚姻习俗互动,而最终降低了中国妇女的财产权(至少在很多地方是这样),并使中国法律制度对女性更加严厉。于是,尽管其他学者仍在挑战一种过分简化的说法——儒学,特别是朱子学,造成对女性的压迫,柏清韵的研究仍令人信服地证明,那些追随朱熹理念的学者在女性法律、社会地位的下降中起到了关键作用。① 有些人认为,

---

① Bettine Birge(柏清韵), *Women*, *Property*, *and Confucian Reaction in Sung and Yuan Chi-na* (*960–1279*), (Cambridge:Cambridge University Press, 2002).

儒者与士人的思想和理念不过是菁英阶层的事情,于理解中国社会无关紧要,柏清韵的著述是对这种观念的匡正。

贯穿本文的一个前提是,我们必须更精确、更严格地划分"儒学"传统和谱系中的不同成分。我并不想说,所有的概括性论述都不可容忍。但我却想表明,如果我们对所使用的术语进一步反思,更严格、更清楚地运用,使之更具有解释性,这样的亚洲思想研究就能更好地达到目的。例如,我将会不停地建议,不但要分清"宋学"和"道学"中的不同派别,也要区别这些传统和学派在宋代的情况与它们在中国或东亚其他地方此后发展之间的不同。我的建议或许显得对分类不太必要;并且,用较复杂的宋代思想流派来取代一直为人尊重的朱子学,或许会使研究后世及别国的工作更加繁复。仍然把朱熹当作宋代思想的主要形态或其发展的最高表现,这对现代学者而言毕竟非常便利,不管各人对那些在他们的论述中蒸发为"他"或"他者"的东西使用什么样的标签。可是,在较长的一段时间内,历史的理解因其更注重细微区别及多元性的取向,而应该得到提倡。

我还建议,我们应当记得,对亚洲思想而言,无论东亚的分类还是西方的分类,都不应看作是在范畴之间设立的绝对的僵死的边界。正如我们意识到佛、道两家对朱熹儒学的影响一样,我们更应当认识到思想家可能具有不同思想的复合,并随时间的变化而改变的观点。例如,叶适就能从本质上的经世思想家转变为"以道学正宗倡明后进"[①],然后再变为道学最严厉的批评者之一。虽然我们的论述必须使用一些标目来指代某些思想,但我们却应向具有很多特征的思想家开放;而且,作为处于不断变化中的倾向性(而非固定不变的特征),它们的内容和表述会因响应不同的情境和问题而不同。著名的欧洲中世纪研究家 Caroline Bynum 建议我们,要软化在各种特点或认同(identities)之间"非黑即白"

---

① 魏了翁:《鹤山先生大全文集》(四部丛刊本),卷32,页1下 。

(either/or) 的对立，认识到每个人身上都有很多的故事(shapes carrying stories)。① 或许我们能发现一条类似的路，把我们对思想的分类看作不断演变的谱系，其中负载着建构的文本、虚拟的故事，以及想象的关系。本文就是在这方面的尝试。现在我要转而探讨两个主题，它们可能对朱熹思想及宋代学术全局的理解非常关键。

二、宋代某些不同于朱熹的派别以及朱熹的回应

为了讨论宋代儒学的多元性，我要简略地突出一下不同于朱熹所构建的传统的一些学派中的学者，以及朱熹对他们的回应。即便是对宋代学术谱系略微一瞥，也会让我们看到，那些不同于朱熹的思想要比主流学术所认为的更有活力；而且，我们或许会更欣赏宋代儒家的这种多元性。这里的目的不是要列举宋代或后世的朱熹批评者，而是要把朱熹放入历史背景中，并显示宋代学术比起现代东西方学者通常理解的要复杂得多、歧出得多。

1. 宋学的多样性

属于朱熹竞争对手的第一大类的学者，继承了 11 世纪兴盛的"儒学复兴"即"宋学"中流行的文化哲学前提，这些学者对此吸取的范围远比朱熹宽广。虽然有些现代学者循着清代学者的用法，以"宋学"来指称朱子学派，但是清代学者对该术语的第二个用法——指称更大范围的宋代儒者，他们都具有相同的儒学复兴的理念与精神——却更适用于讨论宋代学术。与传统的汉学不同，宋学的参与者认定他们能够勘落汉唐注疏而直指经典本文，从而复兴古典的理念。宋学回转到经典时期的古文体，以期重新把握古代圣贤的"文"和"道"。他们指责汉唐注疏家湮没在

---

① Caroline Walker Bynum, "Shape and Story: Metamorphosis in the Western Tradition," 在其 *Metamorphosis and Identity* (New York: Zone Books, 2001), pp.163 – 189.

一堆细枝末叶中。这些宋学学者向经典寻求经世的和哲学的观念，这些观念使他们能学习文与道、修身、改善政治、改良社会。由于在文化上重新恢复了信心，他们声称与古圣同心；因此，他们的学问是为了求道与成就圣贤人格。几个世纪之前，汉代儒者通过成功地将有关自然界的流行观点、社会、政治、家庭规范与道德哲学综合起来，而赢得了皇帝的支持。他们在其中融合了道家哲学、法家关于权、势、法的观点，以及当时的气、五行、阴阳观。宋儒则打着回复古代经典原意的旗帜，他们实际上主张一些较新的概念，这些概念随着道教尤其是佛教的发展——特别是其中的抽象哲学、静坐、学规、僧团规则及慈善制度——而变得更为丰富。与汉学相比，宋学把更多的精力投注在个体的道德主动性与文化创造力方面。

虽然 11 世纪时宋学开始崛起、12 世纪中期之后道学开始上升，但在这几个世纪中很多儒者仍然忠于传统的正统观念、反对宋学和道学，认为二者不过是一些文化发明，其中反映了近期某些人为获得名声和权势而散布的鄙陋的观点。由于这些"世儒"在当时的文化论争中失败，现代学术就几乎完全忽视他们的存在，还谴责他们与知识分子作对。考虑到"世儒"对汉学及汉代注疏的偏好甚过宋学，我想要提出一个假设，即我们有可能揭示出他们与清代汉学学者之间的某些共同点。由于在证明这样的假设之前还有很多工作要做，所以这里我要回到讨论的主题：宋学与道学中的多元性，以及朱熹的回应。

欧阳修可能是 11 世纪士大夫中最能代表宋代儒学复兴的一位，因为他被视为古文运动中最有光彩的明星。他除了文笔优美、博识多闻外，还使众人将注意力投向古文复兴运动，特别是在范仲淹（989—1052年）的庆历新政时期以及他在 11 世纪 60 年代中期主持全国科举考试期间。虽然他的实践与理念未能持续到下一次科举，但其象征性影响以及对后来改革的示范作用仍然非常巨大。

欧阳修的整体观也未能持久；不过，他的思想遗产仍能在一些趋向中清晰地呈现,这些趋向在下一代学者中发展和转变成为非常重要的不同于程朱正统的思想进路。例如,苏轼从文以载道的思路出发来探讨审美创造性。王安石则主张制度更新是社会与文化变革的必由之路。按照朱熹的说法,苏、王二人对学习和学术的看法及其平生所学很成问题,受到了佛教的严重影响。苏轼只重文学,执着于新奇机巧。王安石则修身不足,减弱了他的制度变革中的积极面。朱熹还竭力否认在他的社仓计划与王安石之间有任何牵连。

两个南宋的例子或许会让我们看出,为什么这些学派最终无法与朱熹竞争,以及朱子学派究竟如何窒息了苏、王两派的声音。这两个南宋学者从苏轼、王安石那里借鉴了不少。考虑到苏、王二人在文学与政治上的成就,选择南宋金华的两位学者为例非常合适,因为通过博学宏词科的南宋金华学者只有这两位,对各种文体皆十分娴熟。其中一个例子是唐仲友。1182 年,他受到朱熹上疏弹劾,这一事件使朱熹成了很有争议的政治人物,也引起新一轮的对道学的攻击。我们要举的另一个例子则是吕祖谦,他在 12 世纪 70 年代曾是朱熹最大的支持者。

虽然唐仲友的情况非常复杂,但由于他对道学群体自称对天地之道有特别进路持批评态度,也由于他热衷于审美创造而非对道作形上探讨,遂被人视为与苏轼一路。唐仲友的经世观又与王安石相同,同样强调制度变革的重要。不过,后代学者提到最多的仍是朱子对他的指控,包括指控他作伪与腐败,以及其他罪状。宰相王淮也是金华人,他认为这些指控不过是由于学者之间主张不同所引起的。孝宗皇帝显然被王淮的解释所说服,只停止了唐仲友原定的升迁,并接受了朱熹的辞呈,而反讽的是,朱熹辞去的职位正是两年前王淮帮他得到的。虽然当政者的反应是对所控唐仲友罪行的最好辩护,但随着朱子学的崛起,人们却认定朱子的指控并非空穴来风。而且,由于唐仲友与苏、王二人在学术上的关系,苏轼与王安石的思想也可能由此而被抹黑。

2. 道学内(比朱子)更广的一路

在 12 世纪的道学中仍然令人惊讶地具有多元性与开放心态的学者里面,恐怕吕祖谦最具有代表性。在其所编辑的《宋文鉴》中,能明显看出他对欧阳修、苏轼与王安石的钦慕。在该书中,这三人是宋代文学的主要人物和古文体的杰出大师。这本书是孝宗皇帝命吕祖谦编辑的,其中挑选了宋代大师所写的文学作品。在他本人的著述中,吕祖谦也经常提倡学习苏轼的文学才能。道学群体中很多人都受到程颐的影响,贬低文的价值,但吕祖谦是那些例外中的佼佼者。他为了反抗将文、道两极化的潮流,自己身体力行,在两者之间寻找和谐的统一。虽然吕祖谦对制度研究的热心引起了一些批评,可是他的两位好友张栻和朱熹对他的尖锐批评,却是冲着他对苏轼的欣赏。例如他们抱怨说,虽然苏轼思想异端,吕祖谦还顽固地为他辩护。他们进一步指责说,吕祖谦之所以喜欢苏轼,是因为他关心教学生如何通过科举考试。朱熹批评苏轼、吕祖谦两人都崇尚新巧。朱熹认为这样的追求"巧",乃是一种过分的权变或机会主义,不合道德伦理的要求。1181 年吕祖谦死后,朱熹在评价他时敌意越来越大,并进一步诋毁苏轼的名声。朱子学派认为他只重史学和经制,正如他们通常把苏轼视为只重文学。不过,吕祖谦却被他的同代人看作道学群体的主要领袖,比如陆九渊就称赞他"主盟斯文。"①

朱熹于 1181 年所写的吕祖谦祭文最好地证明了吕祖谦作为道学群体领袖的地位。而且,可能就是在这一篇祭文中,朱熹首次提出了自己

---

① 《陆九渊集》,卷 26,页 305 。包弼德和他的学生一直把道学当作程朱学派,认为吕祖谦不在其内。关于这一观点最为详尽的阐述,见 Ping-tzu Chu(祝平次),"Tradition Building and Cultural Competition in Southern Song China (1160 - 1220):The Way, the Learning, and the Texts,"Ph. D. thesis, Harvard University, 1998, pp. 1 - 5, 166 - 192, 也见 Hilde De Weerdt, "The Composition of Examination Standards:*Daoxue* and Southern Song Dynasty Examination Culture,"Ph. D. thesis, Harvard University, 1998, pp. 9 - 15, 和其 *Competition over Content : Negotiating Standards for the Civil Service Examinations in Imperial China* (*1127 -1279*), (Cambridge, MA. :Harvard East Asian Monographs, 2007).

将成为未来的道学领导者。他哀叹道：

> 天降割于斯文，何其酷耶！往岁已夺吾敬夫，今者伯恭，胡为又
> 至于不淑耶？道学将谁使之振？君德将谁使之复？后生将谁使之
> 诲？斯民将谁使之福耶？《经》说将谁使之继？事记将谁使之续耶？
> 若我之愚，则病将孰为之箴，而过将谁为之督耶？然则伯恭之亡，曷
> 为而不使我失声而惊呼，号天而痛哭耶？①

有些学者或许会说，既然朱熹同时提到张栻和吕祖谦，所以在朱熹
看来，吕祖谦只是当时道学领袖之一，张栻也占领导地位。不过，朱熹对
"天降割于斯文"的强烈感受，实自吕祖谦去世之后，所以还是可以认
为——吕祖谦是当时最主要的道学领袖。然而，还是有两位著名的中国
史学家告诉我说，朱熹当然要向科举及第比他早、年龄比他大的学者表
示尊敬。因而，朱熹的姿态只是传统礼节的表现，所以，如果我把自己的
研究结果赋予任何特殊意义都是错的。但实际上，吕祖谦比朱熹还年轻
七岁，也比朱熹晚15年才科举及第。因此，朱熹尊重吕祖谦的领袖地
位，并在思想上与社会政治网络方面都受到比他年轻的吕祖谦的益处，
这一点确实非常值得我们注意。吕祖谦的死，正如朱子所感叹的，是不
时之死，但这一刻却在朱熹面前展示了一个相对开放的领域。朱熹在祭
文中暗示自己的权威，这依赖于一种自信，即在主导道学发展方向中已
经无人能够压过自己的声音了。

例如，吕祖谦还活着的时候，在朱熹的书信与著述中，道学群体的开
始是包容的和宽广的——至少与他后来的说法相比是如此。在编纂《伊
洛渊源录》时，朱熹运用伊洛这种地缘哲学的标签，来将其他北宋大师及
其学侣弟子等融合在二程兄弟的旗下。由于二程已经经常被象征性地
用来代表整个道学群体，朱熹1173年所编的《伊洛渊源录》在这一方面
并没有什么突破。虽说周敦颐被赋予了特殊的地位，成为宋代第一个承

---

①《朱文公文集》，卷87，页12下。

继道统的大师,朱熹基本上仍以二程兄弟为中心,而其余北宋诸子及其学侣门人等只是处于次要或补充的地位。不过,考虑到12世纪80年代初期之后,朱熹本人开始倾向于使传统更为狭窄地集中于他自己的思想,他在1173年就给予二程的一些学侣,特别是吕希哲和胡安国两人相当高的地位,这一点就耐人寻味了。在书中,这两人所占的篇幅都比周敦颐的还要多。另外,朱熹甚至称赞吕氏家族使众人的目光转向了二程,使二程的学术得以发扬光大。吕希哲是吕祖谦的先辈,而朱熹直到1181年都因吕祖谦的身份受益,这大概与他表彰吕氏家族的道学贡献并非绝无关联。

此后,朱熹也经常谈到二程,以及二程与周敦颐、张载的关系。不过适合拿来与《伊洛渊源录》进行比较的,却是写于1194年的"漳州精舍告先圣文"中的叙述,在这里,朱子提出宋代的"道统",声称邵雍、张载、司马光与周敦颐、二程同在道统之内。而且,他以这几位大师,并他的老师李侗一起,从祀孔子、孔门两位弟子与孟子。通过把李侗包括进道统内,朱熹要让人明白,道统已经传到他的身上。换句话说,朱熹是在声称,在他的那一代人中,只有他自己承继了从古代圣人和北宋大师那里传来的道统。此处朱熹提出北宋的人是六位,而不是常说的北宋四子或五子;不过,这次朱熹却没有提及吕、胡两家的任何人。随着吕祖谦、张栻二人在12世纪80年代初过世,他们的影响便逐渐衰落,从此,朱熹开始大肆排斥道学内任何可能的竞争者。到了朱子门人那里,则更进一步地压缩承继道统的大师人数。例如,陈淳就将张载从道统中去掉了,由此朱熹就跻身于四位大师之列。对于陈淳而言,道统是从周敦颐和二程,直接传到了朱熹。

不过,朱子学派也不是很快就大获全胜。反讽的是,在1241年理宗祀朱熹于孔庙、并宣布道学为国家正统的过程中,吕祖谦的学生乔行简发挥了最大作用。1267年,吕祖谦、司马光也入祀了孔庙,而且吕祖谦的神位就摆在朱熹旁边。这一象征表明,此时的道学还并没有完全被挤压成一个程朱学派。然而到了14世纪40年代,元朝修《宋史》时,司马光、吕祖谦及其他重要的道学领导者都被排除出了《道学传》,这部官方历史——其叙事依赖于朱子对传统的重构——完成了发明传统的整个过程,这一传统从此便以一个朱子学派为其中心。由于其官方性质,宋代道学更广的意义遂逐渐被遗忘。宋儒复兴运动中多半振臂高呼者就被贬值到《儒林传》中。黄宗羲、全祖望等人编写的《宋元学案》,虽然稍微注意到宋学和道学较广的范围和意义,但基本上仍然围绕着程朱学派来形成叙事。例如,苏轼与王安石的学派根本就被放在了边缘地位,金朝则被处理成为"黑暗时期",因为在那里流行的是苏轼、王安石二人的思想。

现在让我们再把目光转回吕祖谦最有影响的时期,那时的道学呈现出最开放最多元的样态。我想约略讨论一下三位学者,他们曾深受吕祖谦的影响,但在吕死后,由于失去了其居中的调停与磨合,他们便逐渐游离出道学群体。1172年,陆九渊在科举考试中得到吕祖谦的赏识,随后便一直受他的恩遇。而且,当1175年吕祖谦安排朱陆之间的鹅湖之会时,吕一直在充当陆九渊与其他重要学者间的沟通桥梁。在鹅湖之会上,陆九渊和其兄九龄挖苦朱熹的学问过于支离,使朱熹很生气,吕祖谦便立刻让争论暂停。讨论重新开始后,二陆详细阐述了他们的观点,即志与德是发明本心的一条简易直截之路。缘此,朱熹由道问学而尊德性的方向是错的。针对朱熹强调学者当泛观博览,陆九渊反驳说:"尧舜之前何书可读?"[1]换句话说,即使在没有经书的情况下,古代圣贤也未尝不能发明本心。汉唐注疏兴盛时,对学问的探讨掩盖了孟子提倡的"求放心"以及对圣贤人格的追求。陆九龄曾阻止九渊这样过分地质问朱熹。不过,陆九渊在会中所作的诗却在门人中传播开来,现存于他的文集中。总之,宣扬不靠文本、发明本心,使陆九渊看起来要主张一种顿悟

---

[1] 《陆九渊集》,卷36,页491。

的观点；所以，朱熹很容易就认为陆九渊在本质上属于禅宗。

从 12 世纪 70 年代后期开始，陆九渊也认真仔细研读经典。然而，二者的为学之方仍有一些差别。与朱熹为学者制定读经顺序并要他们按自己的注疏来理解经书等做法不同，陆九渊给学生的读书以较大的自由度。虽然他有时也肯定汉唐注疏对理解经典的帮助，但他对那些近人的注疏持怀疑态度，告诫学生不要过分受注疏拘束。朱熹为经典作了很多注解，而陆九渊却不做这样的事。他们所主张的为学之方的不同，可能反映了二者所教听众的差异。朱熹以学者为听众，而陆九渊的受教者也包括一般大众。陆九渊有些关于读什么以及如何读的论述，就是在这种背景下讲出的。他所注重的是亲自、直接地理解经典大义。但陆九渊有些大胆的提法很容易为人误解，例如，学者经常引用他说的"六经皆我注脚"的话，但他们都不提前一句"学苟知本"。① 主流看法认为，陆九渊忽视学习经典，这可能主要是受朱熹对他的评价的影响。人们常常忘记，朱熹也批评过陆九渊引用经典过长，而且还随文生义。

虽然在 12 世纪 80 年代初期，朱熹、陆九渊两人花了相当的精力来强调他们共同的关怀与取向，但到了 1188 年，由于朱熹对陆氏门人的不满，朱熹开始猛烈批评陆九渊。他声称，此前之所以没有批评陆氏，是因为那时道学群体尚很弱小；不过，一旦他确信陆门弟子过分偏向于佛教而无法容忍时，就宣布他将"鸣鼓攻之，不复为前日之唯阿矣"②。陆九渊结束多年的仕途生涯后，重新开门授徒，他成功地吸引了很多学生，这显然增加了朱熹对陆氏的思想可能影响到正在发展的道学运动的担心。朱熹还被他写的"荆国王文公祠堂记"所激怒，在该文中，陆九渊不但正面评价王安石，甚至指责二程等人应为王安石新政的失败负责。同样，陆九渊也开始对朱熹感到不满，例如，他警告说："然此道本日用常行，近

---

① 《陆九渊集》，卷 34，页 395。
② 《朱文公文集》，卷 50，页 29 下—30 上。

日学者却把作一事,张大虚声,名过于实,起人不平之心,是以为道学之说者,必为人深排力诋。"①因此,陆九渊反对像朱熹那样使道学变得越来越窄。

两人在第二次论辩中发生了冲突。争论由朱熹对周敦颐《太极图说》的解释引起。朱熹从二程那里接受了"理",又在自己的哲学体系中运用了周敦颐的"太极"与"无极"两个概念,以抵抗佛教的形上学。也许部分是为了反驳朱熹指责自己倾向于佛教,陆九渊指出,由于周敦颐的太极图及其"无极"之说来自道家,所以朱熹的体系大体上是道教的。其间,陆九渊注意到,即便周敦颐的确运用了"无极"这一道家术语,他也一定认识到了自己犯的错误,因为在周的其他著述中未再出现过这个词。朱熹承认,这次论辩没有结果;而且,其后很多世纪的争论也未能令人信服地否定陆九渊的批评,即周敦颐受到道家的影响。因此,陆九渊的挑战严重削弱了朱熹自称继承"醇儒"传统的力量。

在论争后期,陆九渊把时人都刻画成在当时多元的观点中随波逐流,他质疑朱熹能否确信自己对理的特定理解,到底跟他本人的有何不同。主流学者以为,陆九渊是完全主观的理想论,然而他明确地倡导发掘事物内在的意义,而不是沉湎于抽象理论和空洞的思辨中。他同时敦促朱熹利用经典文献的例子、以事实来说明事实。陆九渊进一步断言,像朱熹这样理智主义的学者,遵循子贡的错误偏向,而过于重视博学与研习书本。他认定子贡的博学使其不能超越其主观的观点,这种不足就是何以孔子在传道时越过这个门徒的原因。那么,朱熹又怎能有把握超越子贡,而将博学作为传递道统的基础呢?朱熹的回答是,孔子传道基于博文、约礼、通道。基于朱熹本人对苏轼过分痴迷于文的批评,朱熹在这里把文放在道之前,颇为出人意料。或许这种看上去与朱熹基本观点的相悖,阻碍了主流学者正确理解他关于儒家道统之传的三个基础的说

---

① 《陆九渊集》,卷 35,页 437。

法。更有可能的是,从朱熹在其最后十几年对"文"的正名中可以看出,在他的印象中,苏轼的观点已不再如陆九渊的观点导向那样构成严重的威胁了。更进一步说,把"文"纳入他的三个基础框架中,就更容易把陆九渊指责成忽视学问与文本,特别是经典。在这次论争之后,朱熹就写了一部《韩文考异》。总的来说,和程颐将"文"与"道"对立起来相比,朱熹并没有像他那样以"文"和"道"为两极。这个例子可以说明,研究朱熹和其同时代人观点的冲突,影响着我们对其哲学体系及其发展过程的理解。

陆九渊还是试图遵循道学的,但其他一些受到吕祖谦思想影响的学者,特别是陈亮和叶适,最终却与道学彻底决裂,并对之构成了主要的攻击。陈亮、叶适的观点跟陆九渊相差很大,然而这三人都意识到朱熹在重塑道学中日益增长的排斥性,因而都返回经典来驳斥他作为经典之权威的宣称。陈、叶二人比陆九渊遭受更多的来自朱熹一派的敌意。在日益感到被疏离之后,陈亮与后期的叶适成了那个时代两个最著名的道学批判人物。譬如,1185 年,陈亮直接向朱熹批评道学家的行为,说他们如一班秘密的教徒:"画界而立,一似结坛。"[1]

虽然陈亮早先表现出一些激进的倾向,但他的激进思想却一直受到抑制,直到 1181 年,吕祖谦的亡故彻底消除了其居中的影响,所以在次年送给朱熹的十篇文章中,陈亮的激进得以爆发出来。例如,陈亮主张"权",即在考虑现时的社会政治问题时,要灵活地采用权宜之计或衡量情势。传统的儒家意识到了要根据时间与情形来调整"经",可是比这更进一步,陈亮将"权"与"义"相提并论,认为所谓正确要与周围随时变化的情形相一致。实际上,在他的功利主义伦理学中,陈亮将传统儒家的对立范畴,如义与利,看作是可以相容的。这些文章在儒家伦理中如此偏重利与权,使得朱熹深为不安,不愿将它们示于学生。朱熹继承孟子

---

[1]《陈亮集》,卷 20,页 293;(增订本),卷 28,页 352。

的观点,认为这些概念(像义、利)是相互对立的,而道德上的义则具有优先性。为了批驳陈亮把这种对立看作是一个整体,朱熹把陈亮的立场描绘成是对所有历史王朝的肯定,不管它们多么置伦理准则于不顾。尽管陈亮实际上对以前与当时的朝廷政策持有相当的批评,朱熹对其立场的讽刺还是主宰了主流学术界。

朱熹对陈亮的讽刺,是在防守性地回应陈亮的宣称——要重新评价某些汉唐君王,使他们成为解决实际社会政治问题的榜样。陈亮没有简单地为那些统治者的行为辩护,而是援引孔子"一洗"三代记载的例子,为积极的社会政治行动创造出"正大本子"。后世的儒者们没有领会孔子的良苦用心,错把这些删改过的文献资料当作真正的历史,因而批评汉唐的统治者们没能遵循这些理想化的标准。从朱熹的某些个人著述里,确实可以看出他意识到了古代的历史并不像经典文献中记载的那般理想。由此他也很难直接驳斥陈亮。然而,上古三代的范式对于儒家伦理来说太重要了,以至于朱熹不愿承认这只是一个文化建构,所以,他能做到的最佳选择就只能是去贬低陈亮的实用政治的权宜方案。虽然没能正确地表述陈亮论述中的重要观点,朱熹还是准确地看到陈亮的论述确实把儒家价值观历史化和相对化了(例如,他认为未被理想化的上古三代与后世之间没有什么质的区别)。和作为历史学家的陈亮的观点——将"道"和价值看成在一定历史时期和情境之中的产物——相反,作为哲学家的朱熹,则致力于维护经典文献的真实性,超越了时间的限制。

如果和陈亮质疑朱熹的观点来相比,叶适则在很长一段时间内算是道学群体中人及其主要的捍卫者。叶适最著名的辩护是 1188 年在朝中驳斥林栗对朱熹的攻击,不过其主要目的是宽容多元化的观点。在"龙川集序"中,他虽然声称对于陈亮的观点只同意十之一二,却仍说"犹以为可教者"[1]。但是到了 12 世纪 90 年代中期,不宽容的思潮与党争笼罩

---

[1]《叶适集》,卷 12,页 208。

着整个朝廷。叶适和朱熹都因被控主张伪学而遭批判，他们的著述也在1197年被官方禁毁。然而，令人感到奇怪而又有意思的是，朱熹对他的学生说，叶适的《进卷》"亦毁得是"①。叶适遂就对朱熹的道学进行猛烈的批判。准此，现代的一些学者如牟宗三先生，便批评叶适的傲慢与无知。对叶适的这种武断评价，其实是没有注意到朱熹对他的不宽容，朱熹主动去赞同朝廷对叶适著述的禁毁，不能说与叶适的敌意没有关系。不过，这里最使牟宗三感到气愤的，却是叶适对孔子早期追随者的评论。

为了驳斥朱熹越来越公然声称自己是解释传统的权威者，叶适设计出了一个巧妙的回答。一方面，像朱熹一样，叶适批判汉唐统治者在追求自身利益与极度权宜时丢弃了义。两人都提倡将上古三代当作恒久的标准，所以两人都对陈亮最有争议的两个论点不屑一顾。（陈亮认为，孔子通过洗净历史记载，把三代转变成一种理想模式。与此相似，在宋代也有必要把汉唐统治者转变成社会政治行动的积极榜样。）另一方面，叶适承认道统从先古的圣王传到孔子，却反对程朱的观点，程朱认为道又接着传到曾子、子思与孟子。叶适显然意识到，朱熹利用孔子的三位后学，使注意力从经世致用中转移出来，而强调相对抽象的哲学和内心的自我修养。叶适通过指责朱熹延续了曾子、子思与孟子对古典儒家道的曲解，而把他刻画成了后人权宜利己的编造，而放弃先古圣王的真道。因此，以朱熹攻击陈亮之道还治朱熹，叶适想把他描绘成一个激进分子——违背圣人之道、三代典范及孔子的五经。这样，为了要驳斥朱熹的观点，叶适力求以阅读孔子及其五经来批判朱子的学说，在这一点上他做得要比陆九渊和陈亮多。不过，他的战略结果却削弱了陈亮的论点，而无法形成一个学派来替代朱熹作为经典的权威解释者的角色。

有些学者或许会评论说，既然叶适也批评了陈亮，张栻也批评了吕祖谦，这就表明我们一定不能把朱熹对陈、吕的批评看成他奠定自己话

①《朱子语类》，卷123，页2967。

语权威的努力。我的看法却比较复杂。当然,他们都在批评同时学者思想和性格中的缺陷。但上面的讨论却足以清楚地表明,朱熹的批评显然是另一回事。首先,虽然叶适不能认同陈亮所有的言论和行为,却还称赞陈亮提出的新观念,认为它们能引起人们的进一步思考。与之不同的是,朱熹以自己所定的"醇儒"标准来苛求陈亮。叶适对陈亮的思想是敞开的,而朱熹却不但不以陈亮的文章示人,还抱怨其离经叛道实出于他性格上的缺陷。因此,我们可以认为朱熹企图压制陈亮的声音。其次,在吕祖谦生前,朱熹(与张栻一样)只在某些观点上与吕祖谦存在分歧,并且不赞成他对苏轼的推崇。可在他去世之后,朱熹却在指责吕祖谦的思想学问方面走得很远。例如,他议论道:"伯恭无恙时爱说史学,身后为后生辈糊涂说出,一般恶口小家议论贱王尊霸、谋功计利,更不可听,子约立脚不住,亦曰:'吾兄盖尝言之'云尔。"[1]同样,在吕祖谦仍充当沟通自己与其他学者联系之不可或缺的渠道时,朱熹在《伊洛渊源录》之类的著述中强调过吕氏家族对道学的贡献。然而,在后来的道统观念中,吕家成员却被剔除出去。由此可见,朱熹一步一步地将吕祖谦的思想学问降低到史家与政治领袖的地位。更重要的是,这些程度与性质上皆不同的批评,必须置于朱熹多方扩展自己影响的背景下才能明了。所有这些合在一起表明,朱熹或多或少在压制其竞争者,以扩大自己的影响力。如张栻所预见的,朱熹之所以能以权威姿态出现,是根源于其性格及其对待其他学者的方式。在致朱熹的信中,张栻写道:"又虑元晦学行为人所尊敬,眼前多出己下,平时只是箴规他人,见他人不是,觉己是处多,他人亦惮元晦辩论之劲,排辟之严。纵有所疑,不敢有请。深恐谀言多而拂论少,万有一于所偏处不加省察,则异日流弊恐不可免。"[2]吕祖谦也同

---

[1]《朱文公文集》,卷35,页24下。也参 Pu Niu(牛朴),"Confucian Statecraft in Song China: Ye Shi and the Yongjia School," Ph.D. thesis, Arizona State University, 1998.

[2] 张栻:《南轩集》,卷20,页10上。

样提醒朱熹有"伤急不容耐处";而且,朱熹也承认自己确有这些倾向。[①]

三、思考朱熹、斯道与道学史

本书每章结尾总论每位思想家的思想以及他与同道的关系外,主旨也在阐释道学在南宋时期的历史发展。哲学与意识形态的方法一直主导当今的研究,甚至需要补充思想史角度的观点。以新的观点看待道学的演变以及它对南宋的影响,究竟得到什么新的发现?本书要以下列四个主要问题为中心,提出一些论点:道学的成功、朱熹在道学传统中的杰出地位、道学的其他成员以及研究儒家哲学的意义。

首先,道学为什么能在1241年,获得国家与学术思想的正统地位?外族占领中原使许多知识分子相信他们面临更大的文化危机,他们认为以精神修养重振儒家的正道、复兴道德意识,是将政治、文化与社会导向正途的不二法门。北宋政权倾覆后,中央政府比较不能直接介入地方事务,监督宗教与文化团体,所以道学的发展比北宋末年少受官方的控制。南宋士人的人数空前众多,也提供道学潜在的成员。士人阶层的规模随着经济繁荣、书籍印刷与教育的发展而不断扩大,使仕途也日益壅塞,愈来愈多的文人学士竞争日益减少的科举配额。落榜的考生更多,日益难以达成以政府职位维系家族社会地位的目标。不但科举中第的机会日益减少,中央政府权力削弱,也使士人不像11世纪时那么热衷仕途。根据包弼德教授的猜测,宋朝士人见到仕途暗淡时,道学变得更有吸引力,主要因为道学强调道德修养,可以为社会的菁英地位基础提供正当的理由。对那些无法通过科举考试而绝意仕途的无数芸芸众生,这项解释当然很可能成立。

然而,对那些努力通过科举考试而进入仕途的人,道学提供人际关

---

① 《朱文公文集》卷87,页12下。

系的网络。北宋时期的关系网络大概是与各地望族联姻而构成,但南宋的菁英分子则较常与当地的望族联姻。在官僚体系里,举荐与担保对任用升迁都非常重要,所以士人的社会关系网络具有很实际的意义。随着科举的竞争日益激烈,政治与社会的关系确实吸引许多人加入道学的阵营,吕祖谦就是绝佳的例子,数以百计的学生群集他主持的书院。他和尤袤在 1172 年担任进士主考,提拔大批的道学人士后,更是情况热烈。外人可能认为这是偏颇的行为或是党派之私,但朱熹也鼓励推荐志同道合的朋友。在 12 世纪 90 年代,朱熹在江西的门人已经在地方组织"吾党"的成员,每三个月聚会讨论问题,并互相支援帮助。

政府压制道学甚至最后造成有利于道学的局面。政府停止攻击道学时,道学内部就更有余裕争论传统及经文的问题;比较不能容忍异己的宰相压制道学,在科举考试与仕途升迁时排挤道学家,反而促进道学内部的团结。道学人士反对所谓的权佞人士当权,而南宋道学的根源是北宋的元祐党人,所以南宋道学领袖的政治态度大同小异。秦桧排挤道学,韩侂胄将道学领袖列入黑名单,都加强道内部的共识。

颇为讽刺的是,12 世纪末的庆元党禁雷厉风行,使政府必须激烈转变政策,以平息安抚许多认同道学的知识分子与士大夫。李道传在 1211 年上书中提议,政府规定国立学校采用朱熹的《四书章句集注》为课本,并将道学的代表人物放进孔庙陪祀。在 13 世纪的前 30 年,朝廷下令恢复朱熹、吕祖谦、张栻、陆九渊、张九成与其他道学家的名誉,但朝廷零星局部的步调没有和缓道学人士的要求。

1241 年皇帝正式下令承认道学为国家的正统,朱熹与周敦颐、二程、张载等北宋四子进入孔庙陪祀。1241 年的上谕也赞许朱熹与他的《四书》注解使"孔子之道益以明于世",随后命令太学生要向传承道统的学者致敬,并且学习朱熹的经典注释,又将从 1104 年就供奉在孔庙里的王安石牌位迁出。

中央政府如果有力稳定,就可以抵抗道学的要求压力,甚至压制道学;但南宋政府不仅比北宋政权脆弱,又面临蒙古人的军事及文化威胁。蒙古人在 1234 年征服华北后,采纳在政府里任职的儒者建议,不但在北京重建孔庙,并实施其他措施以建立统治中国的文化合法基础。政治的考量与军事的脆弱迫使南宋政府承认道学的地位,以安抚平息意见众多的异议分子,并且宣扬文化正统已经在南方稳固建立的信念。道学领袖在朝廷中只有虚衔,不能决定国家政策,但道学仍然获得重要的利益优势。新获得的公共地位使道学更受欢迎,增加它对社会的影响力。书院与慈善救济活动一直使道学能够发展及凝聚内部团结,但政府的资助纵然很少,也能够强化这些活动。

这里强调社会政治背景,并不否认哲学思想是道学能够成功的重要因素之一。以前的儒学团体从未如此凝聚团结,并且能够维持这么长的时间。道学家能够对一些基本观念达成共识,无疑是能够团结的重要因素。这些因素背后有一个共同的关怀:如何界定与建立道学的传统。

第二,朱熹为什么能够在 12 世纪末期成为道学的核心?朱熹是道学内部最有系统的理论家,发展出最全面的哲学思想,尤其能在哲学思辨的层次超越其他道学家。就学说思想而言,他编撰较多经典注释以及指导阅读经典的作品,并且注意思想源流,以界定道学的组成范围。就制度而言,他最了解建立政府与家庭间的社区团体的潜力,所以一直努力组织书院、祠庙及乡约。一般采用上述原因解释朱熹何以能够超越他人,但本书要提供一些较新的因素。

朱熹的策略是将自己的观点描述成中庸的立场,与对手的极端的见解形成鲜明的对比。他经常批判其他道学家的学术是“杂学”,受佛教、道家、法家污染。道学早期的多样性格尤其困扰他,因为许多二程弟子在不同的地区,发展出不同的道学传统。没有权威的中心,广义的道学就漫无标准。南宋道学的第一阶段,假如必须有人出面领导,领袖就是张九成。然而张九成放宽胸怀与禅僧对话,令朱熹甚为不满。朱熹约从 1160 年开始抨击部分二程弟子偏离师说,而努力探求他认为真正的二程作品与思想遗产。12 世纪 70 年代中期编辑的选集也继续朝这方向努力,但由正面界定道学传统的人物与思想;朱熹也利用撰写祭文或墓志铭的场合,界定道学的传统与成员。

朱熹在为张栻及吕祖谦写的祭文里,开始宣称自己是首要的权威,尤其在 1181 年的吕祖谦祭文中,更明白宣扬道学的文化、政治使命。朱熹追随吕祖谦称呼同道为"吾党",借用政治派系色彩如此浓厚的字眼,指涉吕祖谦与张栻引导的道学,而且进一步宣称从此要接替领袖的地位,乃至大胆断言吕祖谦与张栻去世后,无人有资格纠正他的错误:"病将孰为之箴,而过将谁为之督耶?"

朱熹在以后的 20 年里,以这个想法为基础逐步扩充思想,更坚定引导道学的发展。朱熹地位提升的线索,可以从他在 1183 年为曹建撰写的墓志铭看出迹象。朱熹断定曹建将传承道统,无疑暗示自己是有资格判断道统谁属的老师。朱熹 1189 年写的《中庸章句》序言是另一主要进步,从此向更多人公开宣扬"道统"的观念。朱熹使用这新的词汇后,更能正式提出从古代圣人,经过二程,再到当代的道的传统,以特殊的字眼促进思想的制度化。朱熹提出二程的注释解释《四书》的深奥之处,暗示自己直接继承道统的传承。他在 1194 年完成的"沧州精舍告先圣文"中,罗列传承道统的思想家,宣称自己"逢有道载"。简而言之,朱熹在 1181 年以后,积极树立自己成为代表道统真传的唯一在世学者。朱熹在 12 世纪 80 年代及 90 年代的主要对手虽然对他的宣示极有保留,但都承认朱熹是当时道学中最出类拔萃的人物。

朱熹很早就考中进士,不必再受准备科举考试的牵累,能够及早专心学术,比对手拥有莫大的优势。他从获得进士学位到去世为止,历经 52 年时光,使他的主要对手处于明显的劣势;陆九渊通过科举后,只再活 22 年,吕祖谦仅 18 年,陈亮则不到 1 年。吕祖谦每年的平均学术著述产量虽然超过朱熹,但朱熹比较轻松、健康,有 52 年的时间致力于学术,产生空前的学术作品、思想学说,并教导许多学生。程颐比同时代的主要思想家长寿,影响力因此大为增加;朱熹也在比较年轻的学者去世后继续活跃。他去世的时间比张栻、吕祖谦晚将近 19 年,比陈亮、陆九渊晚大约六年。然而,朱熹的杰出地位不能只归因于他的寿命比较长。

道学在 12 世纪 90 年代被禁,到 1241 年成为国家的正统,经历许多动荡挫折,朱熹的地位因此更加提升。朱熹在"庆元党禁"的黑名单里,排在四位朝廷大臣之后,地位非常突出。在敬老尊贤的文化气氛中,他是最年长的道学哲学家,而且在禁令尚未解除时去世,显然被当成道学的烈士,声名更为远播。在 13 世纪权臣专政、垄断权力时,很多士大夫不满当道滥用权力,使朱熹成为道学的象征。他们上书要求尊崇道学人物的过程中,朱熹逐渐成为道学的代表人物。吕祖谦、陆九渊、张栻及其他一些道学家都获得荣衔,但请愿的臣子与朝廷在 13 世纪 20 年代末期愈来愈尊重朱熹,连吕祖谦的学生乔行简也在幕后努力,为朱熹争取陪祀孔庙的尊荣,却没有为吕祖谦争取对等的殊荣。

朱熹亲选的继承人黄榦宣称朱熹的成就超过北宋五子。北宋五子只延续道统,朱熹扮演的角色则与孟子相同,使道能够彰显于世。陈淳甚至排除张载,将朱熹描绘成二程的直接传人。根据陈淳的见解,朱熹彻底深入圣人的著作,独自一统各家学术的真理;从此以后,朱熹的学术是进入圣贤学问正途的唯一法门。真德秀也追随陈淳,置张载于一旁,而将朱熹的地位提升,厕身为道学四子之一。真德秀并且重申朱熹对道统承继的"先知式"的见解,宣称天向四子揭示道的奥秘,所以他们有先儒圣贤从未获得的见识。金华四先生追随黄榦,推崇朱熹的《四书》注解,甚于陈淳注重的由周敦颐、二程和张载语录构成的《近思录》。对朱熹的门人而言,朱熹与《四书章句集注》使北宋四子相形见绌,处于次要的地位。金华四先生确定由二程,经朱熹、黄榦,再到自己的直接线索,而其他人物则被视为道学的分支。简而言之,朱熹的地位对门人后学极其重要,所以他们将朱熹描述为超越同时人物,甚至超越北宋四子的道学大师。

第三,这里一再讨论朱熹如何获得突出的地位,读者或许会问:其他道学家及比较广泛的道学环境又如何呢?本书企图证明道学迈向正统的过程,绝对不是由二程到朱熹的单线发展。道学传统的其他线索也可能提供不同的发展,而且常常似乎能够继续维持下去,所以道学的传统不但在与政府斗争的过程中发展,也在内部的紧张关系中茁壮。南宋时期一般以比较广泛的观点看待道学,远比南宋灭亡 60 余年后,官方修纂的《宋史》所界定的范围宽广。

吕祖谦是以广阔的眼界看待道学的典型例证,他从未承认朱熹具有不容置疑的权威,足以界定道学的传统与范围;事实的确与此相反。道学当时虽然没有一统的权威,但张栻是 12 世纪 60 年代的道学核心,12世纪 70 年代转向吕祖谦。吕祖谦史学、经学、制度与文学方面的著作丰富,成就非凡,而且拥有超越其他道学领袖的崇高社会政治地位。吕祖谦在世的最后十余年,与士大夫建立无比广泛的人际关系,吸引众多学生登门请益,其他道学家都望尘莫及。当大环境敌视道学时,吕祖谦致力于保护他所谓的"吾道"与"吾党",并且在 1172 年出任进士科主考时,他和尤袤录取大批重要的道学家,是宋朝历史上最多道学家登科的进士考试。吕祖谦的地位的确独特,政府虽然明令科考取士不得偏颇,他仍然敢宣扬他自己认出陆九渊的考卷。现代的学者一般不甚注意吕祖谦的贡献,然而重建宋代道学的发展历程时,吕祖谦必然应该占有重要的地位。

除朱熹的门人弟子外,与他同时的学者并不接受他想当然的权威。诚如叶适指出,道学的标签包括许多推动改革的士大夫,不能专指朱熹。主要的思想家继续与朱熹辩论儒家学说的内容与传统组成的问题:陈亮挑战以三代盛世当作现今楷模的看法,陆九渊则质疑他的经典解释与自命"醇儒"的标记,又最直接敦促朱熹承认自己的体系只是以个人意见为基础,还需要在道学内部详细考查讨论。这些友人也对道学家的行为态度提出警告:陆九渊警告说,一些道学界的成员若继续自称是唯一的醇儒,会有遭遇强烈批评抨击的危险;陈亮则抱怨道学分子排挤外人,有如群集在神坛前的秘密宗教组织;由于政府一直打击秘密社会,陈亮的抱怨很有警诫的味道。

反道学的人士从 12 世纪 30 年代起,就一直抨击道学分子自命真儒。他们在朝廷向皇帝上书,指责道学不能代表标准的儒家学说,不过是少数骤然得宠的人物对几部经典的狭隘解释罢了,而道学成员只是一批资历不足的失意士大夫,标榜学说思想优异,目的是追求仕进的机会。攻击道学的言论声浪在 12 世纪 50 年代中期虽然稍有减弱,但朱熹在 12 世纪 80 年代的挑衅言行又招致新的非难。朱熹的作为如拆毁秦桧祠庙、弹劾唐仲友,对促进道学的利益与目标,远不如吕祖谦的方法实际有效。然而,朱熹招致比较尖锐强烈的反弹,主要是因为他没有吕祖谦的个人魅力、社会地位以及敏感的政治判断能力。道学人士在 12 世纪 90年代初卷进皇室的家务事,政敌更有充分的理由发出道学干政的警讯;这些政敌似乎到 1195 年已经获得权力斗争的胜利,使朝廷查禁"伪学"。

反道学的人士提出各种证据,证明道学是由特殊成员组成,有特定政治目的的封闭团体。道学中人不但在官场互相推荐援引,而且能够从科举考生中认出同道友人的卷子。政府虽然严格防止考官认出考生的身份,但道学有共同的观念及用语,考官有时仍然能够猜出答卷的作者,前面分析吕祖谦如何评阅 1172 年的科举考卷,无疑坐实阅卷偏颇的指控。道学结党的另一项证据是一些道学领袖主导宁宗成为皇位继承人,最后即位取代光宗,而且他们一再上书抗议道学领袖遭到罢免,更显示道学人物的关系深厚密切。由于这些政治活动,反对者认为朱熹在 1181年的吕祖谦祭文中提到"吾党",意义十分清楚。一连串的事件显示,朱熹在祭文里提出的政治主张绝非空口白话。

1197 年"庆元党禁"的黑名单也显示一贯认定的道学成员范围。以被迫害的个人而论,浙东学者的人数比朱熹及门下弟子多,是打击的最大目标。黑名单包括各种不同背景的学者,例如朱熹、叶适、吕祖谦和陆九渊的学生,他们的思想渊源不仅可以上溯到二程、周敦颐与张载,还可追溯到保守的元祐党人,例如司马光、胡安国以及吕家的先人,所以在整个 12 世纪,反对或支持道学的人士都以比较宽广的视野看待"道学"的范围。

有些迹象显示,这种比较广泛的看法到南宋末年仍未消失。李心传是记载道学运动的第一位历史学家,即保持这广泛的看法,他不仅承认张九成在 12 世纪 30 年代的重要地位,还记载朝廷册封吕祖谦及张栻的诰文,并且在 1223 年要求朝廷授予道学大师陪祀孔庙的殊荣时,将司马光与朱熹、北宋四子相提并论。朝廷在 1241 年决定朱熹与北宋四子从祀,甚至仍然不是最后的定论,因为司马光、张栻与吕祖谦在 12 世纪 60年代也加入陪祀的行列。吕祖谦在孔庙的位置就在朱熹旁边,这项措施更有意义,所以 1241 年的敕令并没有为强调程朱的狭义道学带来全面的胜利。后来的朝代才将朱熹提升到庙堂中央,成为十二哲之一。

朱熹的门人尽管宣称朱熹具有独特的地位,他们仍然暗中调和 13世纪其他道学流派的思想。第一条思想阵线是浙东的历史学家、政治家及功利主义者。真德秀的一些历史与制度的立场观点,与浙东儒者颇为类似,但他没有特别提及这些相似之处,而一直以追随朱熹学说的后学自居,所以他与浙东学者观点相同的地方,被现代学者解释成是他自己的新发展,完成了朱熹遗留下的经世制度理论。金华四先生也吸取浙东传统对法律角色的看法、重视历史制度的重要意义以及以政治军事的手段保卫国家,然而他们不强调自己的浙东学术根源,却自认是朱熹学说最正统的继承人。这些发展可以视为意图结合朱熹的哲学与浙东的制度历史智慧,其实是侧重朱熹体系中的制度与社会关怀,远离朱熹自己偏爱的哲学思辨。

另一条阵线显然是要回应陆九渊挥之不去的影响。朱熹弟子门人也将朱熹的哲学转向文化价值的层次,以突出伦理道德与自我修养的地位。黄榦虽然努力信守朱熹托付他的期望,但更强调个人修养,因此不十分重视朱熹的学术研究与抽象的思辨哲学。陈淳只在 1217 年与严州的陆九渊后学交锋时,痛加斥责陆学,但他的《北溪字义》强调心与功夫修养,可以视为对陆九渊挑战的正面回应;朱熹的后学受陆学的挑战,必须组织扩充朱熹在心学与功夫修养方面的学说。杨简与其他浙江的陆门弟子继续发展陆九渊的哲学,成为朱熹学派外的另一体系。然而,陆门弟子在 13 世纪转向与朱熹的方法论融合,却是陆学更典型的发展。真德秀与受陆学吸引的学者在友善的气氛中对话后,或许因此受到启发,努力扩充朱熹的心学;例如,真德秀与安徽唐氏的交流,就能够鼓励双方和谐寻求共同的立场。

朱熹的后学显然将思想重点转移,偏离他比较喜欢谈论的思辨哲学,其他 12 世纪的道学家不如朱熹注意讨论这层次的问题,也没有讨论得那么彻底。朱熹与同时的学者有时由不同的层次解答他们处理的问题,但不像一些现代学者的猜测:遗忘双方的主要论点。朱熹有时回避朋友提出的主要论点,企图将讨论引导到比较理论化的层次。朱熹的思想包括抽象的哲学原理外,也包含文化价值与实际事务的论题,但他对三个层次的着重点与时人及后学都不同,因此他的学生回归 12 世纪道学的中心时,其实增加朱熹学派对文化价值和实际事务的讨论。由于他们的努力,朱熹的名下拥有更充实的文化价值与实际事务的论述,并且使心及经世的哲学更加完整,对朱熹学派的最后胜利贡献极大。

刘子健先生指出,随着以朱熹为中心的综合学术主导潮流,儒学表现出空前的排外倾向,然而排外的倾向其实很早已经开始,程颐就曾经宣称:唯有专心研究"道"的学者才配称为儒者。道学的成员逐渐采用分别人我内外的字眼,例如"吾儒"、"吾道"、"斯文",到 12 世纪 70 年代甚至不避讳"吾党"。他们一心一意要使国家社会符合道的理想,却造成紧张忧虑不断升高。道学家面对政府及其他儒家士大夫的敌意,又身在佛教和道教的影响无所不在的社会,所以看到同道与现实世界冲突对立时,会变得愈来愈缺乏安全感,卫道的使命感更加强烈。他们的著作经常有轻微的偏执妄想,透露出他们对外来的危险攻击非常焦虑。

就与朝廷的交往互动而言,道学的排外性格与南宋时代的专制体制及正统问题很有关联。朱熹道统观念与传统儒家的政统观念很类似,而且道学的发展在 1241 年达到高峰,成为国家的正统学说时,思想与政治的领袖都明白他们需要一套能够加强意识形态正统地位的共同目标。从儒家的整体历史来看,文人学者素来努力追寻一条正道,以期使思想一统,从不企求建立有如忠诚的反对派(loyal opposition)般的独立自主团体。我们或许可以说专制的政体与思想正统具有共同的基础,而这基础就是道学家不断强调的想法:君主的用心应该是政治、社会价值的基本关键。简而言之,朱熹固然难逃使儒学正道变得更狭隘的一些责任,但他扮演的角色必须置于更长远的历史发展来了解,尤其应该重视由北宋程颐到《宋史》编修完成间历经的种种人事与事件背景。

第四,道学如此面貌多变的思想发展历史,如何可能影响现代学者的儒学研究?有几个例子足以说明。朱熹的门人转移学术的中心课题,不再专注探讨思辨哲学,我们是否应该避免当前的一般看法,将道学家描述成一群沉迷于形而上学的哲学家?这种传统印象起源于过度强调朱熹最抽象的哲学陈述,即使朱熹本人比较强调道德哲学,甚于关心社会政治的问题,但伦理学毕竟不是形而上学。而且,现代学者援引真德秀与吴澄为例,证明朱熹的学派专注心学的探讨,企图看轻陆九渊及其后学对这两位哲学家的影响。但将真德秀与吴澄描绘为朱熹的忠实信徒,是否只是片面的事实?如果真德秀与吴澄如此自居,可能是以朱熹的力量为象征的意义比较浓厚,甚于完全依随他的观点。《宋史》没有将真德秀列入"道学传",但是近代学者已经证明他是道学传统中很重要的中心人物。本书强调张九成、吕祖谦等学者的贡献,目的是要重现道学历史的早期多样化的特性与演变。

以历史的观点来看待道学演变,也能使我们更了解主要道学思想家的哲学。本书每一章结束前曾经总结讨论思想家,由于他们的贡献与特色很多、很复杂,无法在此做完整的摘要,但朱熹的例子颇有启示。

本书将朱熹的思想发展置于他与同时代学者交流的背景下理解,以使产生新的角度研究他的思想。例如,朱熹与许多学者都致力于建立儒教的理想社会,而借用他们的社区组织的模式,发展社仓、书院等组织。朱熹备受赞扬的书院组织与书院学规,其实吕祖谦早已着手进行这些工作,朱熹或许是受他的启发;此外,他对《易经》、《诗经》的看法是以吕祖谦的研究为文献的架构。朱熹与陆九渊争论教学方法时,吕祖谦不仅居中协调,也积极加入讨论。朱熹的确有时在意见争执不下的情况下自居中庸,他虽然常常将别人的观点解释得比原来极端,但似乎仍然努力要达到自认为的中庸的立场,所以若不清楚把握同时学者的其他看法,朱熹的思想动力就会变得比较模糊。

朱熹的听众也影响他的学说。他在冲突争论的场合发表的论述,有时与他在别的场合讲的话不同。他对古代霸道的评论时时有异,既可以从历史学者的立场谈,有时又从道德哲学家的角度争论霸道的问题。他与陈亮作一系列的辩论,影响他对井田制度、"经权"问题与道的看法。现代学者一般都忽视陆九渊质疑朱熹的权威与见解是否客观,但陆九渊的问难的确是十分重要的挑战,更明白显示朱熹预设自己对"道"的了解客观而明确,而且非常在意这项预设;陆九渊直接挑战这预设时,他不愿意辩护。朱熹私下虽然表示怀疑,而且一直努力求取更好的理解,但与人辩论时,他的态度语气总是非常自信权威。朱熹和陆九渊辩论时的表现,以及他删改胡宏与张栻的著作,都与他一般的哲学与方法论论述颇为不同,显示出他思想的另一面相,并不像现代学者描述的那么重视文献的完整;这些细节使我们能更广泛深刻地了解朱熹。本书试图从朱熹与道学成员都关怀的"吾道"的传承问题,了解他的种种行动作为,因此这些争执辩论的著作证明:背景与团体的互动对思想的发展与倾向非常重要。由于儒家学者素来强调人际的关系与互动,而非个人的单独自主的活动,因此朱熹的模式并不令人意外。

本书还有什么不足之处,需要再加注意的呢?我想提出几点值得学者继续努力的方向。本书集中讨论的几位道学领袖虽然还需要更完整的研究,但更艰巨的任务是研究道学的所有成员,不仅包括主要的政治人物,也要探讨参与道学的一般人士。我们对道学以外的南宋儒家学者所知更少,现在的思想史研究很少触及诗人、画家、史学家、类书的编者、科学家,甚至于政府官员等儒家人士,因此,我们必须研究这样道学之外的儒士。若要完整呈现本书所处理的道学发展,也必须写第二本书,探讨13世纪(在南方和北方)到14世纪40年代《宋史》完成之间的发展,我希望学者加入这项历史研究。研究明清时代的学者最近一直讨论明代中期到清末间的正统问题,我们也应该填补宋末到明初间研究的空白。道学对帝制时代晚期的中国冲击甚巨,也一直影响东亚的教育、社会经济价值与政治文化,所以怎么能够忽视道学的思想史发展呢?

四、经济发展和多元论的儒学谱系

过于推崇朱熹的地位一个现今的例子就是有关儒家伦理与亚洲20世纪经济发展之间关系的争论。在寻求与亚洲"经济奇迹"相一致的各种行为价值的根基时,人们偏重于所谓"Neo-Confucianism"(新儒学或者理学)。在这里,我只想用一些关键的个案来表明我的观点:朱熹的道德哲学并不总是儒家传统在20世纪以来最适用的版本。

在20世纪的前三十几年,陈焕章(1881—1933年)曾在中国极力提倡孔教,所以我们需要去审视他对于孔子和朱熹的观点。他的1911年哥伦比亚大学的博士论文题为"The Economic Principles of Confucius and His School"("孔子的经济原理及其学派")。陈焕章认为,孔子反对重"利"时,仅仅是要谴责追求私利(如《论语·里仁》、《论语·子罕》)。准确地说,孔子从未贬低过对于公共利益的追求。而且,他也只是针对那些在朝廷谋职的人才讲这番话的。因此,对于那些朝廷之外的人,他们需要为家庭或社区提供福利,则追求自身利益就并无不妥。那么陈焕章如何解释孔子和孟子反对任何对利益的追求这一广为接受的观点呢?他认为是宋明理学把传统儒家训诫歪曲为反对追求利益,特别是程朱思辨哲学使中国人脱离了求利这种非常实际的事务。在他 1922 年的《孔教论》一书中,陈焕章总结了其博士论文的观点。这本书的中文读者面非常广,从 1922—1942 年共重印了七次。①

另一个更成功地把孔子与经济发展相关联的宣导者,便是涩泽荣一(1840—1931 年)。在他的《论语と算盘》一书中,鉴于传统儒家观念等价值和中国竟是如此地偏离此道,他提出了自己的观点。作为日本现代工业结构的主要建筑师,因此他的观点值得引起关注。② 在他这本回忆性的书中,他说自己一直把孔子的《论语》当作商人的"圣经"。他着重强调传统儒家关于孝、义和自身修养的观点,认为传统儒学价值观念与商人对利益的追求是极为协调的。跟陈焕章一样,涩泽荣一批评朱熹对儒学的改造是中国衰弱的根源。尽管德川时期的政府采用朱熹关于工商的观点,激进的日本思想家仍然试图从引进的"死学空言的朱子儒家"中创造出实学来。③ 日本人将孔子的观念与日本的武士道相结合,形成了一个坚实的传统,在此基础上,日本才能成功地实现近代化。因此,涩泽荣一认为,孔子和日本武士道对于义利合一有类似的了解。

在 20 世纪最后 20 年中,余英时先生重新思考了中国宗教伦理和经

---

① 《孔教论》1922 年由香港的 International Books 出版;关于他的论文的中文简介,见页 65—76;该博士论文于 1974 年由纽约 Gordon Press 出版。

② 关于涩泽荣一传记的英译,见 Shibusawa Eiichi, *The autobiography of Shibusawa Eiichi: from peasant to entrepreneur* (translation of *Amayo-gatari*), translated with introduction and notes by Teruko Craig, (Tokyo: University of Tokyo Press, 1994);关于讨论涩泽荣一的论文,见 Kuo-hui Tai, "Confucianism and Japanese Modernization: A Study of Shibusawa Eiichi," in Hung-chao Tai, *Confucianism and Economic Development: An Oriental Alternative?* (Washington, D.C.: Washington Institute Press, 1989), pp.70 - 91.

③ 涩泽荣一:《论语と算盘》被译为中文,标题是《论语与算盘》,蔡哲茂、吴壁雍译,(台北:允晨文化公司,1987 年),页 182、241。

济发展的问题。一方面,余英时先生为考查传统儒学与市场经济的相容性提供了新的视野。比如,他从子产的从商经历看出其对孔子的思想与语言的影响。他承认"资本主义"是欧美发展的产物和观念,却侧重于布罗代尔(Fernand Braudel)有关市场经济的概念。他论证道,儒者并不很快接受法家敌视商业和商人的立场,尽管现代学者通常把这样的敌视归罪于儒家。另一方面,同陈焕章和涩泽荣一相比,余英时对宋代的发展评价更为积极。只有在宋代,商人才被允许参加科举考试,而且一些士人从事商业活动。他指出,商人的地位稳步提高,在十六、十七世纪达到鼎盛地步,那时,商与士的界限趋于模糊。兼具着士的诚、义之德,商人发展出了一种商业文化,通过将数学应用到商业管理,采用薄利多销的原则,从而增强了市场的理性化。在蓬勃发展的市场经济影响下,诸如王现(1469—1532 年)、顾炎武(1612—1683 年)之类的学者,便化解了儒家私与公、利与义之间通常存在的紧张关系,甚至还提倡奢华消费来刺激经济。余先生还强调说,虽然勤劳、节俭和惜时属于古典儒家的美德,但由于受到禅宗的影响,这些美德又在"新儒学"中得到了加强。它们日渐融入普通人的日常生活之后,也易于为商人所采纳。按照他的观点,尽管由于明清政府的抑制,中国市场经济的发展从未经历持续性的起飞阶段,然而 20 世纪后期的政治结构变化提供了一个良好的环境,使得儒家化的商业文化遗产能够焕发青春并实现其内在潜力。①

余英时在为一位台湾企业家(吴火狮,1919—1986 年)撰写的墓志

---

① 特别见他的《中国近世宗教伦理与商人精神》;及其 "Business Culture and Chinese Traditions-Toward a Study of the Evolution of Merchant Culture in Chinese History," 收入 Wang Gungwu and Wong Siu-lun, eds., *Dynamic Hong Kong : Business and Culture* (Hong Kong : Center of Asian Studies, University of Hong Kong), 1997, pp. 1 - 84;"Confucian Ethics and Capitalism." Paper presented at the Asian Foundation 20th Anniversary Commemoration International Symposium : The Challenge of the 21st Century : The Response of Eastern Ethics, July 1 - 2, 1997, Seoul, Korea.

铭中,阐述了自己如何看待儒学与东亚不断发展的商业文化之间的互动关系。他称赞吴火狮在生活与工作中的自律与投入,这反映出了儒家对学的追求。在培养这些基本美德的同时,这位企业家思想开放,故能灵活应对不同的时间与情势。吴火狮与家人朋友建立了和谐的关系,并且将这种温馨的人情扩及整个社会。特别是当他年近中年、家庭生活稳定之后,更把注意力放在民众的福利与生活品质问题上。这样,他就把自利转变成对于更大的公共利益的追求。基于儒家的商业文化,他特别关注人情和义理,把它们作为对西方商业理性与效率研究的补充,从而在他的雇员中建立起忠诚与凝聚力。最终,他将儒家哲人们最初宣导并阐述的美德——智、仁、勇、力——植入了商业领域。①

虽然回答对余英时论点的批评不是本文的任务,我仍想就其评论者的几个相关论点进行说明,因为这些批评大概出于对余英时论点的误解。首先,尽管余英时在《中国近世宗教伦理与商人精神》中的确采用了韦伯式的范畴,他却想摆脱"新教伦理"这一文化特殊性,来观察更为普遍一般的韦伯问题:信仰系统是否影响人们的经济观念与经济行为?更为重要的是,他在90年代末的两篇文章中,已经超越了韦伯的框架,比如他承认"资本主义"是现代西方的产物,但现在着重研究"市场经济"及其与佛教、儒学信仰系统之间的互动关系。因此,我们不能只因指出余英时处理与韦伯不同的"伦理、信仰或价值",就否定其论点之成立。余英时由此而能自由地将注意力放在市场经济运行中的积极因素上,如私、利、数字化的理性(mathematical rationality)等等。② 其次,中国大陆一些学者与余英时的论点颇不相同,可是他们的研究成果却支持了他对市场经济的强调。例如,陈智超对方用彬书信(写于1564—1598年)的研究,也例证了余英时的论点——儒家知识分子与商人的界限模

① 见黄进兴:《半世纪的奋斗:吴火狮先生口述传记》(台北:允晨文化公司,1988年),附录第四。吴火狮由学徒开始,最终建成新光企业集团。
② 同上。

糊。① 漆侠与冯友兰的著作也是好例,尽管他们的观点与余英时相去甚远。二位学者都批评儒家轻视商人的传统,但他们也都证明,诸如陈亮、叶适一类的儒者,却是商人利益强有力的代言人。② 第三,所有这些学者皆着眼于知识分子和那些有文化的商人,因而他们都未能证明,这种价值观念已扩展至一般大众。不过,值得提出的是,从墨子、孟子一直到毛泽东,中国思想家都指出中国人有很强的自私、求利的意识。因此,虽然需要有一些研究大众意识的著作,但考虑到与秦汉鄙视商业与商人相比,这些知识分子与商人的观念为市场经济创造了积极的文化语境,当代学者主要讨论他们的观念发展史也有其合理之处。

儒家伦理与当代经济发展的关系,已经吸引了我们不少的注意;③而我在此要着重讨论的,则是中国思想研究中的分类问题。陈焕章和涩泽荣一都尖锐批评朱熹一派儒学对中国经济发展的影响。这两位 20 世纪初以儒学作为宗教伦理的宣导者,既如此强烈地批评朱熹,就提醒了人们,在把所有 20 世纪的"新儒家"都当成朱熹道学的追随者时,必须谨慎从事。余英时的例子更为复杂,他的研究视角与内容正表明,把从事东亚研究的学者置于固定不变的范畴之下,其实存在很大问题。先把这个问题放在一边,我注意到余英时先生虽然对朱熹的道德哲学与伦理体系的评价比陈焕章与涩泽荣一的高,但他所讲的儒家的范围要宽广和综合得多。他赞赏程颐和朱熹将禅宗引入儒学,达到一种较为彻底的"入世苦行"(innerworldly asceticism),此乃商人伦理的基石,但其近作却着重于十六、十七世纪的思想家,因为他们在讨论那些与市场经济有着更

---

① 陈智超:"《美国哈佛大学哈佛燕京图书馆藏明代徽州方氏亲友手札七百通考释》导言",载《中国史研究》2000 年第 3 期,第 125 页—139 页。

② 漆侠:《宋代经济史》(上海:人民出版社,两册本,1987,1988 年),页 1169—1178 ;冯友兰:《中国哲学史新编》(北京:人民出版社,六册本,1984—1988),第五册,页 228—229,238—244。

③ 例如见我的"Epilogue"在我英译黄进兴所著《半世纪的奋斗》:*Business as a Vocation* : *Mr. Wu Ho-su's Autobiography* (Cambridge:Harvard East Asian Legal Studies Monograph Series, Harvard University Press, 2001), pp. 245 - 259.

加直接具体关系的问题。余英时虽然一直用"新儒学"或"理学"这提法来讨论问题,可是他的着重点——诸如王阳和顾炎武这样的思想家,特别是利和私的论题——却清楚表明他所指的与程朱正统截然不同。

这些关于利与私的观点与朱熹对道学的重建相悖,因为他斥责了那些同时代思想家的观点,而余英时所称赞的明清学者正是具有这些观点的人。陈亮曾在传统儒学私与公、利和义的对立中进行折中,而朱熹很快就批评陈亮所作的调和;所以,我们很难把朱熹哲学与后世的这些观点联系起来。更进一步,陈亮的杰出正在于他不加掩饰地为商人利益说话。他认为财富不均是自然的,政府不应对富人施加严厉的限制措施。例如,政府应该让人们自由榷酒,而不是垄断它。陈亮对商人利益的维护表明了他唯物主义地看待人性,并且主张人欲和对自身利益追求的正当性。[①] 陈亮和叶适都是商人与富民的代言人,为他们对利的追求进行辩护。[②] 不过陈亮关注的是商人的利益,而叶适则是在极力倡导一种政策,那能增大商人对国家的贡献。但无论如何,他们都远比朱熹要更重视商人和市场的力量。例如,当朱熹所任职的浙东发生灾荒,他动用行政力量迫使富有家庭按灾荒前的价格出售谷粮,禁止商人将粮食运出该地。他并没有听从由市场力量来调节谷粮供应量的建议。[③]

在论及儒家对东亚经济发展的影响上,当代社会科学家们已经感觉到,这种文化主义的论证存在一个很大缺陷。虽然愿意承认这种宣导儒家影响力的论争有些道理,但 Peter Petri 告诫说,这样的文化论争并不能解释东亚文化地区内的差异性。那位 Brandeis 大学国际经济金融学

---

① 田浩:"陈亮论公和法",收入田浩编:《宋代思想史论》,页 521—537,546—547。

② 同上书,页 546—547, 555—558。中国四位历史学家也指出陈亮和叶适为商人说话,为商人的谋利行为辩护。见漆侠:《宋代经济史》,册二,页 1169—1178;冯友兰:《中国哲学史新编》,册五,页 228—229,238—244;周梦江:《叶适与永嘉学派》(杭州:浙江古籍出版社,1992年);方如金:《陈亮与南宋浙东学派研究》(北京:人民出版社, 1996 年)。

③ 参见 Robert Hymes（韩明士），"Moral Duty and Self-Regulating Process in Southern Sung Views of Famine Relief," pp. 302–307.

院院长，用简练的语言表明了他的观点——"文化性解释的可信性往往因地区文化多元性而降低；在东亚经济快速增长的国家中，儒家传统的影响力并不一致"①。

　　而我认为，目前讨论的困难在于——这些文化性解释普遍地围绕着"新儒学"，但就所涉及思想家及其观念的范围来看，讨论者们的所指有着很大区别。（当然，经济发展是否受文化因素的影响，这问题比较重大，可以先存而不论。②）虽然在每个人所讲的"新儒学"中，程、朱二人都非常重要，但一些学者似乎仅仅用来指程朱学派，这一学派从 1241 年到 1911 年间的绝大部分时间内都是处于支配地位的国家正统，而另外一些学者却用它来包括那些反对程朱学说的思想家。学者们很少说明，他们各自使用的这个术语所指为何；而且，即使他们指明自己的意思时，也只是将它与中国本有的概念"道学"或"理学"相等同，而没有详细说明他们所谓"道学"或"理学"的时期与范围。至于那些使用"新儒学"而又不指定这一术语界限的学者，则一直忽略儒家学说内部的显著区别，为他们的阐述留下了众多混淆。如果我们把"新儒学"这一整体分解开来，就能比较清楚地看到儒学内部不同的传统或倾向，从而更能理解对现代发展的各种正面或负面影响来自儒学内不同的文本和思想谱系。当然，"儒家"这一整体概念也应当被分解，我们应该尽力去说明它在特定背景下指的到底是谁。

　　简而言之，既然以朱熹为中心的文化框架主宰了对东亚思想的认知，那么我们的评述难道不该更严格些吗？譬如，如果我们用无所不在的"新儒学"这一标目去标注十六、十七世纪那些重新定义儒学的两极概念、使利和私更能为人接受的思想家，很可能我们就会认为这些

① Peter Petri, "Common Foundations of East Asian Success," 收入 Danny M. Leipziger, ed., *Lessons from East Asia* (Ann Arbor: University of Michigan Press, 1977), p. 547.

② 关于当前的两个讨论，见我在 Business as a Vocation 中的序言，及 David C. Schak, "The Spirit of Chinese Capitalism: A Critique,"《清华学报》25.1 (March 1995): pp. 87 – 113.

后世的思想家和朱熹之间存在某种相容性,因而就会忽略朱熹对陈亮早先宣导相同的理念的批判。如果当我们对十六、十七世纪出现的这些观念进行思考时,将像陈亮这样的先驱人物都包括在内,我们或许就会更清楚地认识到儒学内部各种谱系与传统论争的动态性。那样的话,我们更容易了解陈焕章的批评——程朱学派轻视利与经济考虑,而且程朱学派加强了对利和私的偏见。此外,陈焕章认为孔子和孟子对菁英阶层对公众利益的追求以及大众对个人经济利益的追求均持开明态度,这恰与陈亮的观点一脉相承——后者也说自己继承了孔子对功利与实际事务的肯定态度。这样,一个程朱学派之外而特殊的思想谱系便初现端倪了。

五、结论

虽然这篇结论仅只提供出一些"个案分析",来说明在我们的讨论中过分抬高朱熹与新儒学会造成何种问题,但我预料在其他时代,对文本的仔细阅读和对历史背景的分析也会得出多层面的和细分的类似思想画面。有了这样一种动态而复杂的画面,我们或许就能更准确地理解儒学内部的各种传统与思想倾向,由此对于现代发展的各种积极和消极的影响就可以被看成出自不同文本的和思想的谱系。我希望我们能把这样的谱系看作不断发展的表达方式,它涵括了构建的文本、虚构的故事和想象的关系。

参考文献

古籍

王守仁:《王文成公全书》(四部丛刊本)。

王梓材、冯云濠:《宋元学案补遗》(四明丛书本;台北:世界书局重印,1962 年)。

王懋竑:《朱子年谱》(台北:商务印书馆重印本,1966 年)。

仇兆鳌:《杜诗详注》(北京:中华书局,新校标点本)。

孔颖达:《春秋左传注疏》(四库全书本)。

叶绍翁:《四朝闻见录》(北京:中华书局,新校标点本)。

叶　适:《习学记言》(四库全书本)。

——:《叶适集》(北京:中华书局,新校标点本)。

司马光:《资治通鉴》(北京:中华书局,新校标点本)。

——:《温国文正司马公文集》(四部丛刊本)。

司马迁:《史记》(北京:中华书局,新校标点本)。

毕　沅:《续资治通鉴》(北京:中华书局,新校标点本)。

吕乔年:《丽泽论说记录》(四库全书本)。

吕祖谦:《十七史详解》(1669—1670 年山西刊本,普林斯顿大学善本书)。

——:《大事记》(四库全书本)。

———:《历代制度详说》(四库全书本)。

———:《左氏传说》(百部丛书集成本)。

———:《左氏传续说》(四库全书本)。

———:《东莱吕太史文集》(续金华丛书本,丛书集成三编)。

———:《东莱吕氏古易》(百部丛书集成本)。

———:《东莱先生左氏博议》,清人刘钟英注,(宝山斋本;台北:世界书局重印,1984 年)。

———:《吕东莱先生文集》(国学基本丛书本)。

———:《宋文鉴》(四部丛刊本)。

———:《增修东莱书说》(百部丛书集成本)。

朱　熹:《大学章句》(四部备要本)。

———:《四书章句集注》(新编诸子集成本;北京:中华书局重印,1983 年)。

———:《朱子语类》,黎靖德编,(台北:正中书局景印明成化九年江西藩司复刊宋咸淳六年导江黎氏本,1962 年);另用(北京:中华书局,新校标点本,1986 年)。

———:《朱子全书》(1713 年渊鉴斋本;台北:广学社重印,1977 年)。

———:《朱子集》(成都:四川教育出版社,1996 年)。

———:《朱熹辨伪书语》,白寿彝辑,(北平 1933 年本;台湾开明书局重印,1969 年)。

———:《伊洛渊源录》(百部丛书集成本)。

———:《论语集注》(吴志忠刊本,收入严灵峰编辑,《无求备斋论语集成》,台北:艺文书局重印,1966 年)。

———:《周易本义》(四库全书本)。

———:《诗集传》(北京:中华书局,新校标点本;台北:台湾中华书局再印,1969 年)。

———:《孟子或问》(《朱子遗书》重刻合编;清康熙中御儿吕式宝诰堂刊本;台北:艺文印书馆影印,1969 年)。

———:《孟子集注》(吴志忠刊本,收入严灵峰编辑,《无求备斋孟子十书》,台北:艺文书局重印,1969 年)。

———:《晦庵先生朱文公文集》(四部备要本);又名《朱子大全》(台北:中华书局

重印,1970 年）。

　　朱熹、吕祖谦：《近思录》（百部丛书集成本）。

　　朱熹主编：《资治通鉴纲目》（1804 年苏州聚文堂刊本）。

　　阮　　元：《十三经注疏》（北京：中华书局，新校标点本）。

　　纪昀、永瑢：《四库全书总目》（1782 年四库全书本；北京：中华书局修订本，
1965 年）。

　　孙　　甫：《唐史论断》（学津讨原本）。

　　孙应时：《烛湖集》（四库全书本）。

　　杨　　时：《杨龟山先生文集》（百部丛书集成本）。

　　杨　　简：《杨氏易传》（四库全书本）。

　　——：《慈湖诗传》（四库全书本）。

　　——：《慈湖遗书》（四库全书本）。

　　李心传：《建炎以来系年要录》（国学基本丛书本；北京：中华书局再版，1956 年）。

　　——：《建炎以来朝野杂记》（百部丛书集成本）。

　　——：《道命录》（百部丛书集成本）。

　　余　　祐：《文公先生经世大训》（1796 年河南按察司刊本）。

　　张九成：《孟子传》（四库全书本）。

　　——：《横浦日新》（附于《横浦文集》）。

　　——：《横浦文集》（1614 年；上海：商务印书馆再印,1925 年）。

　　——：《横浦心传》（附于《横浦文集》）。

　　张九成学生辑：《诸儒鸣道集》（约 12 世纪 60 年代成书,1236 年本,北京图书馆
善本书）。

　　张　　载：《张载集》（北京：中华书局,新校标点本）。

　　张　　栻：《汉丞相诸葛忠武侯传》（百部丛书集成本）。

　　——：《孟子说》（四库全书本）。

　　——：《南轩集》（绵邑洗墨池刊本；台北：广学社重印,1975 年）。

　　——：《祭巳论语解》（百部丛书集成本）。

　　陆九渊：《陆九渊集》（北京：中华书局,新校标点本）。

　　陈邦瞻、冯琦：《宋史纪事本末》（北京：中华书局,新校标点本）。

陈传良:《止斋先生文集》(四部丛刊本)。

陈　寿:《三国志》(北京:中华书局,新校标点本)。

陈　亮:《陈亮集》(北京:中华书局,新校标点本,1974年);另用增订本(北京:中华书局,1987年)。

陈亮辑:《欧阳文粹》(四库全书本)。

陈　淳:《北溪大全集》(四库全书本)。

——:《北溪字义》(北京:中华书局,新校标点本)。

范祖禹:《唐鉴》(国学基本丛书本)。

欧阳修:《欧阳修全集》(中国书店本)。

——:《新唐书》(北京:中华书局,新校标点本)。

周　密:《癸辛杂识》(百部丛书集成本)。

周敦颐:《周濂溪先生文集》(百部丛书集成本)。

郑玄、孔颖达:《礼记注疏》(十三经注疏本,1815年本)。

孟　子:《孟子》,赵氏注,(四部丛刊本)。

荀　子:《荀子》(四部丛刊本)。

荀　悦:《汉纪》(四部丛刊本)。

胡　宏:《五峰集》(四库全书本)。

——:《胡子知言》(百部丛书集成本)。

——:《胡宏集》(北京:中华书局,新校标点本)。

班　固:《汉书》(北京:中华书局,新校标点本)。

袁　采:《袁氏世范》(百部丛书集成本)。

真德秀:《大学衍义》(四库全书本)。

——:《心经》(四库全书本)。

——:《西山文集》(四库全书本)。

——:《政经》(四库全书本)。

钱　泳:《履园丛话》(北京:中华书局,1979年)。

唐仲友:《金华唐氏遗书》(续金华丛书本,丛书集成三编)。

——:《帝王经世图谱》(四库全书本)。

黄宗羲、全祖望:《宋元学案》(北京:中华书局,新校标点本)。

——:《增补宋元学案》(四部备要本;台北,中华书局重印,1966 年)。

黄　幹:《朱子行状》,李滉(退溪,1501—1570 年) 辑注,(日本东京及大阪 1804 本;台北:中文出版社重印,1972 年)。

——:《勉斋集》(四库全书本)。

脱脱主编:《宋史》(北京:中华书局,新校标点本)。

程颢、程颐:《二程集》(北京:中华书局,新校标点本)。

蔡上翔:《王荆公年谱考略》(上海:人民出版社,新校标点本,1959 年)。

魏了翁:《鹤山先生大全文集》(四部丛刊本)。

当代中日文资料

三画

大滨皓:《朱子の哲学》(东京:东京大学,1983 年)。

山井涌:"《朱子文集》に见える朱子の'心'",《中哲文学会报》,第 6 号(1981 年 6 月),页 27—44。

——:"朱子の'心'に关する若干考查",《中哲文学会报》,第 5 号(1980 年),页 97—112。

——:"朱子の哲学における'太极'",《东アジアの思想と文化》,第 9 期(1980 年 9 月),页 37—68。

山根三芳:《朱子伦理思想研究》(东京:东海大学,1983 年)。

——:"朱子の天について",《东方宗教》,第 26 卷(1965 年 10 月),页 37—54。

小岛毅:《宋学の形成と展开》(东京:创文社,1999)。

马持盈:《诗经今注知识》(台北:商务印书馆,1969 年)。

四画

王梦鸥:《礼记今注今译》(台北商务印书馆,1971 年)。

王瑞明、张全明:《朱熹集导读》(成都:巴蜀书社,1992 年)。

王德有:《道旨论》(济南:齐鲁书社,1987 年)。

王德毅:"李心传年谱",收入《宋史研究集》,第 9 辑(台北:中华丛书编审委员会,1977 年),页 513—573。

——:《宋史研究论集》(台北:台湾商务印书馆,1993 年)。

——:《宋代灾荒的救济政策》(台北:台湾商务印书馆,1970 年)。

——:"宋孝宗及其时代",收入《宋史研究集》,第 10 辑(台北:中华丛书编审委员会,1978 年),页 245—302。

——:"黄榦的学术与政事",《汉学研究》,第 9 卷第 2 期(1991 年),页 105—120。

韦政通:"朱熹论'经'、'权'",《史学评论》,第 5 期(1983 年),页 99—114。

——:"'庆元学禁'中的朱熹",收入钟彩钧、张季琳编,《国际朱子学会议论文集》上册(台北:中央研究院中国文哲所,1993 年),页 123—149。

友枝龙太郎:《朱子の思想形成》(东京:春秋社,1969 年)。

中山久四郎:"朱子の史学——特に其の《资治通鉴纲目》につきて",《史潮》,第一部分在第 1 辑第 3 期(1931 年 10 月),页 33—60;第二部分在第 2 卷第 1 号(1932 年 2 月),页 72—98。

——:"朱子の学风——特に其史学につきて",《斯文》,第 13 卷第 11 号(1931 年 11 月),页 865—888。

内藤虎次郎:《支那史学史》(东京:弘文堂刊行,1950 年)。

方如金:《陈亮与南宋浙东学派研究》(北京:人民出版社,1996 年)。

邓广铭:"三十卷本陈龙川文集补阙订误发覆",《历史研究》,第 2 期(1984 年 4 月),页 35—49。

——:"朱唐交忤中的陈同甫",收入其《邓广铭学术论著自选集》(北京,首都师范大学出版社,1994 年),页 562—568。

——:"朱陈论辩中陈亮王霸义利观的确解",《北京大学学报》,第 2 期(1990 年),页 1—5。

——:"陈亮反儒问题辨析",收入其《邓广铭学术论著自选集》(北京:首都师范大学出版社,1994 年),页 505—529。

——:"陈龙川狱事考",收入其《邓广铭学术论著自选集》(北京:首都师范大学出版社,1994 年),页 544—561。

——:"略谈宋学",收入邓广铭、漆侠编:《宋史研究论文集》(杭州:浙江人民出版社,1987 年),页 1—19。

——:"辨陈龙川之不得令终",收入其《邓广铭学术论著自选集》(北京:首都师范大学出版社,1994 年),页 569—578。

——:"关于周敦颐的师承和传授",收入季羡林编:《纪念陈寅恪先生诞辰百年学术论文集》(北京:北京大学出版社,1989 年),页 53—60。

邓广铭、漆侠:《两宋政治经济问题》(上海:知识出版社,1988 年)。

邓艾民:《朱熹、王守仁哲学研究》(上海:华东师范大学,1989 年)。

邓克铭:《张九成思想之研究》(台北:东初出版社,1990 年)。

邓恭三(邓广铭):《陈龙川传》(重庆:独立出版社,1944 年)。

五画

石 之:"白鹿洞学院史事杂考",收入朱瑞熙编,《朱熹教育和中国文化》(北京:北京燕山出版社, 1991 年),页 346—350。

石田肇:"朱熹の熙宁前后观",《群马大学教育学部纪要》,第 30 卷(1980 年),页 65—83。

——:"南宋明州の高氏一族について",收入宋代史研究会编:《宋代の社会と宗教》(东京:汲古书院,1985 年),页 225—256。

——:"周密と彼の著作をめぐつて",《东洋文化研究所记要》,第 11 辑(1991 年11 月),页 83—93。

——:"周密と道学",《东洋史研究》,第 49 卷第 2 号(1990 年 9 月),页 25—47。

——:"唐仲友觉书——南宋思想史の一出",《社会文化史学》,第 12 号(1975 年7 月),页 23—37。

申美子:《朱子诗中的思想研究》(台北:文史哲出版社,1987 年)。

田中谦二:"朱门弟子师事年考",《东方学报》,上篇在第 44 期(1973 年 2 月),页 147—218;下篇在第 48 期(1975 年 12 月),页 261—357。

田 浩:"金代儒教:道学在北部中国的印迹",《中国哲学》,第 14 辑(1988 年),页 107—140。

——:"论陈亮与道学的关系",《大陆杂志》,第 78 卷第 2 期(1989 年 2 月),页 1—5。

——:"陈亮论公和法",收入田浩编:《宋代思想史论》(北京:社会科学文献出版社,2003 年),页 518—576。

——："从宋代思想论到近代经济发展"《中国学术》2002 年，第 10 辑，页 167—192。

——："宋、金、元文化思想碰撞与融合：探究郝经的夷夏观、正统论与道学演变"，收入张希清主编：《10—13 世纪中国文化的碰撞与融合》（上海：上海人民出版社，2006），页 21—61。

——："儒学研究的一个新指向：新儒学与道学之间差异检讨"，收入田浩编：《宋代思想史论》（北京：社会科学文献出版社，2003 年），页 77—97。

市州安司：《朱子——学问とその展开》（东京：平论社，1970 年）。

市来津由彦："朱子の《杂学辨》とその周边"，收入宋代史研究会编：《宋代の社会と宗教》（东京：汲古书院，1985 年），页 3—49。

冯友兰：《中国哲学史》（上海：商务印书馆，1934 年；台北重印：大学丛书，约 1960 年代）。

——：《中国哲学史新编》，六册，（北京：人民出版社，1984—1988 年）。

——："略论道学的特点、名称和形式"，收入中国哲学史学会编，《论宋明理学》（杭州：浙江人民出版社，1983 年），页 37—56。

冯耀明："朱熹对儒佛之判分"，《汉学研究》，第 6 卷第 2 期（1988 年），页 333—354。

六画

吉原文昭："陈亮の人と生活"，《中央大学文学部纪要》，第 97 卷第 26 号（1980 年 3 月），页 31—118。

朱汉民："张栻和岳麓书院"，收入朱瑞熙编，《朱熹教育和中国文化》（北京：北京燕山出版社，1991 年），页 272—280。

——："南宋理学与书院教育"，《中国哲学》，第 16 辑（1993 年），页 495—518。

朱鸿林："理学型的经世之学——真德秀《大学衍义》之用意及其著作背景"，《食货月刊复刊》，第 15 卷第 3、4 期（1985 年 9 月），页 108—119。

朱瑞熙："朱熹对时文——八股文雏形的批判"，收入其《朱熹教育和中国文化》（北京：北京燕山出版社，1991 年），页 3—35。

——："宋代理学家唐仲友"，收入衣川强编，《刘子健博士颂寿纪念宋史研究论集》（东京：同朋舍，1989 年），页 43—53。

任继愈：《中国哲学史》(北京：人民出版社，1963 年)。

庄司庄一："朱子と事功派"，收入诸桥辙次等：《朱子学大系》(东京：明德出版社，1974 年)，第 1 册，页 465—480。

——："陈亮の学"，《东洋の文化と社会》，第 5 号(1954 年)，页 82—100。

——："功利学派陈亮の变通の理について"，收入《入矢教授小川教授退休记念中国文学语学论集》(京都：筑摩书房，1974 年)，页 511—524。

刘子健：《两宋史研究汇编》(台北：联经出版事业公司，1987 年)。

——："秦桧的亲友"，《食货月刊复刊》，第 14 卷第 7、8 期(1984 年)，页 34—47。

——："从儒将的概念说到历史上对南宋初张浚的评论"，收入陶希圣先生九秩荣庆祝寿论文集编辑委员会编：《国史释论》(台北：食货出版社，1988 年)，页 481—490。

——：《论欧阳修的治学与从政》(香港：新亚研究所，1963 年)。

刘述先："朱子的仁说，太极观念与道统问题的再省察"，《史学评论》，第 5 期(1983 年)，页 173—188。

——：《朱子哲学思想的发展与完成》(台北：学生书局，1984 年)。

刘昭仁：《吕东莱之文学与史学》(台北：文史哲出版社，1986 年)。

刘　真："宋代的学规和乡约"，收入《宋史研究集》第 1 辑(台北：中华丛书编审委员会，1958 年)，页 367—391。

刘健明："一个转型的儒者——论王通的志向与政治思想"，《大陆杂志》，第 65 卷第 5 期(1982 年)，页 223—230。

衣川强："朱子小传"(上、中、下)，神户商科大学《人文论集》，第 15 卷第 1—5 号(1982—1983 年)。

——："宋代における政争の一面"，《东洋史苑》，第 16 号(1983 年 6 月)，页 1—28。

——："秦桧の讲和政策をめぐつて"，《东方学报》，第 45 册(1973 年)，页 245—254。

牟宗三：《心体与性体》，3 册，(台北：正中书局，1968—1969 年)。

——：《从陆象山到刘蕺山》(台北：学生书局，1979 年)。

——："道德判断与历史判断"，《东海学报》，第 1 期(1959 年 6 月)，页

219—261。

孙克宽:《元代金华学述》(台中:东海大学,1975)。

孙家华:《白鹿洞书院通讯》(1989年及1990年)。

七画

麦仲贵:《宋元理学家著述年表》(香港:新亚研究社,1968年)。

杨天石:《朱熹及其哲学》(北京:中华书局,1982年)。

杨向奎:《中国古代社会与古代思想研究》(香港再版:无出版社之名,1970年)。

杨金鑫:《朱熹与岳麓书院》(上海:华东师范大学,1986年)。

杨慧杰:《朱熹伦理学》(台北:牧童出版社,1978年)。

杨儒宾:"朱子的格物补传所衍生的问题",《史学评论》,第5期(1983年),页133—172。

李才栋:《白鹿洞书院史略》(北京:教育科学出版社,1989年)。

李之鉴:《陆九渊哲学思想研究》(郑州:河南人民出版社,1985年)。

——:"论陆九渊的宇宙观及其时代作用",收入中国哲学史会编:《论宋明理学》(杭州:浙江人民出版社,1983年),页343—358。

李弘祺:《宋代教育散论》(台北:东升出版事业公司,1980年)。

——:"精舍与书院",《汉学研究》,第10卷第2期(1992年),页307—332。

——:"朱熹、书院与私人讲学的传统",《国立编译馆刊》,第19卷第2期(台北,1990年)。

李纪祥:《两宋以来大学改本之研究》(台北:学生书局,1988年)。

——:《道学与儒林》(台北:唐山出版社,2004年)。

李科友:"'意不在鱼'论朱熹振兴白鹿洞学院",收入朱瑞熙编,《朱熹教育和中国文化》(北京:北京燕山出版社,1991年),页96—114。

李晓东:"论吕大钧之《吕氏乡约》在理学史上的地位",《西北大学学报》,第2期(1987年),页27—32。

束景南:《朱子大传》(泉州:福建教育出版社,1992年)。

——:《朱熹佚文辑考》(南京:江苏古籍出版社,1991年)。

——:"朱熹佛学思想渊源与逃禅归儒的三部曲",收入朱瑞熙编,《朱熹教育和中国文化》(北京:北京燕山出版社,1991年),页3—35。

——:"朱熹与华严禅",《中国哲学》,第 16 辑(1993 年),页 263—279。

吾妻重二:"太极图の形成——儒佛道三教をめぐる再检讨",《日本中国学会报》,第 46 集(1994 年 10 月),页 73—86。

——:"朱子の象数易思想とその意义",《フイロリフィァ》,第 68 号(1980 年),页 145—175。

——:"周敦颐'太极图·图说'の浸透と变容——特に道教·佛教をめぐつて",《关西大学文学论集》,第 44 卷第 1—4 号(1995 年 3 月),页 473—503。

——:"重层的な知——朱熹穷理论の位相",收入宋代史研究会编:《宋代の知识人》(东京:汲古书院,1993 年),页 39—70。

来可泓:《李心传事迹著作编年》(成都:巴蜀书社,1990 年)。

步近智:"论吕祖谦'婺学'特征",《中国哲学史研究》,第 2 期(1983 年),页 89—98。

吴杯祺:《宋代史学思想史》(合肥:黄山书社,1992 年)。

吴春山:《陈同甫的思想》(台北:台湾大学文学院,1971 年)。

邱汉生:《四书集注·简论》(北京:中国社会科学出版社,1980 年)。

——:"《伊川易传》的理学思想",收入《中华学术论文集》,(北京:中华书局,1981 年),页 597—632。

邱汉生、侯外庐、张岂之主编:《宋明理学史》上下册(北京:人民出版社,1984,1987 年)。

何佑森:"两宋学风的地理分布",《新亚学报》,第 1 卷第 1 期(1995 年 8 月),页 331—379。

何泽恒:"王应麟之经史学"(博士论文,台湾大学,1981 年)。

何炳松:《浙东学派溯源》(上海:商务印书馆,1932 年)。

何格恩:"宋史陈亮传之考证及陈亮年谱",《民族杂志》第 3 卷第 1 期(1935 年 1 月),页 1975—2001。

——:"陈亮之思想",《民族杂志》,第 3 卷第 8 期(1935 年 8 月)页 1443—1464。

何寄澎:《唐宋古文新探》(台北:大安出版社,1990 年)。

佐藤仁:"朱子的仁说",《史学评论》,第 5 期(1983 年),页 115—131。

近藤一成:"宋代永嘉学叶适の华夷观",《史学杂志》,第 88 卷第 6 期(1979 年 6

月),页 51—79。

余英时:《中国近世宗教伦理与商人精神》(台北:联经出版事业公司,1987 年)。

——:"道统与政统之间",收入其《史学与传统》(台北:时报出版公司,1982 年),页 30—70。

——:《历史与思想》(台北:联经出版事业公司,1976 年)。

——:《朱熹的历史世界》(台北:允晨文化公司,2003 年;北京:三联书店,2004 年)。

岛田虔次:《朱子学と阳明学》(东京:岩波书店,1967 年)。

——:"杨慈湖",《东洋史研究》,第 24 卷第 4 号(1966 年 3 月),页 123—141。

邹永贤:"朱子学派治国纲领试探——兼析真德秀《大学衍义》",收入其《朱子学研究》(厦门:厦门大学出版社,1989 年),页 158—200。

——:"朱熹解经的指导思想和他关于易学的几个基本观点",收入其主编:《朱熹思想丛论》(厦门:厦门大学出版社,1993 年),页 209—228。

沟口雄三:"中国における公私概念の展开",《思想》,第 669 卷(1980 年),页 19—38。

——:《中国の思想》(东京:大藏省印刷局,1991 年)。

宋 晞:"朱熹的政治论",收入《宋史研究集》,第 10 辑(台北:中华丛书编审委员会,1978 年),页 355—369。

——:《宋史研究论丛》,三辑(台北:中国文化大学出版部,1962,1980,1988 年)。

——:"南宋浙东的史学",收入《宋史研究集》,第 14 辑(台北:中华丛书编审委员会,1983 年),页 9—52。

张 元:"司马光对东汉曹魏历史的理解",《东吴文史学报》,第 5 号(1986 年),页 115—132。

张立文:《朱熹思想研究》(北京:中国社会科学出版社,1981 年)。

——:《宋明理学研究》(北京:人民大学出版社,1985 年)。

——:《宋明理学逻辑结构的演化》(台北:万卷楼图书有限公司,1993 年)。

——:《走向心学之路——陆象山思想的足迹》(北京:中华书局,1992 年)。

——:"论陆九渊哲学的思辨结构",《中国哲学》,第 16 辑(1993 年),页 280—295。

——:"关于朱熹思想研究的几点认识",《中国社会科学》,第 3 期(1984 年)页 143—154。

张永侨:《二程学管见》(台北:东大图书,1988 年)。

——:"宋儒之道统观及其文化意识",《文史哲学报》,第 38 期(1989 年),页 275—312。

张岱年:《中国哲学大纲》(北京:中国社会科学出版社,1982 年)。

张脉贤编:《朱熹与徽州》(黄山:黄山市新安朱子研究会,2001 年)。

张峻荣:《南宋高宗偏安江左原因之探讨》(台北:文史哲出版社,1986 年)。

陈正夫、何植靖:"朱熹理学与自然科学",《中国哲学》,第 9 辑(1983 年),页 240—256。

陈芳明:"宋代正统论的形成背景及其内容",收入《宋史研究集》,第 8 辑(台北:中华丛书编审委员会,1976 年),页 29—54。

陈　来:《朱子书信编年考证》(上海:新华书店,1989 年)。

——:《朱熹哲学研究》(北京:中国社会科学出版社,1987 年;也有台北:文津出版社,1990 年)。

——:"略论《诸儒鸣道集》",《北京大学学报》,第 1 期(1986 年),页 30—38。

陈谷嘉:"宋代书院与宋代文化的下移",《中国哲学》,第 16 辑(1993 年),页 477—494。

陈荣捷:"朱子之《近思录》",收入其《朱子论集》(台北:学生书局,1982 年),页 123—180。

——:《朱子门人》(台北:学生书局,1982 年)。

——:"朱子道统观之哲学性"《东西文化》,第 15 期(1968 年 9 月),页 22—32。

——:《朱子新探索》(台北:学生书局,1988 年)。

——:"朱子与书院",万先法译,《史学评论》,第 9 期(1985 年),页 1—32。

——:"朱陆鹅湖之会补述",收入其《朱子论集》(台北:学生书局,1982 年),页 233—249。

——:"朱陆通讯详述",收入其《朱子论集》(台北:学生书局,1982 年),页 251—269。

——:"论朱子之仁说",收入其《朱子论集》(台北:学生书局,1982 年),页

37—68。

陈钟凡：《两宋思想述评》(台北：华世出版社再版，1977 年)。

陈焕章：《孔教论》(香港：International Books，1922 年)。

陈智超：《"美国哈佛大学哈佛燕京图书馆藏明代徽州方氏亲友手扎七百通考释"导言》，载《中国史研究》2000 年第 3 期，第 125 页—139 页。

陈豪楚："陈同甫先生学说管窥"，《文澜学报》，第 1 期(1935 年)，页 1—18。

陈德仁：《象山心学之比较研究》(台北：学生书局，1974 年)。

八画

范寿康：《朱熹及其哲学》(台北：台湾开明书店，1964 年)。

林庆彰：《朱子学研究书目·(1900—1991)》(台北：文津出版社，1992 年)。

林继平：《陆象山研究》(台北：商务印书馆，1983 年)。

林瑞瀚：《宋代政治史》(台北：正中书局，1989 年)。

昌彼得、王德毅主辑：《宋人传记数据索引》(台北：鼎文书局，1974—1976 年)。

罗家祥：《北宋党争研究》(台北：文津出版社，1993 年)。

竺沙雅章：《中国佛教社会史研究》(东京：同朋社，1982 年)。

金永植：《朱熹的自然哲学》，潘文国译，(上海：华东师范大学出版社，2003 年)。

周金声：《中国经济思想史》(台北：周金声出版，1968 年)。

周学武：《唐说斋研究》(台北：台湾大学文学院，1973 年)。

周梦江：《叶适与永嘉学派》(杭州：浙江古籍出版社，1992 年)。

——："叶适经济思想与商品经济"，收入邓广铭、漆侠编：《宋史研究论文集》(石家庄：河北教育出版社，1987 年)，页 477—492。

——："薛季宣的生平、著作及其对道学思想的异议"，收入邓广铭、徐规编，《宋史研究论文集》(杭州：浙江人民出版社，1987 年)，页 434—449。

周德昌：《朱熹教育思想评述》(长春：吉林教育出版社，1987 年)。

九画

赵效宜："朱子家学与师承"，《新亚学报》，第 9 卷第 1 期(1969 年 6 月)，页 223—241。

胡昌智："吕祖谦与其史学"(硕士论文，台湾大学，1973 年)。

胡昭曦："谯定、张栻与朱熹的学术关系"，《中国哲学》，第 16 辑(1993 年)，页 240—262。

钟彩钧:"朱子学派尊德性道问学问题研究",收入钟彩钧、张季琳编:《国际朱子学会议论文集》下册(台北:中央研究院中国文哲所,1993年),页1273—1299。

钟彩钧、张季琳编:《国际朱子学会议论文集》上下册(台北:中央研究院中国文哲所,1993年)。

钟肇鹏:"朱熹的易学思想",收入中国哲学史学会编:《论宋明理学》(杭州:浙江人民出版社,1983年),页281—298。

侯外庐主编:《中国思想通史》(北京:人民出版社,1960年)。

姜广辉:"宋代道学定名缘起",《中国哲学》,第15辑(1992年),页240—246。

姜书阁:《陈亮龙川词笺注》(北京:人民文学出版社,1980年)。

姚荣松:"吕祖谦",收入王寿南总编辑:《中国历代思想家》(台北:商务印书馆,1978年)。

十画

袁　征:"从孔庙制度看宋代儒学的变化",收入邓广铭、王云海编:《宋史研究论文集》(开封:河南大学出版社,1993年),页490—509。

贾志扬(John Chaffee):《宋代科举研究》(台北:三民书局,1995年)。

夏君虞:《宋学概要》(上海:华世出版社,1937年;台北:华世出版社重印,1976年)。

钱　穆:《中国学术思想史论丛》(五)(台北:东大图书有限公司,1978年)。

——:《朱子新学案》五册(台北:三民书局,1971年)。

——:《宋明理学概述》(台北:中华文化出版社事业委员会,1953年)。

——:"黄东发学述",收入《宋史研究集》,第8辑(台北:中华丛书编审委员会,1976年),页1—28。

——:"略论朱子学之主要精神",《史学评论》,第5期(1983年),页1—7。

——:《灵魂与心》(台北:联经出版社,1976年)。

钱穆等人:《中国哲学思想论集·宋明篇》(台北:牧童出版社,1976年)。

徐纪芳:《陆象山弟子研究》(台北:文津出版社,1990年)。

徐规、周梦江:"试析陈亮的乡绅生活",收入庄昭主编,《宋史论集》(河南省:中州书画社,1983年),页401—416。

徐复观:"象山学术",收入其《中国思想史论集》(台北:学生书局,1983年),页

12—71。

徐洪兴:《道学思潮》,载尹继佐、周山主编:《中国学术思潮史》卷五(上海:上海社会科学院出版社,2006 年)。

高全喜:《理心之间——朱熹和陆九渊的理学》(北京:三联书店,1992 年)。

高畑常信:"张南轩の思想变迁",收入其《张南轩集人名索引·附论文》(名古屋:采华书林,1976 年),页 1—25。

——:"张南轩の《论语解》に与えた朱子の影响",收入其《张南轩集人名索引·附论文》(名古屋:采华书林,1976 年),页 110—123。

——:"张南轩の静江府における治政",收入其《张南轩集人名索引·附论文》(名古屋:采华书林,1976 年),页 90—109。

——:"张南轩年谱",收入其《张南轩集人名索引·附论文》(名古屋:采华书林,1976 年),页 66—89。

——:"张南轩集の版本",收入其《张南轩集人名索引·附论文》(名古屋:采华书林,1976 年),页 26—65。

高濑武次郎:《陆象山》(东京:内外出版株式会社,1924 年)。

郭绍虞:《中国文学批评史》(上海:中华书局重印,1961 年)。

唐宇原:"程朱理学何时成为统治阶级的统治思想",《中国史研究》,第 1 期(1988 年),页 125—134。

唐君毅:《中国哲学原论》(香港:人生出版社, 1966 年)。

——:《中国哲学原论·原性篇》(香港:新亚研究所,1968 年)。

——:"朱陆异同探源",《新亚学报》,第 8 卷第 1 期(1967 年 2 月),页 1—100。

涩泽荣一:《论语と算盘》被译为中文,标题是《论语与算盘》,蔡哲茂、吴壁雍译,(台北:允晨文化公司,1987 年)。

诸桥辙次等:《朱子学大系》(东京:明德出版社,1974—1983 年)。

陶希圣:《中国政治思想史》(重庆:南方印书馆,1942 年)。

十一画

黄公伟:《宋明清理学体系论史》(台北:幼狮文化事业公司,1971 年)。

黄进兴:《优入圣域:权力、信仰与正当性》(台北:允晨文化公司,1994 年)。

——:《半世纪的奋斗:吴火狮先生口述传记》(台北:允晨文化公司,1988 年)。

黄俊杰："朱子对中国历史的解释"，收入钟彩钧、张季琳编，《国际朱子学会议论文集》下册（台北：中央研究院中国文哲所，1993 年），页 1083—1114。

——："朱子对孟子知言养气说的诠释及其回响"，《清华学报》，第 18 卷第 2 期（1988 年 2 月），页 305—343。

——："先秦儒家义利观念的演变及其思想史的涵义"，《汉学研究》，第 4 卷第 1 期（1986 年），页 109—150。

——："从孟子集注看朱子思想中旧学与新知的融会"，《史学评论》，第 5 期（1983 年），页 251—276。

黄宽重：《南宋时代抗金的义军》（台北：联经出版事业公司，1988 年）。

——："略论南宋时代的归正人"，收入其《南宋史研究集》（台北：新文丰出版公司，1985 年），页 185—231。

——："秦桧与文字狱"，收入其《宋史丛论》（台北：新文丰出版公司，1993 年），页 41—72。

黄彰健：《经学理学文存》（台北：台湾商务印书馆，1976 年）。

萧公权：《中国政治思想史》（台北：中国文化印刷厂，1968 年）。

龚剑锋："陈亮逸著《永康陈氏遗谱》考略"，《文献》第 3 期（1992 年 7 月），页 111—120。

龚道运：《朱学论丛》（台北：文史哲出版社，1985 年）。

梁庚尧："南宋的社仓"，《史学评论》，第 4 期（1982 年），页 1—33。

——：《南宋的农村经济》（台北：联经出版事业公司，1984 年）。

十二画

蒋义斌：《宋代儒释调和论及排佛论之演讲——王安石之融通儒释及朱学派之排佛反王》（台北：台湾商务印书馆，1988 年）。

傅云龙："试论朱熹哲学的'太极'"，收入中国哲学史学会编《论宋明理学》（杭州：浙江人民出版社，1983 年），页 212—225。

童振福：《陈亮年谱》（上海：商务印书馆，1936 年；台北：台湾商务印书馆再版，1982 年）。

曾春海：《朱子易学探微》（台北：辅仁大学，1983 年）。

——："朱子论易及其易学著作"，《史学评论》，第 5 期（1983 年），页 209—226。

——：《陆象山》(台北：东大图书公司，1988年)。

谢冰莹：《四书读本》(台北：三民书局，1967年)。

十三画

蒙培元：《理学的演变——从朱熹到王夫之、戴震》(台北：文津出版社，1990年)。

十四画

蔡仁厚：《宋明理学》(台北：学生书局，1980年)。

蔡方鹿：《魏了翁评传》(成都：巴蜀书社，1993年)。

蔡　沈：《书经集传》，于宋元注：《四书五经》(北京：中国书店，1985年；据世界出局本影印)。

蔡涵墨(Charles Hartman)："一个邪恶形象的塑造：秦桧与道学"，收入田浩编：《宋代思想史论》(北京：社会科学文献出版社，2003年)，页577—661。

漆　侠：《宋代经济史》两册(上海：人民出版社，1987，1988年)。

——："陈亮的经济思想"，《明报月刊》(1985年4月)，页33—36。

熊　琬：《宋代理学与佛学之探讨——朱子理学与佛学之探讨》(台北：文津出版社，1985年)。

十五画

黎　杰：《宋史》(香港：岭南图书供应社，1963年)。

颜虚心：《陈龙川年谱》(长沙：商务印书馆，1940年；台北：台湾商务印书馆重版，1980年)。

潘富恩、徐余庆：《吕祖谦思想初探》(杭州：浙江人民出版社，1984年)。

——：《吕祖谦评传》(南京：南京大学出版社，1992年)。

——：《程颢程颐理学思想研究》(上海：复旦大学出版社，1988年)。

十七画

戴君仁："朱子与陆象山的交谊及辩学的经过"，收入《宋史研究集》，第1辑(台北：中华丛书编审委员会，1958年)，页463—471。

——："荀学与宋代道学之儒"，《孔孟学报》，第23期(1966年)，页1—22。

十八画以上

麓保孝："朱子の历史论"，收入诸桥辙次等：《朱子学大系》(东京：明德出版社，1974年)，第1册。

西文资料

Adler, Joseph A. (艾周思). "Chu Hsi and Divination." In Kidder Smith, Jr., Peter K. Bol, Joseph Adler, and Don J. Wyatt. *Sung Dynasty Uses of the I Ching*. Princeton: Princeton University Press, 1990.

——. "Varieties of Spiritual Experience: *Shen* in Neo-Confucian Discourse." In Tu Wei-ming(杜维明) and Mary Evelyn Tucker, eds., *Confucian Spirituality*. New York: Crossroad Publishing, 2003.

Berthrong, John. "Chu Hsi's Ethics: *Jen and Ch'eng*." *Journal of Chinese Philosophy* 14.2 (June 1987): 161 – 178.

——. "Glosses on Reality: Chu Hsi as Interpreted by Ch'en Ch'un." Ph D. dissertation, University of Chicago, 1979.

——. "To Catch a Thief: Chu Hsi (1130 – 1200) and the Hermeneutic Art." *Journal of Chinese Philosophy* 18.2 (June 1991): 195 – 212.

Birdwhistell, Anne D. *Transition to Neo-Confucianism: Shao Yung on Knowledge and Symbols of Reality*. Stanford: Stanford University Press, 1989.

Birge, Bettine(柏清韵). "Chu Hsi and Women's Education." In Wm. Theodore de Bary and John W. Chaffee, eds., *Neo-Confucian Education: The Formative Stage*. Berkeley: University of California Press, 1989.

——. *Women, Property, and Confucian Reaction in Sung and Yuan China (960 – 1279)*. Cambridge: Cambridge University Press, 2002.

Bol, Peter K. (包弼德). "Chu Hsi's Redefinition of Literati Learning." In Wm. Theodore de Bary and John W. Chaffee, eds., *Neo-Confucian Education: The Formative Stage*. Berkeley: University of California Press, 1989.

——. "Government, Society, and State: On the Political Visions of Ssu-ma Kuang and Wang An-shih." In Robert P. Hymes and Conrad Schirokauer, eds., *Ordering the World: Approaches to State and Society in Sung Dynasty China*. Berkeley: University of California Press, 1993.

——. *"This Culture of Ours"*: *Intellectual Transitions in T'ang and Sung China*. Stanford: Stanford University Press, 1992.

Borrell, Ari. "Lü Pen-chung's 'Explanation of the Great Learning': An Unorthodox Approach to Learning and Knowledge," Unpublished seminar paper, Columbia University, 1987.

Bossler, Beverly Jo. *Powerful Relations*: *Kinship*, *Status*, *and the State in Sung China* (*960 -1279*). Cambridge, MA: Council on East Asian Studies, Harvard University, 1998.

Bruce, J. Percy. *Chu Hsi and His Masters*. London: Probsthain, 1923.

Bynum, Caroline Walker. "Shape and Story: Metamorphosis in the Western Tradition." In Bynum, *Metamorphosis and Identity*. New York: Zone Books, 2001, pp. 163 - 189.

Chaffee, John(贾志扬). "Chao Ju-yü, Spurious Learning, and Southern Sung Political Culture." *Journal of Sung-Yuan Studies* 22 (1990 - 1992): 23 - 61.

——. "Chu Hsi and the Revival of the White Deer Grotto Academy, 1179 - 81." *T'oung Pao* 71 (1985): 40 - 62.

——. "Chu Hsi in Nan-k'ang: Tao-hsüeh and the Politics of Education." In Wm. Theodore de Bary and Chaffee, eds., *Neo-Confucian Education*: *The Formative Stage*. Berkeley: University of California Press, 1989.

——. "The Historian as Critic: Li Hsin-ch'uan (1167 - 1244) and the Dilemmas of Statecraft in Southern Sung China." In Conrad Schirokauer and Robert Hymes, eds., *Ordering the World*: *Approaches to State and Society in Sung Dynasty China*. Berkeley: University of California Press, 1993.

——. *The Throny Gates of Learning in Sung China*: *A Social History of Examinations*. Cambridge, Cambridge University Press, 1985.

Chan, Wing-tsit(陈荣捷), "Chinese and Western Interpretations of *Jen* (Humanity)." *Journal of Chinese Philosophy* 2.2(March 1975): 107 - 29.

——. "Chu Hsi and Academies." In Wm. Theodore de Bary and John W. Chaffee, eds., *Neo-Confucian Education*: *The Formative Stage*. Berkeley: University of California Press,1989.

———. *Chu Hsi*: *Life and Thought*. Hong Kong: Chinese University Press, 1987.

———. *Chu Hsi*: *New Studies*. Honolulu: University of Hawaii Press, 1989.

———. "Chu Hsi's completion of Neo-Confucianism." In Francoise Aubin, ed., *Etudes Song*: *Sung Studies in Memoriam Etienne Balazs*. 2d ser., no. 1 (1973): 59 – 90.

———. " Neo-Confucian Philosophical Poems." *Renditions* 4 (Spring 1975):5 – 21.

———. "Patterns for Neo-Confucianism: Why Chu Hsi Differed from Ch'eng I." *Journal of Chinese Philosophy* 5.2 (June 1978):101 – 26.

———. "The Evolution of the Confucian Concept *Jen*." *Philosophy East and West* 4.4 (January 1955):295 – 319.

———. "The Neo-Confucian Solution to the Problem of Evil." *Bulletin of the Institute of History and Philology*, *Academia Sinica*, 28 (1959):773 – 791.

———, trans. and ed. *A Source Book in Chinese Philosophy*. Princeton: Princeton University Press, 1963.

———, trans. *Neo-Confucian Terms Explained*: (*The Pei-hsi Tzu-i*) *by Ch'en Ch'un*, *1159 –1223*. New York: Columbia University Press, 1986.

———, trans. *Reflections on Things at Hand*: *The Neo-Confucian Anthology Compiled by Chu Hsi and Lü Tsu-ch'ien*. NewYork: Columbia University Press, 1967.

Chang, Carsun(张君劢). *The Development of Neo-Confucian Thought*. 2 vols. New York: Bookman, 1957 and 1962.

Chang, Li-wen(张立文). "Chu Hsi's System of Thought of I." In Wing-tsit Chan, ed., *Chu Hsi and Neo-Confucianism*. Honolulu: University of Hawaii Press, 1986.

Cheng Chung-ying(成中英). "Chu Hsi's Methodology and Theory of Understanding." In Wing-tsit Chan, ed., *Chu Hsi and Neo-Confucianism*. Honolulu:

University of Hawaii Press, 1986.

Chen Huanzhang(陈焕章). *The Economic Principles of Confucius and His School*. New York: Hippocreme Books, 1973; or Honolulu: University Press of the Pacific, 2003.

Cherniack, Susan. "Book Culture and Textual Transmission in Sung China." *Harvard Journal of Asiatic Studies* 54. 1 (June 1994): 5 - 125.

Ching, Julia(秦家懿). "Chu Hsi on Personal Cultivation." In Wing-tsit Chan, ed., *Chu His and Neo-Confucianism*. Honolulu: University of Hawaii Press, 1986.

——. "Neo-Confucian Utopian Theories and Political Ethics." *Monumenta Serica* 30 (1972 - 1973): 1 - 56.

——. "The Goose Lake Monastery Debate (1175)." *Journal of Chinese Philosophy* 1.2 (March 1974): 161 - 78.

——. *The Religious Thought of Chu Hsi*. Oxford: Oxford University Press, 2000.

——. "Truth and Ideology: The Confucian Way (Tao) and Its Transmission (*Tao-t'ung*)." *Journal of the History of Ideas* 35. 3 (July-September 1974): 371 - 88.

Chiu Hansheng(邱汉生). "Chu Hsi's Doctrine of Principle." In Wing-tsit Chan, ed., *Chu Hsi and Neo-Confucianism*. Honolulu: University of Hawaii Press, 1986.

Chow, Kai-wing(周启荣). *The Rise of Confucian Ritualism in Late Imperial China : Ethics, Classics, and Lineage Discourse*. Stanford: Stanford University Press, 1994.

Chung, Tsai-chün(钟彩钧). *The Development of the Concepts of Heaven and of Man in the Philosophy of Chu Hsi*. Taipei: Institute of Chinese Literature and Philosophy, Academia Sinica, 1993.

Chu Ping-tzu(祝平次). "Tradition Building and Cultural Competition in Southern Song China (1160 - 1220): The Way, the Learning, and the Texts." Ph. D. thesis, Harvard University, 1998.

Chu, Ron-Guey(朱荣贵). "Chen Te-hsiu and the 'Classic on Governance': The Coming of Age of Neo-Confucian Statecraft." Ph. D. dissertation, Columbia University, 1988.

——. "Chu Hsi and Public Instruction." In Wm. Theodore de Bary and John W. Chaffee, eds., *Neo-Confucian Education: The Formative Stage*. Berkeley: University of California Press, 1989.

Davis, Richard L.(戴仁柱). *Court and Family in Sung China（960－1279）: Bureaucratic Success and Kinship Fortunes for the Shih of Ming-chou*. Durham: Duke University Press, 1986.

de Bary, Wm. Theodore(狄培理；狄百瑞). "Chen Te-hsiu and Statecraft." In Conrad Schirokauer and Robert Hymes, eds., *Ordering the World: Approaches to State and Society in Sung Dynasty China*. Berkeley: University of California Press, 1993.

——. "Chu Hsi's Aims as an Educator." In Wm. Theodore de Bary and John W. Chaffee, eds., *Neo-Confucian Education: The Formative Stage*. Berkeley: University of California Press, 1989.

——. "Neo-Confucianism Individualism and Holism." In Donald Munro, ed., *Studies in Confucian and Taoist Values*. Ann Arbor: Centerfor Chinese Studies, University of Michigan, 1985.

——. *Neo-Confucian Orthodoxy and the Learning of the Mind-and-Heart*. New York: Columbia University Press, 1981.

——. "Some Common Tendencies in Neo-Confucianism." In David S. Nivison and Arthur F. Wright, eds. *Confucianism in Action*, Stanford: Stanford University Press, 1959.

——. *The Liberal Tradition in China*. Hong Kong: The Chinese University of Hong Kong Press, 1983.

——. *The Message of the Mind in Neo-Confucianism*. New York: Columbia University Press, 1989.

de Weerdt, Hilde. *Competition Over Content: Negotiating Standards for the*

Civil Service Examinations in Imperial China, *1127 –1279*. Cambridge, MA: Council on East Asian Studies, Harvard University, 2007.

Ebrey, Patricia Buckley(伊沛霞). *Confucianism and Family Rituals in Imperial China: A Social History of Writing about Rites*. Princeton: Princeton University Press, 1991.

——. "Education Through Ritual: Efforts to Formulate Family Rituals During the Sung Period." In Wm. Theodore de Bary and John W. Chaffee, eds. *Neo-Confucian Education: The Formative Stage*. Berkeley: University of California Press, 1989.

——. *Family and Property in Sung China: Yüan Ts'ai's Precepts for Social Life* (*Translated, with Annotations and Introduction*). Princeton: Princeton University Press, 1984.

Elman, Benjamin. "Rethinking 'Confucianism' and 'Neo-Confucianism' in Modern Chinese History." In Benjamin Elman, John B. Duncan, and Herman Ooms, eds., Rethinking Confucianism: *Past and Present in China*, *Japan*, *Korea*, *and Vietnam*. Los Angeles: UCLA Asian Pacific Monograph Series, 2002, pp. 518 – 554.

Elvin, Mark. *The Pattern of the Chinese Past*. Stanford: Stanford University Press, 1973.

Franke, Herbert, ed. *Sung Biographies*. 4 vols. Wiesbaden: Franz Steiner Verlag, 1976.

Freeman, Michael Dennis. "Lo-yang and the Opposition to Wang An-shih: The Rise of Confucian Conservatism, 1068 – 1086." Ph. D. dissertation, Yale University, 1973.

Fu, Charles Wei-hsün(傅伟勋). "Chu Hsi and Buddhism." In Wing-tsit Chan, ed., *Chu Hsi and Neo-Confucianism*. Honolulu: University of Hawaii Press, 1986.

——. "Morality and Beyond: The Neo-Confucian Confrontation with Buddhism." *Philosophy East & West* 23. 3 (1973): 375 – 396.

Fung, Yu-lan(冯友兰). *A History of Chinese Philosophy*. Translated by Derk

Bodde. 2 vols. Princeton: Princeton University Press, 1967.

Gardner, Daniel K. (贾德纳). *Chu Hsi and the Ta-hsueh : Neo-Confucian Reflection on the Confucian Canon*. Cambridge: Council on East Asian Studies, Harvard University, 1986.

——. "Chu Hsi's Reading of the *Ta-hsüeh* : A Confucian's Quest for Truth." *Journal of Chinese Philosophy* 10.3 (September 1983): 182 – 204.

——. "Ghosts and Spirits in the Sung Neo-Confucian World: Chu Hsi on *Kuei-shen*." *Journal of the American Oriental Society* 115(4) (1995).

——. "Modes of Thinking and Modes of Discourse in the Sung: Some Thoughts on the *Yu-lü* ('Recorded Conversations') Texts." *Journal of Asian Studies* 50. 3 (1991): 574 – 603.

——. trans. *Learning to Be a Sage : Selections from the Conversations of Master Chu , Arranged Topically*. Berkeley: University of California Press, 1990.

——. "Transmitting the Way: Chu Hsi and His Program of Learning." *Harvard Journal of Asiatic Studies* 49.1 (June 1989): 141 – 72.

——. "Zhu Xi on Spirit Beings." In Donald S. Lopez, Jr., ed., *Chinese Religions in Practice*. Princeton: Princeton University Press, 1996.

Gedalecia, David. "Evolution and Synthesis in Neo-Confucianism." *Journal of Chinese Philosophy* 6.1 (1979): 91 – 102.

——. "Excursion into Substance and Function: The Development of the *t'i-yung* Paradigm in Chu Hsi." *Philosophy East & West* 24. 4 (October 1974): 443 – 451.

——. Wu Ch'eng's Approach to Internal Self-cultivation and External Knowledge-seeking." In Hok-lam Chan and Wm. Theodore de Bary, eds., *Yüan Thought : Chinese Thought and Religion Under the Mongols*. New York: Columbia University Press, 1982.

Graf, Olaf. *Tao und Jen : Sein und Sollen im Sungchinesischen Monismus*. Wiesbaden: Harrassowitz, 1970.

Graham, A. C. (葛瑞汉). *Two Chinese Philosophers : Ch'eng Ming-tao and*

Ch'eng Yi-ch'uan. London: Lund Humphries, 1958.

——. "What was New in the Ch'eng-Chu Theory of Human Nature?" In Wing-tsit Chan, ed., *Chu Hsi and Neo-Confucianism*. Honolulu: University of Hawaii Press, 1986.

Gregory, Peter N. *Tsung-mi and the Signification of Buddhism*. Princeton: Princeton University Press, 1991.

Haeger, John Winthrop. "1126 – 27: Political Crisis and the Integrity of Culture." In John Winthrop Haeger, ed., *Crisis and Prosperity in Sung China*. Tucson: University of Arizona Press, 1975.

——. "The Intellectual Context of Neo-Confucian Syncretism." *Journal of Asian Studies* 31.3 (May 1972): 499 – 514.

Hall, David L. and Roger T. Ames. *Thinking Through Confucius*. Albany: State University of New York, 1987.

Hartman, Charles(蔡涵墨). "The Reluctant Historian: Sun Ti, Chu Hsi, and the Fall of the Northern Sung." *T'oung Pao* 89 (2003): 100 – 148.

Hartwell, Robert M. "Demographic, Political, and Social Transformations of China, 750 – 1550." *Harvard Journal of Asiatic Studies* 42.2 (December 1982): 365 – 442.

——. "Historical Analogism, Public Policy, and Social Sciences in Eleventh-and Twelfth-Century China." *American Historical Review* 76.3 (February 1971): 690 – 727.

Hatch, George. "Su Hsun's Pragmatic Statecraft." In Robert P. Hymes and Conrad Schirokauer, eds., *Ordering the World: Approaches to State and Society in Sung Dynasty China*. Berkeley: University of California Press, 1993.

Henderson, John B. *Scripture, Canon, and Commentary: A Comparison of Confucian and Western Exegesis*. Princeton: Princeton University Press, 1991.

Hervouet, Yves, ed. Initiated by Etienne Balazs. *A Sung Bibliography (Bibliographie des Sung)*. Hong Kong: Chinese University of Hong Kong Press, 1978.

Hsiao, Kung-chuan(萧公权). *A History of Chinese Political Thought*. Translated by F. W. Mote. Vol. 1. Princeton: Princeton University Press, 1979.

Huang, Chin-shing(黄进兴). "Chu Hsi versus Lu Hsiang-shan: A Philosophical Interpretation." *Journal of Chinese Philosophy* 14.2 (1987): 179 – 208.

——. *Philosophy, Philology, and Politics in 18th Century China: Li Fu and the Lu-Wang School under the Ch'ing*. Cambridge: Cambridge University Press, 1995.

Huang, Siu-chi(黄秀玑). *Lu Hsiang-shan, a Twelfth-Century Idealist Philosopher*. New Haven: American Oriental Society, 1944.

Hymes, Robert P.(韩明士). "Lu Chiu-yüan, Academies, and the Problem of the Local Community." In Wm. Theodore de Bary and John Chaffee, eds., *Neo-Confucian Education: The Formative State*. Berkeley: University of California Press, 1989.

——. "Moral Duty and Self-Regulating Process in Southern Sung Views of Famine Relief." In Robert P. Hymes and Conrad Schirokauer, eds., *Ordering the World: Approaches to State and Society in Sung Dynasty China*. Berkeley: University of California Press, 1993.

——. *Statesmen and Gentlemen: the Elite of Fu-chou, Chiang-hsi, in Northern and Southern Sung*. Cambridge: Cambridge University Press, 1986.

Ivanhoe, Philip. "Reflections on the *Chin-ssu Lu*." *Journal of the American Oriental Society* 108 (1988): 269 – 275.

Jensen, Lionel M.(詹启华). "Ruins of Remembrance: Image, Text and the Generative Fiction of the Chinese Past." Paper presented at the University of California, Berkeley, October, 1998.

——. "When Words Move Stones: Figure, Fictions, and the Chinese Past." Sabbatical grant proposal and book proposal, 1999.

Ji, Xiao-bin(冀小斌). "Inward-Oriented Ethical Tension in Lu Tsu-ch'ien's Thought." M.A. thesis, Arizona State University, 1991.

Kao, Ming(高明). "Chu Hsi's Discipline of Propriety." In Wingtsit Chan, ed., *Chu Hsi and Neo-Confucianism*. Honolulu: University of Hawaii Press, 1986.

Kassoff, Ira E. *The Thought of Chang Tsai* (1020 – 1077). Cambridge: Cambridge University Press, 1984.

Kim, Oaksook Chun. "Chu Hsi and Lu Hsiang-shan: A Study of Philosophical Achievements and Controversy in Neo-Confucianism." Ph. D. dissertation, University of Iowa, 1980.

Kim, Yung Sik(金永植). "Chu Hsi (1130 – 1200) on Calendar Specialists and Their Knowledge: A Scholar's Attitude Toward Technical Scientific Knowledge in Traditional China." *T'oung Pao* 78.1 – 3 (1992): 94 – 115.

——. "*Kuei-shen* in Terms of *Ch'i*: Chu Hsi's Discussion of *Kuei-shen*." *Tsing Hua Journal of Chinese Studies* 17 (1985): 149 – 62.

——. "Problems in the Study of the History of Chinese Science." *Minerva* 20 (1982): 83 – 104.

——. *The Natural Philosophy of Chu Hsi*, *1130 – 1200*. Philadelphia: American Philosophical Society, 2000.

——. "The World-View of Chu Hsi (1130 – 1200): Knowledge about the Natural World in *Chu-tzu ch'üan-shu*." Ph. D. dissertation, Princeton University, 1980.

King, Ambrose Y. C.(金耀基). "The Individual and Group in Confucianism: A Relational Perspective." In Donald J. Munro, ed., *Individual and Holism : Studies in Confucian and Taoist Values*. Ann Arbor: Center for Chinese Studies, University of Michigan, 1985.

Lai, Whalen W. "How the Principle Rides on the Ether: Chu Hsi's Non-Buddhistic Resolution of Nature and Emotion." *Journal of Chinese Philosophy* 11. 1 (March 1984): 31 – 65.

Langley, C. Bradford. "Wang Ying-lin (1223 – 1296): A Study in the Political and Intellectual History of the Demise of the Sung." Ph. D. dissertation, Indiana University, 1980.

Langlois, John D. , Jr. "Chin-hua Confucianism Under the Mongols (1279 – 1368)." Ph. D. dissertation, Princeton University, 1973.

Lee, Thomas H.C.(李弘祺). "Chu Hsi, Academies and the Tradition of Private *Chiang-hsüeh*." *Chinese Studies* 2.1 (June, 1984): 301 – 29.

——. *Government Education and Examination in Sung China*. Hong Kong: Chinese University of Hong Kong Press, 1985.

——. "Life in the Schools of Sung China." *Journal of Asian Studies* 37.1 (1977): 45 – 60.

——. "Sung Schools and Education before Chu Hsi." In Wm. Theodore de Bary and John W. Chaffee, eds., *Neo-Confucian Education : The Formative Stage*. Berkeley: University of California Press, 1989.

Leventhal, Dennis. "Treading the Path from Yang Shih to Chu Hsi: A Question of Transmission in Sung Neo-Confucianism." *Bulletin of Sung-Yüan Studies* 14 (1978): 50 – 67.

Levering, Miriam L. "Ch'an Enlightenment for the Layman: Ta-hui and the New Religious Culture of the Sung." Ph. D. dissertation, Harvard University, 1978.

Levey, Matthew A. "Chu Hsi as a 'Neo-Confucian': Chu Hsi's Critique of Heterodoxy, Heresy, and the 'Confucian' Tradition." Ph.D. dissertation, University of Chicago, 1991.

——. "The Clan and the Tree: Inconsistent Images of Human Nature in Chu Hsi's Settled Discourse." *Journal of Sung-Yüan Studies 24 (1994) : 101 –143.*

Li, Chi. "Chu Hsi the Poet." *T'oung Pao* 58 (1972): 55 – 119.

Lin, Yü-sheng(林毓生). "The Evolution of the Pre-Confucian Meaning of *Jen* and the Confucian Concept of Moral Autonomy." *Monumenta Serica 31 (1974 – 1975) : 172 –204.*

Liu, James T. C. (刘子健). *China Turning Inward : Intellectual-Political Changes in the Early Twelfth Century*. Cambridge: Council on East Asian Studies, Harvard University, 1988.

——. "How Did a Neo-Confucian School Become the State Orthodoxy?" *Philosophy East & West* 23.4 (October 1973): 483 – 505.

——. *Ou-yang Hsiu : An Eleventh-Century Neo-Confucianist*. Stanford: Stanford University Press, 1967.

——. "Polo and Cultural Change: From T'ang to Sung China." *Harvard Journal of Asiatic Studies* 45.1 (June 1985): 203 – 244.

——. *Reform in Sung China : Wang An-shih (1021 –1086) and His New Policies*. Cambridge: Harvard University Press, 1959.

——. "The Sung Emperors and the Ming-t'ang or Hall of Enlightenment." In Francoise Aubin, ed., *Etudes Song : Sung Studies in Memoriam Etienne Balazs*. 2st ser., no.1 (1973): 45 – 57.

——. "Wei Liao-weng's Thwarted Statecraft." *In Conrad Schirokauer and Robert Hymes, eds. Ordering the World : Approaches to State and Society in Sung Dynasty China*. Berkeley: University of California Press, 1993.

Liu, Kwang-ching(刘广京), ed., *Orthodoxy in Late Imperial China*. Berkeley: University of California Press, 1990.

Liu, Shu-hsien(刘述先). "The Function of the Mind in Chu Hsi's Philosophy." *Journal of Chinese Philosophy* 5.2 (June 1978): 195 – 208.

——. "The Problem of Orthodoxy in Chu Hsi's Philosophy." In Wing-tsit chan, ed., *Chu Hsi and Neo-Confucianism*. Honolulu: University of Hawaii Press, 1986.

Liu, Ts'un-yan(柳存仁). "The Disciples of Zhu Xi as Seen in Yi Hwang's *Songgye Won Myong Ihak T'ongnok* (《宋季元明理学通录》)." *T'oung Pao* 73. 1 – 3 (1987): 16 – 32.

Lo, Winston Wan(罗文). *The Life and Thought of Yeh Shih*. Hong Kong: Chinese University of Hong Kong Press, 1974.

Lynn, Richard John. "Chu Hsi as Literary Theorist and Critic." In Wing-tsit Chan, ed., *Chu Hsi and Neo-Confucianism*. Honolulu: University of Hawaii Press, 1989.

Mao, Huaixin(冒怀辛). "The Establishment of the School of Chu Hsi and Its Propagation in Fukien." In Wing-tsit Chan, ed., *Chu Hsi and Neo-Confucianism*.

Honolulu：University of Hawaii Press, 1989.

Marchal, Kai（马恺之）. *Die Ordnung des Politischen und die Ordnung des Herzens —Eine Studie zum politisch-philosophischen Denken des Lü Zuqian（1137 – 1181）* in：Digitale Hochschulschriften, Ludwig-Maximilians-Universität München（University of Munich）, July 2006.

McKnight, Brian E.（马伯良）. "Chu Hsi and His World." In Wing-tsit Chan, ed., *Chu Hsi and Neo-Confucianism*. Honolulu：University of Hawaii Press, 1986.

——. *Law and Order in Sung China*. Cambridge：Cambridge University Press, 1992.

——. *Village and Bureaucracy in Southern Sung China*. Chicago：University of Chicago Press, 1971.

McMullen, David. *State and Scholars in T'ang China*. Cambridge：Cambridge University Press, 1988.

Metzger, Thomas A.（墨子刻）. *Escape From Predicament ：Neo-Confucianism and China's Evolving Political Culture*. New York：Columbia University Press, 1977.

Mittag, Achim（闵道安）. "Change in *Shijing* Exegesis：Some Notes on the Rediscovery of the Musical Aspect of the ' Odes' in the Song Period." *T'oung Pao* 79. 4 – 5（1993）：197 – 224.

——. "Notes on the Genesis and Early Reception of Chu Hsi's *Shih Chi-Chuan*：Some Facets for Reevaluation of Sung Classical Learning."收入"中央研究院"历史语言研究所出版品编辑委员会主编：《中国近世社会文化史论文集》,（台北："中央研究院"历史语言研究所论文集之一,1992 年）,页 721 – 780。

Munro, Donald J.（孟旦）. *Images of Human Nature ：A Sung Portrait*. Princeton：Princeton University Press, 1988.

Needham, Joseph（李约瑟）. *Science and Civilisation in China*. Vol. 2. Cambridge and New York：Cambridge University Press, 1956.

Neskar, Ellen G. "The Cult of Worthies：A Study of Shrines Honoring Local Confucian Worthies in the Sung Dynasty（960 – 1279）." Ph. D. dissertation, Columbia University, 1993.

Niu Pu(牛朴). "Confucian Statecraft in Song China: Ye Shi and theYongjia School." Ph.D. thesis, Arizona State University, 1998.

Okada, Takehiko(冈田武彦). "Chu Hsi and Wisdom as Hidden and Stored." In Wing-tsit Chan, ed., *Chu Hsi and Neo-Confucianism*. Honolulu: University of Hawaii Press, 1986.

Peterson, Willard J.(裴德生). "Another Look at *Li*." *Bulletin of Sung-Yüan Studies* 18 (1986): 13 – 31.

Petri, Peter. "Common Foundations of East Asian Success." In Danny M. Leipziger, ed., *Lessons from East Asia*. Ann Arbor: University of Michigan Press, 1977, pp.541 – 568.

Ren, Jiyu(任继愈). "Chu Hsi and Religion." In Wing-tsit Chan, ed., *Chu Hsi and Neo-Confucianism*. Honolulu: University of Hawaii Press, 1986.

Sargent, Galen Eugène. *Tchou Hi contre le Bouddhisme*. Paris: Imprimerie Nationale, 1955.

Sato, Hitoshi(佐藤仁). "Chu Hsi's 'Treatise on *Jen*.'" In Wing-tsit Chan, ed., *Chu Hsi and Neo-Confucianism*. Honolulu: University of Hawaii Press, 1986.

Schak, David C. "The Spirit of Chinese Capitalism: A Critique."《清华学报》25.1 (March 1995): pp.87 – 113.

Schirokauer, Conrad(谢康伦). "Chu Hsi and Hu Hung." In Wing-tsit Chan, ed., *Chu Hsi and Neo-Confucianism*. Honolulu: University of Hawaii Press, 1986.

——. "Chu Hsi as an Administrator, A Preliminary Study." In Francoise Aubin, ed., *Etudes Song: Sung Studies in Memoriam Etienne Balazs*. 1st ser., no.3 (1976): 207 – 236.

——. "Chu Hsi's Political Career: A Study of Ambivalence." In Arthur F. Wright and Denis Twitchett, eds., *Confucian Personalities*. Stanford: Stanford University Press, 1962.

——. "Chu Hsi's Political Thought." *Journal of Chinese Philosophy* 5.2 (June 1978): 127 – 159.

——. "Chu Hsi's Sense of History." In Conrad Schirokauer and Robert Hymes, eds. , *Ordering the World* : *Approaches to State and Society in Sung Dynasty China* . Berkeley: University of California Press, 1993.

——. "Hu Hung's Rebuttal of Ssu-ma Kuang's Critique of Mencius." In *Proceedings of the International Conference on Sinology* . Taipei: Academia Sinica, 1981.

——. "Neo-Confucianism under Attack: The Condemnation of *Wei-hsueh* ." In John W. Haeger, ed. , *Crisis and Prosperity in Sung china* . Tucson: University of Arizona Press, 1975.

——. "Rationality in Chinese Philosophy." *Journal of Chinese Philosophy* 11.1 (March 1984): 19 - 29.

——. "The Political Thought and Behavior of Chu Hsi." Ph. D. dissertation, Stanford University, 1960.

Schwartz, Benjamin I.(史华慈). "Some Polarities in Confucian Thought." In David S. Nivisonand Arthur F. Wright, eds. , *Confucianism in Action* . Stanford: Stanford University Press, 1959.

——. *The World of Thought in Ancient China* . Cambridge: Harvard University Press, 1985.

Shibusawa Eiichi: *The autobiography of Shibusawa Eiichi* : *from peasant to entrepreneur* (translation of *Amayo-gatari*). Translated with introduction and notes by Teruko Craig. Tokyo: University of Tokyo Press, 1994.

Smith,Kidder,Jr. PeterK. Bol,Joseph Adler,and Don J. Wyatt. *Sung Dynasty Uses of the I Ching* . Princeton: Princeton University Press, 1990.

Smith, Paul J.(史乐民). "State Power and Economic Activism during the New Policies, 1068 - 1085: The Tea and Horse Trade and the 'Green Sprouts' Loan Policy." In Robert P. Hymes and Conrad Schirokauer, eds. , *Ordering the World* : *Approaches to State and Society in Sung Dynasty China* . Berkeley: University of California Press, 1993.

Soffel, Christian(苏费翔). *Ein Universalgelehrter verarbeitet das Ende seiner*

Dynastie—Eine Analyse des Kunxue jiwen von Wang Yinglin. Wiesbaden: Harrassowitz Verlag, 2004.

Tai, Kuo-hui. "Confucianism and Japanese Modernization: A Study of Shibusawa Eiichi." In Hung-chao Tai, ed. *Confucianism and Economic Development: An Oriental Alternative?* Washington, D. C.: Washington Institute Press, 1989, pp. 70 – 91.

T'ang, Chun-i(唐君毅), "Chang Tsai's Theory of Mind and Its Metaphysical Basis." *Philosophy East & West* 6. 2 (July 1956): 113 – 136.

Tao, Jing-shen(陶晋生). "The Personality of Sung Kao-tsung (r. 1127—1162)."收入衣川强编:《刘子健博士颂寿纪念宋史研究论集》(东京:同朋舍, 1989 年)。

Teng Aimin(邓艾民). "On Chu Hsi's Theory of the Great Ultimate." In Wing-tsit Chan, ed., *Chu Hsi and Neo-Confucianism*. Honolulu: University of Hawaii Press, 1986.

Tillman, Hoyt Cleveland(田浩). "A New Direction in Confucian Scholarship: Approaches to Examining Differences between Neo-Confucianism and Tao-hsüeh." *Philosophy East & West* 42. 3 (July 1992): 455 – 474.

——. *Ch'en Liang on Public Interest and the Law*. Honolulu: Monographs of the Society for Asian and Comparative Philosophy, no. 12, University of Hawaii Press, 1994.

——. "Ch'en Liang on Statecraft: Reflections from Examination Essays Preserved in a Sung Rare Book." *Harvard Journal of Asiatic Studies* 48. 2 (December 1988): 403 – 431.

——. *Confucian Discourse and Chu Hsi's Ascendancy*. (Honolulu: University of Hawaii Press, 1992.

——. "Confucianism under the Chin and the Impact of Sung Confucian Tao-hsüeh." In Hoyt Cleveland Tillman and Stephen H. West, eds., *China under Jurchen Rule: Essays on Chin Intellectual and Cultural History*. Albany: State University of New York Press, 1995.

——. "Consciousness of *T'ien* in Chu Hsi's Thought." *Harvard Journal of Asiatic Studies* 47.1 (June 1987): 31–50.

——. "Divergent Philosophical Orientations toward Values: The Debate between Chu Hsi and Ch'en Liang." *Journal of Chinese Philosophy* 5.4 (December 1978): 363–389.

——. "Encyclopedias, Polymaths, and Tao-hsueh Confucians: Preliminary Reflections With Special Reference to Chang Ju-yü." *Journal of Sung-Yüan Studies* 22 (1990–1992): 89–108.

——. "Epilogue." In *Business as a Vocation: Mr. Wu Ho-su's Autobiography*; Tillman's English translation of Huang Chin-shing's 黄进兴《半世纪的奋斗》. Cambridge: Harvard East Asian Legal Studies Monograph Series, Harvard University Press, 2001, pp. 245–259.

——. "Intellectuals and Officials in Action: Academies and Granaries in Sung China." *Asia Major*, 3d ser., 4.2 (December 1991): 1–15.

——. "One Significant Rise in Chu-ko Liang's Popularity: An Impact of the 1127 Jurchen Conquest." 《汉学研究》14 (2),(1996 年 12 月)。

——. "Proto-Nationalism in Twelfth-Century China? The Case of Ch'en Liang." *Harvard Journal of Asiatic Studies* 39.2 (December 1979): 412–420.

——. "The Development of Tension between Virtue and Achievement in Early Confucianism: Attitudes toward Kuan Chung and Hegemon (*Pa*) as Conceptual Symbols." *Philosophy East & West* 31.1 (January 1981): 403–428.

——. "The Uses of Neo-Confucianism, Revisited: A Reply to Professor de Bary." *Philosophy East & West* 44.1 (January 1994): 135–142.

——. *Utilitarian Confucianism: Ch'en Liang's Challenge to Chu Hsi*. Cambridge, Mass.: Harvard University, Council on East Asian Studies, 1982.

——. "Yan Fu's Utilitarianism in Chinese Perspective." In Paul Cohen and Merle Goldman, eds., *Ideas Across Cultures: Essays on Chinese Thought in Honor of Benjamin I. Schwartz*. Cambridge: Harvard University, Council on East Asian Studies, 1990.

Tu Wei-ming(杜维明). *Centrality and commonality* ; *An Essay on the Chung-yung*. Honolulu: University of Hawaii Press, 1976.

——. *Confucian Thought* : *Selfhood as Creative Transformation*. Albany: State University of New York Press, 1985.

Übelhör, Monika(余蓓荷). "The community Compact (*Hsiang-yüeh*) of the Sung and Its Educational Significance." In Wm. Theodore de Bary and John W. Chaffee, eds., *Neo-Confucian Education* : *The Formative Stage*. Berkeley: University of California Press, 1989.

van Ess, Hans(叶翰). "The Compilation of the Works of the Ch'eng Brothers and Its Significance for the Learning of the Right Way of the Southern Sung Period." *T'oung Pao* 90.4 – 5 (2004): 264 – 298.

——. *Van Ch'eng I zu Chu Hsi* : *die Lehre vom rechten Weg in der Überlieferung der Familie Hu*. Wiesbaden: Harrassowitz Verlag, 2003.

van Zoeren, Steven. *Poetry and Personality* : *Reading*, *Exegesis*, *and Hermeneutics in Traditional China*. Stanford: Stanford University Press, 1991.

von Glahn, Richard. "Community and Welfare: Chu Hsi's Community Granary in Theory and Practice." In Robert P. Hymes and Conrad Schirokauer, eds., *Ordering the World* : *Approaches to State and Society in Sung Dynasty China*. Berkeley: University of California Press, 1993.

von Mende, Erling. "Wo ist der Geist zu Hause? —— Überlegungen über die Verfolgungen der Ch'ing-yüan-Ara und ihre Spatfolgen am Beispiel von Mitgliedern der Kao-Familie aus Ming-chou." In Helwig Schmidt-Glintzer, ed., *Lebenswelt und Weltanschauung im Frühneuzeitlichen China*. Stuttgart: Franz Steiner Verlag, 1990.

Walton, Linda (万 安 玲). "Charitable Estates as an Aspect of Statecraft in Southern Sung China." In Robert P. Hymes and Conrad Schirokauer, eds., *Ordering the World* : *Approaches to State and Society in Sung Dynasty China*. Berkeley: University of California Press, 1993.

Walton-Vargo, Linda Ann. "Education, Social Change, and Neo-Confuciansim in Sung-Yüan China: Academies and the Social Elite in Ming Prefecture." Ph. D.

dissertation, University of Pennsylvania, 1978.

Wechsler, Howard, Jr. "The Confucian Teacher Wang T'ung (584? -617): One Thousand Years of Controversy." *T'oung Pao* 63 (1977): 225 – 272.

Wei, Chung-t'ung(韦政通). "Chu Hsi on the Standard and the Expedient." In Wing-tsit Chan, ed., *Chu Hsi and Neo-Confucianism*, Honolulu: University of Hawaii Press, 1986.

Wilhelm, Hellmut. "A Note on Ch'en Liang's *Tz'u*." *Asiatische Studien* 25 (1971): 76 – 84.

——. "Heresies of Ch'en Liang." *Asiatische Studien* 11. 3 – 4 (1958): 102 – 12.

Wilhelm, Richard, trans. *The I Ching or Book of Changes*. Translated from the German by Cary F. Baynes. Princeton: Princeton University Press, 1967.

Wilson, Thomas A.(魏伟森). *Genealogy of the Way : The Construction and Uses of the Confucian Tradition in Late Imperial China*. Stanford: Stanford University Press, 1995.

——. *On Sacred Grounds: Culture, Society, Politics, and the Formation of the Cult of Confucius*. Cambridge: Harvard University Press, 2003.

Wittenborn, Allen. "Some Aspects of Mind and the Problem of Knowledge in Chu Hsi's Philosophy." *Journal of Chinese Philosophy* 9.1 (March 1982): 13 – 48.

Wong, Siu-Kit(黄兆偕) and Lee Kar-Shui(李家树). "Poems of Depravity: A Twelfth-Century Dispute on the Moral Character of the *Book of Songs*." *T'oung Pao* 75 (1989): 209 – 225.

Wyatt, Don J. "Chu Hsi's Critique of Shao Yung: One Instance of the Stand Against Fatalism." *Harvard Journal of Asiatic Studies* 45. 2 (December 1985): 649 – 66.

Yamanoi, Yu(山井涌). "The Great Ultimate and Heaven in Chu Hsi's Philosophy." In Wing -tsit Chan, ed., *Chu Hsi and Neo-Confucianism*. Honolulu: University of Hawaii Press, 1986.

Yang, Lien-sheng(杨联陞). "The Form of the Paper Note *Hui-tzu* of the

Southern Sung Dynasty." In Lien-sheng Yang, *Studies in Chinese Institutional History*. Cambridge: Harvard University Press, 1961.

Yü, Chün-fang. "Ta-hui Tsung-kao and Kung-an Ch'an." *Journal of Chinese Philosophy* 6 (June 1979): 211 - 35.

Yu, Zongxian(俞宗宪). "Social Structure and Mobility in Sung China with Special Reference to Wu-chou." M. A. thesis, Arizona State University, 1989.

Yü, Ying-shih(余英时). "Business Culture and Chinese Traditions—Toward a Study of the Evolution of Merchant Culturein Chinese History." In Wang Gungwu and Wong Siu-lun, eds. , *Dynamic Hong Kong: Business and Culture*, Hong Kong: Center of Asian Studies, University of Hong Kong, 1997, pp. 1 - 84.

——. "Confucian Ethics and Capitalism." Paper presented at the Asian Foundation 20th Anniversary Commemoration International Symposium: "The Challenge of the 21st Century: The Response of Eastern Ethics," July 1 - 2, 1997, Seoul, Korea.

——. "Morality and Knowledge in Chu Hsi's Philosophyical System." In Wing-tsit Chan, ed. , *Chu Hsi and Neo-Confucianism*. Honolulu: University of Hawaii Press, 1986.

——. "'O Soul, Come Back!' A Study in the Changing Conceptions of the Soul and Afterlife in Pre-Buddhist China." *Harvard Journal of Asiatic Studies* 47 (1987): 365 - 395.

——. "Some Preliminary Observations on the Rise of Ch'ing Confucian Intellectualism." *Tsing Hua Journal of Chinese Studies* 11. 1&2 (December 1975): 105 - 46.

"海外中国研究丛书"书目